seu horóscopo pessoal PARA 2022

seu
horóscopo
pessoal
PARA
2022

JOSEPH POLANSKY

SEU
horóscopo
pessoal
PARA
2022

Tradução
CAROLINA SIMMER

1ª edição

Rio de Janeiro | 2021

CIP-BRASIL. CATALOGAÇÃO NA PUBLICAÇÃO
SINDICATO NACIONAL DOS EDITORES DE LIVROS, RJ

P816s
Polansky, Joseph
  Seu horóscopo pessoal para 2022 / Joseph Polansky; tradução Carolina Simmer. – 1. ed. – Rio de Janeiro: BestSeller, 2021.

  Tradução de: Your personal horoscope 2022
  ISBN 978-65-5712-192-4

  1. Astrologia. 2. Horóscopos. I. Simmer, Carolina. II. Título.

21-72576
CDD: 133.54
CDU: 133.52

Meri Gleice Rodrigues de Souza – Bibliotecária – CRB-7/6439

Texto revisado segundo o novo Acordo Ortográfico da Língua Portuguesa.

Título original: *Your Personal Horoscope 2022*

Copyright © 2021 por Joseph Polansky e

Star Data, Inc.
200 Winston Drive, # 1017
Cliffside Park, NJ 07010
USA
www.stardata-online.com
info@stardata-online.com

Copyright da tradução © 2021 by Editora Best Seller Ltda.

Todos os direitos reservados. Proibida a reprodução, no todo ou em parte, sem autorização prévia por escrito da editora, sejam quais forem os meios empregados.

Direitos exclusivos de publicação em língua portuguesa para o Brasil adquiridos pela
Editora Best Seller Ltda.
Rua Argentina, 171, parte, São Cristóvão
Rio de Janeiro, RJ – 20921-380
que se reserva a propriedade literária desta tradução

Impresso no Brasil

ISBN 978-65-5712-192-4

Seja um leitor preferencial Record.
Cadastre-se no site www.record.com.br e receba informações sobre nossos lançamentos e nossas promoções.

Atendimento e venda direta ao leitor
sac@record.com.br

SUMÁRIO

Agradecimentos 7
Introdução 9
Glossário de Termos Astrológicos 11

Áries
Perfil Pessoal 17
Previsão Anual para 2022 — Tendências Gerais 22
Previsões Mensais 32

Touro
Perfil Pessoal 49
Previsão Anual para 2022 — Tendências Gerais 54
Previsões Mensais 62

Gêmeos
Perfil Pessoal 79
Previsão Anual para 2022 — Tendências Gerais 84
Previsões Mensais 92

Câncer
Perfil Pessoal 109
Previsão Anual para 2022 — Tendências Gerais 114
Previsões Mensais 122

Leão
Perfil Pessoal 139
Previsão Anual para 2022 — Tendências Gerais 144
Previsões Mensais 152

Virgem
Perfil Pessoal 169
Previsão Anual para 2022 — Tendências Gerais 174
Previsões Mensais 182

Libra
Perfil Pessoal 199
Previsão Anual para 2022 — Tendências Gerais 203
Previsões Mensais 211

Escorpião
Perfil Pessoal 229
Previsão Anual para 2022 — Tendências Gerais 234
Previsões Mensais 242

Sagitário
Perfil Pessoal 261
Previsão Anual para 2022 — Tendências Gerais 265
Previsões Mensais 273

Capricórnio
Perfil Pessoal 291
Previsão Anual para 2022 — Tendências Gerais 296
Previsões Mensais 305

Aquário
Perfil Pessoal 321
Previsão Anual para 2022 — Tendências Gerais 326
Previsões Mensais 334

Peixes
Perfil Pessoal 351
Previsão Anual para 2022 — Tendências Gerais 356
Previsões Mensais 364

AGRADECIMENTOS

Os agradecimentos especiais do autor vão para a Star Data, que encomendou este trabalho. Sem seu auxílio financeiro e técnico este livro não teria sido escrito.

INTRODUÇÃO

Bem-vindo ao complexo e fascinante universo da Astrologia!

Há milênios o movimento dos planetas e de outros corpos celestes instiga as mentes mais argutas de cada geração. A vida não encerra maior desafio ou alegria do que o conhecimento do nosso ser e do universo que habitamos. E a Astrologia revela-se uma chave mestra nesse processo de conhecimento.

Seu horóscopo pessoal para 2022 permite que você, leitor, tenha acesso à milenar sabedoria astrológica. Além de esboçar os traços gerais do seu caráter e as tendências básicas em sua vida, este livro vai ensiná-lo a fazer uso das influências planetárias para aproveitar ao máximo o novo ano.

Os capítulos reservados a cada signo incluem um "Perfil Pessoal", uma análise das "Tendências Gerais" para 2022 e detalhadas "Previsões Mensais", com as influências dos planetas. O "Glossário" da página 11 esclarece alguns termos astrológicos com os quais, porventura, você não esteja familiarizado.

Outra particularidade bastante útil desta obra é a listagem dos dias "mais benéficos" e "mais tensos", que antecede as "Previsões Mensais" para cada signo. Verifique essa listagem para saber quais dias serão, de modo geral, mais favoráveis e os mais auspiciosos para as finanças ou para o amor. Marque-os em seu calendário ou agenda, pois você deverá aproveitá-los bem. Tome nota, também, dos dias mais tensos. Evite marcar reuniões importantes ou tomar decisões de peso tanto nesses dias como naqueles em que planetas importantes no seu horóscopo estiverem *retrógrados* (deslocando-se em aparente marcha à ré no céu zodiacal).

A seção "Tendências Gerais", referente a cada signo, assinala os períodos em que sua vitalidade estará realçada ou debilitada, bem como os momentos em que o relacionamento com colegas de trabalho e entes queridos poderá exigir um esforço maior de sua parte. Se estiver atravessando uma fase difícil, dê uma olhada na cor, no metal, na pedra ou no perfume mencionados na seção do seu "Perfil Pessoal" intitulada "Em um Relance". Usar joias ou acessórios que contenham seu metal ou sua pedra acentuará sua vitalidade; da mesma forma, vestir-se ou decorar seu escritório com tons pertencentes ao seu signo, usar perfumes ou consumir chás feitos com ervas regidas por ele vai ajudá-lo a manter o seu astral alto.

Este livro o auxiliará a conhecer não apenas a si próprio, mas também os que o rodeiam: seus amigos, colegas de trabalho, sócios, cônjuge e filhos. A leitura do "Perfil Pessoal", com previsões mensais para os signos dessas pessoas, irá muni-lo de valiosa compreensão quanto aos sentimentos e ao comportamento delas. Você saberá, por exemplo, quando deve ser mais tolerante, por compreender que elas se encontram mais suscetíveis ou propensas à irritação.

Tenho você, leitor, como meu cliente pessoal. Ao estudar o seu horóscopo solar, adquiro um profundo conhecimento do que ocorre em sua vida, de como se sente, daquilo que almeja e dos desafios que terá de enfrentar. Faço, então, o melhor que posso para lhe transmitir cuidadosamente essas diretrizes. Sendo assim, considere este livro a melhor alternativa a uma consulta pessoal com um astrólogo!

Espero sinceramente que *Seu horóscopo pessoal para 2022* melhore a qualidade de sua vida, facilite sua caminhada e ilumine a sua trajetória, banindo a escuridão e tornando-o mais consciente de sua ligação pessoal com todo o Universo. A Astrologia — quando bem-entendida e sabiamente empregada — constitui grande guia para a compreensão de si mesmo, dos outros e dos fenômenos existenciais. Mas lembre-se sempre de que o uso que fará dessa compreensão depende, antes de tudo, de você.

GLOSSÁRIO DE TERMOS ASTROLÓGICOS

ALÉM-FRONTEIRAS

Os planetas se deslocam pelo Zodíaco obedecendo a diversos ângulos em relação ao Equador celeste (traçando uma projeção imaginária do Equador terrestre em direção ao Universo, obtemos o Equador celeste). O deslocamento do Sol, por este ser a influência hegemônica no Sistema Solar, é utilizado pelos astrólogos como padrão. O Sol nunca se desloca mais de 23 graus ao norte ou ao sul do Equador celeste. Durante o solstício de inverno, ele atinge o grau máximo de declínio em sua órbita, e durante o solstício de verão, o ápice de sua angulação orbital norte. Sempre que um planeta transpõe essa fronteira solar — e ocasionalmente eles o fazem —, diz-se que está "além-fronteiras". Isso significa que o planeta penetra em domínios estranhos, que transcendem os limites determinados pelo Sol, regente do Sistema Solar. O planeta que se acha nessa condição realça e intensifica a própria autoridade, convertendo-se em influência proeminente em um horóscopo.

ASCENDENTE

Vivenciamos as sensações de dia e noite porque a Terra efetua uma rotação completa sobre o próprio eixo a cada 24 horas. Por causa desse movimento de rotação, o Sol, a Lua e os planetas parecem subir e descer no horizonte. O Zodíaco constitui uma faixa fixa (imaginária, mas bastante real em termos espirituais) que envolve a Terra como um cinturão. À medida que a Terra vai girando, os diferentes signos zodiacais dão ao observador a impressão de ascender em um ponto do horizonte. Em um período de 24 horas, todos os signos do Zodíaco percorrem esse ponto do horizonte, cada um em seu devido momento.

O signo que ocupa um ponto do horizonte em determinado instante recebe o nome de "Signo Ascendente". O "Ascendente" sintetiza nossa imagem pessoal, corpo e autoconceito — o ego pessoal, em oposição ao eu espiritual, representado pelo signo solar.

ASPECTOS

"Aspectos" são interações angulares entre planetas: a maneira como um planeta estimula ou influencia outro. Se um planeta se encontra em aspecto harmonioso com outro (ou em relação harmoniosa), ele tende a estimular este último de forma positiva e útil. Se o aspecto for tenso, também o estímulo será tenso ou desconfortável, causando perturbações na influência planetária habitual.

CASAS

Existem 12 signos zodiacais e 12 Casas ou âmbitos de vivência. Os 12 signos representam tipos de personalidade e meios pelos quais determinado planeta se expressa. As Casas indicam o âmbito de sua vida em que essa expressão tende a se manifestar. Cada Casa abrange uma área de interesse distinta, conforme se observa na lista a seguir. Uma Casa pode adquirir importância ou potencializar-se, convertendo-se em Casa de Poder para você de diversas formas: se contiver o Sol, a Lua ou o regente de seu mapa astral, se contiver mais de um planeta ou sempre que o regente da Casa estiver recebendo estímulos inusitados de outros planetas.

Casa 1: Corpo e Imagem Pessoal (o "Eu")
Casa 2: Finanças, Posses e Dinheiro
Casa 3: Comunicação
Casa 4: Vida Doméstica e Familiar
Casa 5: Divertimento, Lazer, Criatividade, Especulação e Casos Amorosos
Casa 6: Saúde e Trabalho
Casa 7: Amor, Romance, Casamento e Atividades Sociais
Casa 8: Eliminação, Transformação e Bens de Terceiros

GLOSSÁRIO 13

Casa 9: Viagens, Educação, Religião e Filosofia
Casa 10: Carreira
Casa 11: Amigos, Atividades em Grupo e Aspirações Íntimas
Casa 12: Sabedoria Espiritual e Caridade

FASES LUNARES

Após o plenilúnio, a Lua começa a diminuir de tamanho (do ponto de vista terreno), até tornar-se invisível a olho nu, quando advém a "Lua Nova". Essa fase lunar é conhecida como "Quarto Minguante".

Após a Lua Nova, a Lua volta a crescer, gradualmente (sob o prisma da Terra), até alcançar seu tamanho máximo na "Lua Cheia". Esse período recebe a denominação de "Quarto Crescente".

CARMA

É a lei de causa e efeito que rege todos os fenômenos no Universo. A situação em que nos achamos deriva do carma gerado pelos atos que praticamos no passado. O Universo constitui um sistema tão equilibrado que qualquer ação, automaticamente, põe forças corretivas em movimento, que recebem a denominação de "carma".

LUNAR

Relativo à Lua.

MOVIMENTO DIRETO

Quando os planetas se deslocam para a frente — como normalmente fazem — pelo céu zodiacal, diz-se que estão em movimento direto.

MOVIMENTO RETRÓGRADO

Os planetas deslocam-se ao redor do Sol em diferentes velocidades. Mercúrio e Vênus movem-se muito mais rápido do que a Terra, ao passo que Marte, Júpiter, Saturno, Urano, Netuno e Plutão deslocam-se mais lentamente. Em decorrência disso, há períodos nos quais os planetas, baseando-se em um referencial terrestre, parecem deslocar-se para trás no Zodíaco por algum tempo. Esse movimento recebe a denominação de "retrógrado" e tende a debilitar a influência normal de determinado planeta.

NATAL

Literalmente, significa "nascimento". Astrologicamente, esse termo é empregado para diferenciar posições planetárias características do instante do nascimento (natal) das progressões planetárias atuais (trânsitos). Por exemplo, o Sol natal, no que diz respeito a você, alude à posição do Sol no instante de seu nascimento; já um trânsito do Sol indica a posição dele em um dado momento, que geralmente não coincide com a posição na hora de seu nascimento.

PLANETAS LENTOS

Os planetas que levam um tempo maior para completar uma volta ao redor do Sol são denominados "planetas lentos". São eles: Júpiter (que permanece cerca de um ano em cada signo), Saturno (que fica dois anos e meio em cada signo), Urano (sete anos), Netuno (14 anos) e Plutão (de 15 a 30 anos). Os planetas lentos assinalam tendências duradouras em uma determinada área da existência e são, por essa razão, importantíssimos para o astrólogo quando ele faz prognósticos a longo prazo. Pelo fato de tais planetas permanecerem tanto tempo em um signo, há períodos no ano em que "os planetas rápidos" se juntam a eles, ativando e aumentando a importância de determinada Casa.

PLANETAS RÁPIDOS

São os corpos que se deslocam rapidamente, a saber: a Lua (permanece em um signo apenas dois dias e meio), Mercúrio (de 20 a 30 dias), o Sol (30 dias), Vênus (aproximadamente um mês) e Marte (cerca de dois meses). Como esses planetas se deslocam velozmente, exercem uma influência a curto prazo. Revelam, pois, as propensões cotidianas em um horóscopo.

QUALIDADES ASTROLÓGICAS

Existem três tipos de qualidades astrológicas: *cardeal, fixa* e *mutável*. Cada um dos 12 signos zodiacais se enquadra em uma dessas categorias. A qualidade cardeal se manifesta como princípio da atividade e iniciativa. Os signos cardeais (Áries, Câncer, Libra e Capricórnio) são excelentes quando se trata de fazer deslanchar um novo projeto.

A qualidade fixa encerra estabilidade, perseverança, tenacidade e perfeccionismo. Os signos fixos (Touro, Leão, Escorpião e Aquário) são excelentes em levar a cabo os empreendimentos.

A qualidade mutável se manifesta como flexibilidade, adaptação e equilíbrio. Os signos mutáveis (Gêmeos, Virgem, Sagitário e Peixes) exibem natureza criativa, porém nem sempre prática.

TRÂNSITO

Alude ao movimento dos planetas em determinado momento. Os astrólogos empregam o termo "trânsito" para estabelecer a diferença entre a posição natal de um planeta no horóscopo e seu deslocamento atual nos céus. Por exemplo: se no dia em que você nasceu Saturno estava no signo de Câncer, em sua Oitava Casa, mas agora está se movendo através de sua Terceira Casa, dizemos que ele está "transitando" por sua Terceira Casa. Os trânsitos constituem algumas das mais importantes ferramentas para os prognósticos astrológicos.

♈

ÁRIES

O CARNEIRO
Nascidos entre 21 de março e 20 de abril

PERFIL PESSOAL

ÁRIES EM UM RELANCE

Elemento: Fogo
Planeta Regente: Marte
Planeta da Carreira: Saturno
Planeta do Amor: Vênus
Planeta das Finanças: Vênus
Planeta do Divertimento, do Lazer, da Criatividade e das Especulações: Sol
Planeta do Lar e da Vida Familiar: Lua
Planeta da Fortuna e da Abundância: Júpiter
Cores: carmim, vermelho, escarlate
Cores que promovem o amor, o romance e a harmonia social: verde, verde-jade
Cor que propicia ganhos: verde
Pedra: ametista
Metais: ferro, aço
Perfume: madressilva
Qualidade: cardeal (= atividade)
Qualidade essencial ao equilíbrio: cautela
Maiores virtudes: energia física abundante, coragem, honestidade, independência, autoconfiança
Necessidade mais profunda: ação

Características a evitar: precipitação, impetuosidade, excesso de agressividade, imprudência
Signos de maior compatibilidade: Leão, Sagitário
Signos de maior incompatibilidade: Câncer, Libra, Capricórnio
Signo mais útil à carreira: Capricórnio
Signo que fornece maior suporte emocional: Câncer
Signo mais prestativo em questões financeiras: Touro
Melhor signo para casamento e associações: Libra
Signo mais útil em projetos criativos: Leão
Melhor signo para sair e se divertir: Leão
Signos mais úteis em assuntos espirituais: Sagitário, Peixes
Melhor dia da semana: terça-feira

COMPREENDENDO A PERSONALIDADE ARIANA

Áries é o ativista zodiacal por excelência. A necessidade que sente de agir beira a compulsão, o que faz com que aqueles que não compreendem a fundo a personalidade ariana empreguem esse termo um tanto forte para descrevê-la. Na realidade, a "ação" constitui o cerne da psicologia ariana, e quanto mais direta, franca e sem rodeios, melhor. Trata-se, sem dúvida, do perfil psicológico perfeito do guerreiro, do pioneiro, do atleta e do gerente.

Os nativos deste signo apreciam executar tarefas, e, em seu zelo passional, muitas vezes perdem de vista as consequências que desencadeiam para si e para os demais. Sim, muitas vezes *tentam* agir com diplomacia e tato, mas a tarefa é demasiadamente dura para eles. Ao agir assim, sentem-se desonestos ou falsos. É difícil para os arianos até mesmo compreender a mentalidade do diplomata, do articulador de consensos, do executivo testa de ferro. Como podem essas pessoas perder tanto tempo com reuniões intermináveis, discussões, conversas e negociações, quando há tanto trabalho a ser feito, tantas realizações práticas a serem concluídas? Ele até consegue entender, desde que lhe seja bem explicado que as conversas e as negociações — as chamadas concessões sociais — geram ações mais eficazes.

O interessante no temperamento do ariano é que ele raramente se torna rancoroso ou mal-intencionado, mesmo quando trava um combate. Os arianos combatem seus oponentes sem ódio. Para eles, tudo não passa de um divertimento sadio, de uma grande aventura ou de um jogo.

Quando se veem às voltas com algum problema, muitas pessoas dirão: "Bem, analisemos a situação para tentar encontrarmos uma solução." Mas nunca um ariano, que invariavelmente pensa: "Algo tem de ser feito, logo, mãos à obra!" Naturalmente, nenhuma dessas atitudes isoladas soluciona a questão. Por vezes, a ação imediata se faz necessária, mas em outras situações é importante fazer bom uso do pensamento frio e analítico. Contudo, o ariano tende a errar quase sempre, por ser precipitado.

Os princípios da ação e da reflexão possuem naturezas radicalmente diferentes. A atividade física pressupõe a utilização, em certa medida, de força bruta. A ponderação, por sua vez, requer a imobilidade e a suspensão temporária do uso da força. Não será proveitoso para um atleta perder tempo considerando qual deve ser o próximo movimento; isso apenas retardaria suas reações. O atleta tem de agir por instinto, de forma instantânea. E é assim que os nativos de Áries tendem a se comportar na vida. São ágeis, tomam decisões instintivamente e sem demora as convertem em ações. Se sua intuição estiver aguçada e em boa sintonia, seus atos serão coroados de poder e êxito. Mas, se estiver mal sintonizada, os resultados podem ser desastrosos.

Não pense que isso assusta ou intimida um ariano. Como bom guerreiro, ele sabe que, no decorrer do combate, pode vir a sofrer um ou outro revés. Todo ariano parece perceber intimamente que, permanecendo fiel à própria verdade, arrisca-se a ficar sujeito a mais de um acidente. Isso faz parte das regras do jogo, e ele dispõe de forças para aguentar qualquer contratempo.

Muitos arianos, todavia, são intelectuais brilhantemente criativos. Qualquer que seja a área a que se dediquem, tendem a ser pioneiros, inusitados e francos. Esse tipo de nativo do signo tende a transformar o combate físico em combate de natureza mental ou intelectual. São pensadores vigorosos.

De modo geral, a confiança que os arianos nutrem em relação a si mesmos deveria servir de exemplo aos demais signos. É essa confiança básica e ferrenha que lhes permite atravessar, incólumes, situações de grande turbulência. Sua coragem e autoconfiança fazem deles líderes natos, e essa liderança é exercida mais pelo exemplo do que por meio da imposição de controle.

FINANÇAS

Os nativos de Áries são excelentes construtores e corretores imobiliários. O dinheiro em si não é, para eles, tão importante quanto a ação, a aventura e as atividades esportivas. São movidos por forte necessidade de apoiar emocionalmente seus parceiros e de conservar uma boa imagem aos olhos deles. Os arianos funcionam melhor trabalhando por conta própria ou gerindo o próprio departamento (em se tratando de uma grande empresa). Quanto menos dependerem de ordens superiores, melhor. Também se mostram mais eficientes em trabalhos de campo do que atrás de uma escrivaninha.

São trabalhadores tenazes e dotados de muita resistência física; podem acumular *grandes* somas de dinheiro quase exclusivamente por causa de sua robustez e abundante energia.

Vênus é seu planeta das Finanças, o que significa que necessitam desenvolver mais a cortesia social a fim de que seu pleno potencial de ganhos se concretize. Apenas executar o serviço — ponto em que os nativos do signo se destacam — não basta. É preciso obter a cooperação alheia. Fregueses, clientes e companheiros de trabalho precisam sentir-se à vontade. É primordial tratar bem as pessoas para que o sucesso ocorra. Quando os arianos desenvolvem essa habilidade — ou contratam alguém para fazê-la por eles —, seu potencial financeiro torna-se ilimitado.

CARREIRA E IMAGEM PÚBLICA

É de se esperar que espíritos pioneiros anseiem por romper com as convenções sociopolíticas vigentes. Mas isso não ocorre com os arianos. Eles são pioneiros dentro dos limites do convencional, no sentido de que preferem iniciar um negócio próprio em um ramo já estabelecido a trabalhar para outra pessoa.

Capricórnio ocupa a cúspide da Décima Casa, da Carreira, do horóscopo solar ariano. Saturno é o planeta que governa o trabalho de suas vidas e suas aspirações profissionais. Isso revela alguns fatos interessantes sobre o temperamento ariano. Primeiramente, para chegar ao auge do potencial de sua carreira eles precisam desenvolver certas qualidades um pouco incomuns à sua natureza básica. Precisam tornar-se melhores administradores e organizadores. Têm de aprender a lidar melhor com detalhes e a vislumbrar seus projetos, bem como a própria carreira, a longo prazo. É impossível superar um ariano na execução de metas imediatas, mas uma carreira se constrói ao longo do tempo. Não é o tipo de meta que se alcance rapidamente!

Alguns arianos enfrentam grande dificuldade em levar um projeto até o fim. Entediam-se facilmente. E sua constante necessidade de buscar aventuras faz com que prefiram delegar antigos projetos ou tarefas a outras pessoas para começar algo novo. Os arianos que aprendem a adiar a busca do novo até que o antigo esteja concluído alcançam grande sucesso em sua carreira e na vida profissional, em sentido amplo.

De modo geral, os nativos de Áries apreciam que a sociedade os julgue por seus próprios méritos, com base em suas realizações e conquistas efetivas. Elogios recebidos lisonjeiramente soam falsos aos seus ouvidos.

AMOR E RELACIONAMENTOS

No amor e nas associações, os arianos gostam de parceiros gentis, táticos, passivos e diplomáticos — possuidores de charme social e de habilidades que eles próprios não têm. Os parceiros que escolhemos representam, amiúde, uma parcela oculta de nós mesmos — o eu que pessoalmente não conseguimos externar.

Os arianos tendem a partir agressivamente no encalço do que almejam. Costumam mergulhar de cabeça nas relações e no casamento. Isso se mostra particularmente verdadeiro quando tanto Vênus quanto o Sol se encontram em Áries. Se um ariano se encantar por você, não aceitará facilmente um "não" como resposta; tentará minar sua resistência e não desistirá até que você se renda.

Embora os arianos possam ser enervantes ao extremo em um relacionamento — sobretudo se não forem bem-compreendidos pelo cônjuge —, não é por crueldade ou malícia. Ocorre, apenas, que eles são tão independentes e seguros de si que dificilmente conseguem perceber o ponto de vista ou a posição dos outros. É por isso que necessitam de parceiros com transbordante traquejo social.

SEU HORÓSCOPO PESSOAL PARA 2022

Entre seus aspectos mais positivos destaca-se a honestidade. Um ariano é alguém com quem se pode contar e cujo posicionamento em relação a você será sempre bem claro. O que lhe falta em diplomacia é compensado em integridade.

VIDA DOMÉSTICA E FAMILIAR

Obviamente, é o ariano quem governa a casa. São os mandachuvas do lar. Mas os nativos do sexo masculino tendem a delegar muitas decisões domésticas à mulher, e as nativas de Áries também apreciam "cantar de galo". Ambos são jeitosos na labuta doméstica. Apreciam famílias numerosas e acreditam na importância do grupo. Os arianos, geralmente, são bons membros de família, embora parem pouco em casa, preferindo perambular por aí.

Considerando sua natureza notoriamente combativa e caprichosa, os nativos do signo revelam-se surpreendentemente suaves, gentis e até vulneráveis ao lidar com os filhos e com o cônjuge. O signo de Áries, regido pela Lua, ocupa a cúspide da Quarta Casa Solar, que é a do Lar e da Família. Sempre que os aspectos com a Lua estiverem harmônicos, produzindo influências favoráveis, o nativo se mostrará terno com a família e buscará sustento e apoio na vida familiar. Os arianos apreciam regressar ao lar, no fim de um dia árduo na batalha da vida, para os braços compreensivos do cônjuge e para o apoio e o amor incondicionais que a família oferece. Sentem que há contendas demais lá fora, e embora adorem participar delas, quando regressam à casa, querem apenas desfrutar o conforto e o aconchego domésticos.

ÁRIES
PREVISÃO ANUAL PARA 2022

TENDÊNCIAS GERAIS

A vida começou a ficar mais fácil para os arianos no fim de 2020 e em 2021. A saúde e a energia melhoraram muito, e essa tendência continua em 2022. Já falaremos sobre isso.

Este ano também será feliz em outros sentidos. Em 2022, Júpiter entrará no seu signo. Isso acontecerá no dia 11 de maio. Em movimento retrógrado, ele sairá de Áries no dia 29 de outubro e voltará em 21 de dezembro. (O comportamento de Júpiter é um pouco diferente este ano — ele passa cerca de seis meses na sua Casa Doze e seis meses na Casa Um. Normalmente ele permanece na mesma casa por boa parte do ano.) A entrada de Júpiter no seu signo trará prazer pessoal, diversão, sorte, viagens internacionais, felicidade e sucesso gerais. (Essa também é uma tendência para o próximo ano.) Mulheres em idade reprodutiva estarão muito férteis este ano. É um trânsito maravilhoso para estudantes universitários, em especial para quem estiver tentando entrar na faculdade. Você será bastante requisitado. As universidades correrão atrás de você, não o contrário. Questões jurídicas também serão beneficiadas — se você estiver envolvido nesse tipo de situação.

O ano de 2022 também é promissor para estudantes do ensino básico. Marte (o regente do seu mapa) passará uma quantidade anormal de tempo na Casa Três da Comunicação e dos Interesses Intelectuais. Ele entrará lá no dia 20 de agosto (e permanecerá por mais de quatro meses). Isso indica foco, e foco gera sucesso.

A vida financeira será positiva neste ano, mas ficará melhor em 2023. Falaremos mais sobre esse assunto daqui a pouco.

Já faz muitos, muitos anos que Plutão ocupa sua Casa Dez da Carreira. Ele permanece lá neste ano, mas está se preparando para sair. Isso acontecerá em 2023. Então, faz muito tempo que você lida com mortes e questões ligadas à morte. Seu pai, sua mãe ou uma figura parental pode ter passado por crises — talvez cirurgias ou experiências de quase morte. Sua trajetória de carreira foi transformada (esse é o trabalho de Plutão). Você encontrará seu trabalho dos sonhos em pouquíssimo tempo.

Netuno está na sua Casa Doze há vários anos. Isso faz você sofrer influências espirituais muito fortes. Este ano, com Júpiter também na Casa Doze da Espiritualidade, a vida espiritual se torna ainda mais relevante e feliz. Revelações espirituais importantes estão acontecendo — que também levam a revelações mundanas, práticas. Já falaremos mais sobre esse assunto.

SEU HORÓSCOPO PESSOAL PARA 2022

As suas principais áreas de interesse este ano serão: corpo, imagem e aparência física (entre 11 de maio e 29 de outubro, e de 21 de dezembro em diante); dinheiro; comunicação e interesses intelectuais (a partir de 20 de agosto); carreira; amigos, grupos e atividades em grupo; espiritualidade (o ano todo, mas especialmente entre 1º de janeiro e 11 de maio, e entre 29 de outubro e 21 de dezembro).

Os caminhos de maior realização serão: dinheiro (a partir de 19 de janeiro); espiritualidade (entre 1º de janeiro e 11 de maio, e de 29 de outubro a 21 de dezembro); corpo, imagem e aparência física (entre 11 de maio e 29 de outubro, e de 21 de dezembro em diante).

SAÚDE

(Esta é uma perspectiva astrológica sobre a saúde, não uma visão médica. No passado essas perspectivas eram idênticas, mas hoje podem ocorrer diferenças significativas. Para obter uma opinião com base em diagnósticos da medicina convencional, consulte seu médico ou um profissional da área da saúde.)

Sua saúde e energia têm melhorado a cada ano. Em 2022 há apenas um planeta lento — Plutão — fazendo aspecto tenso com você. Mesmo assim, a maioria dos arianos não sente essa tensão. Apenas os nascidos no fim do signo de Áries (entre 15 e 20 de abril) têm essa propensão. Todos os outros planetas lentos fazem aspecto harmonioso com você ou não o afetam. Então a saúde e a energia estarão bem. Se você tem doenças preexistentes, elas lhe darão uma folga neste período. Não parecerão tão severas quanto o normal.

Em termos de saúde, este será um ano vantajoso, mas haverá momentos de dificuldade nessa área. Isso ocorre devido a trânsitos de planetas rápidos. Não são tendências para o ano todo. Quando esses momentos difíceis passarem, a boa saúde e os bons níveis de energia de sempre voltarão.

Sua Casa Seis vazia também é um sinal positivo para a saúde. Você não precisa se concentrar demais nela. "Não procure pelo em ovo", diz o ditado.

Júpiter, como mencionado antes, passará metade do ano (com idas e vindas) no seu signo. Isso significa mais fertilidade nas mulheres em idade reprodutiva. Para outros, pode significar aumento de peso (por aproveitar demais a vida). Então, é recomendável ficar de olho na balança.

Apesar de a saúde estar boa, é possível torná-la ainda melhor. Dê mais atenção aos seguintes pontos — as áreas vulneráveis no seu mapa.

Cabeça, rosto e couro cabeludo. São sempre importantes para os arianos. Massagens regulares no couro cabeludo e no rosto são benéficas. A terapia craniossacral também faz bem.

Braços, ombros, pulmões, brônquios, intestino delgado e sistema respiratório. Também são sempre muito importantes para os arianos. Massagens regulares nos braços e ombros são benéficas. A tensão tende a se acumular nos ombros e precisa ser aliviada.

Musculatura. Também é importante para os arianos, então é fundamental ter um bom tônus muscular. Não precisa ser fisiculturista; basta ter uma musculatura fortalecida. Músculos fracos ou flácidos podem desalinhar a espinha e o esqueleto, gerando vários problemas. Portanto, exercícios físicos vigorosos são benéficos — levando em consideração sua idade e fase da vida.

Glândulas suprarrenais. Os reflexos aparecem no seu mapa. O principal é evitar a raiva e o medo, as duas emoções que estressam essas glândulas.

Seu Planeta da Saúde, Mercúrio, se move rapidamente. Durante o ano, ele passa por todos os 12 signos e casas do seu mapa. (Em 2022, passará duas vezes por Capricórnio.) É por isso que existem muitas tendências rápidas de saúde que dependem da posição de Mercúrio e dos aspectos que o afetam. Isso será abordado com mais profundidade nos relatórios mensais.

Mercúrio fica retrógrado três vezes por ano. São épocas para evitar tomar decisões importantes sobre a saúde, fazer procedimentos ou exames. A probabilidade de erro aumenta muito. Neste ano, Mercúrio ficará retrógrado entre 14 de janeiro e 3 de fevereiro; 10 de maio e 2 de junho; 10 de setembro e 1º de outubro. Esta última retrogradação será bem mais forte do que as primeiras. Muitos outros planetas também estarão retrógrados nesse período, criando um efeito cumulativo.

LAR E FAMÍLIA

Sua Casa Quatro do Lar e da Família não se destaca em 2022. Apenas planetas rápidos a ocupam por pouco tempo. Interpreto isso como um bom sinal. É uma tendência a manter as coisas como estão. Você não sente nenhuma necessidade urgente de fazer mudanças significativas nessa área. Além disso, no ano passado dois planetas importantes saíram da sua Casa Dez (onde formavam aspectos tensos com a Casa Quatro), então seu lar deve estar mais tranquilo neste ano. Você vai ter mais facilidade para equilibrar objetivos de carreira e família.

Lembre que teremos dois eclipses lunares em 2022: um no dia 16 de maio e outro em 8 de novembro. Como a Lua rege sua Casa Quatro, todo eclipse lunar afeta seu lar e sua família. Mas você passa por esses momentos duas vezes (talvez três) por ano. Por isso, situações dramáticas podem acontecer na vida dos seus familiares. As pessoas tendem a descontar sentimentos reprimidos há muito tempo (geralmente negativos) em parentes e em si mesmos. É comum que seja necessário fazer consertos na casa. Porém, como mencionado, você passa por isso duas vezes por ano, então a esta altura já deve saber lidar com essas coisas. Os problemas tendem a ser rápidos.

Seu pai, sua mãe ou uma figura parental pode ter passado por muitas situações pessoais dramáticas nos últimos vinte anos — cirurgias ou talvez experiências de quase morte. Em alguns casos, houve uma morte física real. Mas boa parte disso ficou para trás agora, como já mencionei aqui.

Seu pai, sua mãe ou uma figura parental parece muito focado nas finanças e provavelmente terá um bom ano no sentido financeiro. (Você parece estar envolvido com essa questão entre 6 de março e 15 de abril.) Seria bom para eles receber massagens nos pés e curas espirituais regularmente e, mais para o fim do ano, massagens no couro cabeludo e no rosto. É provável que algum deles se mude depois do dia 11 de maio — e isso pode acontecer no próximo ano também.

Filhos ou figuras filiais terão um ano sem muitas novidades no que se refere a lar e família. É improvável que ocorram mudanças de casa. Se eles são casados, seus casamentos estão sendo testados. Há muita tensão nessa área. Isso não necessariamente significa um término — apenas que é necessário se esforçar mais para manter a união. Se forem solteiros, é improvável que se casem neste ano.

Se você tiver netos (ou pessoas que ocupem esse papel na sua vida), é provável que eles se mudem. Na parte final do ano, se tornarão mais férteis do que o normal. Será um ano positivo para eles.

Irmãos ou figuras fraternas terão um ano sem muitas novidades no que se refere a lar e família. A partir de 20 de agosto, eles precisarão ser mais atentos ao plano físico.

DINHEIRO E CARREIRA

A vida financeira tem destaque no seu mapa de 2022. Já faz muitos anos que isso acontece. Na Casa do Dinheiro, Urano causou muita movimentação (e continuará essa tendência). O planeta trouxe uma necessidade de fazer experimentos e inovar nas finanças. Você deixa de lado todas as regras — tudo que podemos ou não podemos fazer — e descobre o que funciona para a sua vida com base em tentativas, erros e testes. Nem sempre aquilo que é certo para os outros dá certo para você, e as coisas que lhe disseram para evitar podem acabar sendo ideais no seu caso. Só existe uma maneira de descobrir: tentando, experimentando. Nem todos os testes darão certo, mas isso não importa; pelo menos, você aprendeu o que não deve fazer.

Urano é o mestre genérico da Casa Onze dos Amigos, Tecnologia, Ciência, Astrologia e Astronomia. (No seu mapa, ele é o regente real de todas essas coisas também.) Assim, todas essas áreas são opções interessantes para carreiras, negócios ou investimentos. O mundo virtual também parece muito importante no sentido financeiro. Há vários tipos de empresas virtuais por aí e elas são boas opções para investimentos ou escolha profissional. Seu conhecimento tecnológico é fundamental para suas finanças. Então, mantenha-se atualizado. Você gastará mais dinheiro com tecnologia, mas também ganhará com ela. Esses gastos parecem bons investimentos.

Os contatos sociais também se tornam importantes para a área financeira. Você terá amigos ricos neste ano e eles lhe oferecerão oportunidades.

Urano na Casa do Dinheiro deixa a vida financeira mais animada. Aqui não há espaço para o tédio. Dinheiro e oportunidades podem surgir a qualquer momento, de qualquer lugar. Com frequência, de formas como você nunca imaginou. Os ganhos também podem ser mais erráticos nessa fase (como já acontece há alguns anos). Em certos momentos, eles podem ser maiores do que você sonhava, mas existem períodos de escassez. Então seria bom guardar um pouco do dinheiro da época de abundância para ajudar nas fases ruins. Se você for dono do próprio negócio, é necessário gerenciar e "espaçar" seus lucros.

Apesar de 2023 ser mais próspero do que 2022, este ano será financeiramente positivo. Júpiter entrará em Áries no dia 11 de maio e permanecerá lá por quase seis meses. (Ele passará o período entre 29 de outubro e 11 de dezembro de volta em Peixes.)

Júpiter no seu signo traz uma vida boa — uma vida de luxo. Independentemente do quanto você ganha, sua rotina se tornará mais sofisticada. As pessoas vão encarar os arianos como pessoas prósperas e você encarnará esse papel. Viagens e prazeres sensoriais surgirão no seu caminho. Júpiter garantirá que os arianos consigam bancar essa vida.

Júpiter traz otimismo e confiança. Assim, há a sensação de que você é mais do que capaz de lidar com quaisquer desafios que possam aparecer.

Em termos de carreira, os últimos anos foram de atividade intensa — muito intensa. Em 2021, as coisas se acalmaram.

E essa é a situação neste ano. Você pagou suas dívidas. Correu atrás do sucesso. Agora está colhendo o resultado do seu trabalho. Novos amigos surgem — amigos bem-sucedidos. Você se envolve com pessoas que podem ajudar sua carreira. Seus contatos podem ser tão importantes quanto suas habilidades profissionais.

Esta é uma fase de muita ousadia financeira e a mesma tendência ocorre na sua abordagem gerencial. Você está disposto a tentar novas táticas e ideias, está pronto para inovar. Parece menos controlador. Além disso, nos últimos anos, você teve chefes muito rígidos e difíceis de agradar. Essa tendência melhora agora.

A tecnologia é importante para a vida financeira e parece igualmente importante para a sua carreira. O conhecimento tecnológico impulsiona seu trabalho. Você tem o mapa de alguém que trabalha no mundo da tecnologia ou da internet. É esse tipo de empresa e de emprego que chama a sua atenção.

AMOR E VIDA SOCIAL

Este não é um ano com muito destaque para o amor e a vida social. Em primeiro lugar, a Casa Sete do Amor está vazia. Apenas planetas rápidos passam por ela neste ano. Além disso, TODOS os planetas lentos estão no setor leste, independentemente do seu mapa. Faz muitos anos que isso acontece, mas em 2022 a tendência se evidencia. Apesar de o seu setor ocidental social se fortalecer mais adiante no ano, ele nunca será dominante.

Então, este é um ano do "eu". O objetivo é colocar ordem no seu corpo e nos seus desejos pessoais, se concentrando mais na realização das suas vontades do que na dos outros. Se você ficar feliz, os outros também ficarão (com o tempo). Cuide da pessoa mais importante.

Para os solteiros, não há qualquer aspecto contra casamento este ano. Mas nenhum que o favoreça também. Você simplesmente não parece interessado no assunto. Obviamente, você sairá com pessoas e terá uma vida social ativa, mas o frio na barriga não aparecerá.

Para os casados ou arianos em um relacionamento estável, 2022 não apresenta grandes mudanças.

Você está muito mais focado no dinheiro, na carreira e na vida espiritual do que na social. Alguns períodos são assim.

Vênus é o seu Planeta do Amor. Como os leitores assíduos sabem, esse é um planeta que se move rápido. Durante o ano, passará por todos os signos e casas do seu mapa. (Em 2022, passará duas vezes por sua Casa Dez.) Então há muitas tendências no amor em curto prazo, dependendo da posição de Vênus e dos tipos de aspectos que ele faz. Falaremos mais sobre isso nos relatórios mensais.

Vênus estará retrogrado entre os dias 1º e 28 de janeiro. Isso complicará um pouco a vida amorosa. Os relacionamentos parecem andar para trás, e não para a frente. O tato e o bom senso social fogem do habitual. Não é uma boa ideia tomar decisões românticas (ou financeiras) importantes nesse período.

O casamento dos pais ou de figuras parentais está mais fácil em 2022. Ele foi testado nos últimos anos. Irmãos ou figuras fraternas solteiros terão uma vida social mais intensa após o dia 11 de maio. Há oportunidades no mundo virtual e nas redes sociais.

Filhos e figuras filiais, como mencionado, passam por desafios nos relacionamentos. Solteiros não apresentam a tendência a casar.

Netos (ou as pessoas que ocupam esse papel na sua vida) provavelmente não casarão neste ano. Não há nada contra casamento, mas também não há nada a favor.

Apesar de o romance não ser o foco de 2022, a área das amizades parece muito importante e feliz. Conforme mencionamos, você vai socializar com pessoas bem-sucedidas e ilustres. Riqueza e sucesso chamam sua atenção. Você faz amigos enquanto vai atrás da realização de objetivos financeiros e de carreira. Há uma atração por pessoas envolvidas com as suas finanças e o seu trabalho.

AUTOAPRIMORAMENTO

Como já foi mencionado, este ano é muito espiritual — bem mais que os anos anteriores. Não apenas Netuno está na sua Casa Doze como Júpiter também. Nessa posição, Netuno favorece o misticismo. Ele nos mostra como transcender o mundo material — ver além dele — e encarar a vida sob uma perspectiva superior. A mera capacidade de transcender pode ser a solução para muitos problemas. Situações que parecem impossíveis de superar enquanto você está com os pés no chão são vistas como "bobagens" quando observadas de um avião. Do alto é possível enxergar que a avenida engarrafada que causava tanta preocupação ou frustração não é nada — apenas um percalço —, e como isso se resolve rápido. Você consegue ver isso lá de cima.

Júpiter na Casa Doze é um pouco diferente. Ele não traz apenas transcendência, mas discernimento quanto às leis espirituais. Há certa racionalidade. A compreensão das leis espirituais ajuda você a aplicá-las. Enquanto Netuno não se preocupa com nenhuma religião específica — Netuno está acima das religiões —, Júpiter é religioso. Toda religião verdadeira se baseia em leis espirituais e tenta codificá-las no comportamento de seus seguidores. Assim, neste ano você terá uma percepção mais profunda de todas as religiões, em especial daquela em que nasceu.

Enquanto a influência de Netuno pode levar uma pessoa a rejeitar TODAS as religiões, a influência de Júpiter nos leva a compreender as origens espirituais e místicas da sua própria religião. Cada uma tem um lado místico e este é o ano para descobri-lo.

Sua prática espiritual está com a corda toda em 2022. Sonhos são hiperativos e muito reveladores. Seria bom manter um diário dos sonhos. Boa parte deles fará sentido mais tarde, porém os sonhos são muito importantes neste período. Na verdade, eles são tão ativos — e tão interessantes — que pode existir o perigo de a vida rotineira ser ignorada. Os sonhos, nos quais não existe limitações ou barreiras físicas, são muito mais interessantes. Mas os arianos gostam de ação — de ação física —, então você corre pouquíssimo risco.

Suas capacidades espirituais — percepção extrassensorial, intuição, habilidades psíquicas — estão muito mais fortes do que no ano passado. (Elas já estavam fortes, porém se fortalecem ainda mais agora.)

Este é um ano para muitas experiências sobrenaturais — sincronicidades, presciência, proteções miraculosas e assim por diante. O mundo espiritual está ativo para você e mostrando sua presença.

A maioria dos arianos está seguindo um caminho espiritual e, se esse não for o seu caso, este é o ano para começar.

Para mais informações sobre o assunto, visite meu site [em inglês], *www.spiritual-stories.com*.

PREVISÕES MENSAIS

JANEIRO

Melhores dias: 1º, 8, 9, 18, 19, 27, 28
Dias mais tensos: 2, 3, 16, 17, 23, 24, 29, 30
Melhores dias para o amor: 2, 3, 11, 12, 21, 22, 23, 24, 29, 30
Melhores dias para o dinheiro: 2, 3, 6, 11, 12, 16, 21, 22, 25, 29, 30
Melhores dias para a carreira: 2, 3, 4, 5, 13, 14, 23, 24, 29, 30, 31

Um mês bem-sucedido, porém complicado. Você passa pelo ápice profissional até o dia 20 — e muitos arianos continuarão no auge mesmo depois disso. A Casa Dez da Carreira está carregada de planetas — então é aí que seu foco precisa estar. Em contraste, a Casa Quatro está vazia — apenas a Lua passará por lá entre os dias 16 e 17. A melhor forma de beneficiar sua família é sendo bem-sucedido. O sucesso exterior trará harmonia e bem-estar emocional.

Marte, o regente do seu mapa, entra na Casa Dez da Carreira no dia 25. Isso também indica sucesso, porém de maneira mais pessoal. O sucesso não depende apenas da sua capacitação profissional, mas também de quem você é — sua aparência e seu comportamento geral são fatores importantes para o sucesso. No seu mundo, você é uma celebridade durante este mês.

Aqui vão os problemas. Marte, o regente do seu mapa, fica "fora dos limites" a partir do dia 12. Assim, você está funcionando fora do prumo. Provavelmente não há respostas nas suas imediações normais e você precisa se afastar delas. Isso leva à insegurança. Você saiu da zona de conforto.

Vênus, que rege tanto o dinheiro quanto o amor no seu mapa, está retrógrado até o dia 28. Isso causa problemas e atrasos nas duas áreas. Não é aconselhável tomar decisões amorosas ou financeiras importantes nesse período. Pense mais nas coisas. Nem tudo é o que parece. Busque clareza.

Apesar da retrogradação de Vênus, o mês deve ser próspero. Vênus tem uma posição vantajosa — está na Casa Dez. Isso costuma indicar aumentos de salário — oficiais ou não — e apoio financeiro de chefes, pais e superiores. Mas podem ocorrer atrasos nessas questões.

A saúde precisa de mais atenção em janeiro. A longo prazo ela está boa, mas este não é o melhor período. A situação melhora um pouco após o dia 20, porém você ainda precisa ir devagar, descansar e relaxar mais. Não é um bom momento para fazer exames médicos ou procedimentos. É melhor que eles ocorram antes do dia 14 ou que você espere até o próximo mês.

FEVEREIRO

Melhores dias: 5, 6, 14, 15, 24, 25
Dias mais tensos: 12, 13, 19, 20, 26, 27
Melhores dias para o amor: 7, 8, 17, 18, 19, 20, 27
Melhores dias para o dinheiro: 2, 3, 7, 8, 12, 13, 17, 18, 21, 22, 27
Melhores dias para a carreira: 1º, 9, 10, 11, 19, 20, 26, 27, 28

A saúde e a energia melhoram neste mês, mas ainda precisam de atenção. Seu Planeta da Saúde, Mercúrio, voltará ao trânsito direto no dia 4. Massagens nas costas e nos joelhos serão melhor aproveitadas até o dia 15. Depois disso, massagens nos tornozelos e panturrilhas farão bem. Até o dia 15, você parece muito conservador sobre questões de saúde, mas isso mudará depois. Você se tornará mais experimental e aberto a terapias alternativas. Certifique-se de tomar ar fresco suficiente após o dia 15. E, como sempre, faça uma pausa ao se sentir cansado. Escute as mensagens do seu corpo.

Muitas das complicações do mês passado estão se resolvendo agora. Em primeiro lugar, depois do dia 4, TODOS os planetas retomam o trânsito direto. Assim, existe compreensão e movimentação — no mundo e nas suas questões pessoais. O ritmo da vida acelera — do jeito que você gosta. Marte continua "fora dos limites", mas volta ao normal no dia 10. Isso traz uma sensação de segurança. Você se sente mais firme.

SEU HORÓSCOPO PESSOAL PARA 2022

Apesar de, tecnicamente, o ápice profissional ter passado, o trabalho continua sendo importante e você ainda parece muito bem-sucedido. Marte, o regente do seu mapa, passa o mês na Casa Dez da Carreira. Você parece estar melhor do que todos ao seu redor.

Vênus também passa o mês na Casa Dez. Você tende a ser prático no amor. Com os pés no chão. O poder lhe atrai — pessoas influentes e prestigiosas — e você vai conhecer esse tipo de gente. Sua carreira avança por meios sociais, e também pela sua aparência e comportamento gerais.

Para os solteiros, existe um aspecto interessante para o amor entre os dias 25 e 28, quando Marte e Vênus fazem conjunção. Além disso, é um período excelente para as finanças.

É um mês positivo para a vida financeira. Aumentos de salário — oficiais ou não — ainda podem acontecer. Chefes, pais e superiores apresentam tendências favoráveis aos seus objetivos financeiros. Além disso, Vênus em Capricórnio oferece conselhos financeiros sábios e perspectiva a longo prazo sobre dinheiro. Você é a imagem da riqueza neste período.

MARÇO

Melhores dias: 4, 5, 14, 15, 23, 24
Dias mais tensos: 11, 12, 13, 18, 19, 25, 26
Melhores dias para o amor: 9, 18, 19, 27, 28
Melhores dias para o dinheiro: 2, 3, 6, 7, 8, 9, 11, 12, 18, 19, 21, 22, 27, 28, 30, 31
Melhores dias para a carreira: 1º, 9, 10, 18, 19, 25, 26, 27, 28

Um mês muito feliz e próspero para os arianos, aproveite! Há tantas coisas maravilhosas acontecendo. As tensões de curto prazo causadas por planetas rápidos estão indo embora. No dia 6 haverá apenas um único planeta — lento — fazendo um aspecto tenso, e todos os outros estarão em harmonia ou sem causar incômodos. Então, sua saúde e energia estão excelentes. Se você quiser, pode melhorá-las ainda mais com massagens nos tornozelos e panturrilhas até o dia 10; massagens completas nos pés entre os dias 10 e 27; e massagens no rosto e couro cabeludo a partir do dia 27. Técnicas de cura espiritual são extremamente poderosas entre os dias 10 e 27, em especial entre os dias 20 e 23. Caso você se sinta indisposto, procure algum tipo de terapeuta espiritual.

Você tem energia. Todos os planetas estão em movimento direto. Quando o Sol entrar em Áries no dia 20, você receberá a melhor energia para iniciar projetos neste ano. Mas é melhor esperar seu aniversário ou depois para lançar novas empreitadas ou produtos no mundo. Tanto seu ciclo solar universal quanto seu ciclo social pessoal estarão em destaque.

Por natureza, você é uma pessoa independente, mas agora é ainda mais. TODOS os planetas estão no lado leste do seu mapa neste mês. Assim, agora é o momento de criar a própria felicidade. Tome as rédeas da situação e faça as mudanças que precisam ser feitas. Se você estiver feliz, haverá muito menos sofrimento no mundo.

Março também é um mês extremamente espiritual. Você pode esperar revelações e experiências espirituais importantes. Seus sonhos serão ativos e reveladores — significativos.

Marte fará conjunção com Plutão entre os dias 2 e 4. É um trânsito muito dinâmico. Preste atenção no seu temperamento, evite conflitos e não tenha pressa. Talvez seja recomendado que você passe por uma cirurgia. Pode ocorrer um confronto psicológico com a morte — em geral não se trata de uma morte literal. Tratamentos de desintoxicação são especialmente poderosos.

ABRIL

Melhores dias: 1º, 2, 10, 11, 19, 20, 28, 29
Dias mais tensos: 8, 9, 15, 16, 21, 22
Melhores dias para o amor: 8, 15, 16, 17, 18, 25, 26, 27
Melhores dias para o dinheiro: 3, 4, 8, 9, 17, 18, 25, 26, 27, 30
Melhores dias para a carreira: 5, 6, 15, 16, 21, 22, 23, 24

Outro mês feliz e próspero para os arianos, aproveite! Nem o eclipse solar do dia 30 afetará muito a sua felicidade. Ele apenas colocará mais tempero na vida — deixará as coisas mais agitadas.

No mês passado, no dia 20, você começou um ápice de prazer pessoal anual. Essa tendência segue até o dia 20 de abril. É um período ótimo para mimar o corpo e aproveitar todos os prazeres sensuais. Crianças e figuras filiais parecem se dedicar a você. É um mês despreocupado. A independência pessoal está no auge do ano. Então, se você ainda não fez as mudanças que precisam ser feitas, agora é o momento.

Abril ainda é um mês muito favorável para começar novos projetos ou lançar novos produtos — especialmente depois do seu aniversário. Não apenas você recebe a melhor energia do ano para iniciar empreitadas como TODOS os planetas estarão em trajetória direta até o dia 29, garantindo que seus esforços recebam muita ajuda extra. A Lua estará crescente entre os dias 1º e 16, dando ainda mais impulso cósmico aos seus esforços.

No dia 20, o Sol entra na sua Casa do Dinheiro e você inicia um ápice financeiro anual. Os rendimentos devem aumentar. A sorte parece estar ao seu lado para fazer especulações. Você ganha dinheiro de formas felizes e o investe em coisas felizes. É um período de "dinheiro feliz".

O eclipse solar do dia 30 ocorre na Casa Dois. Isso indica uma necessidade de fazer mudanças e trocas de rumo na sua vida financeira. Os eventos do eclipse mostrarão quais das suas crenças monetárias estão equivocadas, permitindo que sejam corrigidas.

Todo eclipse solar afeta seus filhos e figuras filiais, e este não é exceção. Eles devem ter uma agenda mais tranquila. Podem ocorrer situações dramáticas com as pessoas com dinheiro na sua vida. Não é uma boa ideia fazer especulações durante o período do eclipse.

A saúde está boa, e você pode melhorá-la ainda mais com massagens na cabeça, rosto e couro cabeludo até o dia 11. Depois disso, massagens no pescoço farão bem. Não permita que as incertezas financeiras — algo muito normal — afetem sua saúde. Você é mais do que o seu extrato bancário.

MAIO

Melhores dias: 7, 8, 9, 16, 17, 25, 26
Dias mais tensos: 5, 6, 12, 13, 19
Melhores dias para o amor: 7, 8, 12, 13, 16, 17
Melhores dias para o dinheiro: 1º, 6, 7, 8, 16, 17, 25, 27, 28
Melhores dias para a carreira: 3, 4, 13, 19, 21, 22, 31

O eclipse lunar do dia 16 ocorre na Casa Oito. Então siga uma agenda mais relaxada neste período e evite atividades arriscadas. Esse tipo de eclipse costuma trazer confrontos psicológicos com a morte. É comum ter sonhos sobre a morte (ou quase morte) de pessoas conhecidas, talvez parentes. Todo eclipse lunar (e eles ocorrem, em média, duas vezes por ano) afeta sua área do lar e da família, e este não é diferente. É comum que consertos sejam necessários pela casa. Parentes tendem a ser mais temperamentais e você precisa ter mais paciência. Irmãos e figuras fraternas são obrigados a fazer ajustes financeiros.

Esses confrontos psicológicos com a morte não ocorrem para prejudicar ou punir você. É apenas a maneira do cosmos de lembrar que a vida é curta e pode acabar a qualquer momento. Chega de ficar enrolando — cumpra as tarefas que você veio cumprir.

Maio também é um mês próspero, já que seu ápice financeiro segue até o dia 21. Quando o Sol fizer conjunção com Urano entre os dias 4 e 5, ganhos monetários inesperados podem ocorrer de repente. Às vezes esse trânsito também traz despesas repentinas, mas o dinheiro para bancá-las virá.

A prosperidade também está presente em outros sentidos. Júpiter entra na Casa Um no dia 11 — um sinal clássico de prosperidade. Vênus, seu Planeta do Dinheiro, passa pelo Ascendente no dia 13 e entra na Casa Um. Isso traz sorte monetária. É como se o dinheiro estivesse correndo atrás de você, e não o contrário. É provável que você ganhe acessórios e roupas. Também é um bom período para comprar esse tipo de produto. Invista em si mesmo nesses dias. Adote a imagem de prosperidade. As pessoas o enxergarão sob essa perspectiva. A aparência é um fator importante para ganhar dinheiro.

O mesmo vale para o amor, que corre atrás de você. Nada especial precisa ser feito, apenas siga sua rotina. Os cônjuges, parceiros ou interesses amorosos atuais dos arianos serão mais carinhosos do que o normal.

A saúde está excelente.

JUNHO

Melhores dias: 4, 5, 13, 14, 21, 22
Dias mais tensos: 1º, 2, 3, 9, 10, 15, 16, 28, 29, 30
Melhores dias para o amor: 6, 7, 9, 10, 16, 26
Melhores dias para o dinheiro: 4, 6, 7, 13, 16, 21, 23, 24, 25, 26
Melhores dias para a carreira: 2, 3, 10, 15, 16, 18, 29, 30

No dia 11 de maio, Júpiter entrou no seu signo — um trânsito muito positivo e feliz. Ele permanecerá na Casa Um durante todo o mês. Marte entrou em Áries no dia 25 de maio e também passará o mês inteiro na Casa Um. São aspectos ótimos para a saúde e a energia. A autoestima e a confiança estão boas. A independência pessoal também está muito forte. Você tem energia de sobra e faz tudo rápido. Marte e Júpiter em conjunção (próximos um do outro) indicam um mês de conquistas positivas. A saúde está boa neste mês e, apesar de o Sol iniciar um aspecto tenso com você a partir do dia 21, isso não é suficiente para causar problemas.

Os movimentos retrógrados aumentam em junho. Ainda não chegam ao auge do ano, mas são maiores que os do mês passado.

Junho parece próspero. A conjunção entre Marte e Júpiter indica ganhos financeiros e sorte. Você tem mais sucesso com dinheiro. Há mais viagens, e parecem viagens felizes. O fato de Júpiter estar em Áries (e de Marte estar próximo de Júpiter) é um ótimo sinal para universitários ou estudantes que desejam entrar na faculdade. Você receberá surpresas agradáveis. Eu não estranharia se as faculdades recrutassem você —

corressem atrás de você. Os arianos que estiverem procurando bolsas de estudos por esportes terão oportunidades maravilhosas.

A prosperidade também é indicada por outros aspectos. Vênus, seu Planeta das Finanças, permanece na Casa do Dinheiro até o dia 23. Ele é forte ali, no próprio signo e casa. Os lucros devem aumentar. Vênus fará conjunção com Urano nos dias 10 e 11, o que pode trazer dinheiro inesperado. É um aspecto que indica ajuda financeira de amigos — eles trazem oportunidades monetárias. Talvez você precise fazer alguns ajustes de orçamento. Vênus na Casa do Dinheiro costuma indicar parcerias ou sociedades — essas oportunidades virão. No dia 23, Vênus passa para a Casa Três. Isso indica lucros com vendas, marketing, aulas, escrita e transações comerciais. Investidores devem prestar atenção em empresas de telecomunicação, transporte e mídia. O comércio também parece interessante. Sua lábia é um facilitador a partir do dia 23.

O amor está realista e prático neste mês até o dia 23. O sentimento é expresso de maneira material. É assim que você demonstra amor e se sente amado. Solteiros encontram oportunidades românticas enquanto vão atrás de seus objetivos financeiros ou com pessoas envolvidas com suas finanças.

JULHO

Melhores dias: 1º, 2, 10, 11, 18, 19, 20, 28, 29
Dias mais tensos: 6, 7, 12, 13, 26, 27
Melhores dias para o amor: 6, 7, 15, 26
Melhores dias para o dinheiro: 1º, 2, 6, 7, 10, 11, 15, 18, 19, 21, 22, 26, 28, 29
Melhores dias para a carreira: 7, 12, 13, 15, 24

A saúde e a energia precisam de mais atenção neste mês. Não há nada muito sério acontecendo, apenas tensões de curto prazo causadas por planetas rápidos. Você sentirá uma melhoria enorme após o dia 23. Nesse meio-tempo, certifique-se de descansar bastante. Você pode melhorar sua saúde com massagens nos braços e nos ombros até o dia 5. Respirar fundo e tomar ar fresco também pode ajudar. Entre os dias 5 e 19, a dieta se torna importante. Massagens no ponto do reflexo abdominal também ajudarão. É recomendável ter uma boa saúde emocional — humor e sentimentos positivos. Após o dia 19, massagens no ponto do reflexo cardíaco e no peito farão bem.

A movimentação retrógrada aumenta ainda mais em julho, apesar de continuarmos longe do auge do ano. Trinta por cento dos planetas entram em retrogradação até o dia 28, passando para quarenta por cento depois disso.

O poder planetário neste mês está abaixo do horizonte no seu mapa — o lado noturno. A Casa Quatro da Família é facilmente a mais forte, por isso o foco deve ser seu lar, seus parentes e sua situação doméstica — principalmente curas emocionais. Este é um mês para aprimorar as forças interiores para o futuro impulso na carreira que acontecerá em alguns meses.

Marte, o regente do seu mapa, entrará na Casa do Dinheiro no dia 5 e permanecerá lá pelo restante do mês. Esse é um aspecto positivo para os lucros. Indica foco. Júpiter continua em Áries durante julho — muito perto do Ascendente. Então é um mês próspero.

Vênus, seu Planeta do Amor e do Dinheiro, estará em Gêmeos, na Casa Três, até o dia 18. Assim como no mês passado, o dinheiro virá das suas habilidades de comunicação. Atividades de escrita, ensino, blogs, vendas, propaganda, negociações e transações comerciais continuam favorecidas. Não importa o que você faça, é fundamental ter um bom marketing e relações públicas.

O amor está no ar até o dia 18. Não é necessário ir muito longe para encontrá-lo. Para os solteiros, há oportunidades em ambientes educacionais — escolas, palestras, seminários e até livrarias. Após o dia 18, oportunidades para o romance acontecem por intermédio da família e de amigos de parentes.

AGOSTO

Melhores dias: 7, 8, 15, 16, 25, 26
Dias mais tensos: 2, 3, 9, 10, 22, 23, 29, 30
Melhores dias para o amor: 2, 3, 4, 5, 15, 25, 26, 29, 30
Melhores dias para o dinheiro: 4, 5, 7, 15, 17, 18, 25, 26
Melhores dias para a carreira: 3, 9, 10, 12, 21, 30

Os movimentos retrógrados aumentam ainda mais em agosto. A partir do dia 24, cinquenta por cento dos planetas estarão andando para trás. A principal lição para o ariano é paciência. Você gosta de agilidade — de rapidez —, mas este não é o mês para isso. Devagar é mais rápido. Seja perfeito em todas as suas ações. Não existem atalhos agora.

A saúde e a energia estão bem, bem melhor — muitíssimo melhor — do que no mês passado. Isso se traduz em um mês feliz. O desafio é usar esse dom da energia — esse dom da força vital — de forma positiva. A maioria das pessoas não sofre por "falta de força", mas por usar a força que tem do jeito errado.

No último mês, no dia 23, você começou um ápice de prazer pessoal anual. Essa tendência continuará (e ficará ainda mais forte) até o dia 23. É um momento para explorar sua criatividade pessoal e aproveitar atividades de lazer. Tire férias das suas responsabilidades e preocupações e explore as alegrias da vida. Quando você deixa de lado seus deveres, é comum descobrir que problemas insolúveis têm solução — naturais e normais.

Marte faz conjunção com Urano entre os dias 1º e 2. Esse é um aspecto muito dinâmico. Preste mais atenção no plano físico. Tome cuidado com seu temperamento e dirija com mais atenção. É provável que você queira testar seu corpo, mas faça isso de forma atenta e segura.

Marte permanece na Casa do Dinheiro até o dia 20, então agosto é próspero (Júpiter permanece em Áries por todo o mês também). Quem estiver buscando trabalho terá duas oportunidades de emprego neste mês. A Lua Nova do dia 27 esclarecerá ainda mais a situação profissional conforme o mês progride, e até no mês seguinte.

Há felicidade no amor. Apaixonado, você parece estar com o humor instável. Entrar no clima certo é o principal desafio. As coisas mudam no dia 12, quando Vênus entra na Casa Cinco. O amor precisa ser divertido. Não se concentre tanto nas dificuldades — você lidará com elas no momento certo. Pessoas divertidas chamam mais a sua atenção.

SETEMBRO

Melhores dias: 3, 4, 11, 12, 21, 22, 30
Dias mais tensos: 5, 6, 18, 19, 20, 26, 27
Melhores dias para o amor: 4, 5, 13, 14, 15, 26, 27
Melhores dias para o dinheiro: 3, 4, 5, 11, 13, 14, 15, 21, 30
Melhores dias para a carreira: 5, 6, 7, 8, 16, 17, 26, 27

Os movimentos retrógrados aumentam ainda mais neste mês. Sessenta por cento dos planetas — uma porcentagem imensa — estarão retrógrados a partir do dia 10. Esse é o auge do ano. Então, assim como no mês passado (ainda mais do que no mês passado) a palavra-chave é paciência, paciência, paciência. Não há atalhos nestes dias. Atalhos são ilusões e podem causar até mais atrasos. Diminua o ritmo e faça tudo com perfeição. Isso minimizará — mas não eliminará — os vários obstáculos e atrasos pelo caminho.

Com tanta retrogradação (inclusive do seu Planeta da Saúde, Mercúrio, a partir do dia 10), este não é um bom momento para cirurgias, exames ou procedimentos médicos. Se puder, remarque tudo para outra época.

A saúde está boa em setembro, mas precisa ser observada após o dia 23. A boa notícia é que você está focado na saúde, prestando muita atenção, até esse dia e isso será de grande ajuda mais tarde. Não há nenhum aspecto muito grave, apenas uma tensão de curto prazo causada por planetas rápidos. Mesmo assim, com menos energia geral, problemas preexistentes podem dar as caras. Melhore sua saúde com mais descanso e massagens no baixo-ventre até o dia 24, e massagens no quadril depois disso. A região do reflexo dos rins deve ser massageada após o dia 24.

Vênus, seu Planeta do Amor e do Dinheiro, passa pelo solstício entre 30 de setembro e 3 de outubro. Isso significa que ele faz uma pausa no céu (em seu movimento latitudinal) e depois muda de direção. Então isso também acontece no sentido financeiro e social. É uma pausa que traz renovação.

Temos dois grandes trígonos raros neste mês — um nos signos de Terra (que começou no mês passado) e o outro nos signos de Ar. Veja bem, um grande trígono já é bem raro. Em setembro, teremos dois, e essa é uma boa notícia. Apesar dos atrasos e dos movimentos retrógrados, coisas boas acontecerão. Suas habilidades de comunicação e gerenciamento se destacam muito.

No dia 23, o Sol entra na Casa Sete e fica lá pelo restante do mês. Começa um ápice na vida amorosa e social anual. Você vai a mais festas e sai com uma frequência maior. Solteiros têm muitas oportunidades românticas.

OUTUBRO

Melhores dias: 1º, 9, 10, 18, 19, 27, 28
Dias mais tensos: 2, 3, 16, 17, 23, 24, 30
Melhores dias para o amor: 4, 5, 13, 14, 23, 24, 25
Melhores dias para o dinheiro: 4, 5, 8, 9, 11, 12, 13, 14, 18, 25, 26, 27
Melhores dias para a carreira: 2, 3, 4, 5, 13, 14, 23, 24, 30

Os movimentos retrógrados continuam intensos, mas estão diminuindo em comparação com o mês passado. Entre trinta e quarenta por cento dos planetas estarão retrógrados. Talvez a retrogradação mais significativa seja a de Marte, que começa no dia 30. Marte é o regente do seu mapa — um planeta muito importante. Seu movimento retrógrado indica uma necessidade de ter mais clareza sobre objetivos pessoais — sobre o tipo de imagem e aparência que você quer projetar para os outros. Talvez você se sinta sem rumo. Talvez sinta que está caminhando para trás e não para a frente. Apesar de o amor estar disponível, você não tem certeza do que quer. Então, busque encontrar maior elucidação nesse sentido.

Seu ápice na vida amorosa e social permanece até o dia 23. Há muitas oportunidades românticas para os solteiros. O problema, como mencionado antes, é você. Talvez você comece a fugir de romances sérios a partir do dia 20.

A saúde precisa de atenção, mas é uma questão momentânea. A partir do dia 23, você verá uma melhoria imensa. Pode ser que a responsabilidade por isso seja atribuída a um terapeuta, um remédio ou uma poção mágica. Mas a realidade é que os planetas mudaram para favorecer você e eles foram os únicos meios usados pelo cosmos para melhorar as coisas. Nesse meio-tempo, sua saúde se beneficiará de massagens no baixo-ventre até o dia 11, e de massagens no quadril entre os dias 11 e 30. Também faz bem massagear a região do reflexo dos rins após o dia 11. Para você, entre os dias 11 e 30, uma boa saúde significa uma boa saúde social. Então, se problemas de saúde surgirem, reestabeleça a harmonia entre amigos e entes queridos o mais rápido possível.

Um eclipse solar ocorre no dia 25, na sua Casa Oito. Esse eclipse não é tão forte. Ele é parcial e não impacta outros planetas. Mesmo assim, não faz mal reduzir seus compromissos. O eclipse pode trazer encontros (psicológicos) com a morte. Eles serão cartas de amor do cosmos. Leve a vida mais a sério. Seu cônjuge, parceiro ou interesse amoroso atual precisa fazer mudanças financeiras importantes. Filhos e figuras filiais passam por momentos pessoais dramáticos. Eles também devem ter uma agenda mais tranquila.

Três planetas passam pelo solstício neste mês (algo muito incomum) — Vênus, Mercúrio e Júpiter. Eles fazem uma pausa no céu (no seu movimento latitudinal) e mudam de direção. Depois há um intervalo e uma mudança de rumo em questões judiciais e de educação superior (Júpiter) entre os dias 1º e 16; uma pausa em questões de saúde e trabalho (Mercúrio) entre os dias 13 e 16; e uma pausa em questões românticas e financeiras (Vênus) entre os dias 1º e 3.

NOVEMBRO

Melhores dias: 5, 6, 15, 16, 24, 25
Dias mais tensos: 12, 13, 19, 20, 26, 27
Melhores dias para o amor: 3, 4, 13, 19, 20, 23, 24
Melhores dias para o dinheiro: 3, 4, 7, 8, 13, 14, 23, 24
Melhores dias para a carreira: 1º, 2, 10, 11, 19, 20, 26, 27, 28, 29

No dia 29 de outubro, Júpiter, em movimento retrógrado, saiu de Áries e voltou para Peixes, na Casa Doze. Então a espiritualidade voltou a ter importância. Várias coisas boas estão se preparando para acontecer, e você precisa estar pronto tanto no sentido mental quanto no místico. Concentre-se na prática espiritual.

No dia 8, temos um eclipse lunar na sua Casa do Dinheiro. Esse eclipse parece muito forte. Em primeiro lugar, é um eclipse total. (Os povos indígenas norte-americanos o chamam de "lua de sangue".) Mais importante do que isso é o fato de que ele terá impacto sobre outros três planetas: Mercúrio, Urano e Vênus. Muitas áreas da sua vida serão afetadas. Tenha uma agenda mais tranquila nesse período, até mesmo alguns dias antes e depois do eclipse. As coisas que precisam ser feitas devem ser feitas, mas é melhor que as opcionais sejam remarcadas. (Esse eclipse é outro bom motivo para dar mais atenção à prática espiritual — é a melhor maneira de enfrentar um momento assim.)

Então, ocorrerão abalos monetários. Seu raciocínio financeiro — suas suposições — não é realista e precisa ser refinado. No geral, algum evento revela essa realidade. Amigos passam por momentos dramáticos — do tipo que muda a vida. Isso será um teste para as amizades. Equipamentos tecnológicos passam por provas e podem se comportar de forma instável. Certifique-se de fazer um backup de arquivos importantes e de atualizar seu antivírus e softwares contra invasões. Não abra e-mails suspeitos, especialmente se pedirem senhas ou números de documentos. A vida amorosa também é testada. Você está saindo de uma fase social muito promissora. Muitos arianos estão em relacionamentos, e agora serão testados para confirmar se são realmente sérios. O impacto em

Mercúrio mostra mudanças de emprego e rompimentos no ambiente de trabalho. Nos próximos meses você fará mudanças significativas na sua saúde. Todo eclipse lunar afeta sua área do lar e da família, e este não é diferente. Problemas ocultos pela casa podem ser revelados sob a influência desse tipo de eclipse. Apesar de não ser algo agradável, é positivo. Você terá a oportunidade de solucioná-los. Há momentos dramáticos na vida de familiares, em especial do seu pai, sua mãe ou de uma figura parental.

DEZEMBRO

Melhores dias: 2, 3, 12, 13, 21, 22, 29, 30
Dias mais tensos: 9, 10, 11, 17, 18, 23, 24
Melhores dias para o amor: 2, 3, 14, 17, 18, 23, 24
Melhores dias para o dinheiro: 1º, 2, 3, 4, 5, 6, 11, 14, 20, 21, 23, 24, 29
Melhores dias para a carreira: 7, 8, 17, 18, 23, 24, 25, 26

A retrogradação está bem menos intensa neste mês. Na verdade, a força planetária está majoritariamente em transição direta — oitenta por cento dos planetas estão em movimento normal. Assim, projetos parados voltam à ativa. O ritmo da vida acelera — do jeito que você gosta.

Não apenas Marte está retrógrado desde 30 de outubro como também está "fora dos limites". Isso continua valendo para dezembro. Você está fora de prumo — fora do seu meio habitual —, então é compreensível que se sinta mais inseguro.

Apesar disso, dezembro é um mês de sucesso. A Casa Dez tem força o mês inteiro, mas especialmente a partir do dia 22. Você passa por um ápice de carreira anual. Muito progresso será feito.

Júpiter voltará para Áries no dia 21 — outro sinal de sucesso. Viagens internacionais são prováveis em dezembro. (A Casa Nove está poderosa até o dia 22, e Júpiter, o planeta que rege viagens, passa pelo seu Ascendente no dia 21.) Os arianos que estiverem tentando entrar na faculdade ou resolver questões judiciais terão sorte.

Três planetas estão "fora dos limites" neste mês (algo muito incomum). Nós falamos sobre Marte, mas essa também é a situação de Vênus e Mercúrio. Vênus estará "fora dos limites" entre os dias 2 e 24, e Mercúrio, entre os dias 1º e 22. Quase o mês inteiro. Então, não apenas você está fora do seu caminho normal — fora de prumo — no âmbito social como também quando se trata de romance, dinheiro e saúde. Este é um período em que você busca respostas fora da sua esfera habitual. Você parece obrigado a pensar e agir "fora da caixinha".

A saúde precisa de mais atenção a partir do dia 22. Como sempre, certifique-se de descansar bastante. Você precisa poupar suas energias o máximo possível. Melhore a saúde com massagens nas coxas e na região do reflexo do fígado até o dia 7. Depois disso, massagens nas costas e nos joelhos farão bem.

TOURO

O TOURO
Nascidos entre 21 de abril e 20 de maio

PERFIL PESSOAL

TOURO EM UM RELANCE

Elemento: Terra
Planeta Regente: Vênus
   Planeta da Carreira: Urano
   Planeta do Amor: Plutão
   Planeta das Finanças: Mercúrio
   Planeta do Lar e da Vida Familiar: Sol
   Planeta da Fortuna e da Abundância: Júpiter
Cores: tons terrosos, verde, amarelo e alaranjado
Cores que promovem o amor, o romance e a harmonia social: violeta, púrpura
Cores que propiciam ganhos: amarelo, amarelo-ouro
Pedras: coral, esmeralda
Metal: cobre
Perfumes: amêndoa, rosa, baunilha, violeta
Qualidade: fixa (= estabilidade)
Qualidade essencial ao equilíbrio: flexibilidade
Maiores virtudes: resistência, lealdade, paciência, estabilidade, boa disposição
Necessidades mais profundas: conforto, segurança material, riqueza
Características a evitar: rigidez, teimosia, tendência à possessividade e ao materialismo
Signos de maior compatibilidade: Virgem, Capricórnio

Signos de maior incompatibilidade: Leão, Escorpião, Aquário
Signo mais útil à carreira: Aquário
Signo que fornece maior suporte emocional: Leão
Signo mais prestativo em questões financeiras: Gêmeos
Melhor signo para casamento e associações: Escorpião
Signo mais útil em projetos criativos: Virgem
Melhor signo para sair e se divertir: Virgem
Signos mais úteis em assuntos espirituais: Áries, Capricórnio
Melhor dia da semana: sexta-feira

COMPREENDENDO A PERSONALIDADE TAURINA

Touro é o mais terreno dos signos de Terra. Se compreendermos que a Terra, mais que um elemento físico, é também uma atitude psicológica bem-definida, fica mais fácil compreender os taurinos.

Os nativos desse signo dispõem do mesmo potencial para a ação que os arianos. Mas, para os taurinos, a ação não se justifica por si mesma. Ela tem de ser produtiva, prática e produzir riquezas. Se um taurino não perceber valor prático em uma ação, não moverá um dedo para executá-la.

O forte dos taurinos é o dom de tornar realidade as próprias ideias e as dos demais. Em geral, não são muito criativos, mas conseguem aperfeiçoar as ideias alheias, conferindo-lhes maior praticidade e utilidade. O mesmo se aplica aos projetos; não são bons em iniciá-los, mas, caso se envolvam em algum, o concluem. Eles sempre acabam o que começam. Gostam de ir até o fim, e só não o farão se alguma calamidade inevitável ocorrer.

Muitos julgam os taurinos como excessivamente teimosos, conservadores, fixos e inamovíveis. É compreensível, pois eles não apreciam alterações nem em seu habitat nem em sua rotina. Também detestam mudar de opinião! Por outro lado, é justamente essa sua maior virtude. O eixo de uma roda não pode ficar oscilando o tempo todo. Deve ser fixo, estável. Os taurinos são o eixo dos círculos sociais e dos céus. Sem a sua estabilidade e famigerada teimosia, a roda do mundo (e também a dos negócios) não giraria.

Eles amam a rotina. E a rotina, quando boa, possui muitas virtudes. Trata-se de uma maneira fixa, e idealmente perfeita, de lidar com as situações. A espontaneidade pode originar erros, que causam grande desconforto e intranquilidade, algo inaceitável para um taurino. Mexer no conforto e na segurança de um nativo de Touro é receita infalível para irritá-lo e encolerizá-lo.

Enquanto os arianos adoram a velocidade, os taurinos apreciam a calma. Pensam devagar. Mas não caia no erro de julgá-los beócios, pois são bastante inteligentes. É que gostam de ruminar bem as ideias, ponderá-las antes de decidir. Só aceitam uma ideia ou tomam uma decisão depois de muita reflexão. Demoram para se aborrecer, mas, se forem provocados, não fique por perto!

FINANÇAS

Os nativos de Touro são bastante conscienciosos financeiramente. A riqueza ocupa em suas vidas um lugar mais importante do que para os nativos de outros signos. Ela significa conforto e segurança, que se traduzem em estabilidade. Outros signos sentem-se ricos em virtude de suas ideias, seus talentos ou suas habilidades, mas os taurinos só conseguem apreciar claramente as riquezas que podem ver ou tocar. Sua filosofia de vida os leva a crer que o talento nada vale se não se converter em casas, móveis, carros e férias em locais aprazíveis.

É pelas razões acima que os taurinos brilham no ramo imobiliário e no agronegócio. Parecem destinados a possuir terras. Adoram sentir a ligação com elas. A fartura material começa na agricultura, com o arar do solo. Possuir um lote de terra corresponde à mais antiga forma de riqueza, e os taurinos insistem em conservar essa tradição primeva.

É na busca da riqueza que os nativos do signo desenvolvem sua capacidade intelectual e seus dons de comunicação de forma mais acentuada. É em razão dessa busca, e por necessidade de negociar, que aprendem a desenvolver um pouco de flexibilidade. São também esses processos que lhes ensinam o valor prático do intelecto, para que possam de fato chegar a admirá-lo. Não fosse pela busca da riqueza e do conforto material, é possível que os taurinos jamais despertassem para o intelecto.

Embora alguns taurinos sejam muito sortudos e costumem ganhar com frequência em jogos e apostas, isso só ocorre quando outros fatores no horóscopo os predispõem a agir dessa forma, que não condiz com sua natureza essencial, pois não têm o jogo no sangue. São trabalhadores que apreciam conseguir o que ganham por meio do próprio esforço. O seu conservadorismo nato faz com que abominem riscos desnecessários nas finanças e nas demais áreas de suas vidas.

CARREIRA E IMAGEM PÚBLICA

Por serem essencialmente práticos e simples, os taurinos encaram com admiração a originalidade, a inventividade e a ausência de convencionalismo. Apreciam que seus chefes sejam criativos e originais, uma vez que se regozijam em aperfeiçoar as ideias deles. Admiram os que exibem ampla consciência sociopolítica e sentem que, um dia (quando desfrutarem todo o conforto e a segurança de que necessitam), também se envolverão com essas questões cruciais.

Nos negócios, os nativos de Touro podem ser muito espertos, o que os torna valiosíssimos para os empregadores. Nunca demonstram preguiça, gostam de trabalhar e de obter bons resultados. Não toleram assumir riscos desnecessários e se dão bem em posições de comando e autoridade, o que faz deles bons gerentes e supervisores. Sua capacidade de gerenciamento é reforçada por seu talento natural para a organização e para lidar com detalhes, para não falar de sua paciência e constância. Conforme mencionado, em virtude de sua forte conexão com a terra, também se saem bem na agricultura e em atividades correlatas.

De modo geral, os taurinos perseguem mais o dinheiro e a capacidade de ganhá-lo em abundância do que o prestígio e o reconhecimento público. Preferem uma posição com uma remuneração mais alta, embora menos prestigiosa, a um cargo pomposo com salário reduzido. Os nativos de outros signos nem sempre pensam dessa forma, mas os taurinos nem sequer hesitam, sobretudo se inexistirem elementos em seu mapa astral que atenuem essa característica. Só se disporão a perseguir o prestígio e a glória se lhes for mostrado que terão impacto direto e imediato no bolso.

AMOR E RELACIONAMENTOS

No amor, os taurinos gostam de possuir e manter. São do tipo que adora casar. Apreciam envolvimentos e compromissos, desde que os termos da relação sejam claramente definidos. Detalhe fundamental: os taurinos gostam de ser fiéis a um único amante, e esperam a mesma fidelidade. **Se isso não ocorre**, seu mundo desaba. Quando apaixonados, são leais, mas também intensamente possessivos. São capazes de grandes ataques de ciúme quando magoados.

Em um relacionamento, um nativo de Touro se compraz com o essencial. Se você estiver envolvido romanticamente com alguém do signo, não precisa gastar muito ou fazer agrados o tempo todo à pessoa amada. Bastará lhe dar amor, comida e abrigo confortável, e o ente amado ficará muito contente por permanecer em casa e desfrutar sua companhia. E será leal a você por toda a vida. Faça com que um taurino se sinta confortável e, principalmente, seguro na relação e raramente terá problemas.

No amor, tendem a cometer o erro de tentar controlar os parceiros, o que costuma ocasionar mágoas para ambos os lados. O raciocínio por trás dessa forma de agir é simples: o taurino sente-se um pouco dono do ser amado e, em todos os setores de sua vida, procura modificar as coisas no sentido de aumentar o próprio conforto geral e segurança. O raciocínio é acertadíssimo no tocante a objetos materiais e inanimados. Mas é perigoso querer fazer o mesmo com as pessoas. Por isso, é preciso que você, taurino, tenha extremo cuidado e atenção.

VIDA DOMÉSTICA E FAMILIAR

A família e o lar são vitais para os taurinos. Eles adoram filhos. Também apreciam uma casa confortável e até um pouco glamourosa, pois, às vezes, gostam de se exibir. Tendem a comprar móveis de madeira maciça, pesados, geralmente da melhor qualidade possível. Agem assim porque gostam de sentir consistência em seu meio ambiente. A casa não é apenas seu lar, mas também seu nicho de criatividade e lazer. O lar de um nativo de Touro é seu castelo. Se pudesse escolher livremente, ele optaria por uma casa no campo em vez de uma residência na cidade. Quando isso não é possível, por causa do trabalho, gosta de passar fins de semana no campo, e, ao se aposentar, procura áreas rurais onde possa estar mais próximo da terra.

Em casa, o taurino é como um esquilo silvestre: o senhor da toca. Trata-se de um anfitrião do tipo mão-aberta, que aprecia fazer com que seus convidados experimentem a mesma satisfação e segurança que ele sente em seu lar. Se você for convidado para jantar na casa de um taurino, espere boa comida e muita diversão. Esteja preparado para conhecer todos os aposentos e para ouvir o "dono do castelo" discorrer satisfeito, e com um pouquinho de exibicionismo e orgulho, sobre suas posses.

Eles gostam de crianças, mas geralmente são severos com elas. Tendem a tratá-las — como fazem com quase tudo na vida — como propriedades pessoais. O lado bom disso é que os filhos serão sempre bem-cuidados e bem-supervisionados. E terão satisfeitas todas as necessidades materiais de que carecem para se desenvolver adequadamente. O lado negativo é que os nativos de Touro tendem a ser muito repressivos com os filhos. Ai do filho que ousar perturbar a rotina diária que um pai (ou mãe) taurino adora cumprir! Estará arrumando uma grande encrenca com ele (ou ela).

TOURO
PREVISÃO ANUAL PARA 2022

TENDÊNCIAS GERAIS

Saturno permanece em desarmonia com você, por isso seus níveis de energia precisam ser observados. Por sorte, ele é o único planeta lento em aspecto tenso no seu mapa, então é provável que a saúde esteja boa. Falaremos mais sobre isso daqui a pouco.

Faz muitos anos que você passa por um ciclo forte na carreira e ele se mantém em 2022. Só que, neste ano, você precisa se esforçar mais para alcançar seus objetivos. Saturno na sua Casa Dez da Carreira sugere que você precisa alcançar o sucesso sendo o melhor. Contatos sociais e camaradagem podem abrir portas, mas, no fim das contas, você precisa mostrar resultados. Já discutiremos isso.

Urano está no seu signo há alguns anos e permanecerá lá por outros mais. Isso significa que os taurinos estão passando por muitas mudanças pessoais intensas— e repentinas. Você muda a imagem que tem de si mesmo, sua aparência, a maneira como deseja ser visto pelos outros. Faz alguns anos que isso acontece e a tendência continua em 2022. Muitas dessas mudanças estão ligadas à carreira e a ambições externas — elas forçam transformações em sua imagem.

Aprender a fazer as pazes com a mudança talvez seja a principal lição de vida deste período. Mudar nem sempre é confortável, mas no fim das contas é sempre bom.

Plutão está na sua Casa Nove há muitos, muitos anos. Ele permanecerá lá neste ano, mas está se preparando para partir. Você passou por uma transformação completa em suas posturas religiosas e filosóficas (esse era o propósito dele) e agora tem crenças mais saudáveis.

Plutão também é o seu Planeta do Amor, por isso muitas das tendências sobre o amor que escrevemos ao longo dos anos continuam valendo. Você parece cauteloso com romances, conservador. Sua preferência ainda é por pessoas mais estáveis — talvez mais velhas. Isso mudará no próximo ano e em anos futuros. Já falaremos sobre isso.

Júpiter passará metade do ano (mais ou menos) na sua Casa Onze e a outra metade na Casa Doze. Você fará novas amizades, comprará equipamentos com tecnologia de ponta, passará mais tempo em redes sociais. Esses amigos parecem muito espiritualizados e terão um papel importante na sua vida espiritual.

No dia 11 de maio, Júpiter passará para sua Casa Doze, energizando a vida espiritual. Você terá revelações e muitas experiências místicas — sobrenaturais. Você aprenderá, como Thoreau disse, "que eu sou mais do que está embaixo do meu chapéu".

As principais áreas de interesse neste ano serão: corpo, imagem e aparência física (nos próximos anos também); religião, filosofia, ensino superior e viagens internacionais; carreira; amigos, grupos e atividades em grupo, tecnologia; espiritualidade (entre os dias 11 de maio e 29 de outubro, e a partir do dia 21 de dezembro em diante); finanças (a partir do dia 20 de agosto).

Os caminhos de maior realização serão: corpo, imagem e aparência física; amigos, grupos e atividades em grupo (até o dia 11 de maio, e entre 29 de outubro e 21 de dezembro); espiritualidade (entre 11 de maio e 29 de outubro, e a partir de 21 de dezembro em diante).

SAÚDE

(Esta é uma perspectiva astrológica sobre a saúde, não uma visão médica. No passado essas perspectivas eram idênticas, mas hoje podem ocorrer diferenças significativas. Para obter uma opinião com base em diagnósticos da medicina convencional, consulte seu médico ou um profissional da área da saúde.)

Como mencionamos, a saúde estará boa. Apenas Saturno faz um aspecto tenso com você este ano. É claro que planetas rápidos entrarão em desarmonia em alguns momentos, mas não é essa a tendência para 2022. Apenas problemas de curto prazo. Quando essas tensões rápidas passarem, a saúde e a energia voltarão.

Apesar de a saúde estar boa, é possível deixá-la ainda melhor. Dê mais atenção aos seguintes pontos — as áreas vulneráveis no seu mapa.

Coração. Esta se tornou uma área importante no ano passado, quando Saturno começou a fazer um aspecto tenso com você. Os reflexos aparecem no seu mapa. Massagens no peito — especialmente no esterno e na parte superior da caixa torácica — também serão benéficas. Quando se trata do coração, o principal — de acordo com muitos terapeutas espirituais — é evitar preocupações e ansiedade, as duas emoções que o estressam. Troque a preocupação pela fé. A meditação ajudará muito nesse aspecto.

Pescoço e garganta. Duas áreas que são sempre importantes para os taurinos. Massagens regulares no pescoço serão maravilhosas e devem fazer parte da sua rotina normal de saúde. A tensão tende a se acumular ali e precisa ser liberada. A terapia craniossacral é excelente para o pescoço. Quiropraxia e yoga também.

Rins e quadril. Também são importantes para os taurinos. Os reflexos aparecem no seu mapa. Massagens regulares no quadril serão maravilhosas. Fortalecerão não apenas os rins como a lombar (um benefício extra).

Como Vênus, o Planeta do Amor, é seu Planeta da Saúde, boa saúde significa boa saúde social para você — amizades, casamento e vida amorosa saudáveis. Problemas nessa área podem afetar seu bem-estar. Então, se, na pior das hipóteses, houver algum problema, restaure a harmonia o mais rápido possível.

Na sua concepção, boa saúde também significa "boa aparência": há certa vaidade na saúde. Caso se sinta desanimado, compre uma roupa ou um acessório novo — faça o cabelo ou as unhas. Dê algum retoque na sua imagem. Você se sentirá muito melhor.

A outra mensagem do mapa é que a boa saúde será mais importante para a sua aparência física do que litros de cremes e loções. O estado do seu corpo tem um impacto profundo na sua aparência física (mas isso não vale para todo mundo). Então, permaneça saudável para continuar bonito.

Vênus é o seu Planeta da Saúde, como leitores assíduos sabem. Ele também rege seu mapa. Por si só, isso é um sinal positivo para a saúde. Esse planeta mostra a importância dessa área na sua vida e indica que ela merece atenção. Vênus é um planeta rápido. Durante o ano, ele passará por todo o seu mapa. Então há muitas tendências em curto prazo, dependendo de onde Vênus estiver e dos tipos de aspectos que fizer. Falaremos mais sobre isso nos relatórios mensais.

Vênus entrará em um raro movimento retrógrado entre 1º e 28 de janeiro. Não é o momento para cirurgias, exames ou procedimentos, pois a chance de erros ou diagnósticos errados acontecerem é alta. Também não é o período ideal para mudar radicalmente a dieta ou sua rotina de exercícios.

LAR E FAMÍLIA

Sua Casa Quatro do Lar e da Família não tem destaque em 2022 — não é uma casa forte. Isso, como os leitores assíduos sabem, mostra uma tendência a permanecer igual. Este ano será muito parecido com o ano passado, o que mostra um senso de contentamento com as coisas da maneira como estão e a falta da necessidade de promover grandes mudanças.

Além disso, a parte superior do seu mapa, a parte diurna, está muito mais forte do que o lado noturno. Assim, há um foco maior na carreira e em objetivos externos, e não na vida doméstica e na família. Apesar de o lado noturno do mapa se fortalecer conforme o ano progride, ele nunca será dominante. Com exceção de Urano, apenas planetas rápidos passarão pela parte inferior do mapa. E isso vale para a Casa Quatro.

Alguns anos são assim. O cosmos busca um desenvolvimento equilibrado. Qualidades e interesses diferentes recebem prioridades em certos anos. Dessa forma, 2022 é um período mais forte para a carreira e o lado espiritual do que para a família.

SEU HORÓSCOPO PESSOAL PARA 2022

É claro que surgirão situações dramáticas nessa área. Teremos dois eclipses solares, e, como o Sol é o seu Planeta da Família, eles com certeza trarão problemas familiares ou a necessidade de consertos na sua casa. Mas você passa por essas situações duas vezes por ano e já sabe lidar com elas a esta altura.

Marte, o planeta que rege as construções, os consertos grandes e as reformas, não entrará na sua Casa Quatro este ano. Então, se essas atividades estiverem nos seus planos, é melhor esperar pelo ano que vem.

Caso as reformas sejam apenas para embelezamento — pintura ou aplicação de papel de parede —, ou caso você pretenda comprar objetos de decoração para sua casa, a época entre 12 de agosto e 5 de setembro é ótima para isso.

Seu pai, sua mãe ou uma figura parental na sua vida está inquieta há muitos anos. Ela pode ter se mudado várias vezes — e a tendência continua neste ano. Às vezes não se trata de uma mudança literal, mas de uma permanência em lugares diferentes por longos períodos de tempo.

Filhos e figuras filiais na sua vida têm um ano sem grandes mudanças quando se trata do lar e da família, mas sua vida amorosa parece muito ativa e feliz. Se eles tiverem a idade apropriada, casamentos podem ocorrer. Se forem mais jovens, conhecerão novos amigos e namorados. Talvez não se mudem, mas farão reformas na casa.

Irmãos e figuras fraternas terão um ano sem muitas mudanças no lar e na família. Aqueles que estiverem na faixa etária apropriada podem ter passado por momentos difíceis no casamento ou nos relacionamentos em anos anteriores (2018 e 2019), porém as coisas parecem mais fáceis em 2022.

DINHEIRO E CARREIRA

Os taurinos são famosos pela perspicácia financeira. Eles têm um dom quando se trata de negócios e ganhar dinheiro. É uma paixão. Raramente encontramos um taurino passando alguma necessidade ou sérias dificuldades financeiras. É comum que eles reclamem de dinheiro — mas, se você prestar atenção nas reclamações, verá que não são pobres de verdade. Eles costumam dizer: "Ai, meu Deus, estou passando por uma crise horrível! Só tenho dez milhões no banco!" Ou: "Ano passado foi péssimo para as finanças, minha empresa lucrou dez milhões a menos. No ano passado ganhamos quinze milhões!" Então, os taurinos sempre se interessam por finanças. Mas em 2022 se interessam menos do que o normal. A carreira — prestígio e posição no mercado — parece mais importante do que apenas dinheiro. Interpreto isso como algo positivo. A tendência é que não ocorram grandes mudanças. É um sinal de contentamento. Não é necessário fazer muitas transformações nem se concentrar nessa área sem necessidade.

Sua Casa do Dinheiro passa 2022 praticamente vazia. Será apenas depois da metade do ano — a partir de 20 de agosto — que um planeta energizará essa área. Marte passará mais tempo do que o normal na Casa Dois. Em geral, ele permanece em um signo e em uma casa por um mês e meio (aproximadamente), mas ocupará sua Casa do Dinheiro por mais de quatro meses. Então, é nesse momento que seu foco se aguça.

A parada de Marte — se acomodando — pode ter muitos significados. Ela sinaliza ativismo. Pode indicar que você correrá mais riscos — no geral, taurinos não gostam de se arriscar. Também pode levar a decisões financeiras rápidas — outra atitude pouco característica de Touro. Se a intuição estiver afiada, essas decisões e riscos terão bons resultados. Caso não esteja, problemas podem ocorrer. A boa notícia é que sua intuição provavelmente estará com tudo. Marte é o regente da sua Casa Doze da Espiritualidade, então você contará mais com a intuição. Na verdade, ela estará atenta a questões financeiras. Você se sentirá mais caridoso nesse período, e seu envolvimento com instituições e causas de caridade — atividades altruístas — melhorarão o resultado final.

Mercúrio é o seu Planeta do Dinheiro. E, como os leitores assíduos sabem, ele é um planeta rápido. Durante o ano ele passará por todo o seu mapa — por todos os signos e casas. Assim, haverá muitas tendências em curto prazo, que discutiremos em mais detalhes nos relatórios mensais.

CARREIRA

Esta é a estrela real de 2022. Você parece muito bem-sucedido. Seu prestígio e posicionamento no mercado melhorarão muito. Porém — e este é um grande porém —, você fará por merecer. Saturno na Casa Dez mostra isso. Você terá sucesso porque é o melhor naquilo que faz. Talvez seus chefes sejam exigentes demais, porém a estratégia ideal para este ano é dar a eles mais do que pedem. Muitas viagens a trabalho parecem acontecer neste ano.

Seu Planeta da Carreira, Urano, está na sua Casa Um há muitos anos e continuará lá por mais algum tempo. Esse é um sinal positivo no campo profissional. Mostra que você é bem-visto por chefes (apesar de eles serem exigentes), pais e figuras de autoridade. Oportunidades de carreira felizes vêm até você; não é preciso correr atrás delas. Você parece e se sente bem-sucedido. Suas roupas mostram isso. As pessoas admiram você. Elas o encaram como alguém que tem sucesso na vida.

AMOR E VIDA SOCIAL

Sua Casa Sete do Amor não se destaca neste ano — não é uma casa poderosa. Quase todos os planetas lentos estão no lado leste, independentemente do seu mapa — o setor do eu. Então, não é um ano em que o romance esteja muito ativo. O foco estará mais em si mesmo e nos seus interesses pessoais.

Com Urano na Casa Um, você é ainda mais independente do que o normal. Seu cônjuge, parceiro ou interesse amoroso atual pode vê-lo como rebelde e teimoso — incapaz de cooperar —, e isso pode causar complicações nos relacionamentos. Pessoas envolvidas romanticamente com taurinos precisam dar muito espaço para eles — o máximo possível, contanto que isso não seja algo destrutivo.

Porém, Urano não é o único fator que coloca seus relacionamentos à prova neste ano. Os quatro eclipses de 2022 acontecerão no eixo das Casas Um e Sete. Dois deles — o lunar de 16 de maio e o solar de 25 de outubro — ocorrem na sua Casa Sete do Amor. Os outros dois — o solar de 30 de abril e o lunar de 8 de novembro —, na Casa Sete do Amor do seu parceiro. Assim, o amor é testado em ambos os lados.

Isso não necessariamente significa um término. Apenas sinaliza que será mais trabalhoso manter seu relacionamento.

É provável que os solteiros não se casem neste ano. Eles podem conhecer pessoas novas e começar relacionamentos, mas um casamento não é aconselhável. A vida amorosa parece instável demais.

Essa é outra lição de vida para os taurinos: geralmente eles não gostam de mudanças. Touro adora manter uma rotina e permanecer igual. Aprender a lidar com mudanças — e até a aceitá-las — será muito benéfico nestes dias.

Apesar de o romance ser desafiador, a área das amizades é muito feliz. (O cosmos sempre compensa: quando uma área é fraca, outra se fortalece. Ele tira de um lugar e dá a outro.)

Você vai conhecer pessoas novas e importantes — pessoas espiritualizadas. Talvez se envolva com grupos místicos.

Seu pai, sua mãe ou uma figura parental passará por testes nos relacionamentos neste ano. Irmãos e figuras fraternas passaram por testes nos relacionamentos entre 2018 e 2020, e as coisas se tornam mais fáceis agora. Filhos e figuras filiais parecem ter um romance sério em suas vidas e, se tiverem a idade apropriada, casamentos podem até ocorrer. Netos, se você tiver, terão um ano sem muitas mudanças no amor e na vida social.

AUTOAPRIMORAMENTO

Este ano será profundamente espiritualizado, como mencionado. Os taurinos que já estiverem em um caminho espiritual se aprofundarão e farão muito progresso. Aqueles que ainda não estiverem provavelmente embarcarão em uma jornada. Júpiter entra na sua Casa Doze da Espiritualidade no dia 11 de maio e passa cerca de seis meses lá. A prática espiritual se torna prazerosa de verdade. Não se trata de um senso de disciplina forçado e cansativo. Nada de enrolação. Você fica ansioso pela prática. Isso faz toda diferença do mundo.

Este é um ano em que a espiritualização levará você a uma desintoxicação — não apenas física, mas também mental e emocional. Júpiter é o regente da sua Casa Oito, que lida com essas questões. O principal bloqueio para o progresso espiritual (e para a operação das leis espirituais) são os hábitos mentais e emocionais negativos — pensamentos negativos. Eles precisam ser arrancados pela raiz. Algumas dessas coisas são impulsionadas por forças poderosas — que talvez tenham sido toleradas por muitos, muitos anos (quem sabe até vidas). É comum que esse tipo de coisa receba muito apoio do mundo — da consciência em massa –, então removê-las é um trabalho difícil. Não acontece do dia para a noite. Porém, se você fizer a sua parte diariamente — quando tiver tempo (e você deve separar tempo para isso) —, verá melhorias a cada dia. Não importa que o objetivo final ainda não tenha sido alcançado. Não importa que ele pareça distante. Você se aproxima dele aos poucos, e é isso que importa. Há muitas maneiras de fazer uma desintoxicação psicológica. No meu livro *A Technique for Meditation* [Uma técnica para meditação, em tradução livre], apresento duas maneiras de fazer isso. Também há muitas informações sobre o assunto no meu site [em inglês] *www.spiritual-stories.com.*

Este é um ano em que você aprende que todos os desafios na sua vida — sociais, românticos e de trabalho — são necessários para a sua evolução. O mesmo vale para todas as mudanças e instabilidades repentinas e dramáticas. Elas são marcos pelo caminho, orquestrados por forças superiores.

Vimos anteriormente que seu Planeta da Espiritualidade, Marte, passará mais tempo do que o normal na Casa do Dinheiro neste ano, a partir de 20 de agosto. Esse seria um bom período para se aprofundar nas leis espirituais da fartura. Como regra, os taurinos tendem a contar com posses materiais — as coisas que conseguem ver e tocar. Eles buscam apoio em extratos bancários e investimentos, mas o espírito não se preocupa nem um pouco com o quanto nós temos. O importante é o quanto o espírito tem — e ele tem tudo. Quando você observa as leis espirituais da abundância — do suprimento Divino —, passa a contar com os recursos do universo, e não apenas os seus próprios. O espírito aumentará e ativará o "capital humano" — o conjunto de ideias e habilidades, os *insights* — que geram riqueza. É uma boa ideia ler o máximo possível sobre o suprimento Divino. (Os trabalhos de Emmet Fox e Ernest Holmes são bons pontos de partida, mas há vários outros recursos sobre o tema.)

PREVISÕES MENSAIS

JANEIRO

Melhores dias: 2, 3, 11, 12, 21, 22, 29, 30
Dias mais tensos: 4, 5, 18, 19, 25, 26, 31
Melhores dias para o amor: 2, 3, 11, 12, 21, 22, 25, 26, 29, 30

Melhores dias para o dinheiro: 2, 3, 6, 11, 12, 13, 14, 16, 23, 25
Melhores dias para a carreira: 2, 3, 4, 5, 11, 12, 21, 22, 29, 30, 31

Um bom mês. Primeiro vem a felicidade; depois, o sucesso. Até o dia 20, a Casa Nove está cheia de planetas. Um período expansivo e otimista. A saúde também está boa. Muitos dos taurinos viajarão. Universitários devem ir bem nos estudos. Se você estiver envolvido em questões jurídicas, elas darão certo. Há muito interesse em religião, filosofia e teologia em janeiro. Quando a Casa Nove está forte assim, as pessoas preferem uma boa discussão teológica a sair para noitadas.

Então vem o sucesso. No dia 20, o Sol entra na Casa Dez, e você começa um ápice de carreira anual. Geralmente, quando há tanto foco no campo profissional, é necessário equilibrar as necessidades domésticas com o trabalho. Porém, em janeiro, esse problema não parece ocorrer. A família apoia sua carreira — e tem participação ativa nela. A vida familiar como um todo se destaca neste mês.

A saúde fica boa até o dia 20, e depois precisa de mais atenção. Os dois planetas relacionados à saúde — Mercúrio, o Planeta da Saúde genérico, e Vênus, seu Planeta da Saúde específico — ficam retrógrados. A retrogradação começa no dia 14. A movimentação retrógrada de Vênus ocorre entre os dias 1º e 29. Então não é um bom momento para exames ou procedimentos médicos, pois a chance de erros aumenta muito. Remarque esses compromissos para outro momento (o próximo mês será bem mais favorável). Nesse meio-tempo, melhore a saúde com massagens nas costas e nos joelhos. Uma visita ao quiroprata ou osteopata também pode ser uma boa ideia. Mais importante, certifique-se de descansar bastante a partir do dia 20.

Casamentos não estão previstos para este mês, mas o amor parece feliz. Seu Planeta do Amor, Plutão, recebe muitos estímulos positivos.

A retrogradação de Mercúrio a partir do dia 14 complica as finanças, mas não as bloqueia. Tente fazer compras e investimentos significativos antes do dia 14. Depois disso, faça planos mais detalhistas.

Mercúrio estará na Casa Dez entre os dias 2 e 27. Depois disso podem surgir ganhos por aumentos de salário e/ou por sua boa reputação no trabalho. Chefes e superiores parecem apoiar objetivos financeiros.

FEVEREIRO

Melhores dias: 7, 8, 17, 18, 26, 27
Dias mais tensos: 1º, 14, 15, 16, 21, 22, 23, 28
Melhores dias para o amor: 7, 8, 17, 18, 21, 22, 23, 27
Melhores dias para o dinheiro: 2, 3, 8, 9, 10, 11, 12, 13, 19, 20, 21, 22, 28
Melhores dias para a carreira: 1º, 7, 8, 17, 18, 26, 27, 28

Mercúrio, seu Planeta do Dinheiro, retoma a movimentação direta no dia 4, dispersando muitas dúvidas financeiras e melhorando as finanças. Ele passa por dois signos neste mês — Capricórnio e Aquário. Em Capricórnio (até o dia 15), seu Planeta do Dinheiro traz bom senso financeiro e a percepção do quanto as coisas valerão daqui a muitos anos. Você passa a ter uma perspectiva a longo prazo da riqueza. Ela favorece um acúmulo monetário lento e constante. No dia 15, Mercúrio entra em Aquário (de novo). Ele está em sua posição mais forte. Esse signo o exalta. Seu posicionamento também é promissor — no topo do mapa. Isso se traduz em maior capacidade de gerar renda. É um sinal de mais ousadia em questões financeiras, dando preferência à rapidez do mundo da tecnologia de ponta. Um bom momento para comprar equipamentos tecnológicos ou atualizar softwares que você já possui — seria um bom investimento. Aumentos no salário — oficiais ou não oficiais — são prováveis.

A saúde ainda pede atenção, porém os planetas envolvidos nessa questão agora estão em trajetória direta. Então, exames e procedimentos passam a ser mais seguros. Continue a descansar e a relaxar. Massagens nas costas e nos joelhos, como no mês passado, farão bem à saúde. Você pode estar mais ousado em questões financeiras, mas, quando se trata do seu corpo, parece se tornar mais conversador. É provável que se interesse pela medicina tradicional.

Marte, seu Planeta da Espiritualidade, está "fora dos limites" desde o dia 12 de janeiro. Ele continua assim até o dia 10. Por isso, quando se trata de questões espirituais, você está fora da sua órbita normal — parece fora do seu elemento. Nos dias 15 e 16, quando Vênus faz conjunção com Marte, técnicas de cura espiritual lhe farão bem.

Seu ápice de carreira anual continua até o dia 18, então faz sentido se concentrar nessa área. Assim como no mês passado, a família parece muito envolvida e oferecendo apoio. A vida familiar como um todo tem destaque.

A Casa Onze dos Amigos passou o ano todo com força e aumenta ainda mais neste mês, quando o Sol a ocupa com Júpiter e Netuno. Assim, enquanto o romance permanece sem grandes mudanças, a área das amizades e atividades em grupo parece muito ativa. Você conhece pessoas novas e importantes — parecem tipos espiritualizados, refinados, criativos. Com a Casa Onze tão forte, seu interesse por astrologia se aprofunda. Muitas pessoas fazem seu mapa quando passam por esse tipo de trânsito.

MARÇO

Melhores dias: 6, 7, 8, 16, 17, 25, 26
Dias mais tensos: 1º, 14, 15, 21, 22, 27, 28
Melhores dias para o amor: 8, 9, 18, 19, 21, 22, 26, 27, 28
Melhores dias para o dinheiro: 1º, 2, 3, 9, 10, 11, 12, 21, 22, 30, 31
Melhores dias para a carreira: 1º, 6, 7, 8, 16, 17, 25, 26, 27, 28

Este mês ainda é de muito sucesso, mas a saúde continua precisando de atenção. As exigências da carreira são muitas e provavelmente inevitáveis. Então, mantenha um bom ritmo de trabalho. Concentre-se no que é essencial para a sua vida e deixe as coisas menos importantes de lado. Tente aumentar ao máximo sua energia.

Seu Planeta da Saúde, Vênus, entra em Aquário, na Casa Dez, no dia 10. Nesse mesmo dia, Marte também entra na sua Casa Dez da Carreira. A vida profissional passa, portanto, por um momento ativo. Você trabalha bastante, mas tem sucesso. E ele não ocorre apenas por causa da sua capacitação profissional e da sua forte ética de trabalho, mas também por quem você é. Sua aparência pessoal e comportamento geral têm um papel importante para o sucesso.

Vênus em Aquário a partir do dia 6 mostra que a saúde é beneficiada por massagens nas panturrilhas e tornozelos. O bom e velho ar fresco é um tônico natural para a boa saúde.

Marte na Casa Dez a partir do dia 6 indica que um envolvimento com instituições de caridade e atividades altruístas melhora a carreira. É provável que você se torne tão conhecido por isso quanto por suas habilidades profissionais. Outros fatores indicam essa tendência. Marte, seu Planeta da Espiritualidade, faz conjunção com Vênus, o regente do seu mapa, entre os dias 1º e 12. Então você está com uma mentalidade altruísta. Métodos de cura espiritual também são vantajosos até o dia 12. A Casa Onze das Amizades, Grupos e Atividades em Grupo continua muito forte em março. Assim, a vida social é ativa, mas não necessariamente romântica. O envolvimento com amigos recebe mais destaque.

Este mês também deve ser positivo no quesito financeiro. Mercúrio se move com rapidez em março — passando por três signos e casas do seu mapa. Isso demonstra confiança — alguém que faz progresso rapidamente. Mercúrio fará conjunção com Júpiter nos dias 20 e 21. Um bom período financeiro. Depois ele fará conjunção com Netuno (nos dias 22 e 23). Isso pode trazer oportunidades financeiras com amigos, redes sociais ou atividades virtuais. Também significa maior intuição para finanças. Preste atenção nos seus sonhos entre os dias 22 e 23 — orientações e conselhos sobre dinheiro podem surgir.

ABRIL

Melhores dias: 3, 4, 13, 14, 21, 22, 30
Dias mais tensos: 10, 11, 17, 18, 23, 24
Melhores dias para o amor: 4, 8, 14, 17, 18, 22, 25, 26, 27
Melhores dias para o dinheiro: 1º, 2, 5, 6, 8, 9, 12, 13, 17, 18, 21, 22, 26, 27
Melhores dias para a carreira: 3, 4, 13, 14, 21, 22, 23, 24, 30

Em resumo, este é um mês feliz — nem mesmo o eclipse solar do dia 30 conseguirá abalar muito essa felicidade. (No entanto, ele será forte para você, então tenha uma agenda mais tranquila.)

Primeiro, a saúde e a energia estão muito melhores, já que os planetas rápidos estão saindo do aspecto tenso. Em segundo lugar, no dia 20 o Sol entra em Touro, trazendo mais energia, carisma pessoal e destaque. A autoconfiança e a autoestima estarão fortes. E você começará um ápice anual de prazer pessoal.

O eclipse solar do dia 30 ocorre no seu signo — isso o torna forte. Você demonstra uma necessidade de se redefinir — rever sua imagem e autopercepção. Os eventos do eclipse mostrarão por que isso é necessário. As pessoas provavelmente interpretam você do jeito errado — e você mesmo se interpreta do jeito errado. Isso mudará nos próximos meses.

Seu cônjuge, parceiro ou interesse amoroso atual passará por situações sociais dramáticas — com você ou com amigos. Como o Sol é o seu Planeta do Lar e da Família, todos os eclipses solares afetam sua vida familiar. Seus parentes passam por momentos dramáticos (especialmente seu pai, sua mãe ou uma figura parental). Em casa, os ânimos podem estar acirrados, então tenha mais paciência. (Na verdade, quando essas coisas começam a acontecer, é um sinal cósmico de que você está passando pelo período do eclipse e precisa relaxar mais.) Problemas ocultos na casa tendem a ser descobertos durante esse tipo de evento. Assim, você conseguirá fazer os ajustes necessários. Seus sonhos podem ser erráticos — e com frequência assustadores —, mas não se preocupe: essa é apenas uma agitação psíquica impulsionada pelo eclipse.

Mas o eclipse tende a abalar um pouco as coisas. Para você, isso pode ser lucrativo. Vênus e Júpiter fazem uma conjunção no dia 30, criando um bom momento para as finanças.

Você receberá ganhos monetários antes mesmo desse dia. Mercúrio, seu Planeta do Dinheiro, entrará em Touro no dia 11. Isso é sinal de sorte inesperada e de oportunidades financeiras felizes. As pessoas com dinheiro na sua vida veem você com bons olhos. Parece que o dinheiro corre atrás de você, e não o contrário.

Em abril, TODOS os planetas têm trajetória direta. Seu aniversário também inicia um ciclo solar cósmico crescente. Assim, a partir desse dia, você entra em um ótimo período para lançar novos projetos e novas empreitadas.

MAIO

Melhores dias: 1º, 10, 11, 19, 25, 26
Dias mais tensos: 7, 8, 9, 14, 15, 21
Melhores dias para o amor: 1º, 7, 8, 11, 14, 15, 16, 17, 20, 28
Melhores dias para o dinheiro: 2, 3, 4, 6, 12, 13, 16, 18, 19, 25, 28, 30, 31
Melhores dias para a carreira: 1º, 10, 11, 19, 21, 27, 28

Este será um mês movimentado para os taurinos. Muitas mudanças ocorrem. Primeiro, Júpiter faz uma mudança importante, saindo da

Casa Onze e passando para a Casa Doze da Espiritualidade (no dia 11). Três planetas passam por seus solstícios neste mês — Vênus, Marte e Júpiter. É um acontecimento muito incomum. Esses planetas fazem uma pausa em seu movimento latitudinal e mudam de direção. Isso indica um intervalo e uma mudança de direção nessas áreas da vida. Finalmente, teremos um eclipse lunar forte no dia 16, que ocorre na Casa Sete do Amor. Um relacionamento será testado. Os testes variam: às vezes é o relacionamento em si que está complicado; em outras ocasiões, o teste acontece por meio de situações dramáticas na vida do cônjuge, parceiro ou interesse amoroso atual. Bons relacionamentos tendem a sobreviver a essa fase, mas os que já estavam na corda bamba podem ser encerrados. Como a Lua, o planeta eclipsado, rege a sua Casa Três da Comunicação e dos Interesses Intelectuais, todo eclipse lunar afeta essa área. Estudantes no ensino básico encontram problemas na escola. Talvez mudem de instituição ou de planos de estudo. Situações dramáticas também ocorrem na vida de irmãos e figuras fraternas. Eles precisam se redefinir — rever sua imagem e a concepção que têm de si mesmos. Podem ocorrer problemas na sua vizinhança ou com vizinhos. Carros e equipamentos de comunicação são testados. É uma boa ideia dirigir com mais cuidado durante o período deste eclipse. Será bom tanto para você quanto para o seu cônjuge, parceiro ou interesse amoroso atual ter uma agenda mais tranquila. O eclipse afeta Saturno, então os universitários também mudam de planos de estudo ou de instituições de ensino. Questões judiciais tomam rumos dramáticos, que podem ser bons ou ruins. Problemas surgem na instituição religiosa que você frequenta, e situações tensas ocorrem na vida dos seus líderes religiosos.

O solstício de Vênus ocorre entre os dias 4 e 8. Isso sugere uma pausa nas questões pessoais e, depois, uma mudança de direção. Questões de saúde também são afetadas.

O solstício de Marte ocorre entre os dias 27 e 31. Isso indica uma pausa na vida espiritual e, depois, uma mudança de direção. (O que não é surpresa, já que, com Júpiter na Casa Doze, você está expandindo sua espiritualidade.)

O solstício de Júpiter é muito prolongado — seu movimento é lento. Ele começa no dia 12 (e continua até o próximo mês). Há uma pausa em questões financeiras relacionadas ao cônjuge, parceiro ou interesse romântico atual; uma pausa positiva. Quando ela terminar, no mês que vem, haverá mais energia e uma mudança nos rumos financeiros.

JUNHO

Melhores dias: 6, 7, 15, 16, 23, 24, 25
Dias mais tensos: 4, 5, 11, 12, 17, 18
Melhores dias para o amor: 6, 7, 11, 12, 16, 25, 26
Melhores dias para o dinheiro: 4, 6, 7, 13, 17, 21, 26, 27
Melhores dias para a carreira: 6, 7, 15, 16, 17, 18, 23, 24

Marte e Júpiter continuam em seu solstício neste mês. O de Marte dura até o dia 2, e o de Júpiter, até o dia 12. Releia nossa discussão sobre o assunto no mês passado.

Junho é um mês próspero. Você está em um ápice financeiro anual desde o dia 21 de maio, e essa tendência continua até o dia 21. Seu Planeta do Dinheiro, Mercúrio, volta à trajetória direta no dia 3. Então há clareza e confiança em questões monetárias. Seu Planeta do Dinheiro permanece em Touro até o dia 14, um sinal clássico da prosperidade. Dinheiro e oportunidades correm atrás de você, não o contrário. Apenas siga sua rotina diária e o dinheiro irá lhe encontrar. Mercúrio entrará no dia 14 na Casa das Finanças, onde é forte. Isso indica um aumento nos lucros (Mercúrio está no signo e na casa que rege). Mais importante, Vênus, regente do seu mapa, entrará na Casa do Dinheiro no dia 23. Esse é sempre um posicionamento positivo, já que o regente do mapa talvez seja o astro mais benéfico. Então há um foco muito grande em questões monetárias. Você adota a imagem da riqueza. Gasta dinheiro consigo mesmo, ganha rendimentos com trabalho, transações comerciais, vendas e conexões familiares. Com tantos planetas na sua Casa do Dinheiro, a receita surge de muitas fontes e de muitas maneiras.

Este também é um mês positivo para a saúde e a energia. Apesar de planetas lentos ainda estarem fazendo aspectos tensos com você (algo que persistirá pelo restante do ano), os planetas rápidos fazem aspectos positivos ou não causam problemas. Até o dia 23 você pode melhorar ainda mais a saúde com massagens no pescoço e terapia craniossacral. Boa saúde é sinônimo de "boa aparência" — a vaidade é um componente

SEU HORÓSCOPO PESSOAL PARA 2022

muito forte da sua saúde. Após o dia 23, massagens nos braços e ombros, além do bom e velho ar fresco, podem ser usados para melhorar a saúde. Caso você se sinta indisposto, saia ao ar livre e apenas respire fundo.

Vênus no seu signo acrescenta beleza e graciosidade à sua imagem. Você se veste de acordo com a moda. Seu gosto é excelente e artístico. Junho é um bom mês para comprar roupas e acessórios — suas escolhas serão impecáveis.

Vênus fará conjunção com Urano entre os dias 10 e 11. Isso atrai oportunidades repentinas e inesperadas na carreira. Você está próximo de chefes, superiores e figuras de autoridade, em harmonia com eles. Uma oportunidade de emprego repentina também pode surgir.

JULHO

Melhores dias: 4, 5, 12, 13, 21, 22, 31
Dias mais tensos: 1º, 2, 8, 9, 14, 15, 28, 29
Melhores dias para o amor: 5, 6, 7, 8, 9, 13, 15, 22, 26
Melhores dias para o dinheiro: 1º, 2, 8, 10, 11, 16, 17, 18, 19, 23, 24, 28, 29
Melhores dias para a carreira: 4, 5, 12, 13, 14, 15, 21, 22, 31

A atividade retrógrada aumenta neste mês. No fim de julho, quarenta por cento dos planetas estarão se movendo para trás. Apesar de ser uma porcentagem impressionante, ainda não chegamos ao máximo do ano. (Isso acontecerá em setembro.) O problema aqui é que Marte entrará em Touro no dia 5 e passará o restante do mês lá. Isso tem muitas vantagens. Aumenta sua energia e sua disposição para conquistar objetivos. Mas também pode torná-lo impetuoso e impaciente — algo problemático com tantos planetas retrógrados. Você pode ter pressa, mas preste atenção no que faz.

Este é um mês positivo para a saúde — especialmente após o dia 23. Depois, você precisará descansar e relaxar mais. Melhore a saúde com massagens nos braços e ombros até o dia 18, e com massagens abdominais depois disso. A dieta também se torna importante para o vigor depois do dia 18. Outro fator relevante é manter uma boa saúde emocional. É essencial manter o bem-estar psicológico não apenas em julho, mas nos próximos dois meses também.

Os taurinos sempre se interessam por finanças, mas essa tendência diminui neste mês. Mercúrio sai da Casa do Dinheiro no dia 5, e Vênus no dia 18. Interpreto isso como um bom sinal. Objetivos financeiros (pelo menos os de curto prazo) são alcançados, e você pode começar a se concentrar em outras coisas.

A Casa Três está poderosa neste mês. É um ótimo trânsito para estudantes no ensino básico. Eles devem ter sucesso nos estudos. Há foco nessa área. Mas também é um trânsito que amplia a mente e a capacidade de comunicação. Então é um bom momento para ler mais e fazer cursos sobre assuntos que lhe interessam. Alguns taurinos podem ensinar aos outros sobre as áreas em que são especializados. Também é um bom mês para aqueles que trabalham com vendas, marketing, propaganda e comércio. Transações comerciais parecem lucrativas entre os dias 5 e 19.

Marte faz uma quadratura com seu Planeta do Amor entre os dias 1º e 2. Isso pode criar conflitos com o cônjuge, parceiro ou interesse amoroso atual. Seja mais paciente.

Entre os dias 30 e 31, Marte fará conjunção com Urano. É um aspecto dinâmico. Preste mais atenção no plano físico — isso também vale para seu pai, sua mãe, uma figura parental e chefes.

AGOSTO

Melhores dias: 1º, 9, 10, 17, 18, 27, 28
Dias mais tensos: 4, 5, 11, 12, 25, 26
Melhores dias para o amor: 1º, 4, 5, 10, 15, 18, 25, 26, 28
Melhores dias para o dinheiro: 7, 9, 15, 17, 18, 20, 21, 25, 29
Melhores dias para a carreira: 1º, 9, 10, 11, 12, 17, 18, 27, 28

Marte continua em conjunção com Urano nos dias 1º e 2, então reveja nossa discussão sobre esse aspecto no mês passado.

A carreira é importante pelo ano todo, mas em agosto você pode dedicar mais energia ao seu lar e à família — e, especialmente, ao seu bem-estar emocional. Seu Planeta da Carreira, Urano, fica retrógrado a partir do dia 24, e a Casa Quatro do Lar e da Família está muito forte (uma tendência que começou no mês passado). Além disso, o lado noturno do mapa é dominante em agosto. Assim, este é o momento de preparar os alicerces — as bases emocionais e domésticas — para seu futuro sucesso na carreira, para sua futura propulsão no trabalho.

Quando a Casa Quatro está muito forte, sentimos uma energia de nostalgia bem forte. O passado nos acompanha. Ficamos interessados, pensamos em acontecimentos distantes — aparentemente insignificantes da perspectiva racional, mas muito importantes no âmbito emocional. Esse é o processo de cura da natureza. Não podemos lidar com nosso passado inteiro em um único mês — esse é um trabalho que dura anos (talvez uma vida inteira) —, mas podemos lidar com questões mais imediatas — as coisas que precisam ser reavaliadas no estado de consciência atual. Eventos devastadores para uma criança de quatro anos fazem um adulto sorrir. Olhar para experiências passadas remove boa parte do seu aspecto traumático. Esse trabalho não ajudará apenas sua saúde emocional, mas também sua saúde física.

A movimentação retrógrada aumenta ainda mais neste mês. Até o fim de agosto, cinquenta por cento dos planetas — uma porcentagem enorme — estarão andando para trás. Bebês nascidos neste período amadurecerão tardiamente — não importa seu mapa natal. É bom compreender esse tipo de coisa.

Por sorte, seu Planeta do Dinheiro, Mercúrio, não está retrógrado. Na verdade ele anda bem rápido neste mês. Assim, apesar de muitos atrasos ocorrerem em várias áreas da vida, as finanças seguem em frente. Até o dia 4, família e conexões familiares são importantes. Seus parentes parecem lhe dar apoio. Entre os dias 4 e 26, você está em um período de "dinheiro feliz" — você ganha sua renda de um jeito divertido e tem gastos divertidos. A partir do dia 26, você passará a receber de forma mais tradicional — por meio do trabalho e da prestação de serviços práticos para os outros.

SETEMBRO

Melhores dias: 5, 6, 13, 14, 15, 23, 24
Dias mais tensos: 1º, 2, 7, 8, 21, 22, 28, 29
Melhores dias para o amor: 1º, 2, 4, 5, 6, 13, 14, 15, 24, 28, 29
Melhores dias para o dinheiro: 3, 7, 8, 11, 16, 17, 21, 24, 30
Melhores dias para a carreira: 5, 6, 7, 8, 14, 15, 23, 24

A movimentação retrógrada chega ao auge anual neste mês. Sessenta por cento dos planetas — uma porcentagem enorme — andam para trás a partir do dia 10. Isso inclui Mercúrio, seu Planeta do Dinheiro. Então os eventos ocorrem mais lentamente em setembro. E, com a Casa Cinco forte desde o dia 23, o ideal é aproveitar a oportunidade: entrar de férias ou participar de atividades divertidas. Você não vai perder muita coisa.

Esta retrogradação de Mercúrio será muito mais forte do que as outras no ano. Isso acontece porque muitos planetas também estão retrógrados. O efeito é cumulativo. O dinheiro vai entrar, porém bem mais devagar do que o normal, com mais percalços e atrasos. Com tantos planetas retrógrados, o cosmos nos pede para diminuir a velocidade e para sermos perfeitos em tudo o que fazemos. Isso vale especialmente para as finanças. Ser perfeito e lidar perfeitamente com todos os detalhes da vida não eliminará os atrasos, mas os minimizará.

A boa notícia é que a saúde está excelente em setembro. Além do mais, você aproveita a vida. O raro grande trígono entre os planetas de Terra, que começou no mês passado, continua valendo. Ele aumenta suas habilidades de gerenciamento, que já são boas, e lhe oferece uma disposição mais prática.

Além do grande trígono entre os planetas de Terra, também temos um entre os planetas de Ar. Dois grandes trígonos em um mês. Essa é uma ótima notícia para professores, estudantes, escritores, intelectuais, vendedores e profissionais de marketing. A capacidade mental está muito aguçada. Você verá que as pessoas se tornam mais comunicativas no geral.

Seu Planeta da Saúde, Vênus, passa boa parte do mês na Casa Cinco. Isso é um indicador de várias coisas. Você pode estar mais preocupado com a saúde de filhos e figuras filiais do que com a sua. Um hobby criativo será terapêutico de forma surpreendente. A alegria em si é uma força curativa poderosa — por isso, permaneça feliz. Massagens no baixo-ventre também serão benéficas.

Seu Planeta da Espiritualidade, Marte, passa o mês inteiro na Casa do Dinheiro. Isso mostra uma necessidade de explorar as dimensões espirituais da riqueza. Falamos sobre isso no relatório anual. A intuição solucionará muitos problemas. O amor parece feliz até o dia 23, mas seu Planeta do Amor, Plutão, está retrógrado, então não há pressa para nada. Aproveite o amor como pode, tentando não criar expectativas.

 SEU HORÓSCOPO PESSOAL PARA 2022

OUTUBRO

Melhores dias: 2, 3, 11, 12, 21, 22, 30
Dias mais tensos: 4, 5, 18, 19, 25, 26
Melhores dias para o amor: 3, 4, 5, 12, 13, 14, 22, 25, 26
Melhores dias para o dinheiro: 2, 3, 8, 9, 13, 14, 18, 23, 24, 26, 27
Melhores dias para a carreira: 2, 3, 4, 5, 11, 12, 21, 22, 30

A movimentação retrógrada continua intensa, mas bem menor do que no mês passado. Até o fim de outubro, ela diminuirá pela metade — de sessenta por cento no mês passado para trinta por cento. Então a vida começa a andar para a frente neste mês.

É ideal que você se concentre na saúde até o dia 23, já que, depois disso, ela passará por momentos tensos. Esse foco será útil mais tarde. É como se você estivesse acumulando créditos de saúde.

O principal evento é o eclipse solar do dia 25. Em comparação com outros eclipses, este é bastante fraco, já que é parcial. No entanto, se ele fizer aspectos com planetas no seu mapa natal (calculado de acordo com a data, a hora e o local exatos do seu nascimento), pode ser poderoso. Sendo assim, ter uma agenda mais tranquila neste período não fará mal a ninguém. (Você deve diminuir o ritmo a partir do dia 23 de toda forma, mas especialmente perto da época do eclipse.)

O eclipse ocorre na Casa Sete e testará relacionamentos e amizades atuais. Roupa suja, suprimida há muito tempo, surge para ser lavada. É provável que bons relacionamentos não se desfaçam por causa disso, porém os mais frágeis correm esse risco. Com Urano em Touro há alguns anos, os relacionamentos em geral estão sendo testados. Esse eclipse é apenas um acréscimo. Como o Sol rege sua Casa Quatro do Lar e da Família, todo eclipse solar causa momentos dramáticos na família ou na vida de parentes. Os ânimos ficam acirrados em casa. É necessário ter mais paciência (e compreensão) neste período. Se existirem problemas ocultos no seu lar, eles serão descobertos agora. É provável que consertos sejam necessários.

A boa notícia é que você entrará em um ápice anual de amor e vida social a partir do dia 23. O foco estará no seu relacionamento e nas suas amizades, e isso o ajudará a enfrentar os desafios do eclipse.

A partir do dia 23, a saúde pode ser melhorada com regimes de desintoxicação. Para você, a boa saúde vai além de apenas "não ter sintomas físicos" — boa saúde significa boa saúde social, uma vida amorosa saudável. Assim, caso ocorram problemas de saúde, se esforce para restaurar a harmonia na sua vida amorosa o mais rápido possível.

NOVEMBRO

Melhores dias: 7, 8, 17, 18, 26, 27
Dias mais tensos: 1º, 2, 15, 16, 22, 23, 28, 29
Melhores dias para o amor: 3, 4, 8, 9, 13, 18, 22, 23, 24, 27
Melhores dias para o dinheiro: 3, 4, 10, 11, 13, 14, 23, 24, 25
Melhores dias para a carreira: 1º, 2, 7, 8, 17, 18, 26, 27, 28, 29

O eclipse lunar do dia 8 é, sem dúvida, mais poderoso do que o eclipse solar de outubro. (Em geral, eclipses solares são considerados mais fortes do que os lunares.) Em primeiro lugar, ele é total — os povos indígenas norte-americanos o chamam de "lua de sangue". Ainda mais importante é o fato de que ele afeta outros três planetas — Mercúrio, Urano e Vênus. (E, se ele fizer aspectos com planetas importantes do seu mapa natal, se torna mais impactante ainda.) Então vamos com calma neste período. Você precisa seguir um ritmo mais lento até o dia 22 de toda forma, mas especialmente durante essa época.

O eclipse ocorre no seu signo, por isso o faz redefinir a si mesmo, rever sua imagem e a maneira como deseja ser visto pelos outros. Em geral, esse tipo de redefinição é algo positivo. Nós somos seres em constante mutação e evolução, e fazer ajustes periódicos nas opiniões que temos sobre nós mesmos é saudável. Mas, neste caso, é algo que acontece "à força" — você é obrigado a fazer isso. Então é menos agradável. Se você não anda atento a questões de dieta, este eclipse pode causar uma desintoxicação do corpo. Talvez pareça uma doença, mas não é. Seu corpo estará se livrando das coisas que não pertencem a ele. Como Mercúrio será afetado, mudanças e correções financeiras ocorrerão. Os eventos do eclipse mostrarão em que ponto seus planos e estratégias monetários eram irreais. O impacto em Vênus e Urano indica mudanças de trabalho e carreira. As condições do ambiente corporativo mudam, e podem

SEU HORÓSCOPO PESSOAL PARA 2022

ocorrer problemas no emprego e com colegas de profissão. Se você tiver funcionários, talvez aconteça uma demissão em massa. É possível que surjam momentos dramáticos com seu pai, sua mãe ou figuras parentais, chefes ou superiores. Momentos que mudarão a vida deles. Nos próximos meses, transformações importantes podem ocorrer em sua dieta também. Seu cônjuge, parceiro ou interesse amoroso atual passa por reviravoltas sociais.

A saúde e a energia melhoram após o dia 22. Nesse meio-tempo, melhore a saúde com dietas de desintoxicação e massagens profundas na região do cólon e do reflexo da bexiga. Após o dia 16, massagens nas coxas e na região do reflexo do fígado serão benéficas.

Marte passa o mês inteiro na Casa do Dinheiro, mas em retrogradação. A intuição é importante para questões financeiras, porém é necessário verificar os fatos.

DEZEMBRO

Melhores dias: 4, 5, 6, 14, 15, 16, 23, 24
Dias mais tensos: 12, 13, 19, 20, 25, 26
Melhores dias para o amor: 2, 3, 6, 14, 15, 16, 19, 20, 23, 24
Melhores dias para o dinheiro: 1º, 2, 3, 7, 8, 11, 14, 15, 20, 21, 23, 24, 29
Melhores dias para a carreira: 4, 5, 14, 15, 23, 24, 25, 26

Este é um mês feliz e cheio de eventos. Júpiter volta para a Casa Doze da Espiritualidade no dia 21. No próximo ano ele entrará em Touro. Você está sendo espiritualmente preparado para o sucesso e a prosperidade. A situação da saúde melhora muito em comparação com o mês passado, e fica muito positiva depois do dia 22. As movimentações retrógradas diminuem bastante em dezembro. Até o dia 24, oitenta por cento dos planetas estarão em trajetória direta. Depois disso, serão setenta por cento. Então o mundo e a sua vida estão seguindo adiante.

A Casa Oito fica muito forte até o dia 22. Este é um período mais ativo no âmbito sexual. Independentemente da sua idade ou fase na vida, a libido se torna mais intensa do que o normal. Além disso, e mais importante, é um bom mês para se livrar de tudo que for supérfluo e inútil. Um período muito bom para perder peso e fazer dietas de desintoxicação. Também é bom para desintoxicação financeira e planejamento de impostos e seguros — e, para os taurinos na faixa etária apropriada, para planejamento imobiliário.

No dia 22, a Casa Nove se torna poderosa. (Vênus, o regente do seu mapa, chegará lá antes disso — a partir do dia 10.) Assim, uma viagem internacional ou a oportunidade de fazer uma viagem internacional pode surgir. Estudantes prestes a entrar na universidade receberão boas notícias. Universitários terão sucesso nos estudos. É um período para revelações teológicas e filosóficas.

Três planetas estão fora das suas órbitas normais neste mês — fora de seus caminhos habituais. Isso é incomum. Marte, seu Planeta da Espiritualidade, está "fora dos limites" desde novembro. É um sinal de que, quando se trata de questões espirituais, você está fora da sua normalidade, talvez explorando caminhos que não conhecia. Vênus está "fora dos limites" entre os dias 2 e 24 e mostra que você está fora de órbita na sua vida pessoal, na maneira como se veste e se apresenta. Além disso, você experimenta rotinas de saúde e terapias inovadoras. Mercúrio, seu Planeta do Dinheiro, fica "fora dos limites" entre os dias 1º e 22, e esse fenômeno também ocorre na vida financeira. Dezembro é um mês em que você pensa e se comporta "fora da caixinha".

Mercúrio, seu Planeta do Dinheiro, fica retrógrado a partir do dia 24. Essa retrogradação é mais leve do que a anterior, em setembro. Mas continua tendo efeito. Tente concluir compras e investimentos importantes antes dessa data.

A vida amorosa melhora depois do dia 22, mas ainda não há sinal de casamento. Aproveite o amor do jeito que ele é, sem criar muitas expectativas para o futuro.

♊
GÊMEOS

OS GÊMEOS
Nascidos entre 21 de maio e 20 de junho

PERFIL PESSOAL

GÊMEOS EM UM RELANCE

Elemento: Ar
Planeta Regente: Mercúrio
  Planeta da Carreira: Netuno
  Planeta da Saúde: Plutão
  Planeta do Amor: Júpiter
  Planeta das Finanças: Lua
Cores: azul, amarelo, amarelo-ouro
Cor que promove o amor, o romance e a harmonia social: azul-celeste
Cores que propiciam ganhos: cinza, prateado
Pedras: ágata, água-marinha
Metal: mercúrio
Perfumes: alfazema, lilás, lírio-do-vale, estoraque (benjoim)
Qualidade: mutável (= flexibilidade)
Qualidades essenciais ao equilíbrio: profundidade de pensamento, pouca superficialidade
Maiores virtudes: grande habilidade comunicativa, pensamento ágil, rápida capacidade de aprendizagem
Necessidade mais profunda: comunicação
Características a evitar: tendência a fofocas e a magoar os outros com palavras ásperas, superficialidade, uso da oratória para desinformar ou desviar de assuntos
Signos de maior compatibilidade: Libra, Aquário

Signos de maior incompatibilidade: Virgem, Sagitário, Peixes
Signo mais útil à carreira: Peixes
Signo que fornece maior suporte emocional: Virgem
Signo mais prestativo em questões financeiras: Câncer
Melhor signo para casamento e associações: Sagitário
Signo mais útil em projetos criativos: Libra
Melhor signo para sair e se divertir: Libra
Signo mais útil em assuntos espirituais: Touro, Aquário
Melhor dia da semana: quarta-feira

COMPREENDENDO A PERSONALIDADE GEMINIANA

O signo de Gêmeos representa para a sociedade o que o sistema nervoso representa para o organismo. Não produz informações novas, mas constitui um transmissor vital entre os estímulos gerados pelos sentidos e pelo cérebro e vice-versa. O sistema nervoso não julga ou pondera esses impulsos; tal função é atribuição do cérebro ou dos instintos. Ele apenas transmite informações, e o faz com perfeição.

Essa analogia deve fornecer uma ideia do papel dos geminianos na sociedade. Eles são os comunicadores e transmissores de mensagens. Para um geminiano, o teor da verdade de uma mensagem é irrelevante; ele apenas transmite o que vê, ouve ou lê; apregoa o que os livros escolares ensinam e o que lhe é passado por seus superiores. Assim, os nativos de Gêmeos são capazes de espalhar os maiores disparates, bem como de trazer luz e verdade a um tema. Eles tendem, por vezes, a ser inescrupulosos em suas comunicações e podem usar esse poder para o bem ou para o mal. É por isso que Gêmeos é considerado um signo de dualidade.

A habilidade para se comunicar com facilidade faz dos geminianos excelentes professores, escritores e profissionais da mídia. Nesse aspecto, são ajudados pelo fato de que Mercúrio, o planeta regente dos nativos do signo, rege também essas atividades.

Os geminianos possuem o dom da eloquência. E que eloquência! Podem falar sobre qualquer tema, a qualquer hora e em qualquer lugar. Nada é mais divertido para eles do que uma boa conversa, sobretudo se com ela aprenderem algo novo. Eles adoram aprender e ensinar. Privar um geminiano de conversas, livros e revistas é uma punição extremamente cruel.

Eles costumam ser excelentes alunos e são bem-sucedidos nos estudos. Suas mentes armazenam vasto arsenal de informação, que inclui histórias, anedotas, trivialidades, curiosidades, fatos e estatísticas. Dessa forma, conseguem sustentar qualquer disputa intelectual a que se disponham. São assombrosos como debatedores e, quando envolvidos em política, oradores imbatíveis.

A eloquência de Gêmeos é tão impressionante que, mesmo quando os nativos do signo não têm a menor ideia do que estão falando, dão a impressão de que são especialistas no assunto. É impossível não se deixar ofuscar por seu brilhantismo.

FINANÇAS

Os geminianos tendem a se preocupar mais com a riqueza do aprendizado e das ideias do que com a riqueza material propriamente dita. Brilham em profissões ligadas à escrita, à didática, ao comércio e ao jornalismo. Nem todas essas profissões pagam bem! Mas sacrificar necessidades intelectuais por dinheiro é inconcebível para um geminiano. Ele sempre tenta conciliar os dois.

Câncer ocupa a Segunda Casa Solar geminiana (Finanças), o que indica que você, de Gêmeos, pode ganhar dinheiro extra de forma harmoniosa e natural, por meio de investimentos em restaurantes, hotéis, imóveis e pousadas. Em virtude de sua habilidade de oratória, você adora situações de barganha e negociação, principalmente quando há dinheiro envolvido.

A Lua, que rege a Segunda Casa Solar de Gêmeos, é o corpo sideral mais rápido do Zodíaco; percorre todos os signos e as Casas zodiacais a cada 28 dias. Nenhum outro astro ou planeta se equipara à Lua em capacidade de mudança rápida. A análise da Lua e de seus fenômenos nos ajuda a compreender melhor a postura financeira dos nativos deste signo. Ao lidar com finanças, eles são versáteis e flexíveis. Ganham dinheiro de diversas formas, e suas necessidades e atitudes financeiras parecem flutuar diariamente. O mesmo acontece com sua maneira de encarar o dinheiro: entusiasmam-se com ele em alguns momentos e, em outros, parecem não lhe dar a mínima importância.

Para o geminiano, as metas financeiras e o dinheiro são vistos como mera forma de sustento para constituir uma família; fora isso, têm pouco valor.

A Lua, regente das Finanças de Gêmeos, também envia outra importante mensagem para os geminianos: para concretizar plenamente seu potencial financeiro, eles precisam aprender a desenvolver profunda compreensão do aspecto emocional da vida. Necessitam combinar sua espantosa capacidade de raciocínio lógico com a compreensão da psicologia humana. Os sentimentos possuem lógica própria. É uma lição que os geminianos têm de aprender e aplicar na área das finanças.

CARREIRA E IMAGEM PÚBLICA

Os geminianos intuem que foram agraciados com o dom da comunicação e que esse é um poder capaz de produzir grande bem ou terrível mal-estar. Anseiam por colocar esse dom a serviço de ideais transcendentes e elevados. Sua principal meta consiste em comunicar verdades eternas e prová-las por meio da lógica. Respeitam poetas, artistas, músicos e místicos, por terem conseguido transcender o intelecto. Encantam-se com a vida dos santos e mártires. Para um geminiano, a transmissão da verdade, seja ela de caráter científico, histórico ou revelador, constitui a mais elevada das possibilidades de realização. Aqueles que conseguem transcender o intelecto assumem o papel de líderes naturais para eles, que têm perfeita consciência disso.

O signo de Peixes ocupa a Décima Casa Solar de Gêmeos, da Carreira. Netuno, o planeta da espiritualidade e do altruísmo, é o planeta da Carreira para os nativos do signo. Para que um geminiano se realize profissionalmente é preciso, portanto, que desenvolva seu lado transcendente, espiritual e altruísta. Ele deve compreender o vasto panorama cósmico e a maneira como a evolução humana flui, sua origem e seu destino. Somente então sua potência intelectual encontrará seu legítimo lugar, e ele poderá tornar-se "mensageiro dos deuses". Os geminianos precisam aprender a cultivar a inspiração, que não é algo que se origina *no* intelecto, mas *por meio* dele. Esse procedimento só tende a enriquecer e a fortalecer a mente geminiana.

AMOR E RELACIONAMENTOS

A tagarelice e o brilhantismo naturais dos geminianos refletem-se em sua vida amorosa e social. Uma boa conversa ou um bom bate-papo pode ser o interessante prelúdio de um novo romance. O único problema que enfrentam no amor é que seu intelecto é demasiado frio e apático para despertar ardor no outro. As emoções chegam a perturbar os nativos do signo, e seus(suas) companheiros(as) se queixam disso. Quem estiver apaixonado(a) por alguém do signo deve compreender por que isso ocorre. Os geminianos evitam paixões profundas porque elas interferem em sua habilidade de raciocínio e comunicação. Se eles parecerem frios para você, que é nativo de outro signo, compreenda que se trata da própria natureza deles.

Não obstante, os geminianos precisam entender que falar de amor é diferente de sentir o amor em toda a sua radiância e retribuí-lo. Falar sobre o amor não os levará a lugar algum. Precisam senti-lo e agir de acordo com isso. Esse sentimento pertence aos domínios do coração, não do intelecto. Se você deseja saber como um geminiano se sente em relação ao amor, não ouça o que ele diz; observe como ele age. Os geminianos tendem a ser bastante generosos com aqueles a quem amam.

Os nativos de Gêmeos apreciam companheiros refinados, educados e viajados. Se o consorte for mais rico do que eles, melhor ainda. Se você se apaixonou por um geminiano, é melhor ser um ótimo ouvinte.

O relacionamento ideal para um geminiano é o de natureza mental. É claro que ele também aprecia os aspectos emocionais e físicos de uma relação, mas se a comunhão intelectual não se fizer presente, ele sofrerá muito com essa ausência.

VIDA DOMÉSTICA E FAMILIAR

No lar, os geminianos se mostram incrivelmente organizados e meticulosos. Esperam que o cônjuge e os filhos mantenham o padrão ideal que eles mesmos seguem. Quando isso não ocorre, eles se lamentam e criticam, mas são bons membros de família e gostam de servi-la de maneira prática e útil.

O lar de um geminiano é confortável e aprazível. Ele gosta de receber convidados e é um ótimo anfitrião. Os nativos de Gêmeos também são bons em reparos, consertos e melhorias no lar. Nisso são impulsionados por sua necessidade de permanecer ativos e ocupados com algo que apreciem. Eles possuem muitos hobbies e passatempos, que os mantêm ocupados quando ficam sozinhos em casa.

Os geminianos compreendem as crianças e se dão muito bem com elas — em parte porque eles também são muito jovens de espírito. Como grandes comunicadores, sabem explicar as coisas aos mais moços e, assim, ganham seu respeito, seu amor e sua confiança. Encorajam os filhos a serem criativos e falantes, como eles próprios.

GÊMEOS
PREVISÃO ANUAL PARA 2022

TENDÊNCIAS GERAIS

Se 2021 foi um ano de sucesso, 2022 terá mais sucesso ainda. Sua carreira se expande amplamente. O mesmo acontece com seu prestígio profissional. Se você trabalha em uma empresa, essa empresa também se tornará mais prestigiosa. Júpiter passa pela sua Casa Dez neste ano, e ficará lá até o dia 11 de maio. (Ele voltará brevemente entre 29 de outubro e 21 de dezembro — só para garantir que questões de carreira não resolvidas sejam remediadas.) Falaremos mais sobre isso daqui a pouco.

A saúde está boa, mas se tornará ainda melhor após o dia 11 de maio, quando Júpiter sai de um aspecto tenso. Depois dessa data, haverá apenas um planeta lento em alinhamento tenso com você — Netuno. Todos os outros estarão harmoniosos ou não atrapalham. Já trataremos sobre esse assunto.

A vida financeira não parece importante em 2022. Sua Casa do Dinheiro não se destaca. No entanto, quando a carreira vai bem, as finanças costumam fazer o mesmo. Mais sobre isso daqui a pouco.

Faz muitos, muitos anos que Plutão está na sua Casa Oito, e ele continuará lá neste ano. (Mas estará se encaminhando para sair no ano que vem e até 2024 terá saído completamente dela.) Assim, faz um tempo que você lida com a morte e questões da morte. Talvez tenham ocorrido cirurgias ou situações de quase morte na vida de seus tios, tias e sogros. Essa preocupação continua neste ano.

Saturno ocupa sua Casa Nove desde 2021 (ele a visitou brevemente em 2020). Assim, suas crenças religiosas, filosóficas e metafísicas estão sendo reorganizadas. Viagens foram limitadas. Universitários tiveram que se esforçar mais nos estudos. Essa tendência continua em 2022.

Sua Casa Doze da Espiritualidade é ocupada por Urano há alguns anos, o que indica muita experimentação e mudanças na vida espiritual. Você troca de mestres e ensinamentos com rapidez. Segue por caminhos e sistemas novos. Já falaremos mais sobre isso.

As principais áreas de interesse neste ano serão: sexo, transformação pessoal e estudos sobre ocultismo; educação superior, religião, filosofia, teologia e viagens internacionais; carreira; amigos, grupos, atividades em grupo e ciências (entre 11 de maio e 29 de outubro, e de 21 de dezembro em diante); espiritualidade; corpo, imagem e aparência pessoal (a partir de 20 de agosto).

Os caminhos de maior realização serão: carreira (até 11 de maio, e entre 29 de outubro e 21 de dezembro); amigos, grupos, atividades em grupo, ciências (de 11 de maio a 29 de outubro, e a partir de 21 de dezembro); espiritualidade.

SAÚDE

(Esta é uma perspectiva astrológica sobre a saúde, não uma visão médica. No passado essas perspectivas eram idênticas, mas hoje podem ocorrer diferenças significativas. Para obter uma opinião com base em diagnósticos da medicina convencional, consulte seu médico ou um profissional da área da saúde.)

Como mencionamos antes, a saúde parece boa neste ano. Até o dia 11 de maio, há dois planetas lentos fazendo aspectos estressantes com você. Após essa data haverá apenas um. (Entre 29 de outubro e 21 de dezembro, Júpiter volta para Peixes em movimento retrógrado e voltarão a ser dois — mas por pouco tempo.)

Sua Casa Seis da Saúde está vazia, algo que interpreto como positivo. Você não precisa se concentrar demais na saúde, já que não há nada de errado nessa área. Pessoas com condições preexistentes devem passar por um período de calmaria.

Tenha em mente que a saúde será um pouco mais complicada do que o normal em alguns momentos. Eles ocorrem devido ao trânsito de planetas rápidos. Mas são tendências temporárias, que não se estendem pelo ano. Quando passarem, sua boa saúde e energia voltarão.

Apesar de a saúde estar boa, é possível torná-la ainda melhor. Dê mais atenção aos seguintes pontos — as áreas vulneráveis no seu mapa.

Coração. Só é importante até 11 de maio e entre 29 de outubro e 21 de dezembro. Os reflexos aparecem no seu mapa. Massagens no peito — especialmente no esterno e na parte superior da caixa torácica — também serão benéficas. O mais necessário para o coração é evitar preocupações e ansiedade, as duas emoções que o estressam. Prefira cultivar a fé à preocupação.

Braços, ombros, pulmões e sistema respiratório. São sempre importantes para Gêmeos. Os braços e ombros devem ser massageados com regularidade. A tensão tende a se acumular nos ombros e precisa ser liberada. A reflexologia nas mãos seria uma ótima terapia. Certifique-se de tomar ar fresco suficiente e de respirar fundo e de forma ritmada.

Cólon, bexiga e órgãos sexuais. Os reflexos aparecem no seu mapa. São sempre importantes para os geminianos, já que Plutão (o regente dessas áreas) é seu Planeta da Saúde. Sexo seguro e moderação sexual sempre são benéficos.

Coluna, joelhos, ossos, alinhamento do esqueleto, dentes e pele. Os reflexos aparecem mais tarde. Essas áreas têm sido importantes nas últimas duas décadas mais ou menos. E continuam importantes neste ano. Até 2024, sua relevância diminui. Massagens regulares nas costas e nos joelhos são benéficas. Visitas regulares ao quiroprata ou osteopata também. As vértebras precisam ser mantidas no alinhamento correto. Se você ficar exposto ao sol, use um bom protetor solar. Uma boa higiene dental também é fundamental.

Seu Planeta da Saúde, Plutão, está no signo de Capricórnio há muitos anos. Assim, você se sente mais interessado pela medicina tradicional. Prefere métodos confiáveis. Mesmo que opte por terapias alternativas, terá preferência pelas mais antigas. (Em assuntos espirituais, sua tendência é experimentar coisas diferentes, mas a coisa muda de figura com a saúde.)

Com seu Planeta da Saúde em um signo de Terra, você teria uma boa conexão com os poderes de cura desse elemento. Terapias de cristais seriam interessantes e potentes. Caso você se sinta indisposto, passe um tempo nas montanhas ou em florestas antigas — locais em que a energia da terra é muito forte. Você não precisa fazer muita coisa: basta absorver a energia (esses lugares são bons para meditar). Emplastros de argila aplicados em qualquer parte do corpo que esteja incomodando também seriam benéficos. Algumas pessoas gostam de tomar banhos com águas com alto teor de minerais (minerais são um elemento da terra) — isso lhe faria bem. A água natural sempre é melhor, mas, caso essa não seja uma alternativa prática, é possível comprar minerais e acrescentá-los ao banho.

LAR E FAMÍLIA

Essa não é uma área muito significativa em 2022, e há muitos motivos para isso. Em primeiro lugar, sua Casa Quatro está basicamente vazia — apenas planetas rápidos passam por ela, e seus impactos são temporários. A Casa Dez da Carreira está muito poderosa — em especial até o dia 11 de maio. E, talvez mais importante, TODOS os planetas lentos estão no lado diurno do seu mapa — o hemisfério das atividades e conquistas externas. Assim, 2022 é um ano em que a melhor forma de você ajudar sua família é sendo bem-sucedido — sendo um bom provedor. Dar apoio às crianças e assistir a todas as suas peças e jogos de futebol da escola são atitudes positivas — mas ser bem-sucedido será mais útil.

Este é o tipo de ano em que o sucesso exterior trará harmonia emocional.

A família é sempre importante para os geminianos — Mercúrio, o regente do seu mapa, também é seu Planeta da Família. Isso mostra um laço e uma conexão muito fortes, porém nem tanto este ano.

Mercúrio é um planeta rápido, como nossos leitores assíduos sabem. Ao longo do ano, ele passará por todo o seu mapa. Assim, há muitas tendências curtas para a família que dependem da posição de Mercúrio e dos tipos de aspectos que ele faz. Falaremos melhor sobre elas nos relatórios mensais.

Mercúrio ficará retrógrado em três momentos em 2022 (o normal). Isso acontecerá entre 14 de janeiro e 3 de fevereiro; de 10 de maio a 2 de junho; e de 10 de setembro a 1º de outubro. Esta última retrogradação provavelmente será a mais forte, já que muitos outros planetas também estão retrógrados, intensificando o efeito. Assim, durante esses momentos, evite tomar decisões importantes sobre seu lar e sua família. Busque clareza. Informe-se mais sobre os fatos. Sane todas as dúvidas. A verdade pode não ser aquilo em que você acredita.

Marte não passará pela sua Casa Quatro neste ano, então, se estiver planejando fazer grandes reformas ou obras, é melhor esperar até 2023. No entanto, para redecorar a casa superficialmente ou comprar objetos de arte, o período entre 5 e 10 de setembro será vantajoso — e entre 29 de outubro e 16 de novembro também.

Também será um bom ano para seu pai, sua mãe ou uma figura parental. Um deles terá um ano muito sociável; o outro, um ano muito positivo para questões financeiras — ele ou ela terá uma vida de luxo. Se a figura parental estiver em idade reprodutiva, a fertilidade estará aumentada. Não é provável que eles se mudem. (Porém, podem reformar a casa onde moram.)

Irmãos e figuras fraternas têm mais chance de se mudar em 2024 do que agora.

Filhos e figuras filiais também podem fazer reformas em casa, mas provavelmente não se mudarão.

Netos, se você tiver (ou as pessoas que ocuparem esse papel na sua vida), terão boas chances de se mudar neste ano.

DINHEIRO E CARREIRA

A carreira — seu trabalho e missão de vida — é muito mais importante do que apenas o dinheiro neste ano. Sua Casa do Dinheiro está basicamente vazia. Apenas planetas rápidos passarão por ela, e os efeitos serão breves. Isso pode ser interpretado como algo positivo. Mostra contentamento com a maneira como as coisas estão, sem uma necessidade especial de fazer mudanças significativas. Há uma tendência a permanecer igual. Sua renda será mais ou menos igual à do ano passado.

Teremos dois eclipses lunares em 2022, e como a Lua é seu Planeta do Dinheiro, eles causarão adaptações e situações dramáticas na vida financeira. Não será nada muito grave, já que você passa por isso duas vezes (ou três) por ano. A esta altura você já sabe lidar com essas coisas. Um eclipse lunar ocorre no dia 16 de maio, e o outro em 8 de novembro. Falaremos mais sobre eles nos relatórios mensais.

A Lua, seu Planeta do Dinheiro, é o planeta mais rápido de todos. Enquanto Mercúrio, Vênus e o Sol precisam de um ano para atravessar o mapa inteiro (em 2022, Mercúrio e Vênus farão isso em onze meses), a Lua cruza todas as casas a cada mês. Assim, há muitas tendências financeiras rápidas que serão analisadas em mais detalhes nos relatórios mensais.

Em geral, sua capacidade de gerar renda será mais forte quando a Lua estiver crescente (ficando cheia).

Geminianos têm talento em todas as áreas relativas à comunicação — jornalismo, escrita, telecomunicações, marketing, ensino, educação sem fins lucrativos e palestras. Eles também se destacam nas indústrias do transporte, varejo e transações comerciais — compra e venda.

Sendo a Lua seu Planeta do Dinheiro, você também consegue lucrar com imóveis, vendas de alimentos, restaurantes, hotéis e pousadas e todas as áreas que ofereçam produtos para o lar. O campo da psicologia também é interessante.

Como mencionamos, a carreira é o destaque do ano. Júpiter estará na sua Casa Dez até o dia 11 de maio (e depois voltará entre os dias 29 de outubro e 21 de dezembro). Esse é um sinal clássico de sucesso e expansão profissional. Novos horizontes e oportunidades serão revelados. Limitações anteriores serão descartadas.

Júpiter é o seu Planeta do Amor, e isso oferece muitas mensagens. O cônjuge, parceiro ou interesse amoroso atual parece muito ativo e prestativo em relação à sua carreira. Os amigos também. Seus contatos sociais têm um papel de destaque nessa área. Em geral, seu traquejo social leva você ao topo e abre portas. Seu cônjuge, parceiro ou interesse amoroso atual — e seus amigos — são muito bem-sucedidos. Você conhece pessoas poderosas — socialmente — que podem ajudar em sua carreira. (E isso tem outros desdobramentos, que discutiremos mais tarde.) Neste ano, é importante frequentar ou organizar as reuniões e festas certas.

Outra forma de interpretar essa tendência é que sua vida social, seu casamento e sua vida amorosa são sua carreira real em 2022 — você simplesmente deve apoiar seu cônjuge, seu parceiro e seus amigos.

AMOR E VIDA SOCIAL

A vida amorosa e social parece muito feliz em 2022. Apesar de a Casa Sete do Amor estar basicamente vazia — apenas planetas rápidos passam por lá —, seu Planeta do Amor, Júpiter, está em uma posição muito forte — bem no topo do mapa —, a mais poderosa possível. Júpiter também está no signo que rege até o dia 11 de maio, o que lhe dá mais força. Então há muito traquejo social e muito poder de atração. A vida social se expandirá. Solteiros devem se casar neste ano. E os comprometidos tenderão a ter mais romance nos relacionamentos.

Com seu Planeta do Amor na Casa Dez, você se sente mais atraído por pessoas influentes — pessoas poderosas e importantes. O poder é um forte afrodisíaco neste período. Mas influência e poder não bastam: você também se interessa por pessoas espiritualizadas, criativas e idealistas — Júpiter está em Peixes, em proximidade com Netuno. Então, seu parceiro ideal (para os solteiros) é alguém do alto escalão, mas também envolvido com instituições de caridade e trabalhos benéficos. Alguém que seja o diretor-executivo de uma empresa, mas que também goste de escrever poesia ou música no tempo livre. Uma pessoa prática que passa as férias em retiros espirituais ou *ashrams*. Esse é o tipo de personalidade que atrai você. E também é o tipo de pessoa que você conhecerá.

O Planeta do Amor na Casa Dez mostra que boa parte das interações sociais está relacionada com a carreira.

Um dos problemas dessa posição é uma tendência a optar por relacionamentos práticos, e não pelo amor verdadeiro. Você terá que questionar a si mesmo sobre isso.

Oportunidades românticas e sociais acontecem enquanto você tenta alcançar objetivos de carreira, e talvez com pessoas envolvidas no seu trabalho.

No dia 11 de maio, Júpiter entrará na sua Casa Onze e permanecerá lá até o dia 29 de outubro. Depois ele voltará para a Casa Onze em 21 de dezembro. Agora, a postura para o amor muda um pouco. Você prefere relacionamentos com colegas — em nível de igualdade — em vez dos hierárquicos. Você quer ser amigo da pessoa amada, não apenas seu amante.

O Planeta do Amor em Áries entre os dias 11 de maio e 29 de outubro (e a partir de 21 de dezembro) mostra amor à primeira vista. Você se torna mais agressivo em questões amorosas. Não quer fazer joguinhos. Você é direto. Se gostar de alguém, deixará isso claro. Existe uma tendência a se jogar muito rápido em relacionamentos — talvez rápido demais.

O Planeta do Amor na Casa Onze indica que oportunidades românticas podem acontecer na internet, em redes sociais e em sites de relacionamentos. É comum que alguém que era "só um amigo" vire algo mais. As amizades gostam de bancar o cupido.

O posicionamento do Planeta do Amor na Casa Onze tende a ser positivo, pois sinaliza um período em que "os maiores desejos e esperanças" sobre o amor se realizam.

AUTOAPRIMORAMENTO

Faz alguns anos que Urano está na sua Casa Doze da Espiritualidade, e ele continuará lá por mais um tempo. Leitores assíduos sabem que o trânsito de um planeta lento não é um evento, mas um "processo". E esse é o caso da sua vida espiritual. Essa é uma área em que você está dispensando todas as regras — as antigas tradições, o certo e o errado — e aprendendo o que funciona para a sua vida. Os caminhos tradicionais são orientações para o espírito, mas, no fim das contas, "eu sou o caminho" — cada pessoa o alcança da própria forma. Então há muita mudança e movimentação acontecendo nesse sentido. Você estuda rumos diferentes, mestres e ensinamentos diferentes, busca coisas novas e nunca testadas. Você aprende o que dá certo para a sua vida por meio de tentativa e erro.

Urano rege sua Casa Nove da Religião. Assim, seu mapa diz que este é o momento para explorar os rumos místicos da sua religião de nascença. Você sempre teve as chaves para a iluminação, mas não sabia. Viajar para lugares sagrados também seria benéfico para o caminho espiritual.

SEU HORÓSCOPO PESSOAL PARA 2022

Urano igualmente favorece uma abordagem científica ao Divino. Existe uma ciência por trás de toda "superstição" aparente, e 2022 é um bom ano para explorar essa questão. Também é um período que favorece a astrologia esotérica — o lado espiritual e filosófico da astrologia. Esse é um caminho válido. (Alguns geminianos podem gostar do meu livro *A Spiritual Look of the 12 Signs* [Uma visão espiritual dos 12 signos, em tradução livre], que fala de astrologia esotérica.)

Vênus é o seu Planeta da Espiritualidade. Então, quando você está apaixonado — em estado de harmonia —, tem facilidade para entrar em contato com o Divino. O amor em si é um caminho viável. (Mas você precisa de um pouco de ciência para lhe dar uma base.)

Vênus também rege sua Casa Cinco da Criatividade. Assim, o caminho da criatividade também é muito válido. Ao aprender e aplicar as leis da criação, podemos compreender o Grande Criador.

PREVISÕES MENSAIS

JANEIRO

Melhores dias: 4, 5, 13, 14, 23, 24, 31
Dias mais tensos: 1º, 6, 7, 21, 22, 27, 28
Melhores dias para o amor: 1º, 2, 3, 6, 11, 12, 16, 21, 22, 25, 27, 28, 29, 30
Melhores dias para o dinheiro: 2, 3, 6, 11, 12, 16, 17, 23, 25
Melhores dias para a carreira: 6, 7, 17, 26

TODOS os planetas, exceto a Lua (e apenas temporariamente), estão no lado diurno do seu mapa. A Casa Dez da Carreira está muito forte, enquanto a Casa Quatro do Lar e da Família está basicamente vazia. (Apenas a Lua passará pela Casa Quatro, nos dias 21 e 22.) Então, temos uma mensagem explícita: concentre-se na carreira e deixe as questões familiares de lado por um tempo.

Este mês traz muito sucesso, e os próximos trarão mais ainda. Você está apenas começando no seu caminho rumo ao triunfo. Na carreira e na vida social, você tem uma posição de prestígio.

Júpiter, seu Planeta do Amor, está bem no topo do mapa. Isso é maravilhoso tanto para a vida profissional quanto para a amorosa. É um sinal de foco. O amor é prioridade — está no começo da lista. Oportunidades românticas surgem conforme você vai atrás de objetivos de trabalho ou se liga a pessoas envolvidas com a sua carreira. Prestígio e poder são fortes afrodisíacos. Boa parte da sua socialização envolve o trabalho. Você socializa com pessoas importantes. Seus contatos sociais impulsionam a vida profissional.

A saúde está boa neste mês. Plutão, seu Planeta da Saúde, faz aspectos positivos. Os dias 1º, 2, 27 e 28 parecem especialmente bons para a saúde — e para quem estiver procurando emprego. Você pode melhorar ainda mais a saúde seguindo os métodos descritos no seu relatório anual.

As finanças não têm destaque em janeiro. A Casa do Dinheiro está vazia. Apenas a Lua passará por lá, entre os dias 16 e 17. Isso demonstra uma tendência a permanecer igual. A carreira é mais empolgante e importante do que apenas dinheiro. (Em geral, se a carreira vai bem, o dinheiro tende a ir também — mas nem sempre.) Um cargo prestigioso, mas com salário menor, parece mais interessante do que um cargo de pouco prestígio com um salário maior. Em geral, você terá mais energia e entusiasmo financeiro entre os dias 2 e 17, quando a Lua está crescente. Esse é um bom período para aumentar seus lucros e fazer investimentos. Após o dia 17, é melhor economizar para reduzir as dívidas.

Mercúrio, regente do seu mapa, faz um aspecto dinâmico com Urano entre os dias 12 e 17. Tente evitar viagens longas nessa época. Tome mais cuidado ao dirigir e preste mais atenção no plano físico. Você tem a tendência de testar os limites do corpo nesse período. Não há problema algum com isso, contanto que você preste atenção e não se comporte de forma imprudente.

FEVEREIRO

Melhores dias: 1º, 9, 10, 11, 19, 20, 28
Dias mais tensos: 2, 3, 17, 18, 24, 25
Melhores dias para o amor: 2, 3, 7, 8, 12, 13, 17, 18, 21, 22, 24, 25, 27
Melhores dias para o dinheiro: 1º, 2, 3, 9, 10, 12, 13, 21, 22, 23
Melhores dias para a carreira: 2, 3, 12, 13, 22, 23

Este é um mês feliz e bem-sucedido para os geminianos, aproveite! A Casa Nove — uma casa muito benéfica — permanece poderosa até o dia 18. Assim como no mês passado, isso favorece o ensino superior — é maravilhoso para universitários e estudantes que desejam entrar na faculdade —, viagens internacionais e estudos religiosos e teológicos.

No dia 18, o Sol passará pelo seu Meio do Céu e entrará na Casa Dez. Você começa um ápice de carreira anual (e, para muitos geminianos, vitalício). É uma fase de muito sucesso, tanto para o trabalho quanto para o amor.

A saúde precisará de atenção a partir do dia 18. Nada muito grave acontece, apenas um estresse em curto prazo causado por planetas rápidos. Como sempre, certifique-se de descansar bastante. Há muitas exigências na carreira, mas você pode cumpri-las aos poucos. Livre-se do que não for essencial. Concentre-se nas prioridades. Melhore a saúde com os métodos descritos no relatório anual.

A retrogradação de Mercúrio acaba no dia 4, e então TODOS os planetas voltam à trajetória direta. Depois disso as coisas acontecem rápido. Você tem confiança e clareza.

A maioria dos planetas está do lado ocidental, social, do seu mapa, e seu Planeta do Amor, Júpiter, permanece proeminente. Assim, a autoafirmação e o autocontrole não são necessários agora. Este é o momento para desenvolver habilidades sociais e resolver questões em consenso, não por vontade pessoal. Permita que coisas boas venham até você, em vez de forçá-las a acontecer.

As habilidades de comunicação de Gêmeos são lendárias. Neste mês, seus superiores notam isso. É algo que impulsiona sua carreira. Contatos sociais continuam a beneficiá-la também.

As finanças continuam fora do foco — a tendência é que tudo permaneça igual. A Casa do Dinheiro permanece vazia. Apenas a Lua passa por ela entre os dias 12 e 13. Concentre-se na carreira, e o dinheiro virá com o tempo. A melhor fase financeira ocorre entre os dias 1º e 16, com a Lua Crescente. Esse é o momento para economizar, investir e tentar aumentar sua renda. Após o dia 16, use qualquer dinheiro extra para quitar dívidas (é melhor se livrar delas).

MARÇO

Melhores dias: 1º, 9, 10, 18, 19, 27, 28
Dias mais tensos: 2, 3, 16, 17, 23, 24, 30, 31
Melhores dias para o amor: 2, 3, 9, 11, 12, 18, 19, 21, 22, 23, 24, 27, 28, 30, 31
Melhores dias para o dinheiro: 2, 3, 11, 12, 13, 21, 22, 23, 30, 31
Melhores dias para a carreira: 2, 3, 11, 12, 21, 22, 30, 31

Continue prestando atenção na saúde e na energia até o dia 20. Como sempre, certifique-se de descansar bastante e escutar as mensagens que seu corpo manda. Melhore a saúde usando os métodos descritos no relatório anual.

Marte entrará em conjunção com Plutão entre os dias 2 e 4. Um aspecto muito dinâmico. Tome mais cuidado no plano material. Uma cirurgia pode ser sugerida a um amigo ou a você. Problemas podem ocorrer no ambiente de trabalho. Mais tarde, Marte fará aspectos intensos com Urano entre os dias 20 e 22. Novamente, tome cuidado com o plano material. Dirija com mais atenção e mantenha a calma. Isso se aplica aos seus amigos também.

Neste mês, você continua em uma onda forte de sucesso. Mercúrio, o regente do seu mapa, entrará na Casa Dez no dia 10. Isso indica sucesso pessoal. Você é reconhecido por quem é, e também por suas habilidades profissionais. Parece que você está no topo — acima de todos ao seu redor. (Às vezes essa configuração indica alguém que almeja estar acima de todos ao redor.) O mês inteiro está positivo para a carreira, mas algo muito maravilhoso acontecerá no dia 27 ou 28. Marte faz conjunção com Netuno.

O amor também está feliz. O Sol faz conjunção com Júpiter, seu Planeta do Amor, entre os dias 4 e 6. Esse é um aspecto que traz oportunidades românticas e sociais felizes. Mercúrio faz conjunção com Júpiter nos dias 20 e 21 — trazendo um encontro romântico feliz para os solteiros. Seu traquejo social estará especialmente forte.

Nos dias 29 e 30, Mercúrio (um planeta muito importante no seu mapa) passa pelo solstício. Ele faz uma pausa no céu — na sua movimentação latitudinal — e então muda de rumo. O mesmo vale para você.

SEU HORÓSCOPO PESSOAL PARA 2022

Há uma pausa nas questões pessoais, depois uma mudança de direção. Essa pausa é positiva — natural —, não algo forçado. Você volta dela se sentindo renovado e cheio de energia.

As finanças continuam iguais. A carreira é muito mais importante do que apenas dinheiro. A Casa do Dinheiro continua vazia. Apenas a Lua passa por ela nos dias 11, 12 e 13. Seu poder financeiro é mais forte entre os dias 2 e 18, quando seu Planeta do Dinheiro estará crescente. É um momento para aumentar a capacidade de gerar renda, fazer depósitos na poupança ou em contas de investimentos — tomar atitudes que aumentem seus ganhos. Após o dia 18, use o dinheiro extra para pagar dívidas.

ABRIL

Melhores dias: 5, 6, 15, 16, 23, 24
Dias mais tensos: 13, 14, 19, 20, 25, 26
Melhores dias para o amor: 8, 9, 17, 18, 19, 20, 25, 26, 27
Melhores dias para o dinheiro: 1º, 2, 8, 9, 10, 11, 17, 18, 20, 21, 26, 27, 30
Melhores dias para a carreira: 9, 18, 25, 26, 27

A saúde continua precisando de atenção neste mês — especialmente a partir do dia 15. Cuide mais do coração. Faça massagens na área do reflexo e também no peito. Também melhore a saúde usando os métodos descritos no relatório anual.

A carreira continua exigindo muito. Marte passará pelo seu Meio do Céu e entrará na Casa Dez no dia 15. Isso indica mais agressividade na vida profissional. Seu comportamento parece muito hostil. Você está lidando com competições. Por outro lado, as amizades parecem bem-sucedidas e ajudam nessa área.

Júpiter faz conjunção com seu Planeta da Carreira entre os dias 1º e 17. Isso causa expansões e oportunidades no trabalho — acontecimentos muito positivos ocorrem. Também é um bom sinal para o amor. Solteiros têm oportunidades românticas com chefes ou pessoas prestigiosas. O problema é que você precisa ter certeza de que é amor e não apenas um relacionamento conveniente.

Este é um mês socialmente ativo — tanto para o romance quanto para as amizades. Você parece se dedicar muito aos amigos, e vice-versa.

No dia 20, o Sol entra na Casa Doze, e você começa um forte período espiritual. Isso pode ser complicado, já que sua carreira está em um bom momento, assim como sua espiritualidade. É preciso casar — integrar — as duas necessidades. (Esse é um desafio para a vida inteira, mas especialmente agora.)

Um eclipse solar no dia 30 ocorre na Casa Doze da Espiritualidade. Assim, você passa por mudanças espirituais — troca de mestres, ensinamentos e práticas. Podem ocorrer problemas e abalos nas organizações religiosas ou de caridade de que você participa, e momentos dramáticos na vida de gurus. Esse eclipse é relativamente leve, mas seria uma boa ideia praticar a direção defensiva, tomando mais cuidado. Carros e equipamentos de comunicação podem se comportar de forma errática. A boa notícia é que a Casa Doze fica muito forte após o dia 20, e a melhor forma de lidar com um eclipse é mantendo o foco e praticando atividades espirituais.

A situação do dinheiro permanece igual em abril. Sua capacidade de gerar renda se fortalece entre os dias 1º e 16. Faça um esforço para aumentar a renda nesse período, já que a Lua está crescente. Após o dia 16, use o dinheiro extra para quitar dívidas.

MAIO

Melhores dias: 2, 3, 4, 12, 13, 21, 30, 31
Dias mais tensos: 10, 11, 16, 17, 23, 24
Melhores dias para o amor: 6, 7, 8, 15, 16, 17, 24
Melhores dias para o dinheiro: 5, 6, 10, 11, 16, 20, 25, 30
Melhores dias para a carreira: 6, 15, 23, 24

Este é um mês movimentado — com alguns desafios —, mas feliz no geral. Júpiter, seu Planeta do Amor, faz uma mudança importante, saindo de Peixes e entrando em Áries no dia 11. O poder planetário agora está em grande maioria no setor leste do eu. Um total de setenta por cento, às vezes oitenta por cento, está no leste. A Casa Um fica muito favorecida a partir do dia 21. Juntando com o eclipse lunar do dia 16, essa é uma receita para uma mudança dramática.

Este é um período de extrema independência pessoal. O próximo mês também. Então, agora é o momento para exercitar iniciativa pessoal e assumir a responsabilidade pela própria felicidade. Mude aquilo que precisa ser mudado. Você não precisa pedir a opinião dos outros nem receber aprovação — especialmente quando se trata de mudanças não destrutivas. (Até o seu Planeta do Amor, Júpiter, está no leste, e os outros mais ou menos estão em harmonia com a sua independência.)

A saída do Planeta do Amor de Peixes e a entrada em Áries mostra uma grande mudança em comportamentos e necessidades na vida amorosa. Agora você parece o tipo de pessoa que "se apaixona à primeira vista". É como se não sentisse medo quando se trata do amor. Se você gosta de alguém, deixa isso claro. Você vai atrás do que quer, é proativo e se sente atraído por pessoas que também são assim. Nos últimos meses, o amor foi mais espiritual, porém agora se torna mais físico. Oportunidades na vida amorosa e social surgem com o seu envolvimento em grupos, organizações e atividades em grupo — e em redes sociais e no mundo virtual.

O eclipse solar do dia 16 ocorre na Casa Seis. Isso indica mudanças no trabalho ou nas condições de trabalho. Às vezes ocorrem sustos com a saúde, mas, como maio é um mês positivo para essa área, eles provavelmente não passarão disso — sustos. Você fará mudanças importantes na sua rotina de saúde nos próximos meses. Se tiver funcionários, pode ocorrer uma demissão em massa. Esse eclipse afeta Saturno. Assim, podem ocorrer encontros psicológicos com a morte — ou experiências de quase morte. Todo eclipse lunar afeta as finanças. Ele mostra que você precisa mudar de curso — geralmente vivenciando algum problema ou complicação. Esses eclipses acontecem duas vezes por ano, e o resultado final é bom. (Mas são pouco agradáveis enquanto acontecem.)

JUNHO

Melhores dias: 9, 10, 17, 18, 26, 27
Dias mais tensos: 6, 7, 13, 14, 19, 20
Melhores dias para o amor: 4, 6, 7, 13, 14, 16, 21, 26
Melhores dias para o dinheiro: 1º, 2, 3, 4, 9, 10, 13, 18, 21, 28, 29, 30
Melhores dias para a carreira: 2, 3, 12, 19, 20, 29, 30

Este é um mês feliz para os geminianos, aproveite! Em maio, no dia 21, o Sol entrou no seu signo e você começou um ápice de prazer pessoal anual (um deles). Ele vai durar até o dia 21. Então, este é o momento para aproveitar todos os prazeres dos sentidos, mimar o corpo e chegar à forma que você deseja ter. A autoestima e a autoconfiança estão boas — especialmente depois do dia 14, quando Mercúrio também entra em Gêmeos. Você está feliz com sua aparência e ela chama a atenção. As pessoas notam.

Você continua em um período de extrema independência pessoal — talvez ainda mais do que no mês passado. Então faça as mudanças que precisam ser feitas. Depois, quando os planetas passarem para o oeste, será mais difícil.

Junho também parece muito próspero. No dia 21, o Sol entra na Casa do Dinheiro, e você começa um ápice financeiro anual. E o seu Planeta do Dinheiro, a Lua, demora o triplo do tempo normal para atravessar a Casa Dois. Ela faz duas visitas à Casa do Dinheiro (o normal é apenas uma), e sua estadia ainda por cima é prolongada. Em vez de passar dois dias do mês por lá, ela passará seis. Isso é uma vantagem monetária. Indica foco.

O Sol na Casa do Dinheiro a partir do dia 21 mostra que você ganhará renda com suas habilidades básicas — comunicação, vendas, marketing, escrita, ensino, propaganda, relações públicas e transações comerciais. Sua capacidade de se comunicar bem é o caminho para o lucro.

A saúde está boa em junho, e você pode melhorá-la ainda mais de acordo com os métodos descritos no relatório anual.

Alguém que você via como amigo pode se tornar algo mais. Filhos e figuras filiais passam por um período social muito forte. Se eles tiverem a idade adequada, romances sérios podem surgir.

JULHO

Melhores dias: 6, 7, 14, 15, 23, 24
Dias mais tensos: 4, 5, 10, 11, 16, 17, 31
Melhores dias para o amor: 1º, 2, 6, 7, 10, 11, 15, 18, 19, 26, 28, 29
Melhores dias para o dinheiro: 1º, 2, 8, 9, 10, 11, 17, 18, 19, 26, 27, 28, 29
Melhores dias para a carreira: 9, 16, 17, 27

A saúde e a energia estão excelentes neste mês. O desafio é usar a energia extra, que é como dinheiro no banco, de formas positivas.

As finanças são o destaque de julho. A Casa do Dinheiro é a mais forte do mapa. Trinta por cento dos planetas, às vezes quarenta por cento, passam por ela neste mês. Você continua no seu ápice financeiro anual. No fim de julho, deve estar mais rico do que no começo.

Neste mês nos deparamos com uma inversão interessante. No início do ano — até 11 de maio —, a carreira era mais importante do que o dinheiro. Você queria prestígio e destaque mais do que desejava dinheiro. Agora é o oposto. O dinheiro é mais importante do que a carreira. Você aceitaria um cargo de menor destaque se ele oferecesse um salário maior. (Talvez já tenha conquistado todo o reconhecimento que desejava e agora queira melhorar o resultado final.)

O amor se torna mais complicado quando seu Planeta do Amor, Júpiter, fica retrógrado no dia 28. Se você precisar tomar decisões românticas importantes, faça isso antes dessa data. Vênus está no seu signo até o dia 18, indicando muito traquejo social e beleza física. É um bom momento para comprar roupas e acessórios, já que seu gosto é excelente. A aparência pessoal tem um papel de destaque nas finanças — especialmente entre os dias 5 e 19. Você se veste de acordo com o que deseja — com roupas caras.

A entrada de Vênus na Casa do Dinheiro no dia 18 indica boa intuição financeira. Também indica felicidade em questões monetárias — você ganha dinheiro de formas divertidas e gasta em coisas divertidas. Filhos e figuras filiais oferecem apoio financeiro. Se forem jovens, podem inspirar você a ganhar mais, talvez dando ideias lucrativas. Se forem mais velhos, seu apoio é mais prático.

Mercúrio faz aspectos harmoniosos com Netuno (seu Planeta da Carreira) nos dias 16 e 17 — então algo maravilhoso acontece no trabalho. Nos dias 22 e 23, Mercúrio faz um aspecto positivo com seu Planeta do Amor, Júpiter — trazendo oportunidades românticas para os solteiros.

AGOSTO

Melhores dias: 2, 3, 11, 12, 20, 21, 29, 30
Dias mais tensos: 1º, 7, 8, 13, 14, 27, 28

Melhores dias para o amor: 4, 5, 7, 8, 15, 25, 26
Melhores dias para o dinheiro: 7, 8, 15, 16, 22, 23, 25
Melhores dias para a carreira: 5, 13, 14, 23

Apesar de o lado noturno do seu mapa ter alcançado a força máxima do ano, ele não é dominante. Mesmo assim, é um bom momento para mudar seu foco da carreira para a casa, família e bem-estar emocional. O trabalho continua sendo muito importante e não deve ser ignorado, mas você pode dedicar um pouco da sua energia à família. Com seu Planeta da Carreira retrógrado, o ideal é se concentrar na vida familiar. Problemas no trabalho exigirão tempo para serem resolvidos, e não há muito a ser feito para agilizar o processo.

Apesar de a atividade retrógrada ser forte neste mês (quarenta por cento dos planetas estão retrógrados até o dia 24, e cinquenta por cento depois disso), os planetas importantes do seu mapa — Mercúrio, o regente do seu horóscopo, e a Lua, seu Planeta do Dinheiro — estão em trajetória direta. Então você faz progresso na área pessoal e financeira.

Agosto parece feliz. A saúde e a energia estão boas até o dia 23 — e mesmo depois as tensões vêm de planetas rápidos, sendo temporárias. Após o dia 23, certifique-se de descansar o suficiente e de cuidar da saúde usando os métodos descritos no relatório anual.

Este é um mês feliz pelo fato de sua Casa Três — sua favorita — estar megapoderosa. O cosmos impulsiona você a fazer tudo que ama — ler, escrever, estudar, ensinar e comunicar. As faculdades mentais, sempre boas, estão ainda melhores. Estudantes vão muito bem nos estudos.

Vênus continua na Casa do Dinheiro até o dia 11. Isso mostra boa intuição financeira e uma tendência à especulação. Você gasta dinheiro com família e filhos, e pode ganhar dinheiro com eles também. Até o dia 12, objetivos financeiros em curto prazo são conquistados, e você pode se concentrar no que ama — comunicação e interesses intelectuais. (Ainda mais do que no começo do mês.)

Mercúrio, regente e um planeta muito importante do seu mapa, passa pelo solstício entre os dias 22 e 24. Ele faz uma pausa no céu (no seu movimento latitudinal) e depois muda de direção (em latitude). Isso causará uma pausa e uma mudança de direção na vida pessoal.

SETEMBRO

Melhores dias: 7, 8, 16, 17, 26, 27
Dias mais tensos: 3, 4, 9, 10, 23, 24, 30
Melhores dias para o amor: 3, 4, 5, 11, 13, 14, 15, 21, 30
Melhores dias para o dinheiro: 3, 5, 6, 11, 14, 15, 18, 19, 20, 21, 25, 26, 30
Melhores dias para a carreira: 2, 9, 10, 19, 20, 29

Marte entrou no seu signo no dia 20 de agosto e passará o restante do ano lá. Há vantagens e desvantagens nisso. As vantagens são mais coragem, uma mente prática, a capacidade de agir rápido. Você se dará bem em esportes e em rotinas de exercícios físicos — seu melhor desempenho. As desvantagens são a impaciência (algo negativo quando a atividade retrógrada chegar ao máximo do ano neste mês) e um comportamento e um humor hostis. É um período em que a sua paciência está curta. Pressa e impaciência podem causar acidentes e ferimentos. Então, seja rápido, mas preste atenção.

A saúde ainda precisa de atenção, mas é algo temporário, causado por trânsitos rápidos. Nada muito grave acontece. Os geminianos com condições preexistentes as sentirão mais, porém isso passará. Melhore a saúde com descanso e os métodos descritos no relatório anual.

A força deste mês está na Casa Quatro do Lar e da Família. O ritmo da vida está diminuindo com tanta atividade retrógrada acontecendo, então é melhor se concentrar na família e no seu bem-estar emocional. Os geminianos que se tratam com terapia psicológica tradicional vão progredir muito. Você tem uma percepção maior sobre humores, sentimentos e emoções. Mesmo se não estiver participando de terapia formal, a natureza será sua terapeuta. Lembranças antigas surgirão para serem analisadas e reinterpretadas a partir do seu estado atual de consciência. Muitos geminianos vão gostar de pesquisar sua genealogia familiar neste período.

A saúde e a energia (e o bem-estar geral) voltam no dia 23. O Sol entra na Casa Cinco, e você começa outro ápice de prazer pessoal. Muitos geminianos são escritores. Este é um bom mês para escrita criativa. Você irá preferir livros mais divertidos aos educacionais. É um momento favorável para se aconchegar com uma boa leitura de ficção ou romance e se distrair.

O amor fica mais tenso após o dia 23. Seu Planeta do Amor, Júpiter, continua retrógrado e faz aspectos tensos. Então a vida amorosa se complica. A culpa pode não ser sua; é possível que seu parceiro esteja passando por um período difícil e essa seja a causa do problema. Você também parece mais distante da pessoa amada. Os dois têm visões opostas. O desafio será ultrapassar as diferenças e encontrar um meio-termo.

OUTUBRO

Melhores dias: 4, 5, 13, 14, 23, 24
Dias mais tensos: 1º, 7, 21, 22, 27, 28
Melhores dias para o amor: 1º, 4, 5, 8, 9, 13, 14, 18, 25, 26, 27, 28
Melhores dias para o dinheiro: 4, 5, 8, 9, 13, 14, 16, 17, 18, 25, 26, 27
Melhores dias para a carreira: 7, 8, 17, 26

A saúde está boa neste mês, mas um eclipse solar no dia 25 pode complicar as coisas. Ele ocorre na sua Casa Seis da Saúde e traz desafios para a rotina de saúde nos próximos meses. Pode ocorrer um susto com a saúde. Talvez surjam mudanças de emprego ou mudanças nas condições do trabalho. Se você tiver funcionários, pode haver uma demissão em massa e momentos dramáticos na vida dos empregados. Todo eclipse solar afeta irmãos e figuras fraternas. Eles causam situações dramáticas e crises em suas vidas. Com frequência, são eventos que mudam tudo. O eclipse também será um teste para carros e equipamentos de comunicação — que podem se comportar de forma instável, talvez precisando de consertos ou trocas. Estudantes no ensino básico passam por problemas na escola e mudam de planos de estudo. Às vezes trocam de instituição de ensino.

Seu Planeta do Amor, Júpiter, permanece retrógrado, mas faz aspectos melhores após o dia 23. O amor deve melhorar após essa data. Júpiter passará pelo solstício entre os dias 1º e 16. Ele faz uma pausa no céu (em latitude) e depois muda de direção (em latitude). Então uma pausa também ocorre na sua vida amorosa, e os rumos mudam. (Vemos essa mudança de outras formas também, com Júpiter trocando de signo no fim do mês — saindo de Áries e voltando para Peixes.)

Teremos um grande trígono no elemento Ar durante todo o mês. Essa é uma ótima notícia para você. Ar é o seu elemento nativo. Suas capacidades comunicativas e intelectuais estão muito ampliadas. Mas algo positivo em excesso pode causar problemas — falar demais, pensar demais, intelectualizar demais. A mente fica mais estimulada do que deveria e suga a energia de que o corpo precisa para outras coisas — restaurar células, imunidade etc. Use sua mente sem deixar que ela use você.

Mercúrio passa por outro solstício entre os dias 13 e 16. Não se assuste caso sua vida pessoal pareça parada. Na verdade, isso é positivo: é o prelúdio para uma mudança de rumo.

A vida financeira não apresenta grandes mudanças. A Casa do Dinheiro está vazia. Apenas a Lua passa por ela durante os dias 16 e 17. Entre os dias 1º e 9, e depois do dia 25, é bom se concentrar em atividades que tragam riqueza. Entre os dias 9 e 25, use o dinheiro extra para quitar dívidas e reduzir gastos.

NOVEMBRO

Melhores dias: 1º, 2, 10, 11, 19, 20, 28, 29
Dias mais tensos: 3, 4, 17, 18, 24, 25, 30
Melhores dias para o amor: 3, 4, 13, 14, 23, 24, 25
Melhores dias para o dinheiro: 3, 4, 12, 13, 14, 23, 24, 25
Melhores dias para a carreira: 3, 4, 13, 14, 23, 30

O destaque deste mês é o eclipse lunar do dia 8. Apesar de ele não afetar você diretamente, tem impacto em planetas importantes do seu mapa — Mercúrio, Urano e Vênus. E também é um eclipse total, o que lhe agrega mais força. Então, garanta uma agenda tranquila neste período.

O eclipse ocorre na Casa Doze da Espiritualidade e traz problemas para uma organização religiosa ou de caridade com que você esteja envolvido. Há momentos dramáticos na vida de gurus. É provável que sua prática, seus aprendizados e seus mestres espirituais passem por mudanças. Como a Lua é seu Planeta do Dinheiro, é possível que ocorram problemas e complicações financeiros, e eles podem ser graves. Você precisa fazer ajustes. Seu planejamento não era realista. O impacto em Mercúrio mostra que você precisa redefinir a si mesmo e à sua autoimagem — como você enxerga sua identidade e a visão que deseja que as pessoas tenham de você. Isso levará a um novo look — uma nova imagem — nos próximos meses. Se você não anda tomando cuidado com a dieta, o eclipse causará uma desintoxicação do corpo. Não se trata de uma doença, apenas do corpo se livrando das coisas que não pertencem a ele. Como Mercúrio também é seu Planeta da Família, podem ocorrer momentos dramáticos em casa e na vida de parentes. É comum que reparos sejam necessários no lar. O impacto em Urano sugere problemas em planos de estudo para universitários ou para os geminianos que desejam entrar na faculdade. Às vezes ocorre uma troca de instituições. Não é um bom momento para viagens internacionais. Se você precisar viajar, evite a época do eclipse. Problemas surgem na instituição religiosa que você frequenta, e situações dramáticas ocorrem na vida dos seus líderes religiosos.

É um eclipse muito movimentado.

A saúde está basicamente boa até o dia 22. Você parece focado nela. Os geminianos que estiverem em busca de emprego terão muitas oportunidades. Após o dia 22, você precisa descansar e relaxar mais. Melhore a saúde segundo os métodos descritos no relatório anual.

No dia 22, o Sol entra na Casa Sete do Amor, e você começa um ápice na vida amorosa e social. Há muitas oportunidades românticas para os solteiros, mas Júpiter, seu Planeta do Amor, continua retrógrado, então não faça planos de casamento por enquanto.

Mercúrio estará na Casa Sete a partir do dia 17. É um sinal de popularidade. Seus amigos são o foco. Você lhes dá apoio e está do seu lado. Os interesses deles são a prioridade. Isso aumenta a sua popularidade. (E o poder planetário está no lado oeste social do seu mapa — portanto essa é a melhor maneira de agir. Coloque os outros em primeiro lugar.)

As finanças não parecem ser o foco do mês de novembro. A Casa do Dinheiro está basicamente vazia — apenas a Lua passa por ela entre os dias 12 e 13. Isso demonstra uma tendência a permanecer igual. Seu poder de gerar renda ficará mais forte entre os dias 1º e 8 e depois do dia 28 — quando a Lua estiver crescente. Como sempre, é bom tentar aumentar seus lucros durante essa fase lunar (faça investimentos para economizar) e quitar dívidas durante o período minguante da Lua, entre os dias 8 e 28.

DEZEMBRO

Melhores dias: 7, 8, 17, 18, 25, 26
Dias mais tensos: 1º, 14, 15, 16, 21, 22, 27, 28
Melhores dias para o amor: 1º, 2, 3, 11, 14, 20, 21, 22, 23, 24, 29
Melhores dias para o dinheiro: 1º, 2, 3, 9, 10, 11, 13, 20, 21, 22, 23, 29
Melhores dias para a carreira: 1º, 10, 11, 20, 27, 28

O poder planetário continua principalmente no setor oeste social do seu horóscopo. Até Mercúrio, o regente do seu mapa, está no oeste. Então, assim como em novembro, o foco permanece nos outros e nas suas necessidades. A independência pessoal está mais fraca do que o normal, mas, por outro lado, ela não é necessária agora. Seu trabalho é cultivar habilidades sociais e alcançar objetivos com base em consensos. O bem surge na sua vida por intermédio dos outros, e nem tanto por seus próprios esforços.

Você continua no meio de um ciclo anual na vida amorosa e social até o dia 22. Além disso, seu Planeta do Amor volta à trajetória direta e muda de signo no dia 21. Os relacionamentos devem melhorar muito — ficam mais fáceis. Júpiter estará na Casa Onze dos Amigos por boa parte do próximo ano. Isso indica oportunidades românticas por meio de amizades — talvez elas banquem o cupido —, de atividades virtuais e nas redes sociais. É provável que alguém que você considera um amigo se torne algo mais.

A Casa Oito também está poderosa neste mês. Assim, é um período mais sexualmente ativo. Não importa sua idade ou sua fase de vida, a libido se torna mais intensa do que o normal. Porém, também há efeitos em outras áreas. Apesar de suas finanças pessoais permanecerem estáveis, seu cônjuge, parceiro ou interesse amoroso atual terá um mês financeiro impressionante. Ele ou ela será mais generoso com você. É um bom período para o planejamento financeiro. Para os geminianos na faixa etária apropriada, é um período interessante para o planejamento imobiliário.

Com a Casa Oito em situação vantajosa após o dia 7, dezembro é o mês para "se livrar" de coisas desnecessárias na sua vida. Este é o período para dar à luz (ou aprimorar) a sua "versão" ideal — a pessoa que você quer ser. Porém, antes que isso aconteça, muitas bobagens materiais precisam ir embora. Isso inclui posses, pensamentos e padrões emocionais que não são mais úteis. O cosmos lhe mostrará como fazer isso.

A saúde melhora muito após o dia 22.

CÂNCER

O CARANGUEJO
Nascidos entre 21 de junho e 20 de julho

PERFIL PESSOAL

CÂNCER EM UM RELANCE

Elemento: Água
Planeta Regente: Lua
Planeta da Carreira: Marte
Planeta da Saúde: Júpiter
Planeta do Amor: Saturno
Planeta das Finanças: Sol
Planeta do Divertimento e dos Jogos: Plutão
Planeta do Lar e da Vida Familiar: Vênus
Cores: azul, castanho-escuro, prata
Cores que promovem o amor, o romance e a harmonia social: preto, índigo
Cores que propiciam ganhos: dourado, alaranjado
Pedras: pedra da lua, pérola
Metal: prata
Perfumes: jasmim, sândalo
Qualidade: cardeal (= atividade)
Qualidade essencial ao equilíbrio: controle das variações de humor
Maiores virtudes: sensibilidade emocional, tenacidade, capacidade de cuidar
Necessidade mais profunda: harmonia no lar e na vida familiar
Características a evitar: hipersensibilidade, estados depressivos
Signos de maior compatibilidade: Escorpião, Peixes
Signos de maior incompatibilidade: Áries, Libra, Capricórnio

Signo mais útil à carreira: Áries
Signo que fornece maior suporte emocional: Libra
Signo mais prestativo em questões financeiras: Leão
Melhor signo para casamento e associações: Capricórnio
Signo mais útil em projetos criativos: Escorpião
Melhor signo para sair e se divertir: Escorpião
Signos mais úteis em assuntos espirituais: Gêmeos, Peixes
Melhor dia da semana: segunda-feira

COMPREENDENDO A PERSONALIDADE CANCERIANA

No signo de Câncer, o céu parece empenhado em desenvolver o lado emocional do Universo. Se pudéssemos resumir o canceriano em uma única palavra, seria *sentimento*. No que Áries tende a errar pelo excesso de ação, Touro, pela inércia, e Gêmeos pela frieza mental, Câncer erra por demasiada emotividade.

Os cancerianos parecem desconfiar da lógica. Talvez com razão. Para eles, não basta que um projeto ou argumento tenha aparência lógica; eles têm de *sentir* isso. Se não *sentirem* claramente que está tudo bem, rejeitarão a proposta ou se irritarão com ela. A frase "Siga seu coração" deve ter sido cunhada por um canceriano, pois descreve precisamente a atitude do nativo deste signo diante da vida.

A capacidade de sentir constitui um método mais direto de conhecimento do que a capacidade de pensar. O pensar nunca toca o objeto de sua análise, ao passo que o sentimento sempre encontra o alvo em questão e nos faz vivenciá-lo. A intuição emocional é quase um sexto sentido da raça humana, um sentido de natureza psíquica. E, tendo em vista que muitas das realidades com as quais nos deparamos são pungentes e até destrutivas, não é de surpreender que os cancerianos optem por erguer barreiras de defesa, que funcionam como carapaças para proteger sua natureza sensível e vulnerável. Para os cancerianos, é pura e simplesmente uma questão de bom senso.

Quando um nativo de Câncer está na presença de desconhecidos ou em um ambiente hostil, entra na carapaça, onde se sente protegido. As outras pessoas se queixam disso, mas é preciso questionar seus motivos. Por que essa proteção as incomoda tanto? Acaso gostariam de feri-lo e sentem-se frustradas por não poderem fazê-lo? Afinal, se as intenções forem louváveis, não haverá o que recear: basta um pouco de paciência e a carapaça se abrirá — o estranho será aceito como parte do círculo familiar e da esfera de amizades do canceriano.

Os processos de raciocínio são geralmente analíticos e fracionários. Para pensar com clareza, precisamos fazer distinções, comparações etc. Já o sentimento unifica e integra. Analisar algo com clareza equivale a distanciar-se dele. Sentir é aproximar-se. Tendo aceitado você como amigo, um canceriano não o renegará jamais. Você terá que fazer muito mal para chegar a perder a amizade de um canceriano. E, ao se relacionar com nativos do signo, você jamais conseguirá se desligar totalmente deles. Eles sempre procuram conservar algum tipo de laço, mesmo nas circunstâncias mais extremas.

FINANÇAS

Os nativos de Câncer intuem profundamente como os demais se sentem em relação a algo e por que o fazem. Essa faculdade representa um dom valiosíssimo no trabalho e no mundo dos negócios. É claro que também ajuda a formar um lar e a criar uma família. Mas, indubitavelmente, tem grande aplicação nas finanças. Os cancerianos, frequentemente, acumulam grandes fortunas em negócios familiares. Mesmo que não se trate de um negócio em família, eles o tratarão como tal. Se o canceriano trabalhar para alguém, encarará o chefe como figura paternal (ou maternal), e os colegas de trabalho, como irmãos e irmãs. Se o canceriano for o patrão, os demais serão tidos como filhos ou apadrinhados. Os nativos de câncer adoram ser vistos como provedores. Regozijam-se em saber que outras pessoas obtêm sustento direto ou indireto de suas ações. É outra forma de prover.

O fato de Leão ocupar a cúspide da Segunda Casa Solar de Câncer, das Finanças, faz dos cancerianos jogadores sortudos, com grandes possibilidades de êxito em transações imobiliárias, hoteleiras e gastronômicas. Estâncias, spas e casas noturnas também lhes proporcionam bons lucros. Eles se sentem atraídos por propriedades próximas à água, e embora tendam ao convencionalismo, gostam, por vezes, de tirar seu sustento de atividades glamourosas.

O Sol, regente das finanças de Câncer, acena com importante mensagem para os nativos. Em questões financeiras, eles devem procurar ser menos "de lua"; mais estáveis e fixos. Para se dar bem no mundo dos negócios, não podem deixar o humor oscilar a seu bel-prazer — estar hoje aqui e amanhã ali. Precisam desenvolver o amor-próprio e valorizar-se para realizar seu pleno potencial financeiro.

CARREIRA E IMAGEM PÚBLICA

Áries rege a Décima Casa (da Carreira) dos nativos de Câncer, indicando que eles anseiam por ter o próprio negócio, por se mostrarem mais ativos em público e na política e por serem mais independentes. Responsabilidades familiares, o medo de magoar os outros ou de se ferir amiúde os inibem de atingir essas metas. Mas isso é, no fundo, o que gostariam de fazer.

Os cancerianos apreciam que seus chefes e líderes concedam liberdade, mas que também saibam se impor quando necessário. Sabem como lidar com essas características em um superior. Eles esperam que seus líderes se comportem como guerreiros e que lutem sempre por seus liderados.

Quando ocupam posições de chefia, os cancerianos atuam como verdadeiros senhores feudais, dispostos a travar qualquer batalha em defesa dos vassalos sob sua proteção. É claro que as batalhas que travam não são só em autodefesa, mas em defesa daqueles por quem se sentem responsáveis. Se não possui esse instinto de luta, esse pioneirismo e essa independência, o nativo de Câncer encontra grande dificuldade em atingir suas metas profissionais mais elevadas, pois sua capacidade de liderança fica cerceada.

Por serem tão paternais, eles apreciam trabalhar com crianças, e são excelentes professores e educadores.

AMOR E RELACIONAMENTOS

Os cancerianos, da mesma forma que os taurinos, gostam de relacionamentos sérios. Funcionam melhor quando a relação é definida com clareza e cada uma das partes conhece bem seu papel. Quando se casam, é para toda a vida. São extremamente fiéis ao ser amado. Mas existe um segredinho que a maioria dos cancerianos oculta a sete chaves: tendem a encarar os compromissos e o relacionamento afetivo como uma obrigação ou dever.

Entram neles porque desconhecem outra forma de criar a família que desejam. A união para eles é apenas um caminho, um meio para se atingir uma finalidade, não um fim em si. A legítima finalidade para eles é a família. Se estiver apaixonado por um nativo de Câncer, você terá de lidar com os sentimentos dele de maneira suave. Você, que não é do signo, levará um bom tempo para conhecer a delicada sensibilidade e suscetibilidade dos cancerianos. O menor clima de negatividade os perturba. O seu tom de voz, sua mais leve irritação, um olhar ou uma expressão mais severa podem revelar-se motivo de profunda tristeza para eles. Registram os mínimos gestos e reagem intensamente a eles. Pode ser difícil habituar-se de início, mas não desista de seu amor canceriano. São grandes companheiros depois que você passa a conhecê-los e aprende a lidar com eles. É importante entender que os cancerianos reagem não tanto ao que você diz, mas à maneira como você se sente no momento.

VIDA DOMÉSTICA E FAMILIAR

É nesse terreno que os cancerianos dão tudo de si. O ambiente doméstico e familiar por eles criado é como uma primorosa joia personalizada. Esforçam-se para desenvolver coisas belas que sobrevivam aos próprios criadores. E frequentemente o conseguem.

Os nativos de câncer sentem-se muito ligados à família, aos parentes e, sobretudo, às mães. Esses elos perduram por toda a vida e amadurecem à medida que eles envelhecem. Orgulham-se muito dos familiares bem-sucedidos e são bastante apegados aos bens herdados e às recordações familiares. Os cancerianos adoram crianças e gostam de provê-las com tudo aquilo que desejam e de que necessitam. Essa natureza nutriz e sensível os torna excelentes pais — sobretudo a mulher canceriana, que encarna o arquétipo da mãe zodiacal por excelência.

A postura dos pais cancerianos em relação aos filhos é sempre do tipo "certos ou errados, são meus filhos". A dedicação incondicional a eles está sempre na ordem do dia. Aliás, não importa o que um membro da família faça, os cancerianos sempre acabam perdoando-o; afinal, "somos uma família", argumentam eles. A preservação da instituição e da tradição familiar é uma das principais razões existenciais dos cancerianos. Nesse ponto, eles têm muitas lições a nos ensinar.

Por serem tão voltados para a família, seus lares se revelam sempre impecavelmente limpos, organizados e confortáveis. Apreciam mobiliário antigo, mas não dispensam os confortos da modernidade. Os cancerianos adoram hospedar, receber parentes e amigos e organizar festas. São excelentes anfitriões.

CÂNCER
PREVISÃO ANUAL PARA 2022

TENDÊNCIAS GERAIS

Agora que Saturno saiu de seu aspecto tenso (no fim de 2020), a saúde e a energia melhoram muito. Mais energia significa mais realizações. Já falaremos sobre isso.

Saturno entrou na sua Casa Oito em dezembro de 2020 e passará este ano inteiro lá. Isso demonstra uma tendência a limitar (não eliminar) desejos sexuais. Você prefere se concentrar na qualidade, não na quantidade. No amor, o magnetismo sexual parece o aspecto mais importante, mas não há necessidade de exagerar. Discutiremos esse assunto mais adiante.

Faz muitos anos que Netuno está na sua Casa Nove da Religião, Filosofia e Teologia, e ele passará mais um tempo lá. Assim, suas crenças religiosas se tornam mais espiritualizadas e refinadas. Isso também pode afetar suas preferências de viagem. Você prefere se locomover pela água — cruzeiros — em vez de ir pelo ar ou pela terra. Com Júpiter também na sua Casa Nove até o dia 11 de maio, e entre 29 de outubro e 21 de dezembro, este ano haverá mais viagens do que o normal. Você viajará de várias formas, porém o mar chama mais a sua atenção. Agora é o momento de fazer aquele cruzeiro.

Este é um ano de muito sucesso. O próximo também será. No dia 11 de maio, Júpiter entra na sua Casa Dez da Carreira, um sinal clássico de sucesso. Você tem uma boa ética de trabalho, e seus superiores notam isso.

Urano está na sua Casa Onze há alguns anos. Então, seu círculo social passa por mudanças. Você faz novas amizades de repente, sem esperar por isso. Pessoas não convencionais também chamam sua atenção. Amigos dos velhos tempos passam por muitas, muitas mudanças.

Marte passará uma quantidade anormal de tempo na sua Casa Doze da Espiritualidade. No geral, ele fica cerca de um mês e meio em cada casa, mas este ano permanecerá nela por quatro meses. Então a vida espiritual se torna mais ativa a partir do dia 20. Essas atividades ajudarão sua carreira. Depois falaremos mais sobre isso.

As principais áreas de interesse serão: amor e romance; sexo, transformação pessoa, estudos sobre ocultismo; educação superior, religião, filosofia, teologia e viagens internacionais; carreira (entre 11 de maio e 29 de outubro e depois de 21 de dezembro); espiritualidade (a partir de 20 de agosto).

Os caminhos de maior realização neste ano serão: religião, filosofia, teologia, viagens internacionais (até 11 de maio e entre 29 de outubro e 21 de dezembro); carreira (entre 11 de maio e 29 de outubro, e depois de 21 de dezembro); amigos, grupos, atividades em grupo e ciências.

SAÚDE

(Esta é uma perspectiva astrológica sobre a saúde, não uma visão médica. No passado essas perspectivas eram idênticas, mas hoje podem ocorrer diferenças significativas. Para obter uma opinião com base em diagnósticos da medicina convencional, consulte seu médico ou um profissional da área da saúde.)

A saúde está muito melhor do que em 2021, como mencionamos. Plutão continua em um aspecto tenso, mas apenas os nascidos no fim do signo de Câncer (entre 18 e 22 de junho) sentem essa influência. A maioria dos cancerianos passa ilesa. Júpiter fará aspectos tensos entre 11 de maio e 29 de outubro, e depois de 21 de dezembro. Mas as tensões de Júpiter são leves. Até mesmo elas tendem a trazer boas notícias e expansão. Então, quando a saúde melhora muito, a tendência é dar crédito a um médico, um terapeuta, um remédio ou tratamento novo — e pode ser que essas tenham sido ferramentas para as melhoras —, porém a verdade é que o poder planetário mudou a seu favor.

Apesar de a saúde estar boa, é possível torná-la ainda melhor. Dê mais atenção aos seguintes pontos — as áreas vulneráveis no seu mapa.

Coração. Faz mais ou menos 20 anos que ele é importante — desde que Plutão entrou em Capricórnio. Nos próximos anos, conforme Plutão muda de signo, o coração se tornará menos importante. O reflexo aparece no seu mapa. Massagens no peito — especialmente no esterno e na parte superior da caixa torácica — energizarão o coração e ajudarão a retomar o equilíbrio. O essencial para o coração é evitar preocupações e ansiedade, as duas emoções que o estressam. Troque a preocupação pela fé.

Estômago e seios. Sempre são importantes para os cancerianos. O reflexo aparece no seu mapa. Sua dieta faz muita diferença — mais do que para os outros signos. (Talvez seja por isso que os cancerianos cozinham tão bem.) O QUE você come é importante e deve ser acompanhado por um profissional. Mas COMO você come talvez seja mais importante ainda. O ato de comer deve receber mais prestígio, saindo do mero apetite e de uma necessidade animal e passando para um ato de idolatria. As vibrações do ato devem ser elevadas. Refeições devem ser feitas com calma e tranquilidade. A comida deve ser abençoada (com suas próprias palavras) e agradecidas (com suas próprias palavras) antes e depois das refeições. Isso aumentará não apenas as vibrações do alimento — você receberá tudo de mais elevado e melhor dele — como também as vibrações do sistema digestivo. A comida será bem digerida. Será mais nutritiva. Para mulheres, é uma boa ideia realizar exames regulares nos seios.

Fígado e coxas. Também sempre são pontos-chave para os cancerianos. O reflexo aparece no seu mapa. Massagens regulares nas coxas fortalecerão os músculos e também o fígado e a lombar.

Pés. Têm mais importância até 11 de maio e entre 29 de outubro e 21 de dezembro. Massagens regulares nos pés serão maravilhosas.

Cabeça e rosto. Serão importantes entre 11 de maio e 29 de outubro, e depois de 21 de dezembro — e no próximo ano. Seu Planeta da Saúde, Júpiter, entrará em Áries. Então massagens regulares no couro cabeludo e no rosto serão benéficas. Você fortalecerá o couro cabeludo e o rosto, mas o restante do corpo também. A terapia craniossacral é excelente para o couro cabeludo.

Glândulas suprarrenais. Assim como a cabeça e o rosto, elas se tornam importantes entre 11 de maio e 29 de outubro, e a partir de 21 de dezembro. E serão relevantes no próximo ano também. Os reflexos aparecem no seu mapa. Quando se trata das glândulas suprarrenais, é primordial evitar a raiva e o medo, as duas emoções que a estressam. A meditação ajudará muito nesse aspecto.

Musculatura. Também se torna muito importante entre 11 de maio e 29 de outubro, e a partir de 21 de dezembro. Você não precisa ser fisiculturista: basta ter uma musculatura fortalecida. Exercícios físicos vigorosos são necessários — de acordo com sua idade e fase de vida. Músculos fracos ou flácidos podem acabar com o alinhamento da coluna e do esqueleto, causando vários problemas diferentes.

Seu Planeta da Saúde, Júpiter, passará cerca de metade do ano no signo de Peixes. Como se isso não bastasse, ele entrará em conjunção com Netuno, o planeta mais espiritual de todos. Então é um ano em que você pode se beneficiar de técnicas espirituais de cura (e reagir bem a elas) Caso se sinta indisposto, procure algum tipo de terapeuta espiritual.

LAR E FAMÍLIA

O lar e a família sempre são importantes para você, mas tudo na vida é relativo. Este ano — e faz alguns anos que isso acontece —, o lar e a família têm uma importância menor do que o normal. Sua Casa Quatro está basicamente vazia, enquanto a Casa Dez da Carreira se torna muito poderosa após o dia 11 de maio. Apenas planetas rápidos passam pela Casa Quatro, então seu impacto é temporário. Não só isso, mas o lado diurno do seu mapa — a área das conquistas externas — sempre dominará o lado noturno. TODOS os planetas lentos estão na parte superior do seu horóscopo. O lado noturno, que dá ênfase ao lar, à família e ao bem-estar emocional, se tornará mais forte conforme o ano for progredindo, mas nunca será dominante.

Interpreto isso como uma tendência a tomar decisões para ajudar a família por meio do seu sucesso em questões externas e na sua carreira. Fechar aquele novo contrato ou venda, ou conseguir aquela promoção, podem ser atos melhores a longo prazo do que estar presente em peças da escola ou partidas de futebol. Você não vai ignorar sua família, apenas beneficiá-la de um jeito diferente.

Essa falta de foco pode ser vista como algo positivo. Ela mostra satisfação — aceitação. Não há necessidade de fazer mudanças dramáticas no seu lar, já que está tudo bem. Existe uma tendência a permanecer igual. Mudanças são pouco prováveis.

Vênus é o seu Planeta da Família. Os leitores assíduos sabem que ele é um planeta que se move rápido. Ao longo do ano, há muitas tendências curtas para o lar e a família que dependem da posição dele e dos aspectos que faz. É melhor falarmos sobre isso nos relatórios mensais.

Sendo o Planeta da Família, Vênus indica que você trabalha em prol de uma família e de uma vida familiar cheia de amor e harmonia. Você gosta de ter uma casa bonita. Seu lar é cheio de objetos belos e é frequentemente redecorado.

Se você estiver planejando uma reforma ou a construção de uma casa, provavelmente é melhor esperar pelo próximo ano, já que Marte não entrará na sua Casa Quatro em 2022. (Haverá períodos em que Marte e Vênus farão conjunções ou aspectos harmoniosos um com o outro, que serão benéficos para reformas. Dois deles são entre 1º e 9 de março, e entre 1º e 20 de outubro.) Mesmo assim, se não for algo urgente, é melhor esperar até o ano que vem.

Pinturas ou reformas cosméticas podem ser feitas entre 29 de setembro e 23 de outubro. Esse também é um bom momento para comprar objetos bonitos para o lar.

Seu pai, sua mãe ou uma figura parental fará reformas em casa. Ele ou ela terá uma vida amorosa e social muito forte. Se estiverem solteiros, podem começar um romance sério ou até se casar. Será um ano muito bom para as finanças de uma figura parental. Essa pessoa terá uma vida sofisticada — viajando e aproveitando todos os prazeres sensoriais. Mas é improvável que mude de casa.

Irmãos ou figuras fraternas também passam por bons anos no quesito romance. Casamentos ou relacionamentos "parecidos" com o casamento podem acontecer. Mudanças de casa são possíveis após o dia 11 de maio ou até no próximo ano.

Filhos e figuras filiais provavelmente não deviam se mudar neste ano. Eles devem usar o espaço que têm de forma mais eficiente. Seria bom se organizarem um pouco.

Netos, caso você os tenha, terão um bom ano — há prosperidade —, mas as coisas em casa não apresentam muitas mudanças.

DINHEIRO E CARREIRA

Sua Casa do Dinheiro não está forte neste ano. Não é uma casa de poder. Apenas planetas rápidos passam por ela, e seus efeitos são de curto prazo. Então as finanças parecem não ser um problema. A carreira é bem mais importante. Seu mapa indica que um emprego com mais prestígio, porém com salário menor, seria preferível a um emprego menos prestigioso que pagasse melhor.

A ausência de foco no dinheiro pode ser interpretada como algo positivo. Você parece feliz com a maneira como suas finanças estão e não precisa fazer grandes mudanças (elas vão acontecer de toda forma). Os rendimentos permanecerão iguais aos do ano passado.

Temos dois eclipses solares neste ano, e eles afetarão sua vida financeira. (O Sol é o seu Planeta do Dinheiro.) Um eclipse solar ocorre no dia 30 de abril, e o outro, em 25 de outubro. Eles criam problemas financeiros e forçam você a fazer correções na sua situação patrimonial. Em geral, os eventos causados pelo eclipse deixam claro que suas presunções e estratégias financeiras não eram realistas. Isso não é nada muito grave. Você passa por esses momentos duas vezes por ano. Já sabe lidar com eles.

O Sol é um planeta rápido. Ao longo do ano, ele passará por TODOS os signos e casas do seu mapa. Assim, há muitas tendências financeiras em curto prazo que dependem da posição do Sol e dos aspectos que ele faz. Falaremos sobre elas nos relatórios mensais.

A carreira é o principal destaque do ano. Você terá muito sucesso. Júpiter, como mencionamos mais cedo, passará pela sua Casa Dez da Carreira entre 11 de maio e 29 de outubro, e a partir de 21 de dezembro. Isso traz boas oportunidades de emprego e a expansão geral dos seus horizontes em termos profissionais. Júpiter também é o seu Planeta da Saúde e do Trabalho. Então podem surgir oportunidades na área da saúde. Além disso, como mencionamos, você tem uma boa ética de trabalho, e isso atrai sucesso.

Seu Planeta da Carreira, Marte, passará uma quantidade anormal de tempo na sua Casa Doze da Espiritualidade. Isso acontecerá a partir do dia 20 de agosto. É um sinal de que você deseja uma vida profissional mais espiritualizada — algo que traga mais propósito para sua alma.

Mas também pode mostrar que o envolvimento com instituições de caridade e atividades altruístas pode impulsionar sua carreira. Essas são coisas boas por si sós, mas podem ajudar no campo profissional como um efeito colateral. (Talvez ajudando você a fazer contatos importantes ou melhorando seu perfil no campo do trabalho.)

AMOR E VIDA SOCIAL

Sua Casa Sete do Amor está forte há muitos anos. O período entre 2018 e 2020 foi especialmente forte. Este ano é um pouco mais fraco, mas ela continua sendo um foco importante.

Saturno é o seu Planeta do Amor. Então você tende a ser conservador nessa área. Tradicional. Porém, como Saturno entrou em Aquário no ano passado, existe uma disposição maior para experimentar coisas novas. Você gosta de pessoas que sejam provedoras e ambiciosas, mas também se interessa por tipos menos convencionais — mais interessantes. Você se sentirá atraído por cientistas, astrônomos, astrólogos, programadores e inventores. Pessoas fora do padrão chamam sua atenção.

Seu Planeta do Amor está na Casa Oito. Isso pode indicar uma atração pela riqueza. Os amados dos cancerianos comprometidos estão prosperando — muito focados no dinheiro. Isso pode ser bom, porque equilibra a sua falta de foco financeiro neste ano.

Saturno na Casa Oito mostra a importância do magnetismo sexual. A pessoa pode ser genial, rica e bem-sucedida, mas, se não houver atração, é pouco provável que um relacionamento entre vocês dê certo. Por outro lado, o magnetismo sexual por si só não basta para uma relação funcionar. Sim, uma boa vida sexual compensa muitos problemas em um relacionamento, mas isso é temporário. Outras coisas são necessárias.

Plutão, o regente genérico do sexo, está na sua Casa Sete há mais ou menos 20 anos. Isso reforça a importância do magnetismo sexual.

É pouco provável que os solteiros se casem neste ano. Eles se darão melhor com vários relacionamentos — explorando suas opções e testando coisas diferentes no amor. O regente da sua Casa Cinco do Amor também não favorece casamentos. Neste período, você quer uma vida amorosa divertida (e talvez conhecer esse tipo de pessoa). Não há interesse em lidar com momentos mais complicados.

Oportunidades românticas surgem por meio de serviços virtuais de relacionamento e das redes sociais. E também em grupos e organizações. Elas podem acontecer em enterros, velórios ou enquanto você consola uma pessoa enlutada.

A área das amizades também está muito ativa neste ano. Há muito rebuliço acontecendo. Muitas amizades são testadas. Com frequência, a questão não é o relacionamento em si, mas situações dramáticas e mudanças pessoais na vida dos amigos. Muitos passam por transformações profundas — em alguns casos, cirurgias ou experiências de quase morte. Amizades podem acabar em 2022, mas outras começarão. Novos amigos podem ser manifestados em qualquer momento, em qualquer lugar. Geralmente, quando você menos espera.

Quando Urano terminar com você — daqui a alguns anos —, seu círculo social será completamente novo.

AUTOAPRIMORAMENTO

Este ano será um forte período espiritual — especialmente depois do dia 10 de agosto. Marte, seu Planeta da Carreira, passará muitos meses — se acomodará — na Casa Doze da Espiritualidade.

Há muitas mensagens aqui. Se você estiver em uma carreira secular, pode melhorá-la com sua prática e compreensão espiritual. Além disso, como mencionamos, seu envolvimento com instituições de caridade, organizações espirituais e causas altruístas beneficiará o campo profissional.

Outra interpretação para essa tendência é que sua prática e seu crescimento espiritual SÃO sua carreira neste período. Sua missão verdadeira.

Marte na Casa Doze favorece uma espiritualidade mais ativa. É um desejo de expressar ideais e compreensão espiritual por meio de atos construtivos. Não se trata apenas de meditar e refletir. Não se trata apenas de "entrar em contato com o silêncio". Trata-se de colocar valores espirituais em prática. Assim, são favorecidos caminhos como os do hatha yoga (yoga do corpo físico) e os do karma yoga (yoga da ação). Você deve aprender o máximo possível sobre essas técnicas.

Na Casa Doze, Marte é a imagem do guerreiro espiritual. Há um livro maravilhoso, chamado *O caminho do guerreiro pacífico*, de Dan Millman. A guerra é travada, mas de um jeito sereno. Muitos dos problemas no mundo hoje (talvez TODOS os problemas que encontramos) não são conflitos de carne e osso. Essa é apenas a maneira como as coisas se manifestam. São conflitos espirituais — conflitos entre forças espirituais invisíveis. Esses problemas serão superados por meios espirituais. Muitos de vocês serão chamados para se unir à luta.

Mercúrio é o seu Planeta da Espiritualidade. Isso mostra que, apesar de você ser naturalmente uma pessoa "bhakti" — atraída pelo caminho do amor e da devoção —, precisa de alguma lógica e racionalidade como base. Você gosta de uma abordagem mais racional para o espírito. Contar apenas com sentimentos é algo extremamente instável. Quando está de bom humor, você enxerga Deus e corais celestiais. Mas, quando está de mau humor, se torna ateu. A racionalidade criará estabilidade. Você manterá sua fé independentemente do humor do momento.

Como os leitores assíduos sabem, Mercúrio é um planeta rápido. Ele passa por todos os signos e casas do seu mapa todos os anos. Então, há muitas tendências espirituais em curto prazo que serão explicadas em mais detalhes nos relatórios mensais.

Mercúrio fica retrógrado três vezes por ano (em geral). Isso acontecerá entre 14 de janeiro e 3 de fevereiro, 10 de maio e 2 de junho, e 10 de setembro e 1º de outubro. São períodos de muita intuição e sonhos. Você pode interpretá-los do jeito errado. Tenha calma para solucionar seus questionamentos.

PREVISÕES MENSAIS

JANEIRO

Melhores dias: 6, 7, 16, 17, 25, 26
Dias mais tensos: 2, 3, 8, 9, 23, 24, 29, 30
Melhores dias para o amor: 2, 3, 4, 5, 11, 12, 13, 14, 21, 22, 23, 24, 29, 30, 31
Melhores dias para o dinheiro: 2, 3, 6, 11, 12, 16, 18, 19, 23, 25
Melhores dias para a carreira: 1º, 8, 9, 19, 29

Neste mês, a saúde está muito melhor do que em 2019 e 2020 (e melhorou ano passado também), mas, por causa de planetas rápidos, ela precisa de atenção. Então, como sempre, certifique-se de descansar o suficiente. Massagens nos pés e métodos de cura espiritual são poderosos. Em janeiro, tome mais cuidado com o coração. Massagens no peito e na região do reflexo do coração serão benéficas. Como Marte está na Casa Seis da Saúde até o dia 25, massagens na cabeça e no rosto, exercícios físicos vigorosos e massagens na região do reflexo adrenal serão boas. Essas são apenas medidas temporárias. Até o dia 20, você sentirá melhorias intensas na saúde e na energia.

O poder planetário é majoritariamente ocidental neste mês — oitenta por cento dos planetas, às vezes noventa, estão no setor oeste social. Sua Casa Sete do Amor e de Atividades Sociais está muito poderosa, enquanto a Casa Um do Eu está basicamente vazia (apenas a Lua passa por ela, nos dias 16 e 17). Assim, não é o momento para independência pessoal e autoafirmação. Agora é a hora de conviver bem com os outros e de alcançar objetivos com base em consensos. Coloque os outros em primeiro lugar, e você colherá o bem de forma natural e normal.

Até o dia 10, você passa por um ápice na vida amorosa e social anual. Mas o amor continuará bom depois disso. Os solteiros parecem estar conhecendo mais pessoas e têm muitas opções românticas. Os cancerianos comprometidos convivem com muita gente diferente.

Seu Planeta do Dinheiro, o Sol, estará na Casa Sete até o dia 20. Isso deve mostrar a importância dos contatos sociais na vida financeira. Seus amigos são ricos e oferecem oportunidades. Seu traquejo social (que você cultiva neste mês) tem um papel importante nas finanças. O Planeta do Dinheiro em Capricórnio está bem posicionado, oferecendo bons conselhos monetários — uma perspectiva realista sobre as finanças. É um ótimo momento para iniciar economias a longo prazo e planos de investimento. Após o dia 20, seu Planeta do Dinheiro entra em Aquário, favorecendo uma mentalidade experimental. Startups, tecnologia de ponta e o mundo virtual entram em foco. Em janeiro você prospera quando faz os outros prosperarem. Isso lhe dá o que você merece de forma natural e normal, por meio da lei cármica.

FEVEREIRO

Melhores dias: 2, 3, 12, 13, 21, 22, 23
Dias mais tensos: 5, 6, 19, 20, 26, 27
Melhores dias para o amor: 1º, 7, 8, 9, 10, 11, 17, 18, 19, 20, 26, 27, 28
Melhores dias para o dinheiro: 1º, 2, 3, 9, 10, 12, 13, 14, 15, 16, 21, 22, 23
Melhores dias para a carreira: 5, 6, 7, 8, 17, 18, 26, 27

A saúde está muito melhor do que no mês passado. Ela pode melhorar ainda mais com massagens nos pés e técnicas de cura espiritual.

Marte, seu Planeta da Carreira, entrou na Casa Sete no dia 25 de janeiro, e passa o restante do mês lá. Essa movimentação traz muitas mensagens. Primeiro, evite disputas de poder no amor. Se você conseguir fazer isso, será um bom sinal para o relacionamento. Ele será uma das suas prioridades. Neste mês, sua missão é seu par amoroso e seus amigos — esteja ao lado deles. Há oportunidades românticas com pessoas poderosas — pessoas acima da sua posição social. A carreira é impulsionada por meios sociais — frequentando e organizando as festas e reuniões certas. Boa parte dos seus momentos de socialização neste mês estarão relacionados com o trabalho.

Seu Planeta do Dinheiro permanece na Casa Oito até o dia 18. Esse é um sinal financeiro maravilhoso para o cônjuge, parceiro ou interesse amoroso atual. Ele ou ela estará passando por um bom mês no campo do dinheiro — e você deve ter algum papel nisso. O Planeta das Finanças na Casa Oito favorece o planejamento de impostos e seguros. Para os cancerianos na faixa etária apropriada, é um bom período para o planejamento imobiliário. Seria bom analisar suas posses e se livrar de coisas de que você não precisa nem usa. Venda ou doe tudo para instituições de caridade. Abra espaço para as coisas novas e melhores que querem entrar. Se você tiver boas ideias, este é o momento para atrair investidores externos para seus projetos. Também é um período interessante para quitar ou contrair dívidas, dependendo das suas necessidades.

A Casa Nove passou o ano todo em destaque e se torna ainda mais poderosa após o dia 18. Muitos cancerianos irão viajar. Muitos terão revelações religiosas ou filosóficas. Universitários terão sucesso em seus estudos, e aqueles que desejam entrar para a faculdade terão sorte.

Há uma breve crise financeira entre os dias 3 e 4, mas ela passa rápido. O Planeta do Dinheiro na Casa Nove a partir do dia 18 é um bom sinal para os rendimentos.

No fim do mês passado, a carreira começou a ter destaque (a partir do dia 25), já que TODOS os planetas (com exceção da Lua) estão na metade superior, diurna, do seu mapa. Então este é o momento para se concentrar em objetivos exteriores.

MARÇO

Melhores dias: 2, 3, 11, 12, 13, 21, 22, 30, 31
Dias mais tensos: 4, 5, 18, 19, 25, 26
Melhores dias para o amor: 1º, 9, 10, 18, 19, 25, 26, 27, 28
Melhores dias para o dinheiro: 2, 3, 11, 12, 14, 15, 21, 22, 23, 30, 31
Melhores dias para a carreira: 4, 5, 9, 18, 19, 27, 28

Até o dia 20, a saúde está excelente. Ela continua boa até depois disso, porém pede mais atenção. O problema é a inquietação em curto prazo causada por planetas rápidos. Melhore a saúde mantendo níveis altos de energia, fazendo massagens nos pés e utilizando técnicas de cura espiritual. Após o dia 10, massagens no peito e na região do reflexo do coração serão benéficas. Natação e esportes aquáticos serão exercícios excelentes nesse período.

Apesar de a Casa do Dinheiro estar basicamente vazia e as finanças não terem destaque, este é um mês próspero. Seu Planeta do Dinheiro, o Sol, está na expansiva Casa Nove — uma casa benéfica — até o dia 20. Então ele cruza seu Meio do Céu e entra na Casa Dez — que também é boa para as finanças. Entre os dias 4 e 6, o Sol fará conjunção com Júpiter, trazendo uma recompensa monetária. Nos dias 11 e 12, ele fará conjunção com Netuno, regente da Casa Nove e um planeta benéfico no seu mapa. Outro sinal positivo para as finanças. Quando o Sol entrar na Casa Dez, no dia 20, podem ocorrer aumentos de salário — oficiais ou não. Chefes, superiores, seu pai, sua mãe, figuras parentais apoiam seus objetivos financeiros. Sua boa reputação na carreira traz oportunidades monetárias.

A entrada do Sol na Casa Dez no dia 20 inicia um ápice de carreira anual. A vida profissional parece muito promissora. Você parece muito focado. TODOS os planetas permanecem no lado diurno do mapa. Esse é o tipo de período em que o sucesso e as conquistas exteriores causam harmonia emocional e familiar.

Há alguns momentos dramáticos de curto prazo no lar e na família entre os dias 18 e 20. Mas eles passarão rápido — continue focado no trabalho.

Seu Planeta da Carreira, Marte, entra na Casa Oito no dia 6 e passa o restante do mês lá. Assim, podem ocorrer momentos dramáticos com seu pai, sua mãe, figuras parentais e chefes. Talvez cirurgias ou experiências de quase morte. O Planeta da Carreira na Casa Oito mostra que você está focado em construir a vida profissional dos seus sonhos — em transformar completamente as coisas. Você deve fazer progresso neste mês.

ABRIL

Melhores dias: 8, 9, 17, 18, 25, 26
Dias mais tensos: 1º, 2, 15, 16, 21, 22, 28, 29
Melhores dias para o amor: 5, 6, 8, 15, 16, 17, 18, 21, 22, 23, 24, 25, 26, 27
Melhores dias para o dinheiro: 1º, 2, 8, 9, 10, 11, 17, 18, 20, 21, 26, 27, 30
Melhores dias para a carreira: 1º, 2, 5, 6, 17, 25, 26, 28, 29

Neste mês, você continua em um período de muito sucesso — ainda no ápice de carreira anual. Então se concentre no trabalho e deixe os problemas com a casa e a família de lado por um tempo. Você contribuirá mais com a sua família por meio do seu sucesso no mundo exterior — há muitas formas legítimas de colaborar com seus entes queridos, e essa é uma delas.

A vida financeira continua boa. Seu Planeta do Dinheiro, o Sol, está na Casa Dez até o dia 20. Isso mostra, assim como no mês passado, a ajuda financeira de chefes, superiores, seu pai, sua mãe ou uma figura parental. Também é um indicador de aumentos de salário — oficiais ou não. Um eclipse solar no dia 30 causará alguns abalos financeiros. Mas o resultado final será positivo. São mudanças que precisam ser feitas. Seu raciocínio financeiro não estava sendo realista.

O eclipse ocorre na Casa Onze, então momentos dramáticos ocorrem na vida dos amigos, e talvez amizades sejam testadas. Há problemas nas organizações financeiras ou profissionais com as quais você está envolvido. Equipamentos e apetrechos tecnológicos podem se comportar de forma errática. É comum que consertos e trocas sejam necessários. Mantenha seu antivírus e softwares contra invasões atualizados, e não abra e-mails suspeitos. Faça backup de todos os documentos importantes. Podem ocorrer momentos dramáticos com as pessoas envolvidas com sua vida financeira. Seu pai, sua mãe ou uma figura parental também faz mudanças financeiras significativas. Seu cônjuge, parceiro ou interesse amoroso atual pode mudar de emprego. Ele ou ela fará mudanças importantes na rotina de saúde. Filhos e figuras filiais passam por transformações profissionais. Mudanças espirituais ocorrem com irmãos e figuras fraternas.

Júpiter, seu Planeta da Saúde, faz conjunção com Netuno entre os dias 1º e 17. As curas espirituais foram poderosas durante todo o ano, mas ganham ainda mais força neste período. Caso você se sinta indisposto, procure algum tipo de terapeuta espiritual. A saúde se tornará melhor após o dia 20. Nesse meio tempo, continue massageando o peito e a região do reflexo do coração.

A entrada do Sol na Casa Onze no dia 20 é um bom sinal para as finanças. A Casa Onze é benéfica, mas o eclipse abala um pouco as coisas.

MAIO

Melhores dias: 5, 6, 14, 15, 23, 24
Dias mais tensos: 12, 13, 19, 25, 26
Melhores dias para o amor: 3, 4, 7, 8, 13, 16, 17, 19, 21, 22, 31
Melhores dias para o dinheiro: 6, 7, 8, 9, 10, 11, 16, 20, 25, 30
Melhores dias para a carreira: 7, 8, 9, 17, 18, 25, 26

Abril foi um mês de sucesso, e maio é mais ainda. Júpiter faz uma movimentação importante, entrando na Casa da Carreira no dia 11. Vênus estará na Casa Dez entre os dias 3 e 28, e Marte chegará a ela no dia 25. Então, há expansão e crescimento profissional. Seus horizontes se expandem. Coisas que pareciam impossíveis agora são muito viáveis. A família também parece oferecer muito apoio à sua carreira. Talvez eles a encarem como um "projeto coletivo". A vida familiar como um todo também parece destacada e bem-sucedida neste mês.

A saúde precisa de atenção. A troca de signo do seu Planeta da Saúde, Júpiter, indica uma mudança nas necessidades e no seu comportamento em relação à saúde. Até o dia 11, massagens nos pés e curas espirituais serão benéficas. Porém, depois disso, massagens no couro cabeludo, rosto e cabeça serão boas. Massagens na região do reflexo adrenal ajudarão. E exercícios físicos vigorosos. Como sempre, o mais importante é manter níveis altos de energia — essa é sempre a primeira defesa contra doenças.

Teremos um eclipse lunar no dia 16 deste mês. Ele ocorre na Casa Cinco, então afeta filhos e figuras filiais. Eles (e você) precisarão se redefinir — quanto a própria imagem e a visão que têm de si mesmos —, mudando a maneira como se enxergam e como desejam ser vistos pelos outros. Para você, isso é uma ocorrência muito normal. É um evento que acontece duas vezes por ano. Para os filhos, pode ser mais traumático. Todos vocês devem ter uma agenda mais tranquila neste período. Pode ocorrer uma desintoxicação do corpo para você e as crianças. Não é uma doença, apesar de parecer devido aos sintomas. É apenas o corpo se livrando daquilo que não pertence a ele. Seu pai, sua mãe ou uma figura parental precisa fazer mudanças financeiras importantes. Irmãos ou figuras fraternas devem tomar mais cuidado ao dirigir. Se forem estudantes, há mudanças em planos de estudo ou até troca de escolas.

A vida financeira deve passar por um bom período em maio. O Sol atravessa a Casa Onze até o dia 21. Sua posição em Touro oferece bom senso financeiro. Ele fará conjunção com Urano entre os dias 4 e 5, e isso pode acarretar algumas mudanças financeiras. Você e seu cônjuge, parceiro ou interesse romântico atual precisam cooperar no sentido monetário. No dia 21, o Planeta do Dinheiro entra na Casa Doze da Espiritualidade e passa o restante do mês lá. Assim, sua intuição financeira ganha destaque. Orientações sobre dinheiro surgirão em sonhos ou através de médiuns, tarólogos, astrólogos e canais espirituais. O espírito está ativo na sua vida financeira. E se preocupa com ela.

JUNHO

Melhores dias: 1º, 2, 3, 11, 12, 19, 20, 28, 29, 30
Dias mais tensos: 3, 9, 10, 15, 16, 21, 22
Melhores dias para o amor: 2, 3, 6, 7, 10, 15, 16, 18, 26, 29, 30
Melhores dias para o dinheiro: 4, 5, 9, 10, 13, 18, 21, 28, 29
Melhores dias para a carreira: 4, 13, 14, 21, 22

A carreira continua passando por uma fase de sucesso, mas pode ser bom fazer uma pausa e mudar de direção entre os dias 1º e 2. É isso que o seu Planeta da Carreira faz no céu.

Este é um mês muito espiritual, e isso pode apresentar alguns desafios, já que também é um período muito forte para a carreira. Com frequência, objetivos seculares e espirituais caminham em rumos opostos. Seu trabalho é uni-los — integrá-los. É possível ser espiritualizado e ter sucesso no trabalho terreno. As duas coisas não precisam entrar em conflito.

Junho é próspero. O Sol, seu Planeta do Dinheiro, permanece na Casa Doze até o dia 21. Assim como no mês passado, siga sua intuição — o atalho para a riqueza. Uma intuição verdadeira — mesmo por um milésimo de segundo — vale muito mais do que anos de trabalho pesado. É bom se aprofundar nas leis espirituais da fartura neste mês. Você provavelmente se sentirá mais caridoso. Seu envolvimento com instituições de caridade e causas altruístas também pode melhorar sua condição. Contatos importantes podem ser feitos. No dia 21, o Sol cruza seu Ascendente e entra em Câncer — na Casa Um. Isso traz prosperidade. Haverá uma sorte inesperada na vida financeira. Oportunidades monetárias virão ao seu encontro. Você não precisa fazer nada especial, apenas seguir com a rotina. As pessoas com dinheiro na sua vida parecem se dedicar a você — estando do seu lado, vendo-o com bons olhos. É provável que itens pessoais caros se tornem viáveis. Você gastará dinheiro consigo mesmo, adotará a imagem da riqueza e as pessoas o enxergam como alguém próspero.

A entrada do Sol no seu signo é boa tanto para a saúde quanto para sua aparência pessoal. Você ganhará carisma e chamará a atenção e as pessoas notarão isso. A Lua passará o triplo do tempo normal no seu

SEU HORÓSCOPO PESSOAL PARA 2022

signo neste mês. Em geral, ela permanece em cada um por dois dias. Em junho, ela fica em Câncer por seis dias. Isso também melhora sua aparência, sua autoestima e sua autoconfiança.

O amor parece feliz até o dia 21. Saturno, seu Planeta do Amor, faz aspectos positivos. No entanto, ele fica retrógrado a partir do dia 4. Então podem ocorrer atrasos e incertezas no romance. Mesmo assim, você ainda pode aproveitar as coisas como elas são, sem criar muitas expectativas para o futuro.

JULHO

Melhores dias: 8, 9, 16, 17, 26, 27
Dias mais tensos: 6, 7, 12, 13, 18, 19, 20
Melhores dias para o amor: 6, 7, 12, 13, 15, 24, 26
Melhores dias para o dinheiro: 1º, 2, 8, 9, 10, 11, 17, 18, 19, 28, 29
Melhores dias para a carreira: 2, 3, 12, 13, 18, 19, 20, 21, 22

Este é um mês feliz e próspero para os cancerianos, aproveite! A Casa Um está ainda mais poderosa do que no mês passado. Você passa por um período de extrema independência pessoal. Desde junho, o lado leste do eu domina o setor oeste dos outros. Chegou a hora de fazer as coisas do seu jeito, de se concentrar na pessoa principal. De assumir a responsabilidade pela sua própria felicidade. Só depende de você. Faça as mudanças que precisam ser feitas para você ser feliz. Agora é o momento. Mais tarde, quando os planetas voltarem ao oeste, será mais difícil. Iniciativa pessoal é importante.

A prosperidade aumenta neste mês. Seu Planeta das Finanças, o Sol, continua no seu signo até o dia 22. Boa sorte e oportunidades financeiras continuam acontecendo, e a riqueza permanece em seu encalço. Você parece e se sente rico, e continua sendo visto pelos outros sob esse prisma — como uma pessoa próspera. No dia 23, o Sol entrará na Casa do Dinheiro — no próprio signo e casa. Ele fica poderoso nessa posição. Então, sua capacidade de gerar renda é muito forte. Você também começa um ápice financeiro anual. A Lua Nova do dia 28 é um momento excelente para as finanças. Mais importante, ela trará clareza financeira enquanto o mês progride. Todas as informações de que você precisa para tomar boas decisões sobre dinheiro virão de maneira natural.

Sua aparência também tem destaque neste mês. O Sol no seu signo, como no mês anterior, traz carisma e atenção. Mercúrio ficará em Câncer entre os dias 5 e 19. Ele trará magia à sua imagem — um toque espiritual —, uma beleza sobrenatural. No dia 18, Vênus também entra no seu signo. Ele traz beleza, charme e traquejo social. Senso de estilo e elegância. Isso ajudará na vida amorosa, mas Saturno, o Planeta do Amor, permanece retrógrado, então vá com calma.

A carreira começa a ficar mais tranquila em julho. Júpiter continua na Casa Dez, mas está retrógrado. Muitos problemas no trabalho precisam de tempo para serem resolvidos. Marte, seu Planeta da Carreira, entra na Casa Onze no dia 5. Isso indica que contatos sociais, especialidades tecnológicas e atividades virtuais impulsionam as coisas no trabalho. Amigos parecem bem-sucedidos e prestativos. Você avança no campo profissional ao se envolver com grupos e organizações comerciais e profissionais.

A saúde está boa, mas, se quiser melhorá-la ainda mais, faça exercícios físicos e massagens na cabeça, rosto e couro cabeludo. Evite sentir raiva e medo para preservar as glândulas suprarrenais. Tratamentos com calor também são benéficos.

AGOSTO

Melhores dias: 4, 5, 13, 14, 22, 23
Dias mais tensos: 2, 3, 9, 10, 15, 16, 29, 30
Melhores dias para o amor: 3, 4, 5, 9, 10, 12, 15, 21, 25, 26, 30
Melhores dias para o dinheiro: 7, 8, 15, 16, 25, 26
Melhores dias para a carreira: 1º, 9, 10, 15, 16, 18, 19, 29

Apesar de o lado noturno do seu mapa não estar dominante, ele chegou ao ponto máximo de força neste ano. Objetivos de carreira e externos continuam sendo a prioridade, porém você pode mudar um pouco do foco — não muito — para o lar, a família e o seu bem-estar emocional. Júpiter na Casa Dez da Carreira continua retrógrado, então muitas questões no trabalho — apesar de positivas — podem precisar de mais tempo para se desenvolverem.

A saúde está boa. Você pode melhorá-la com exercícios, massagens no couro cabeludo, rosto e cabeça, terapia craniossacral e massagem nos reflexos adrenais.

A movimentação retrógrada aumenta neste mês. Até o dia 24, quarenta por cento dos planetas estão retrógrados. Depois disso, serão cinquenta por cento, e então o ritmo dos acontecimentos vai diminuindo. Há muita indecisão no mundo. Neste período, o segredo é ter paciência.

Dois planetas muito importantes no seu mapa nunca ficam retrógrados — o Sol, seu Planeta das Finanças, e a Lua, o regente do seu mapa —, por isso a vida financeira não é muito afetada. Na verdade, há prosperidade em agosto. Seu ápice financeiro anual continua até o dia 23. Você gasta dinheiro com filhos e figuras filiais, mas eles também podem ser um catalisador de rendimentos. Se forem jovens, podem inspirar você a ganhar mais; se forem mais velhos, podem contribuir de formas mais práticas. Vênus entra na Casa do Dinheiro no dia 12. Isso traz um bom apoio à vida familiar e a ajuda de amigos nas finanças.

O movimento propulsor da Lua mostra que objetivos pessoais estão avançando.

No dia 23, o Planeta do Dinheiro entra em Virgem, na Casa Três. Isso beneficia a escrita, o ensino, vendas, marketing, propaganda e relações públicas. O comércio e as transações comerciais também passam por um bom momento. Independentemente do que você faça, é importante anunciar seu produto para o mundo.

Este é um mês estressante para o romance, mas deve melhorar depois do dia 23. Saturno, seu Planeta do Amor, não apenas está retrógrado, mas faz aspectos tensos. O amor precisa de paciência nestes dias.

Filhos e figuras filiais recebem oportunidades de emprego maravilhosas neste período, mas é necessário fazer uma pesquisa. Essas vagas podem não ser o que parecem.

SETEMBRO

Melhores dias: 1º, 2, 9, 10, 18, 19, 20, 28, 29
Dias mais tensos: 5, 6, 11, 12, 26, 27
Melhores dias para o amor: 4, 5, 6, 7, 8, 13, 14, 15, 16, 17, 26, 27
Melhores dias para o dinheiro: 3, 5, 6, 7, 8, 11, 14, 15, 21, 23, 24, 30
Melhores dias para a carreira: 7, 8, 11, 12, 16, 17, 26, 27

Muitas coisas positivas acontecem no mundo neste mês, e, como você faz parte do mundo, isso também é bom para a sua vida. Teremos dois grandes trígonos em setembro. Um já é raro, e agora acontecem dois. O primeiro ocorre no elemento Terra (também passamos por isso no mês passado) e o outro no elemento Ar. Isso mostra facilidade no fluxo de energia em questões materiais e intelectuais. Habilidades de organização, comunicação e intelectuais têm grande destaque — no mundo e em você mesmo.

Apesar de o lado noturno do seu mapa não estar nem um pouco dominante, ele chegou ao ápice de força do ano. Esse é um ponto de virada mágico. É o momento ideal para renovar e reagrupar suas energias e planos, para mudar o foco da carreira, que continua muito positiva, para o lar, a família e atividades noturnas. Vá atrás dos objetivos de trabalho por meio de ações "interiores" — visualização e meditação — e de sonhos construtivos — sonhar com aquilo que deseja. As manifestações virão com a mesma certeza com que a noite segue o dia. Mas talvez não sejam imediatas.

A saúde precisa de mais cuidados após o dia 23. Não há nenhum problema sério; apenas tensões breves causadas por planetas rápidos. Como sempre, certifique-se de manter altos níveis de energia e de melhorar a saúde com exercícios, massagens na cabeça, rosto e couro cabeludo, e massagens no reflexo adrenal. Também seria bom prestar mais atenção ao coração. Massagens no peito e na região do reflexo do coração ajudarão muito.

Este deve ser um mês positivo para as finanças. O período até o dia 23 é interessante para vendas, marketing, propaganda e relações públicas. É importante usar bem as redes. Escritores, professores e vendedores devem se sair bem. As decisões financeiras são certeiras. Após o dia 23, seu Planeta do Dinheiro entra na Casa Quatro, e a geração de renda em casa e por intermédio da família e de contatos da família é favorecida. Você gasta mais com seu lar e seus parentes, mas também ganha dinheiro com eles. Para investidores, é um bom período para imóveis residenciais, hotéis, pousadas, restaurantes e a indústria alimentícia em geral.

Entre os dias 10 e 11, o Sol faz aspectos harmoniosos com Urano. Isso favorece a tecnologia, computadores e o mundo virtual. É um bom momento para atrair investidores externos para os seus projetos. E também para quitar ou contrair dívidas.

OUTUBRO

Melhores dias: 7, 16, 17, 25, 26
Dias mais tensos: 2, 3, 9, 10, 23, 24, 30
Melhores dias para o amor: 2, 3, 4, 5, 13, 14, 23, 24, 25, 30
Melhores dias para o dinheiro: 4, 5, 8, 9, 13, 14, 18, 19, 25, 26, 27
Melhores dias para a carreira: 5, 9, 10, 14, 15, 24

No mês passado chegamos ao auge da movimentação retrógrada do ano. Em outubro ela continua forte, mas vai diminuindo. Até o fim do mês as retrogradações cairão para metade do número do mês passado. Então, ainda teremos atrasos, mas há movimento.

Os dois planetas que lidam com sua carreira — Marte e Júpiter — estão retrógrados neste mês, e assim você pode se concentrar no lar e na família (seu amor verdadeiro) sem perder muita coisa. Lar, família e bem-estar emocional são os pilares de uma vida profissional de sucesso. Tire um tempo para se dedicar a essas coisas.

Outubro é um mês para revelações e *insights* psicológicos. O passado sempre vive dentro de nós, mas não precisa nos impedir de conquistar nossos objetivos. Ele pode ser redefinido e reinterpretado de forma mais saudável. Até mesmo eventos históricos — momentos que afetaram o mundo todo — podem ser revistos e reavaliados.

A saúde continua precisando de atenção até o dia 23. Releia nossa discussão sobre esse tópico no mês passado. Você sentirá melhorias expressivas após o dia 23. Será como se um "interruptor cósmico" tivesse sido ligado, e a energia volta.

Este é um mês feliz. No dia 23, o Sol entra na Casa Cinco, e você começa um ápice de prazer pessoal anual. Hora de aproveitar a vida. Hora de aproveitar seus filhos ou figuras filiais. Hora de assumir um espírito mais infantil também. As crianças (e a criança interior) sabem ser felizes.

Temos um eclipse solar no dia 25, e ele ocorre na Casa Cinco. Os efeitos na sua vida serão relativamente leves, mas seus filhos e figuras filiais são afetados. Eles devem assumir menos compromissos. Algumas das crises pelas quais passarão são normais durante a fase de crescimento — puberdade, primeiro amor, ir à escola etc. Mas, para eles, é uma batalha. Seu pai, sua mãe ou uma figura parental precisará fazer mudanças e ajustes financeiros. E isso também vale para você. Apesar do seu humor pensativo neste período — especialmente após o dia 23 —, é melhor evitar fazer transformações durante o eclipse.

NOVEMBRO

Melhores dias: 3, 4, 12, 13, 22, 23, 30
Dias mais tensos: 5, 6, 19, 20, 26, 27
Melhores dias para o amor: 1º, 2, 3, 4, 10, 11, 13, 19, 20, 23, 24, 26, 27, 28, 29
Melhores dias para o dinheiro: 3, 4, 13, 14, 15, 16, 23
Melhores dias para a carreira: 1º, 2, 5, 6, 10, 11, 19, 20, 28, 29

O eclipse lunar do dia 8 é o principal destaque do mês. Ele é muito forte. Não apenas é total como afeta muitos outros planetas — Mercúrio, Urano e Vênus. Então ele é forte pessoalmente e para o mundo no geral.

Veja bem, todo eclipse lunar é forte para você. A Lua rege seu mapa. Portanto, todos trazem desafios — forçam você a redefinir a si mesmo, sua imagem e sua autopercepção, a mudar a maneira como se enxerga e como é visto pelos outros. Então é necessário ter uma agenda mais tranquila. As coisas que precisam ser feitas podem ser feitas, porém as opcionais (especialmente se forem estressantes) devem ser adiadas. O cônjuge, parceiro ou interesse amoroso atual passa por momentos dramáticos na vida social. Amizades são testadas (este eclipse ocorre na sua Casa Onze). Há momentos dramáticos na vida de amigos. Apetrechos tecnológicos podem se comportar de forma errática, precisando de reparos ou trocas. O impacto sobre Mercúrio indica mudanças e abalos espirituais em organizações religiosas ou de caridade com que você está envolvido. Há momentos tensos na vida de gurus. Carros e equipamentos de comunicação passam por testes. Familiares passam por situações difíceis. Consertos podem ser necessários em casa. Mudanças financeiras acontecem na sua vida e na vida dos seus irmãos ou figuras fraternas. Os sonhos também podem ser perturbadores. Mas eles não são importantes, refletindo apenas o tumulto no plano astral neste momento.

Apesar do eclipse, você parece feliz em novembro. Seu ápice de prazer pessoal anual continua até o dia 22. Seu pai, sua mãe ou uma figura parental passa por um bom mês na vida financeira e na saúde.

Não é aconselhável fazer especulações neste período, apesar de você estar nesse estado de espírito — principalmente na época do eclipse lunar. No entanto, as finanças devem estar boas, e quaisquer mudanças que você fizer também serão positivas. Até o dia 22, há gastos com filhos e figuras filiais. Você ganha e gasta dinheiro de forma feliz. No dia 22, quando o Planeta das Finanças entrar em Sagitário, seus rendimentos devem aumentar.

DEZEMBRO

Melhores dias: 1º, 9, 10, 11, 19, 20, 27, 28
Dias mais tensos: 2, 3, 17, 18, 23, 24, 29, 30
Melhores dias para o amor: 2, 3, 7, 8, 14, 17, 18, 23, 24, 25, 26
Melhores dias para o dinheiro: 1º, 2, 3, 11, 12, 13, 20, 21, 22, 23, 29
Melhores dias para a carreira: 2, 3, 7, 8, 17, 18, 25, 26, 29, 30

Neste mês, o poder planetário está principalmente no setor oeste social — faz alguns meses que isso acontece, porém agora ele chegou ao auge. Assim, este é o momento para se concentrar nas suas habilidades sociais e colocar os outros e as necessidades deles na frente das suas. O seu caminho pode não ser o melhor neste mês. (O foco da energia planetária está nos outros, não em você.) Dezembro é um mês para fazer progresso por meio da prática do traquejo social e de consensos. Não é o momento para afirmações ou iniciativas pessoais. Cuide dos outros, e o bem virá até você de forma natural e normal.

A saúde está boa neste mês, mas será necessário prestar mais atenção nela após o dia 22. O fato de seu Planeta da Saúde pairar entre dois signos — Peixes e Aquário — complica um pouco as coisas. Assim, até o dia 21 (enquanto o Planeta da Saúde está em Peixes), massagens nos pés (que fortalecem o corpo todo) e técnicas de cura espiritual serão benéficas. Após esse período, massagens no couro cabeludo, rosto, cabeça e na região do reflexo adrenal, além de exercícios físicos, farão bem. (Na verdade, você deve fazer um pouco das duas coisas em dezembro.)

A vida amorosa será ativa e feliz. Seu Planeta do Amor, Saturno, está em trajetória direta, e a Casa Sete do Amor se torna muito poderosa a partir do dia 22. Além disso, como mencionamos, o setor oeste social do seu mapa tem muito destaque por todo o mês. Então os solteiros terão muitas, muitas oportunidades. Você tem bom senso quando se trata da vida social. O próximo mês também será positivo para o amor.

Júpiter volta à Casa Dez da Carreira no dia 21 e passa boa parte do próximo ano lá. Sua vida profissional estará bem-sucedida (e será ainda mais no ano que vem). Seu Planeta da Carreira, Marte, não apenas está retrógrado — criando atrasos e problemas —, mas também "fora dos limites". Em questões de trabalho, você parece fora de prumo.

Esse também é o caso em outras áreas da sua vida — parece ser uma tendência mundial. Outros dois planetas também estão "fora dos limites" — Vênus e Mercúrio. Então, os parentes parecem perdidos. Você se sente da mesma forma sobre questões espirituais e interesses intelectuais. Pensar fora do corpo — viver fora da caixa — pode ajudar.

LEÃO

O LEÃO
Nascidos entre 21 de julho e 21 de agosto

PERFIL PESSOAL

LEÃO EM UM RELANCE

Elemento: Fogo
Planeta Regente: Sol
Planeta da Carreira: Vênus
Planeta da Saúde: Saturno
Planeta do Amor: Urano
Planeta das Finanças: Mercúrio
Cores: dourado, alaranjado, vermelho
Cores que promovem o amor, o romance e a harmonia social: preto, índigo, azul-ultramarino
Cores que propiciam ganhos: amarelo, amarelo-ouro
Pedras: âmbar, crisólito, diamante amarelo
Metal: ouro
Perfumes: bergamota, incenso, almíscar, nerol
Qualidade: fixa (= estabilidade)
Qualidade essencial ao equilíbrio: humildade
Maiores virtudes: capacidade de liderança, amor-próprio, autoconfiança, generosidade, criatividade, jovialidade
Necessidades mais profundas: divertimento, elevação espiritual, desejo de se fazer notar
Características a evitar: arrogância, vaidade, autoritarismo
Signos de maior compatibilidade: Áries, Sagitário
Signos de maior incompatibilidade: Touro, Escorpião, Aquário

Signo mais útil à carreira: Touro
Signo que fornece maior suporte emocional: Escorpião
Signo mais prestativo em questões financeiras: Virgem
Melhor signo para casamento e associações: Aquário
Signo mais útil em projetos criativos: Sagitário
Melhor signo para sair e se divertir: Sagitário
Signos mais úteis em assuntos espirituais: Áries, Câncer
Melhor dia da semana: domingo

COMPREENDENDO A PERSONALIDADE LEONINA

Pensou em Leão, pensou em realeza. Assim você compreenderá melhor a personalidade dos leoninos e o porquê de eles agirem como agem. Os nativos desse signo são o que são. É verdade que, por motivos variados, nem todos expressam essa qualidade de realeza, mas certamente gostariam de fazê-lo.

Um monarca não governa com base no exemplo, como fazem os arianos; tampouco por consenso, como os capricornianos e os aquarianos. Ele o faz por vontade pessoal. Sua vontade é lei. Seus gostos pessoais são logo imitados por todos os súditos. Um grande monarca é, de certa forma, imortal, e é assim que os leoninos desejariam ser.

O fato de você contestar a vontade de um leonino é assunto sério. Ele considerará isso uma afronta pessoal, um insulto; logo fará você saber que a vontade dele encerra autoridade e que desobedecê-la é aviltante e desrespeitoso.

Os leoninos são reis ou rainhas em seus domínios. Os amigos, os subordinados e a família são os leais súditos de confiança, que eles governam com benevolência e por cujos interesses sempre zelam. Dotados de presença majestosa, são poderosos e parecem atrair a atenção em qualquer evento social a que compareçam. Destacam-se porque são astros em seus espaços. Todo leonino sente, à semelhança do Sol, que nasceu para brilhar e governar. Os nativos de Leão pressentem que nasceram com privilégios reais, e a maioria deles alcança, pelo menos até certo ponto, esse status.

O Sol, regente do signo, é sinônimo de saúde e entusiasmo. É difícil pensar no fulgor do Sol e continuar a sentir-se enfermo e deprimido, pois ele é, de certa forma, a antítese da enfermidade e da apatia. Por isso, os leoninos amam a vida e adoram se divertir. Apreciam o teatro, a música e todos os tipos de divertimento. Afinal, são essas atividades que colorem e alegram a existência. Se, mesmo que seja para o bem, você tentar privá-los dos prazeres, das boas comidas, das bebidas e dos divertimentos, subtrairá deles a própria vontade de viver, pois consideram que a vida sem alegrias não é vida.

O signo de Leão representa o anseio humano de poder. Mas o poder em si não é bom nem ruim. Somente quando se abusa dele é que se torna maligno. Sem a existência de um poder, nem mesmo as coisas boas poderiam se concretizar. Os leoninos compreendem isso e parecem feitos para o comando. São, entre todos os signos do Zodíaco, os que melhor exercem o poder. Capricórnio, outro grande detentor de poder zodiacal, gere e administra extremamente bem, até melhor do que Leão, mas perde para ele em magnanimidade. Leão *adora* exercer o poder, ao passo que Capricórnio encara seu exercício apenas como uma responsabilidade.

FINANÇAS

Os leoninos são excelentes líderes, mas nem sempre são bons administradores. Lidam bem com decisões importantes de ordem geral, mas não gostam de ficar se preocupando com os pormenores de um negócio. Tendo bons gerentes a seu serviço, podem tornar-se executivos excepcionais, pois são dotados de visão e de bastante criatividade.

Os leoninos amam a riqueza e os prazeres que ela proporciona. Apreciam a opulência, a pompa e o glamour. Mesmo quando não são ricos, vivem como se fossem. Por isso, tendem a contrair dívidas vultosas e muitas vezes têm dificuldade em quitá-las.

Os leoninos, assim como os piscianos, são extremamente generosos. Muitas vezes, aspiram à riqueza apenas com o intuito de ajudar economicamente outras pessoas. Na visão de um leonino, o dinheiro compra serviços e a capacidade de gerenciamento. Serve para gerar empregos para terceiros e para melhorar o bem-estar geral dos que o cercam. Portanto, para um leonino, a riqueza é uma coisa boa e deve ser desfrutada ao máximo. O dinheiro não foi feito para acumular poeira em um velho cofre. Tem de ser posto em uso, precisa circular e ser bem-aproveitado. Não é preciso dizer que os nativos de Leão, perdulários por natureza, gastam de forma descuidada.

Virgem ocupa a cúspide da Segunda Casa Solar de Leão, do Dinheiro e das Finanças. E, de fato, os leoninos precisam aprender a cultivar alguns traços virginianos — como a capacidade de análise e o discernimento — para lidar com as finanças de forma mais equilibrada. Precisam aprender a ser mais cuidadosos com detalhes financeiros (ou contratar alguém que o faça) e a observar melhor seus gastos. Trocando em miúdos, eles devem administrar melhor o dinheiro. Irritam-se com apertos financeiros, mas essas limitações podem ser decisivamente úteis ao desenvolvimento de seu pleno potencial financeiro.

Os leoninos sentem-se bem em saber que seus amigos e familiares contam com seu apoio financeiro ou precisam dele. Não se importam — na verdade, até gostam — de emprestar dinheiro, desde que não se sintam explorados. Do alto de seu trono real, os nativos de Leão gostam de dar presentes a seus familiares e aos amigos e compartilhar a alegria e o bem-estar que esses mimos proporcionam a todos. Adoram investir e, quando as influências celestes são favoráveis, costumam ter bastante sorte.

CARREIRA E IMAGEM PÚBLICA

Os leoninos gostam de transmitir a impressão de riqueza, pois no mundo de hoje ela quase sempre se traduz em poder. Quando são realmente ricos, adoram morar em mansões nababescas com muitas terras e vários animais.

No trabalho, destacam-se em posições de liderança e autoridade. Exibem excelente capacidade de decisão no tocante a questões mais amplas, mas preferem deixar os detalhes para os outros. São, geralmente, respeitados por colegas e subordinados, porque têm o dom de compreender e de se relacionar bem com aqueles que os cercam. Os leoninos sempre almejam o ápice, mesmo quando têm de começar de baixo e trabalhar duro para atingir o topo. Como seria de se esperar de um signo tão carismático, os leoninos estão sempre tentando melhorar sua situação profissional. E o fazem pensando em chegar às posições mais altas.

Por outro lado, os nativos de Leão não apreciam que lhes digam o que fazer, detestam ser mandados. Talvez seja até por isso que aspiram alcançar o topo, onde possam tomar eles mesmos as decisões, sem ter de acatar ordens.

Um leonino nunca duvida do seu sucesso e canaliza toda a sua atenção e o seu esforço para alcançá-lo. Outra característica distintiva deles é que, a exemplo dos monarcas esclarecidos, jamais tentam abusar do poder ou da reputação que chegam a conquistar. Se porventura o fizerem, não terá sido de forma deliberada ou consciente, pois, geralmente, procuram compartilhar a riqueza e fazer com que todos ao seu redor também sejam bem-sucedidos em suas aspirações.

São bons trabalhadores e gostam de ser vistos assim. Contudo, embora deem duro no trabalho e sejam capazes de grandes realizações, não se pode esquecer de que, lá no fundo, é de muita diversão que eles gostam.

AMOR E RELACIONAMENTOS

Os leoninos não são tipos muito casadouros. Para eles, os relacionamentos são bons enquanto dão prazer. Quando a relação deixa de ser prazerosa, querem logo acabar com ela. E valorizam muito a liberdade de poder dar o fora quando bem entenderem. Por isso, destacam-se mais pela quantidade de casos amorosos do que pela qualidade dos compromissos. Quando casados, porém, costumam ser fiéis, embora sua tendência seja a de casar-se muitas vezes. Se você se apaixonou por um nativo de Leão, proporcione-lhe muita diversão. Viaje, frequente cassinos, clubes, teatros, pistas de dança. Saia sempre para beber e jantar fora com seu amor leonino; custará caro, mas valerá a pena... E você se divertirá muito.

Os nativos deste signo costumam ter vida sentimental bastante ativa e demonstram claramente a afeição. Gostam de conviver com pessoas otimistas e hedonistas — como eles próprios —, mas muitas vezes acabam se envolvendo com pessoas vanguardistas, mais sérias e intelectualizadas do que eles. Os companheiros dos leoninos também exibem mais consciência sociopolítica e espírito libertário do que seus parceiros de Leão. Todavia, se você se casou com alguém deste signo, saiba que dominar o apego do seu amado à liberdade será um desafio para toda a vida — e tome cuidado para que seu amor leonino não domine você primeiro.

SEU HORÓSCOPO PESSOAL PARA 2022

Aquário ocupa a cúspide da Sétima Casa de Leão (a do Amor). Dessa forma, para atingir um ótimo potencial no amor e na vida social, os leoninos precisam cultivar um pouco a maneira igualitária dos aquarianos de encarar e tratar os demais — o que nem sempre é fácil para o rei Leão, que só consegue se considerar igual a outros reis e rainhas como ele. Mas talvez aí resida a solução para o dilema social dos leoninos, e eles possam permanecer reis entre reis. Afinal, não há nada de errado em ter sangue nobre, desde que se consiga reconhecer também a nobreza nos demais.

VIDA DOMÉSTICA E FAMILIAR

Embora os leoninos sejam ótimos anfitriões e gostem de receber convidados, muitas vezes tudo não passa de um show. Somente poucos amigos íntimos chegam a conhecer o lado autêntico da vida diária de um nativo de Leão. Para ele, o lar é um local de conforto, recreação e transformação; um refúgio secreto e privado — um castelo. Os leoninos gostam de gastar dinheiro, exibir-se um pouquinho, entreter e divertir-se. Além de adquirir os últimos lançamentos de móveis, roupas e tecnologia doméstica.

Os nativos deste signo são ferozmente leais à família e, em contrapartida, esperam o mesmo dela. Amam os filhos intensamente e devem tomar cuidado para não mimá-los demais. Também devem procurar evitar moldar membros da família à sua imagem e semelhança. Precisam entender que os outros têm o direito e a necessidade de continuar a ser como são. Nesse sentido, você, leonino, deve tomar o máximo de cuidado para não ser um dominador ou autoritário.

LEÃO
PREVISÃO ANUAL PARA 2022

TENDÊNCIAS GERAIS

A saúde e a energia precisam de mais atenção neste ano, já que dois planetas lentos — e demorados — fazem aspectos tensos com você. Certifique-se de descansar bastante. Falaremos mais sobre isso.

O romance foi melhor no ano passado do que será neste ano. A vida amorosa precisa de mais dedicação e esforço, porém, com seu Planeta do Amor na Casa Dez, você parece mais disposto a isso. É pouco provável que solteiros se casem em 2022. Voltaremos a esse assunto mais adiante.

Sua Casa Oito passa o ano todo muito forte — especialmente até o dia 11 de maio. Então, 2022 é um ano sexualmente ativo. Não importa sua idade e fase de vida, a libido estará mais forte do que o normal. Com Netuno na Casa Oito há muitos anos, sua expressão sexual se torna mais refinada e espiritualizada, e essa é a tendência para o período também.

Dinheiro não parece muito importante neste ano, já que a sua Casa das Finanças está basicamente vazia. Porém, seu cônjuge, parceiro ou interesse amoroso terá um ótimo ano nesse sentido e equilibrará as coisas. Falaremos mais sobre esse assunto.

Júpiter entrará na sua Casa Nove no dia 11 de maio, ficará lá até o dia 29 de outubro e voltará a partir de 21 de dezembro. É um indicativo de viagens internacionais nesse período. O trânsito é maravilhoso para universitários ou estudantes que queiram entrar na faculdade. Sinaliza boa sorte.

Urano está na sua Casa Dez da Carreira há alguns anos, e continuará lá por mais algum tempo. Isso mostra que o amor é uma prioridade, e seu foco está na vida romântica. Também é um sinal de muitas mudanças profissionais. Sua simpatia e seu traquejo social trazem sucesso no emprego. Voltaremos a isso daqui a pouco.

Suas principais áreas de interesse em 2022 serão: saúde; trabalho; amor e romance; sexo; transformação pessoal; estudos sobre ocultismo; educação superior; viagens internacionais; religião, filosofia e teologia; carreira; amigos, grupos e atividades em grupo (a partir de 20 de agosto).

Os caminhos de maior realização serão: sexo; transformação pessoal; estudos sobre ocultismo (até 11 de maio, e entre 29 de outubro e 21 de dezembro); viagens internacionais; educação superior; religião, teologia e filosofia (entre 11 de maio e 29 de outubro, e depois de 21 de dezembro); carreira.

SEU HORÓSCOPO PESSOAL PARA 2022

SAÚDE

(Esta é uma perspectiva astrológica sobre a saúde, não uma visão médica. No passado essas perspectivas eram idênticas, mas hoje podem ocorrer diferenças significativas. Para obter uma opinião com base em diagnósticos da medicina convencional, consulte seu médico ou um profissional da área da saúde.)

A saúde, como mencionamos, precisa de mais atenção neste ano, já que dois planetas poderosos — Saturno e Urano — fazem aspectos tensos com você. Porém, a única coisa necessária para você atravessar bem esse período é bastante descanso.

Também é bom dar mais atenção aos seguintes pontos — as áreas vulneráveis no seu mapa. É mais provável que os problemas aconteçam neles. Ao mantê-los saudáveis e em forma, boa parte dos aborrecimentos pode ser evitada. (Se não puder ser totalmente evitada, pode ser muito amenizada.)

Coração. Sempre é importante para os leoninos, mas especialmente nos últimos anos. Os reflexos aparecem no seu mapa. Massagens no peito — ainda mais no esterno e na parte superior do tórax — serão maravilhosas. Como sempre, prefira cultivar a fé à preocupação e ansiedade, e seu coração apresentará melhoras. A meditação também ajuda bastante.

Coluna, joelhos, dentes, ossos e alinhamento geral do esqueleto. Essas áreas são sempre importantes para o leonino, já que Saturno é o seu Planeta da Saúde. Massagens regulares nas costas e nos joelhos devem fazer parte da sua rotina de saúde geral. Seria bom fazer visitas habituais ao quiroprata ou osteopata. As vértebras precisam ser alinhadas da maneira certa. Caso você se exponha ao sol, use um bom filtro solar. Yoga e pilates são exercícios excelentes para a coluna. Visitas regulares ao dentista também são benéficas.

Tornozelos e panturrilhas. Só se tornaram importantes no ano passado, e continuam sendo em 2022. Os tornozelos e as panturrilhas devem ser massageados com frequência. Um tornozelo fraco pode desalinhar a coluna, causando outros problemas.

Seu Planeta da Saúde passa o ano na Casa Sete do Amor. Então, existe uma forte conexão amorosa com a saúde geral. Para você, boa saúde significa uma vida amorosa saudável. Problemas nessa área podem impactar sua condição física. Caso surjam dificuldades, retome a harmonia o mais rápido possível.

Nos últimos tempos, você foi conservador em questões de saúde. Mas isso mudou desde o ano passado. Você continua conservador, porém mais curioso. Está disposto a tentar coisas novas e tratamentos diferentes. Como Saturno é seu Planeta da Saúde, sua preferência costuma ser pela medicina tradicional. Mas você parece mais aberto a terapias alternativas neste ano. Mesmo assim, é provável que escolha opções mais antigas — as que sobreviveram ao teste do tempo. Interpreto essa tendência como alguém que está "curioso, porém com ressalvas" em questões de saúde.

LAR E FAMÍLIA

Sua Casa Quatro do Lar e da Família não recebe muito destaque este ano — não é proeminente. Apenas planetas rápidos passam por ela, com efeitos transitórios. A tendência é que não ocorram mudanças. Muitos leoninos se mudaram em 2020, e não há necessidade de fazer isso neste ano pois há contentamento com sua situação em geral.

Seu Planeta da Família, Plutão, está na Casa Seis há mais ou menos vinte anos. Assim, seu lar é visto como uma mistura de spa e casa. Você criou o hábito de comprar uma variedade de equipamentos de saúde, e talvez de exercícios físicos. E também está tornando sua casa mais saudável de outras formas — limpando o mofo, o bolor ou tintas tóxicas.

É provável que você esteja mais preocupado com a saúde de parentes do que com a sua própria.

Se houver planos para uma reforma ou construção grande na casa, talvez seja melhor esperar para fazer isso no ano que vem. No entanto, se não for possível adiar por tanto tempo, os períodos entre 26 de fevereiro e 6 de março, e entre 13 e 16 de agosto seriam os ideais.

Caso você queira redecorar ou embelezar seu lar, o melhor momento é entre 23 de outubro e 16 de novembro. Também é uma boa época para comprar objetos bonitos para a casa.

Apesar de o lar e a família parecerem estáveis, podem ocorrer alguns problemas e situações dramáticas. Dois eclipses acontecem na sua Casa

Quatro — um eclipse lunar no dia 16 de maio e um eclipse solar em 25 de outubro. Isso trará certo drama para a vida de parentes, e talvez alguns reparos na casa. Falaremos mais sobre essa questão nos relatórios mensais.

Seu pai, sua mãe ou uma figura parental passou por muitas mudanças pessoais ultimamente, e a tendência continua neste ano. Essa pessoa parece inquieta, agitada, e talvez passe longos períodos de tempo morando em lugares diferentes. É mais provável que uma mudança ocorra entre 2023-2024 do que agora. Você parece ter dificuldade para lidar com essa pessoa, já que nunca sabe onde ela está. É alguém que parece temperamental. Outra figura parental se diverte muito em 2022. Se essa pessoa for uma figura materna, ela parece mais fértil. Após 11 de maio, ela receberá oportunidades de trabalho maravilhosas. Uma mudança pode ter acontecido no ano passado. Este ano as coisas parecem não mudar.

O casamento dos pais ou de figuras parentais será testado este ano — mais do que nos anteriores. Todos os quatro eclipses afetam a relação deles e apresentam desafios maiores.

Irmãos e figuras fraternas podem ter se mudado no ano passado, mas este ano não apresenta muitas transformações. Se os irmãos estiverem solteiros e forem da faixa etária apropriada, há amor neste ano, talvez até casamento. Isso aconteceria após o dia 11 de maio — ou no ano que vem.

Filhos ou figuras filiais podem se mudar em 2022, e parece um evento feliz. Eles estão se divertindo, e, se forem mulheres, parecem muito férteis.

Netos, se você tiver, têm um ano sem muitas mudanças na área do lar e da família.

DINHEIRO E CARREIRA

Sua Casa do Dinheiro não tem destaque neste ano — não é uma casa poderosa. Apenas planetas rápidos passam por ela, e seu efeito é breve. Faz muitos anos que isso acontece. Então, a vida financeira não é muito preocupante, ela tende a permanecer igual. Você parece satisfeito com as coisas e não precisa fazer mudanças drásticas.

Se problemas financeiros surgirem, pode ser por falta de atenção — então é necessário ter mais foco.

Mercúrio, seu Planeta do Dinheiro, é rápido. Durante o ano, ele passa por todo o seu mapa — por todos os signos e casas. Assim, há muitas tendências financeiras curtas que dependem da posição de Mercúrio e dos aspectos que ele faz. Entraremos em mais detalhes nos relatórios mensais.

Mercúrio rege suas finanças e suas amizades. Assim, há uma conexão forte entre a vida social e a monetária. Seus amigos tendem a ser ricos e prestativos. Como regente da Casa Onze, Mercúrio favorece as mídias eletrônicas, o mundo virtual e a tecnologia de ponta. Todas essas áreas são interessantes para empregos, investimentos ou negócios.

A carreira parece mais importante do que apenas dinheiro. Sua Casa Dez está forte em 2022, enquanto a Casa do Dinheiro está vazia. Assim, prestígio e influência são mais valorizados do que apenas ter uma renda. O cargo imponente que paga menos é preferível ao de menos destaque que paga mais.

Urano está na sua Casa Dez há alguns anos e ficará lá por mais algum tempo. É um trânsito longo. Ele também favorece carreiras que envolvam tecnologia, ciências e o mundo virtual. Mesmo que você trabalhe em uma área diferente, seu conhecimento tecnológico é muito importante.

Urano é o seu Planeta do Amor. Isso indica muitas coisas. A carreira precisa oferecer oportunidades sociais. Você gosta de socializar com chefes e pessoas importantes. Seus contatos (especialmente o cônjuge, o parceiro e o interesse romântico atual) parecem muito envolvidos com seu trabalho de um jeito prestativo. Boa parte da sua socialização é conectada ao emprego. A simpatia faz diferença. Não basta ter uma boa capacitação profissional: você também precisa se dar bem com as pessoas.

Na Casa Dez da Carreira, Urano também favorece as artes, a indústria da beleza e as empresas que embelezam pessoas e o mundo.

Você parece mais satisfeito com uma carreira autônoma do que batendo cartão. Você precisa de mudanças e animação. Precisa de liberdade para inovar.

AMOR E VIDA SOCIAL

O romance tem altos e baixos neste ano. Há muito foco nessa área, o que é positivo. Sua Casa Sete está poderosa e proeminente. Porém, talvez ainda mais importante, o Planeta do Amor está na Casa Dez — uma posição forte, de destaque. Isso mostra uma tendência ao sucesso, mas você terá que fazer por merecer. Há muito trabalho e desafios nessa área.

Os dois planetas envolvidos no amor — Saturno (que ocupa sua Casa Sete) e Urano, seu Planeta do Amor real — não têm posições muito vantajosas para casamento. É provável que casar não seja uma boa ideia para os solteiros. Relacionamentos já existentes são testados neste ano. De algumas formas, isso é bom, mas, no geral, pouco agradável. As fábricas costumam fazer testes abrangentes em seus produtos, e isso permite que encontrem problemas e os corrijam. Algo parecido acontece com seu relacionamento. Se ele for capaz de sobreviver aos testes, é possível que sobreviva a tudo.

Normalmente, o leonino é o tipo de pessoa que se apaixona à primeira vista, porém essa é uma tendência muito menor neste ano. Você com certeza está mais cauteloso com o amor. Fará as coisas com mais calma.

Oportunidades românticas acontecem enquanto você busca realizar objetivos de saúde e de família. Pessoas envolvidas com sua profissão ou sua saúde parecem muito atraentes. Colegas de trabalho também parecem mais interessantes, mas isso pode causar complicações neste período.

O ambiente profissional e a carreira se mostram mais sociáveis do que um lugar sério. Os leoninos em busca de emprego valorizarão esse clima.

Uma visita ao médico ou ao terapeuta pode ir muito além do que parece. Em geral, profissionais de saúde estão mais atraentes.

Faz alguns anos que poder e influência são importantes para o amor. "O poder", como disse Henry Kissinger, "é o maior afrodisíaco de todos". Isso pode não ser verdade para todo mundo, mas é no seu caso. Você está se envolvendo socialmente com esse tipo de pessoa. E isso ajuda sua carreira. Como mencionamos, boa parte da sua socialização é relacionada ao trabalho.

Um dos desafios deste período é acabar se envolvendo em relacionamentos por conveniência, não por amor verdadeiro. Será uma forte tentação.

AUTOAPERFEIÇOAMENTO

Urano está na sua Casa Dez há alguns anos e ficará lá por muito mais tempo. A principal lição de vida aqui é se tornar confortável com a (aparente) instabilidade e as mudanças no trabalho. O rumo da carreira e as regras do jogo podem mudar num piscar de olhos, sem ninguém esperar. Seria bom cultivar a fé agora. Não existe estabilidade no reino em 3D; qualquer coisa pode acontecer a qualquer momento. Mas saber que, no fim das contas, as mudanças são para o seu próprio bem pode ser uma grande ajuda. Em muitos casos, elas liberam você para encontrar um caminho melhor. Comemore as transformações, já que elas levam ao bem maior.

Faz muitos anos que Netuno está na sua Casa Oito do Amor. Escrevemos sobre isso em relatórios anteriores. A vida sexual se torna mais espiritualizada, mais refinada, mais profunda. Ela está sendo elevada de mero desejo animal para um ato de veneração. Neste ano, a tendência é ainda mais forte do que nos anos anteriores. Júpiter encontra Netuno na sua Casa Oito por metade do ano (mais ou menos). Por natureza, os leoninos são sexualmente ativos, e agora mais do que nunca. Não há nada de errado com isso, porque é a sua natureza. No entanto, se for apenas luxúria, pode haver perigos físicos e para a saúde. Então, como escrevemos em relatórios anteriores, este é o momento para explorar as dimensões espirituais do sexo. Leia tudo que você encontrar sobre Kundalini e yoga tântrica. As ciências herméticas também lidam com esse assunto (oferecem uma abordagem ocidental). Fazer sexo de forma espiritual não apenas aproximará você do Divino como será uma proteção contra os perigos para a saúde.

A Lua, o planeta mais rápido de todos, é o seu Planeta da Espiritualidade. Isso favorece o caminho bhakti. As emoções e os sentimentos precisam ser elevados. É um momento que propicia cantos, cânticos e percussões. Essas práticas elevam as emoções e as harmonizam. O humor é importante durante as orações e para a sua vida emocional. Antes de meditar, tente entrar em um clima harmonioso. Só então comece sua oração ou meditação.

A Lua, como seu Planeta da Espiritualidade, mostra que você tem muitas formas de se conectar com o Divino a partir de si mesmo. Para você, não existe UM ÚNICO caminho. Em momentos diferentes, coisas diferentes dão certo. Como a Lua se move rápido, as técnicas que funcionaram no passado podem não funcionar hoje. Você precisa mudar sua abordagem constantemente. Se tiver apenas uma prática, notará que fazer essa conexão interna é mais fácil em alguns dias e mais difícil em outros. Isso acontece devido à posição da Lua e dos aspectos que ela faz. Quando são harmoniosos, suas meditações serão melhores. Quando são discordantes, mais dificuldades surgem. Mas não desanime: continue firme. O problema não é com você.

PREVISÕES MENSAIS

JANEIRO

Melhores dias: 1º, 8, 9, 18, 19, 27, 28
Dias mais tensos: 4, 5, 11, 12, 25, 26, 31
Melhores dias para o amor: 2, 3, 4, 5, 11, 12, 21, 22, 29, 30, 31
Melhores dias para o dinheiro: 4, 5, 6, 13, 14, 16, 21, 22, 23, 25
Melhores dias para a carreira: 2, 3, 11, 12, 21, 22, 29, 30

Você começa o ano com a Casa Seis da Saúde e do Trabalho muito poderosa. Um total de cinquenta por cento dos planetas, às vezes sessenta por cento, está dentro dela ou passando por ela. Este é um ótimo mês para os leoninos que procuram trabalho. Há muitas oportunidades. Você está requisitado. Até aqueles que já estiverem empregados terão oportunidades para fazer horas extras ou conseguir trabalhos paralelos. Também há um grande foco na saúde. Apesar de a saúde estar boa até o dia 20, esse foco será bom para você depois, quando ela precisar de mais atenção.

Como mencionamos no relatório anual, há dois planetas lentos — e poderosos — fazendo aspectos tensos com você. No dia 20, planetas rápidos entram na roda, aumentando a tensão. Então, certifique-se de descansar bastante e de melhorar a saúde com os métodos mencionados no relatório anual.

Apesar de a saúde e a energia não estarem no auge depois do dia 20, boas coisas acontecem. O Sol entra na Casa Sete do Amor, e você começa um ápice na vida amorosa e social anual. Sua popularidade aumenta neste mês, já que você coloca os outros em primeiro lugar e faz questão de ajudá-los. Você encara o amor de forma proativa e transforma as coisas em realidade. Se gosta de uma pessoa, deixa isso explícito e não faz joguinhos. Mas o amor é complicado — e talvez você goste dele assim. Os leoninos adoram um drama. Se não houver nenhum, eles criam. Então, se você estiver comprometido, precisa se esforçar mais para manter seu relacionamento. Você e a pessoa amada não parecem estar em acordo. Talvez você pense que só quer ajudar, mas ela pode não concordar com isso. Mesmo assim, sua vida amorosa é bem-sucedida. Você valoriza e presta muita atenção nessa área. E está disposto a superar todos os desafios que surgirem.

Seu Planeta do Dinheiro, Mercúrio, fica retrógrado a partir do dia 14. Tente fazer compras ou investimentos importantes antes disso. Após essa data, esclareça suas finanças. A retrogradação de Mercúrio não vai impedir rendimentos, apenas diminuir um pouco a velocidade das coisas. Certifique-se de prestar muita atenção em todos os detalhes de transações financeiras. Isso diminuirá atrasos.

FEVEREIRO

Melhores dias: 5, 6, 14, 15, 24, 25
Dias mais tensos: 1º, 7, 8, 16, 21, 22, 23, 28
Melhores dias para o amor: 1º, 7, 8, 17, 18, 26, 27, 28
Melhores dias para o dinheiro: 2, 3, 8, 12, 13, 17, 18, 19, 20, 21, 22, 28
Melhores dias para a carreira: 7, 8, 17, 18, 27

Seu Planeta Financeiro, Mercúrio, volta à trajetória direta no dia 4, melhorando a vida financeira. Até o dia 15, ele estará em Capricórnio, na Casa Seis. Isso tem muitas vantagens. O julgamento financeiro será sensato — conservador, talvez até demais para o seu gosto. É uma tendência que favorece a economia e planos de investimento a longo prazo. O dinheiro vem pelo trabalho — da forma antiquada.

No dia 15, Mercúrio entra em Aquário, e você se torna mais experimental em questões financeiras. Isso favorece parcerias, startups, tecnologia de ponta e o mundo virtual. Investidores terão boas intuições sobre esses setores. É provável que você gaste mais com tecnologia, porém também pode ganhar mais dinheiro com ela. Mercúrio faz conjunção com Plutão entre os dias 10 e 11, e isso pode trazer uma oportunidade de emprego (ou de trabalho paralelo). Mercúrio fará um aspecto difícil com Urano nos dias 23 e 24. Podem ocorrer desavenças financeiras com o cônjuge, parceiro ou interesse amoroso atual. Talvez você precise fazer alguns ajustes monetários.

O amor continua feliz neste mês — e cheio de drama. Você permanece no ápice da vida amorosa e social até o dia 18. A convivência com os amigos é ativa. Seu traquejo social também o ajudará. Pode surgir uma oportunidade de sociedade ou de um acordo comercial. O Sol faz conjunção com Saturno entre os dias 3 e 4. Para os solteiros, isso pode trazer oportunidades românticas com um colega de trabalho ou alguém envolvido com a sua saúde.

No dia 18, o Sol entra na Casa Oito. Júpiter está lá desde o começo do ano. Então o cônjuge, parceiro ou interesse amoroso atual está passando por um momento ainda mais próspero do que o do mês passado, e você parece ter um envolvimento grande nisso. Com a Casa Oito tão forte — e cheia de planetas benéficos —, há mais atividade sexual do que o normal. Esse é um momento maravilhoso para transformação pessoal — dar à luz aquilo que você deseja ser. Porém, antes que isso possa acontecer, tudo o que for velho e supérfluo — sejam posses materiais ou padrões mentais e emocionais — precisa ir embora. Este é um mês para crescer por meio da eliminação do desnecessário. Não se trata de acrescentar coisas à sua vida, pois isso virá mais tarde. É um bom momento para explorar seus pensamentos e sentimentos, e ver o que é destrutivo e deve ser abandonado. Há muitas técnicas espirituais que podem ajudar. (Talvez alguns leoninos queiram visitar meu blog [em inglês], *www.spiritual-stories.com*, para mais informações.)

MARÇO

Melhores dias: 4, 5, 14, 15, 23, 24
Dias mais tensos: 1º, 6, 7, 8, 21, 22, 27, 28
Melhores dias para o amor: 1º, 6, 7, 9, 16, 17, 18, 19, 25, 26, 27, 28
Melhores dias para o dinheiro: 1º, 2, 3, 11, 12, 16, 17, 21, 22, 30, 31
Melhores dias para a carreira: 6, 7, 8, 9, 18, 19, 27, 28

Tanto Marte quanto Vênus entram na Casa Sete do Amor no dia 6, tornando-a muito forte. Apesar de não ser um ápice anual, sua vida amorosa e social continua muito ativa. Esses trânsitos trazem oportunidades para casos amorosos, mas não necessariamente para um relacionamento sério e comprometido. Marte rege sua Casa Cinco da Diversão, então este é um momento para se divertir mais com as pessoas. O amor é um entretenimento, como ir ao cinema ou ao teatro. Continua sendo algo divertido em sua essência.

Março parece próspero. Mercúrio é ágil neste mês, mostrando progresso financeiro rápido e confiança. O Sol fará conjunção com Júpiter entre os dias 4 e 6. Isso deve trazer uma boa renda. É um bom aspecto para especulações, apesar de essas coisas nunca deverem ser feitas de forma automática — só por intuição. Mesmo assim, você assume mais riscos do que o normal. Mercúrio, seu Planeta do Dinheiro, também fará conjunção com Júpiter entre os dias 20 e 21. Isso traz expansão financeira, igualmente.

A saúde precisa de atenção em março — mas você verá uma melhoria enorme depois do dia 20. Enquanto isso, quatro planetas, às vezes cinco, estarão fazendo um aspecto tenso com você. Assim, como sempre, certifique-se de manter altos níveis de energia e de melhorar a saúde com os métodos mencionados no relatório anual.

Sua Casa Oito continua forte até o dia 20, então mantenha em mente aquilo que falamos no mês passado. Um renascimento tende a ser complicado, mas o resultado final é bom. Com o Sol na Casa Oito até o dia 20, muitos de vocês terão confrontos com a morte em nível psicológico. Provavelmente não será algo que o afetará no sentido físico — embora talvez você passe por situações arriscadas —, mas o forçará a encarar a vida com mais seriedade. Esse é o objetivo.

No dia 20, o Sol entra na Casa Nove e passa o restante do mês lá. TODOS os planetas estão em trajetória direta, e o Sol está no dinâmico Áries. Acontecimentos ocorrem rápido. O ritmo da vida é mais agitado do que o normal. Muitos leoninos farão viagens internacionais. Universitários irão bem nos estudos. Revelações religiosas ou filosóficas podem acontecer.

ABRIL

Melhores dias: 1º, 2, 10, 11, 19, 20, 28, 29
Dias mais tensos: 3, 4, 17, 18, 23, 24, 30
Melhores dias para o amor: 3, 4, 8, 13, 14, 17, 18, 21, 22, 23, 24, 25, 26, 27, 30
Melhores dias para o dinheiro: 1º, 2, 8, 9, 12, 13, 14, 17, 18, 21, 22, 26, 27
Melhores dias para a carreira: 3, 4, 8, 17, 18, 25, 26, 27, 30

Apesar de a saúde ainda precisar de atenção, este é um mês de sucesso. O Sol na Casa Nove é um trânsito alegre. Há otimismo e expansão no ar. Viagens internacionais podem ter acontecido no mês passado, mas, caso você não tenha viajado, talvez faça isso agora.

O foco do mês é o campo profissional. Faz alguns anos que Urano está na Casa Dez. No dia 20, o Sol entrará nela, e um ápice de carreira anual começa. Você parece muito bem-sucedido. Parece melhor do que todo mundo ao seu redor. Até os leoninos mais jovens, que ainda não têm uma carreira, desejarão — e talvez se comportarão — como se estivessem no topo, encarregados de tudo.

Quando o regente do seu mapa está no topo, as pessoas entram nesse clima de "Nasci para mandar — nasci para ser o líder —, mereço estar acima de todos". Muitos famosos e políticos têm esse aspecto nos mapas.

Um eclipse solar no dia 30 ocorrerá na Casa Dez também. Isso causará abalos na carreira — abalos na hierarquia corporativa ou na sua área de trabalho. Com frequência, indica mudanças nos regimentos governamentais que afetam seu trabalho. Assim, as regras do jogo mudam. É comum que acontecimentos transformadores ocorram na vida de chefes, superiores, pais ou figuras parentais. Todos esses abalos

LEÃO ♌ 157

parecem criar oportunidades para você. Eles geram incerteza, mas abrem portas.

Todo eclipse solar é forte para os leoninos, porque o planeta eclipsado, o Sol, é o seu regente. Assim, existe uma necessidade de se redefinir — atualizar sua imagem, a percepção que você tem de si mesmo e sua aparência pessoal. É algo saudável em essência. Somos seres em evolução e nossos pensamentos devem refletir esse crescimento. Então você mudará a maneira como pensa sobre si mesmo e como quer ser visto pelos outros. Isso trará mudanças no guarda-roupa, no corte de cabelo e no visual geral nos próximos meses.

Tenha uma agenda mais tranquila durante o período do eclipse. Pais, chefes e superiores também devem ter uma rotina mais calma.

A saúde, como mencionamos, precisa de atenção, por isso use os métodos explicados no relatório anual. Entretanto, a Casa Seis está vazia, o que pode gerar uma tendência a ignorar as coisas.

MAIO

Melhores dias: 7, 8, 9, 16, 17, 25, 26
Dias mais tensos: 1º, 14, 15, 21, 27, 28
Melhores dias para o amor: 1º, 7, 8, 10, 11, 16, 17, 19, 21, 27, 28
Melhores dias para o dinheiro: 2, 3, 4, 6, 10, 11, 12, 13, 16, 18, 19, 25, 28
Melhores dias para a carreira: 1º, 7, 8, 16, 17, 27, 28

A carreira vai muito bem neste mês — muito ativa e bem-sucedida. As exigências estão fortes, mas as recompensas são boas. No entanto, um eclipse lunar no dia 16, que ocorre na Casa Quatro do Lar e da Família, obrigará você a prestar mais atenção nessa área.

A Lua é a regente genérica do lar e da família, de toda forma. Sua presença na Casa Quatro apenas enfatiza tudo. Há situações dramáticas na família, especialmente com seu pai, sua mãe ou uma figura parental. Os ânimos estarão exaltados em casa. Pode haver a necessidade de consertos conforme problemas ocultos surgirem. Irmãos e figuras fraternas passam por dramas financeiros. A Lua é o Planeta da Espiritualidade do seu mapa, então todo eclipse lunar traz mudanças espirituais — trocas de ensinamentos, mentores e práticas. Geralmente, isso é positivo. Essas mudanças tendem a surgir de uma evolução interior — são um sinal de progresso. Pode haver abalos e problemas nas organizações religiosas ou de caridade com que você está envolvido. Gurus passam por momentos dramáticos. Os sonhos tendem a ser hiperativos neste período, mas não devem receber muita atenção. As imagens que você vir — provavelmente perturbadoras — são apenas resquícios psíquicos causados pelo eclipse. Amigos passam por abalos financeiros e precisam fazer mudanças.

O eclipse afeta Saturno, seu Planeta da Saúde. Podem ocorrer sustos nessa área, mas sempre busque uma segunda opinião. Nos próximos meses, transformações importantes serão feitas na sua rotina de saúde. Isso costuma indicar mudanças de emprego, situações dramáticas e problemas no ambiente de trabalho. Se você tiver funcionários, podem ocorrer demissões em massa agora (e nos próximos meses).

A saúde precisa de atenção em maio, e você precisa ter a rotina mais tranquila possível. Isso vale até o dia 20, mas especialmente no período do eclipse. Melhore sua condição física com os métodos explicados no relatório anual.

A vida financeira está boa, mas complicada. Seu Planeta do Dinheiro, Mercúrio, fica retrógrado a partir do dia 10, então faça compras e investimentos importantes antes disso. Após o dia 10, saiba onde está pisando antes de tomar decisões financeiras de grande impacto.

JUNHO

Melhores dias: 4, 5, 13, 14, 21, 22
Dias mais tensos: 11, 12, 17, 18, 23, 24, 25
Melhores dias para o amor: 6, 7, 15, 16, 17, 18, 23, 24, 26
Melhores dias para o dinheiro: 4, 6, 7, 13, 17, 21, 26, 27
Melhores dias para a carreira: 6, 7, 16, 23, 24, 25, 26

Os dois planetas envolvidos com a sua Casa Nove passaram pelo solstício no mês passado e essa tendência continua em junho. Marte, regente da Casa Nove, passa pelo solstício entre os dias 27 de maio e 2 de junho. Júpiter, que ocupa a casa (e é seu regente genérico), começou o solstício do dia 12 de maio, que permanece até o dia 11. Eles fazem uma pausa no céu (no movimento latitudinal) e mudam de direção (em latitude).

LEÃO ♌ 159

Universitários passarão por uma pausa em suas questões e trocarão de rumo. O mesmo vale para questões jurídicas (se você estiver envolvido em algo assim).

A saúde e a energia melhoram muito neste mês. Se houve problemas em maio, você verá uma reviravolta surpreendente. Talvez algum remédio, poção ou terapia leve o crédito, mas por trás disso estará a mudança na energia planetária.

A maioria dos objetivos de carreira (pelo menos os de curto prazo) foi alcançada e agora você pode colher os frutos do sucesso — se envolver com amizades e atividades em grupo apropriadas para sua situação. A força deste mês está na Casa Onze dos Amigos. Muitos desejos e esperanças profundos se realizarão, e você com certeza descobrirá novos "desejos e esperanças profundos". Haverá mais interesse em ciência e tecnologia. A sua compreensão sobre essas coisas aumentará. Muitas pessoas fazem o mapa quando a Casa Onze está forte, pois ela rege a astrologia. Este também é um bom momento para comprar equipamentos tecnológicos — e especialmente após o dia 14, você fará boas compras.

As finanças melhoram em junho. Seu Planeta do Dinheiro começa a andar para a frente no dia 4 e Mercúrio estará em uma posição forte. Até o dia 14 ele fica na Casa Dez da Carreira. Isso costuma indicar aumentos, oficiais ou não. Mercúrio está forte quando chega ao topo do mapa, e assim sua capacidade de gerar renda também se fortalece. No dia 14 ele entra em Gêmeos, no próprio signo e casa. Tudo isso indica uma capacidade aumentada de ganhar dinheiro.

Marte e Júpiter fazem conjunção neste período, o que mostra uma conquista positiva — ações positivas. É provável que ocorram viagens internacionais.

JULHO

Melhores dias: 1º, 2, 10, 11, 18, 19, 20, 28, 29
Dias mais tensos: 8, 9, 14, 15, 21, 22
Melhores dias para o amor: 4, 5, 6, 7, 12, 13, 14, 15, 21, 22, 26, 31
Melhores dias para o dinheiro: 1º, 2, 4, 5, 8, 10, 11, 16, 17, 18, 19, 28, 29, 31
Melhores dias para a carreira: 6, 7, 15, 21, 22, 26

Marte atravessa seu Meio do Céu e entra na Casa Dez no dia 5. Normalmente seria um sinal de agressividade e combatividade na carreira. Talvez isso aconteça, porém, no seu mapa, Marte é um planeta benéfico, o regente da Casa Nove; pode ser que você esteja reativo, mas os resultados serão bons. Ocorrerão viagens de trabalho neste mês.

Marte fará uma quadratura com Plutão entre os dias 1º e 2, então parentes, em especial seu pai, sua mãe ou uma figura parental, devem prestar mais atenção ao plano físico. Talvez uma cirurgia seja recomendada a essa pessoa. (Isso não significa que ela irá acontecer — apenas que pode ser recomendada.) Por volta do fim do mês — nos dias 30 e 31 —, Marte faz conjunção com Urano. Esse também é um aspecto dinâmico. Fique mais atento ao plano físico — o mesmo se aplica ao seu cônjuge, parceiro e interesse romântico atual. Uma viagem ao exterior com a pessoa amada pode surgir.

Julho é um mês espiritual. Sua Casa Doze da Espiritualidade está agitada. É normal desejar solidão — isolamento — sob esse tipo de trânsito. Não há nada de errado com você. Existe uma necessidade de sentir a própria aura e se sentir confortável consigo mesmo. Você se envolverá mais com instituições e doações de caridade. Seu Planeta do Dinheiro estará na Casa Doze entre os dias 5 e 19. A intuição financeira estará boa. Orientações monetárias virão por meio de sonhos ou por intermédio de astrólogos, médiuns, leituras de tarô e/ou canais espirituais. Você aprenderá que o Divino está muito preocupado com o seu bem-estar espiritual. (Mas você precisa fazer as coisas do jeito dele.)

Você começa um ápice de prazer pessoal anual (um deles). É hora de aproveitar os prazeres do corpo e dos sentidos. O momento de entrar na forma física desejada. De mudar as coisas que melhoram sua aparência física.

A vida financeira está boa neste mês. Seu Planeta do Dinheiro entrará no seu signo no dia 19, e isso lhe trará sorte e oportunidades. Você gasta dinheiro consigo mesmo e transmite a imagem de uma pessoa próspera — os outros lhe encaram dessa maneira. As pessoas com dinheiro na sua vida são prestativas.

A saúde melhora após o dia 23, mas precisa de atenção antes disso. Melhore seu bem-estar com os métodos mencionados nas previsões anuais.

AGOSTO

Melhores dias: 7, 8, 15, 16, 25, 26
Dias mais tensos: 4, 5, 11, 12, 17, 18
Melhores dias para o amor: 1°, 4, 5, 9, 10, 11, 12, 15, 17, 18, 25, 26, 27, 28
Melhores dias para o dinheiro: 1°, 7, 9, 15, 17, 18, 25, 27, 28, 29
Melhores dias para a carreira: 4, 5, 15, 17, 18, 25, 26

Um mês feliz e próspero para os leoninos, aproveite! Você continua no seu ápice de prazer pessoal anual até o dia 23. Sua aparência é boa. O visual pessoal chama a atenção. O Sol no seu signo traz carisma e brilho (ele aumenta seu brilho natural, fortalece-o). Vênus no seu signo traz beleza e graciosidade à imagem, e um senso de estilo. Mercúrio (que estará lá até o dia 4) traz sorte e oportunidades financeiras. Sua autoconfiança e autoestima estão ótimas. Você está mais leonino do que nunca.

A saúde está muito melhor neste mês — especialmente a partir do dia 20, quando Marte sai do aspecto tenso com você. Os planetas do seu lado são mais fortes do que aqueles que estão contra você.

A atividade retrógrada aumenta. Até o fim de agosto, cinquenta por cento deles estarão andando para trás — uma porcentagem enorme. No próximo mês, esse número aumentará. Então o ritmo da vida é mais lento. Você não gosta muito disso, mas agora é o momento para aprender a exercitar a paciência e fazer tudo de forma perfeita. Assim, você conseguirá minimizar — mas não eliminar — os muitos atrasos e problemas que estão acontecendo.

A prosperidade também aumenta em agosto. Ela estava boa em julho, mas melhora agora. No dia 4, seu Planeta do Dinheiro, Mercúrio, entra na Casa Dois — no seu próprio signo e casa. Essa é uma posição forte, e ele se torna mais benéfico. É um sinal de aumento da capacidade de gerar renda. No dia 23, o Sol, regente do seu mapa, também entra na Casa do Dinheiro, e você começa um ápice financeiro anual. O regente do mapa na Casa do Dinheiro é visto como um indicador de muita sorte.

Quando Mercúrio entrar em Virgem, no dia 4, teremos um grande trígono entre os signos de Terra — uma configuração muito harmoniosa. Ela trará uma postura mais prática para a vida e a capacidade de criar tranquilidade no plano material. Suas habilidades de organização e gerência estarão em destaque. O discernimento financeiro também melhora.

A vida amorosa fará progresso após o dia 23. Os dias 10 e 11 parecem tensos para o amor, mas essa é uma tendência rápida.

SETEMBRO

Melhores dias: 3, 4, 11, 12, 21, 22, 30
Dias mais tensos: 1º, 2, 7, 8, 13, 14, 15, 28, 29
Melhores dias para o amor: 4, 5, 6, 7, 8, 13, 14, 15, 23, 24
Melhores dias para o dinheiro: 3, 7, 8, 11, 16, 21, 23, 24, 30
Melhores dias para a carreira: 4, 5, 13, 14, 15

A movimentação retrógrada chega ao auge do ano. A partir do dia 10, sessenta por cento dos planetas estão andando para trás. Tenha paciência como no mês passado — ou ainda mais. Retrogradações podem nos ajudar. Este é um bom momento para determinar seus objetivos e planos em várias áreas da vida. Quando tudo estiver nítido e os planetas voltarem ao trânsito correto, você pode seguir em frente.

Apesar de tantos planetas retrógrados, muitas coisas boas acontecem. O grande trígono entre os planetas de Terra que começou no mês passado continua durante setembro. Além disso, teremos outro grande trígono — algo muito incomum — entre os signos de Ar. Essa movimentação aumentará suas habilidades práticas (Terra) e suas habilidades intelectuais e de comunicação (Ar).

Você continua passando por um ápice financeiro anual até o dia 23. O único problema com a vida financeira é que a retrogradação de Mercúrio começa no dia 10 e ela será mais forte do que as outras ao longo do ano. Por acontecer junto com a de muitos outros planetas, há um efeito cumulativo. Então, faça compras e investimentos importantes antes do dia 10. Depois dessa data, seja mais cauteloso com as finanças. Mercúrio retrógrado não bloqueia os rendimentos — eles devem continuar bons —, mas atrasa as coisas e causa problemas.

Apesar de o seu Planeta do Amor estar retrógrado e não ser recomendado tomar decisões importantes sobre relacionamentos agora, a vida amorosa parece feliz. Urano, seu Planeta do Amor, faz bons aspectos. Então os solteiros conhecerão pessoas novas e terão boas oportunidades. Mas não precisa ter pressa para ir até o altar; deixe o amor seguir seu ritmo. Os dias 10 e 11 parecem especialmente bons para o romance.

A saúde está boa neste mês. Com seu Planeta da Saúde, Saturno, retrógrado há muitos meses, evite fazer mudanças radicais em sua rotina. Oportunidades de trabalho surgem neste período, mas elas devem ser analisadas com cuidado. As coisas podem não ser o que parecem.

No dia 23, enquanto o Sol entra na Casa Três, o foco passa para a comunicação e interesses intelectuais. Estudantes no ensino básico irão bem nos estudos. Eles parecem focados. É um bom momento para ler, estudar, escrever e se aprofundar em interesses intelectuais. Irmãos e figuras fraternas terão um bom mês.

OUTUBRO

Melhores dias: 1º, 9, 10, 18, 19, 27, 28
Dias mais tensos: 4, 5, 11, 12, 25, 26
Melhores dias para o amor: 2, 3, 4, 5, 11, 12, 13, 14, 21, 22, 25, 30
Melhores dias para o dinheiro: 2, 3, 8, 9, 13, 18, 21, 22, 23, 24, 26, 27
Melhores dias para a carreira: 4, 5, 11, 12, 13, 14, 25

A saúde está boa neste mês, mas precisa de mais atenção depois do dia 23. O eclipse solar no dia 25 parece estressante para você. Então tenha uma agenda mais tranquila a partir do dia 23, especialmente durante o período do eclipse. Melhore a saúde com os métodos mencionados no relatório anual.

O eclipse ocorre na Casa Quatro do Lar e da Família, causando situações dramáticas pessoais na vida de parentes, especialmente para seu pai, sua mãe ou uma figura parental. Pessoas que são "praticamente" da família também podem ser afetadas. Parentes devem ter agendas mais tranquilas. O eclipse pode afetar a reputação e o prestígio da família. Há problemas nessa área. Irmãos e figuras fraternas são obrigados a tomar decisões financeiras importantes. Pode ser necessário fazer consertos em casa conforme problemas ocultos forem descobertos. Os sonhos serão hiperativos, mas não devem ser levados muito a sério. Imagens mais perturbadoras podem ser dispersadas e descarregadas com exercícios de "acesse e esqueça" (você pode saber mais no meu livro *A Technique for Meditation*) ou de escrita.

Esse eclipse terá alguns efeitos terapêuticos positivos. Ele trará à tona memórias ocultas e talvez traumas que normalmente não se revelariam de forma espontânea. Assim, você pode lidar com eles e deixá-los para trás.

O foco neste mês deve ser o lar e a família. O lado noturno do seu mapa, apesar de não estar dominante, chegou ao auge de força do ano. Então, é bom prestar mais atenção nessa área. O lado diurno do mapa continua predominante, mas não tanto quanto no começo do ano. A imagem que me vem à mente é que agora é meia-noite no seu ano, e o ideal seria dormir e participar das atividades noturnas. Porém, você fica acordando — preocupado com as atividades do dia. Depois dorme por um tempo e desperta. Sonha por um tempo e desperta. É um ciclo sem fim.

O amor parece tenso depois do dia 23. Você e a pessoa amada estão distantes — talvez não no sentido físico, mas no psicológico. Os dois enxergam as coisas de formas opostas, e é preciso ultrapassar essas diferenças.

NOVEMBRO

Melhores dias: 5, 6, 15, 16, 24, 25
Dias mais tensos: 1º, 2, 7, 8, 22, 23, 28, 29
Melhores dias para o amor: 1º, 2, 3, 4, 7, 8, 13, 17, 18, 23, 24, 26, 27, 28, 29
Melhores dias para o dinheiro: 3, 4, 13, 14, 17, 18, 23, 24, 25
Melhores dias para a carreira: 3, 4, 7, 8, 13, 23, 24

O principal evento deste mês é um eclipse lunar muito poderoso no dia 8. Ele é forte para você e para o mundo em geral. Não se trata apenas de um eclipse total, ele afeta muitos outros planetas, e por isso influencia várias áreas da sua vida. Tenha tranquilidade nesse período. Faça aquilo que precisa ser feito, mas remarque os compromissos opcionais. Passe mais tempo em casa, sossegado. Leia um livro ou assista a um filme. Melhor ainda: medite.

O eclipse ocorre na sua Casa Dez da Carreira. Assim, ele traz mudanças no trabalho. As pessoas não costumam trocar completamente de área durante esses tipos de eclipse — apesar de isso acontecer às vezes —, mas mudam a maneira como encaram as coisas. Podem ocorrer problemas na hierarquia da sua empresa, ou na própria indústria. Pode ser que o governo mude as regras para sua área profissional. Pode ser que situações dramáticas na vida de chefes — situações pessoais — transformem tudo. (Seu pai, sua mãe e figuras parentais também passam por situações dramáticas particulares e devem seguir uma agenda mais tranquila.)

A Lua é o seu Planeta da Espiritualidade; assim, o eclipse anuncia mudanças espirituais. Você muda suas práticas, talvez seus ensinamentos ou mentores — mais importante, muda sua visão. Há situações dramáticas e problemas nas instituições religiosas ou de caridade com que você está envolvido. Há situações dramáticas na vida de gurus. Amigos fazem mudanças financeiras significativas.

Como mencionado, outros três planetas são afetados pelo eclipse — Vênus, Mercúrio e Urano. O impacto em Vênus reforça aquilo que mencionamos antes sobre mudanças na carreira. Mas também afeta irmãos e figuras fraternas na sua vida. Eles passam por situações dramáticas pessoais. Podem ocorrer problemas no seu bairro e com vizinhos. Estudantes no ensino básico passam por momentos dramáticos na escola e mudam planos de estudo.

O impacto em Urano mostra que o amor passa por testes. Podem ocorrer momentos dramáticos na vida pessoal do cônjuge, parceiro ou interesse amoroso atual. Seja paciente com a pessoa amada neste período.

O impacto em Mercúrio mostra mudanças financeiras importantes. Seu raciocínio monetário não era realista: você fez suposições erradas. É necessário mudar de rumo.

DEZEMBRO

Melhores dias: 2, 3, 12, 13, 21, 22, 29, 30
Dias mais tensos: 4, 5, 6, 19, 20, 25, 26
Melhores dias para o amor: 2, 3, 4, 5, 14, 15, 23, 24, 25, 26
Melhores dias para o dinheiro: 1º, 2, 3, 11, 14, 15, 16, 20, 21, 23, 24, 29
Melhores dias para a carreira: 2, 3, 4, 5, 6, 14, 23, 24

Agora que a agitação do eclipse se acalmou um pouco, chegou o momento de se concentrar na alegria da vida. Você está no meio de um ápice de prazer pessoal anual até o dia 22. Os leoninos são naturalmente criativos, ainda mais neste período.

A saúde está boa, em especial até o dia 22. Se você quiser melhorá-la ainda mais, use os métodos mencionados no relatório anual. A alegria por si só é uma forma poderosa de cura, e você terá muitos motivos para se sentir alegre em dezembro.

Três planetas estão "fora dos limites" neste mês. Marte está assim desde o dia 24 de outubro, e permanecerá dessa maneira ao longo de dezembro. Vênus está "fora dos limites" entre os dias 2 e 24, e Mercúrio, entre os dias 1º e 22. Isso é muito incomum. As tendências não valem apenas para você, mas para o mundo em geral. As pessoas pensam fora da caixa — fora da órbita normal; essa parece ser a moda neste período. Para você, em especial, mostra uma necessidade de sair da rotina nas finanças, na carreira e em estudos religiosos. Não há respostas na sua esfera normal, e você precisa buscá-las em outros lugares.

Viagens internacionais parecem acontecer neste mês, quando Júpiter entra na Casa Nove no dia 21 — para passar uma longa temporada. No entanto, podem ocorrer atrasos, já que Marte, o regente do seu mapa, está retrógrado. O próximo mês parece mais promissor para viagens do que dezembro.

A Casa Seis da Saúde e do Trabalho volta a se tornar poderosa após o dia 22 — e você sentirá isso mais do que nunca. É um ótimo período para os leoninos em busca de emprego — muitas oportunidades surgirão. Até os que já estão empregados terão oportunidades de fazer hora extra ou trabalhos paralelos. Este é um mês com o clima voltado para a vida profissional. Então é bom direcionar essa vontade para concluir as tarefas chatas e minuciosas que você estava enrolando para fazer.

A vida financeira está boa, mas se torna complicada após o dia 24, quando Mercúrio fica retrógrado. Essa retrogradação não será tão forte quanto a última, já que a maioria dos planetas está em trajetória direta. Mesmo assim, ela pode causar atrasos e problemas na vida financeira. O lado positivo é que Mercúrio estará em Capricórnio a partir do dia 7, logo, seu discernimento monetário será bom e prático — até o dia 24.

VIRGEM

A VIRGEM
Nascidos entre 22 de agosto e 22 de setembro

PERFIL PESSOAL

VIRGEM EM UM RELANCE

Elemento: Terra
Planeta Regente: Mercúrio
  Planeta da Carreira: Mercúrio
  Planeta da Saúde: Urano
  Planeta do Amor: Netuno
  Planeta das Finanças: Vênus
  Planeta do Lar e da Vida Familiar: Júpiter
Cores: tons terrosos, ocre, amarelo, laranja
Cor que promove o amor, o romance e a harmonia social: azul-turquesa
Cor que propicia ganhos: verde-jade
Pedras: ágata, jacinto
Metal: mercúrio
Perfumes: alfazema, lilás, lírio-do-vale, estoraque (benjoim)
Qualidade: mutável (= flexibilidade)
Qualidade essencial ao equilíbrio: amplitude de visão
Maiores virtudes: agilidade mental, capacidade de análise, meticulosidade, poder curativo
Necessidade mais profunda: ser útil e produtivo
Característica a evitar: mania de criticar destrutivamente
Signos de maior compatibilidade: Touro, Capricórnio
Signos de maior incompatibilidade: Gêmeos, Sagitário, Peixes
Signo mais útil à carreira: Gêmeos

Signo que fornece maior suporte emocional: Sagitário
Signo mais prestativo em questões financeiras: Libra
Melhor signo para casamento e associações: Peixes
Signo mais útil em projetos criativos: Capricórnio
Melhor signo para sair e se divertir: Capricórnio
Signos mais úteis em assuntos espirituais: Touro, Leão
Melhor dia da semana: quarta-feira

COMPREENDENDO A PERSONALIDADE VIRGINIANA

A virgem é uma representação simbólica bastante adequada ao signo. Meditar sobre sua imagem facilita muito a compreensão da personalidade virginiana. Ela é um símbolo natural da pureza e da inocência. Um objeto virgem é aquele que nunca foi utilizado. Terras virgens preservam suas características originais. E as matas virgens também conservam sua pureza prístina.

Se aplicarmos o conceito de pureza aos processos mentais, à vida emocional, ao corpo físico e às atividades e aos projetos do mundo cotidiano, chegaremos perto da forma como os virginianos encaram o Universo. Eles procuram manifestar a pureza de ideal em sua mente, corpo e negócios; e, se encontram impurezas, tentam expurgá-las.

Impurezas são princípios geradores de desordem, tristeza e intranquilidade. O trabalho dos virginianos consiste em extirpar as impurezas, conservando apenas o que pode ser assimilado e utilizado pelo corpo e pela mente.

Aí reside o segredo da boa saúde: noventa por cento da arte de permanecer sadio decorre da manutenção da pureza física, mental e emocional. Quando o limite de impurezas ultrapassa a capacidade de tolerância do corpo e da mente, surge o que conhecemos como moléstia ou mal-estar. Não é de surpreender que muitos virginianos se revelem excelentes médicos, enfermeiros, curandeiros e nutricionistas. Eles possuem uma compreensão inata do que vem a ser uma boa saúde e sabem que ela transcende o plano meramente físico. Em todos os aspectos da vida, os que desejam ter êxito em um projeto devem salvaguardar sua pureza. Ela precisa ser protegida de elementos adversos que possam miná-la. É esse o grande segredo por trás da espantosa competência técnica dos virginianos.

A formidável capacidade virginiana de análise, seu perfeccionismo e detalhismo sobre-humanos derivam, todos, do anseio do nativo deste signo pela pureza e pela perfeição. Um mundo sem virginianos estaria arruinado há muito tempo.

Um vício ou defeito pode, em muitos casos, não ser outra coisa senão uma virtude às avessas, mal-utilizada ou mal-aplicada em um contexto específico. Os aparentes vícios ou máculas dos virginianos derivam, muitas vezes, de virtudes inerentes. Seu forte poder de análise, que deveria ser empregado para curar, auxiliar ou aperfeiçoar projetos no mundo, pode, quando mal-empregado, voltar-se contra as pessoas. Sua faculdade crítica, que deveria ser utilizada construtivamente para aprimorar uma estratégia ou proposta, pode ser usada de forma destrutiva como arma, para magoar ou ferir. Seu anseio de perfeição pode converter-se em preocupação excessiva que mina a confiança; e sua humildade natural, de tão grande, pode induzi-los à autonegação e a um complexo de inferioridade. Quando os virginianos se tornam negativos, podem até voltar seu ferino senso crítico contra eles mesmos, lançando a semente da autodestruição.

FINANÇAS

Os virginianos possuem todos os predicados que facilitam o acúmulo de riquezas. São trabalhadores engenhosos, eficientes, organizados, frugais, produtivos e prestativos. Um virginiano bem-equilibrado é o sonho de todo empregador, mas, enquanto não aprenderem a exercitar um pouco da graça social libriana, os nativos de Virgem continuarão longe da realização de seu potencial financeiro. Sua pureza e seu perfeccionismo, quando manejados de forma incorreta, incomodam os demais. Esses atritos de relacionamento podem causar estragos devastadores tanto em seus projetos preferidos quanto em sua conta bancária.

Os virginianos apreciam a segurança financeira. Por serem trabalhadores, conhecem o real valor do dinheiro, e não gostam de arriscá-lo desnecessariamente. Preferem poupar para quando se aposentarem ou para os dias mais difíceis de inverno. Só investem de maneira prudente e calculada, procurando minimizar riscos. A estratégia funciona bem, ajudando os virginianos a alcançar a estabilidade financeira que almejam. Os abastados, e mesmo os não tão abastados, gostam de ajudar amigos em dificuldade.

CARREIRA E IMAGEM PÚBLICA

Os nativos de Virgem se realizam quando conseguem comunicar seus conhecimentos de forma que os outros os compreendam. Para transmitir melhor suas ideias, eles precisam aprimorar sua habilidade verbal e aprender a exprimir-se de modo mais natural, que não tenha qualquer tom de julgamento. Respeitam muito os professores e os comunicadores. Apreciam que seus chefes e superiores sejam bons comunicadores, mas dificilmente irão respeitá-los se a capacidade intelectual deles não se equiparar a sua, independentemente de quanto dinheiro e poder esses superiores possuam. Os virginianos gostam de ser vistos como intelectuais e educados.

A humildade nata deles, muitas vezes, dificulta a realização de suas ambições e os impede de adquirir renome e prestígio. Precisam se valorizar um pouquinho mais para conquistar seus objetivos profissionais, bem como auxiliar o próprio progresso com a mesma veemência com que encorajam o dos colegas.

No trabalho, apreciam a atividade. Mostram-se dispostos a aprender qualquer tipo de serviço que possa contribuir para sua segurança material. Podem mudar de ocupação diversas vezes em sua vida profissional antes de descobrir o que realmente gostam de fazer. Os virginianos não têm medo de trabalho, sabem trabalhar bem em grupo e sempre cumprem suas responsabilidades.

AMOR E RELACIONAMENTOS

Para permitir que os virginianos analisem melhor ou critiquem algo, é necessário limitar a esfera de abrangência. Focar nas partes — não no todo. Isso pode transmitir uma impressão de limitação mental, e os virginianos detestam pessoas possuidoras dessa mente limitada. Gostam de parceiros com mente aberta e visão ampla. Possivelmente, como forma de compensar a carência que eles próprios têm dessas qualidades.

Os nativos de Virgem são tão perfeccionistas no amor quanto nas demais áreas. Precisam de companheiros tolerantes, abertos e afetuosos. Se você se apaixonou por um virginiano, nem perca tempo com gestos românticos sem praticidade. Terá mais chances de conquistá-lo fazendo por ele coisas úteis e práticas. É exatamente isso que ele aprecia e fará por você.

Os virginianos demonstram seu amor de forma pragmática e utilitária. Você, nativo de outro signo, não se deixe abater pelo fato de eles não o chamarem de "meu amor" todo dia. Não faz parte da natureza deles. Se o amam, demonstrarão de forma prática. Estarão sempre por perto quando você necessitar; mostrarão interesse por sua saúde e suas finanças; consertarão as torneiras de sua casa e a televisão que quebrou. Para eles, essas ações são muito mais importantes do que buquês de flores ou caixas de bombons.

Nos relacionamentos amorosos, não são particularmente passionais ou espontâneos. Não considere isso uma falha pessoal sua. Não significa que você não seja atraente aos olhos de seu parceiro virginiano ou que ele não goste de você. É o jeito dele. O que lhe falta em ardor é compensado em dedicação e lealdade.

VIDA DOMÉSTICA E FAMILIAR

Não é preciso dizer que a casa de um virginiano é sempre imaculada. Tudo é bem limpinho e organizado em seu cantinho — não se atreva a tirar nada do lugar! Para encontrar a felicidade no lar, entretanto, os nativos de Virgem precisam relaxar um pouquinho mais e conceder mais liberdade ao cônjuge e aos filhos, e ser mais generosos e abertos. Os membros da família não são meras criaturas biológicas passíveis de análise microscópica — são seres humanos que possuem as próprias qualidades.

Malgrado essas pequenas dificuldades, os virginianos são bons anfitriões. Gostam de ficar em casa, de receber amigos para pequenas reuniões e se empenham em manter seus convidados felizes. Adoram crianças, mas tendem a ser severos com elas, pois querem se assegurar de que sejam educadas no princípio dos bons valores pessoais e familiares.

VIRGEM
PREVISÃO ANUAL PARA 2022

TENDÊNCIAS GERAIS

O amor é o maior destaque do ano. A vida social e amorosa será muito ativa e feliz. Os virginianos solteiros provavelmente se envolvem em relacionamentos sérios ou até casamentos. Os que já estão comprometidos conhecem pessoas novas e têm mais romance na própria relação. A importância do amor — do companheirismo — é vista de outras formas também. TODOS os planetas lentos estão no setor ocidental, social, do seu mapa. E, apesar de o setor oriental se fortalecer em momentos diferentes do ano, ele nunca dominará o ocidental. Então este é um ano associado aos outros — a relacionamentos. Falaremos mais sobre isso.

Plutão, seu Planeta do Dinheiro, está na sua Casa Cinco há vinte anos e continuará por lá em 2022. Mas ele está se preparando para partir. Em anos futuros, ocorrerá uma mudança — uma mudança a longo prazo — nas suas práticas e posturas financeiras. Voltaremos a esse assunto.

Saturno está na sua Casa Seis desde o ano passado, e continuará lá neste ano. Isso indica alguém que gosta de lidar com a saúde e questões de saúde (você está mais virginiano do que o normal) e que explora o poder de cura da alegria. Daqui a pouco entraremos em detalhes.

Júpiter entra na sua Casa Oito no dia 11 de maio e permanece lá até 29 de outubro. Então ele retorna para a Casa Oito no dia 21 de dezembro, continuando nessa posição pelo restante de 2022 e por um bom tempo no ano seguinte. É sinal de um período sexualmente ativo e não importa sua idade ou fase da vida: a libido está mais forte do que o normal. Também mostra situações dramáticas com a família e parentes. Trataremos sobre isso mais adiante.

Urano está na sua Casa Nove há alguns anos e continuará lá por muitos outros. Isso traz mudanças importantes para suas crenças religiosas, filosóficas e teológicas, que são desafiadas pela ciência. Algumas serão modificadas; outras, descartadas. Esse é um fator significativo, pois a sua filosofia pessoal — sua metafísica pessoal — determina como você segue sua vida. Ela tem consequências profundas. Universitários podem trocar de instituição de ensino ou de planos de estudo.

As suas principais áreas de interesse este ano serão: filhos; diversão; criatividade pessoal; saúde; trabalho; amor e romance; sexo, transformação pessoal e estudos sobre ocultismo (entre 11 de maio e 29 de outubro, e depois de 21 de dezembro); religião, filosofia e teologia; educação superior; viagens internacionais; carreira (depois de 20 de agosto).

Os caminhos de maior realização serão: amor e romance (até 11 de maio, e entre 29 de outubro e 21 de dezembro); religião, filosofia, teologia; educação superior; viagens internacionais.

SAÚDE

(Esta é uma perspectiva astrológica sobre a saúde, não uma visão médica. No passado essas perspectivas eram idênticas, mas hoje podem ocorrer diferenças significativas. Para obter uma opinião com base em diagnósticos da medicina convencional, consulte seu médico ou um profissional da área da saúde.)

A saúde precisa de mais atenção até o dia 11 de maio, e entre 29 de outubro e 21 de dezembro. Você sofrerá aspectos tensos de dois planetas lentos. A boa notícia é que você está atento. Não só por ser virginiano — que tem uma paixão natural pela saúde —, mas pelo fato de sua Casa Seis da Saúde estar muito forte. Então, sinto que essa será uma área boa. Você está atento, está tomando as atitudes corretas, sem partir do princípio que tudo vai dar certo.

A saúde e a energia terão uma melhora enorme quando Júpiter sair do aspecto tenso que faz com você (entre 11 de maio e 29 de outubro, e depois de 21 de dezembro). No fim do ano, sua saúde estará melhor do que no começo.

Há muito que você pode fazer para beneficiar sua saúde. Dê mais atenção aos seguintes pontos — as áreas vulneráveis no seu mapa.

Coração. Só é importante até o dia 11 de maio e entre 29 de outubro e 21 de dezembro. Os reflexos aparecem no seu mapa. Massagens no peito, especialmente no esterno e na parte superior da caixa torácica, também ajudam. O melhor é evitar preocupações e ansiedade, as duas emoções que estressam o coração. Cultive a fé em vez das preocupações.

Coluna, joelhos, dentes, ossos e alinhamento do esqueleto em geral. Importantes desde o ano passado, continuam importantes em 2022.

Os reflexos aparecem no seu mapa. Massagens habituais nas costas e nos joelhos serão maravilhosas. Visitas regulares ao quiroprata ou osteopata também serão benéficas. Você precisa manter as vértebras no alinhamento correto. Certifique-se de ingerir cálcio suficiente para os ossos. Quando estiver no sol, use um bom protetor solar. Visitas regulares ao dentista são uma boa ideia.

Tornozelos e panturrilhas. Sempre são importantes para o virginiano. Tanto os tornozelos quanto as panturrilhas devem ser massageados com regularidade. Dê mais apoio aos tornozelos quando fizer exercícios. Um tornozelo fraco pode desalinhar a espinha e o esqueleto, causando vários outros problemas.

Pescoço e garganta. Só se tornaram relevantes nos últimos anos, quando seu Planeta da Saúde entrou em Touro. Os reflexos aparecem no seu mapa. Massagens regulares no pescoço e na garganta serão maravilhosas. A tensão tende a se acumular no pescoço e precisa ser aliviada. A terapia craniossacral pode ajudar.

Saturno, regente da sua Casa Cinco, está na Casa Seis da Saúde. Isso mostra a importância de permanecer feliz e criativo. Um hobby inventivo não apenas será divertido como também terapêutico. Fuja o quanto puder da tristeza. Uma regra simples para a boa saúde: seja feliz. Essa configuração também mostra que você pode estar mais envolvido com a saúde de filhos e figuras filiais na sua vida do que com a própria. Tente manter uma relação positiva com eles.

LAR E FAMÍLIA

Sua Casa Quatro da Família não tem destaque neste ano, ou seja, não é proeminente. Além disso, boa parte dos planetas lentos está no lado superior do seu mapa — o diurno. Assim, lar e família não são áreas importantes em 2022. Este ano tem mais a ver com amor e conquistas externas. Se você estiver apaixonado ou alcançando seus objetivos exteriores, vai se sentir "emocionalmente bem". Também é um sinal de que você ajudará sua família (ou aqueles que considera sua família) por meio do sucesso externo. Ser um bom provedor, ter sucesso na carreira e no emprego serão fatores que trarão mais benefícios à família do que coisas mundanas.

Em 2022, você também parece distante dos parentes. Como está socializando mais com eles, interpreto essa tendência como uma distância psicológica, não física. Duas pessoas podem ocupar o mesmo espaço e estar em mundos psicológicos e físicos totalmente opostos.

Este é um ano sem muitas transformações. É pouco provável que você se mude. O cônjuge, parceiro ou interesse amoroso atual parece mais fértil do que o normal.

Caso esteja planejando uma reforma ou obra grande em casa, o período entre 1º e 25 de janeiro seria ideal. Mas este ano parece mais propício para redecorar o lar e transformar sua casa em um ambiente bonito. Essa tendência dura o ano todo. O lar também se torna um centro social tanto quanto uma habitação. Os virginianos que trabalham com artes criativas se inspirarão no ambiente doméstico — nos seus arredores físicos e nos parentes.

Reformas também podem acontecer depois de 11 de maio e no próximo ano.

Embelezar a casa é um projeto a longo prazo e pode acontecer até 11 de maio e entre 29 de outubro e 11 de dezembro, mas o período entre 16 de novembro e 21 de dezembro é especialmente promissor.

Seu pai, sua mãe ou uma figura parental, se estiver em idade reprodutiva, parece fértil neste ano. Filhos parecem muito importantes e eles são o foco dessa pessoa. Ela terá um bom ano para as finanças. Também poderá fazer reformas significativas — mas mudar de casa é pouco provável.

Irmãos e figuras fraternas não devem se mudar. Eles podem se sentir apertados no espaço atual, mas é melhor organizá-lo de forma mais adequada do que se mudar.

Filhos ou figuras filiais têm boas chances de se mudar — após o dia 11 de maio. No entanto, a mudança pode acontecer em 2023 também. Eles estarão mais férteis neste ano (e no próximo).

Netos, se você tiver, estão inquietos, sempre em movimento. Talvez eles não se mudem formalmente, mas podem estar em lugares diferentes por longos períodos de tempo. Parece difícil lidar com eles devido a esse desejo de liberdade e independência.

DINHEIRO E CARREIRA

Como a sua Casa do Dinheiro não tem destaque, as finanças não parecem importantes. Apenas planetas rápidos passam por ela e seu efeito dura pouco. Isso, como os leitores assíduos sabem, demonstra uma ausência de mudanças. A tendência é uma sensação de contentamento sobre a situação das coisas. Não há necessidade de dedicar muita atenção a essa área. (O amor é muito mais importante e divertido.)

No entanto, caso surjam problemas financeiros, o motivo pode ser negligência — distração. Eles forçarão você a prestar mais atenção.

Enquanto suas finanças pessoais permanecem na mesma situação, o mesmo não pode ser dito sobre seu cônjuge, parceiro ou interesse amoroso atual. Essa pessoa terá um ano financeiro extraordinário — especialmente a partir de 11 de maio (há um período fraco entre 29 de outubro e 21 de dezembro, quando Júpiter sai da Casa do Dinheiro da pessoa amada).

Essa prosperidade mais que compensará a sua situação estática. É provável que seu amado seja mais generoso com você.

Quando Júpiter entrar na sua Casa Oito (entre 11 de maio e 29 de outubro, e a partir de 21 de dezembro), é bom quitar ou fazer dívidas — dependendo das suas necessidades. Também é importante prestar atenção nos impostos. Um bom planejamento financeiro pode melhorar sua renda. Também é um bom período para comprar seguros e, se você tiver a idade apropriada, para fazer um planejamento imobiliário. Esse é um trânsito que favorece heranças, mas ninguém precisa morrer de verdade. Você pode ser beneficiário do testamento de alguém ou ser nomeado para administrar os bens de alguém. Os virginianos que lidam com patrimônio devem ter um bom ano.

Durante este período, se você tiver boas ideias, busque investidores para seus projetos. Eles estão por aí. (Talvez parentes ou conhecidos da família queiram investir.)

Saturno na Casa Seis indica um trabalho divertido. Você parece ocupado neste ano. O emprego é exigente, mas parece legal.

A carreira se torna mais importante após o dia 20 de agosto, quando Marte entra na sua Casa Dez e permanece lá pelo restante do ano (e por boa parte do próximo). Marte na Casa Dez indica muita atividade (e agressividade) no campo profissional. Você precisa lutar para manter sua posição e influência (e talvez isso também seja verdade para a sua empresa). Como Marte rege sua Casa Oito, isso pode mostrar que você lida com a morte ou com questões da morte neste ano. Talvez um chefe ou uma figura parental passe por cirurgias ou experiências de quase morte. É um sinal de transformação na carreira. Talvez o governo mude as regras para sua indústria ou empresa e isso force mudanças importantes.

Marte, o regente da sua Casa Oito, na Casa da Carreira, mostra que o seu poder de sedução é importante para o trabalho.

Os planetas que regem suas finanças e vida profissional — Mercúrio e Vênus — são rápidos. Eles passam pelo seu mapa inteiro ao longo do ano. Então, há muitas tendências breves que dependem da posição desses planetas e dos aspectos que fazem. Elas serão analisadas com mais detalhes nos relatórios mensais.

AMOR E VIDA SOCIAL

Este é o foco real do ano. Sua Casa Sete do Amor está muito poderosa até o dia 11 de maio (e entre 29 de outubro e 11 de dezembro). No geral, essa é a casa mais forte no seu mapa.

Netuno, o planeta mais espiritual de todos, está na sua Casa Sete há muitos anos. Júpiter entrou nela no final de 2021. Então, como mencionamos, este é um ano feliz para o amor. Os solteiros provavelmente começarão um relacionamento sério. Casamentos (ou relações semelhantes a casamento) são muito prováveis. Para completar, eles parecem muito felizes. Faz muitos anos que o amor é idealizado, e essa tendência se fortalece ainda mais neste ano. Há uma conexão espiritual forte entre você e a pessoa amada. O relacionamento impulsiona o crescimento espiritual dos dois.

A compatibilidade espiritual no amor é importante há muito tempo. Em 2022, você também busca alguém com valores familiares fortes. Seu desejo é encontrar uma pessoa de quem sua família goste — alguém que se encaixe.

O amor parece próximo de casa. Não é necessário viajar para longe em busca dele. Como mencionamos anteriormente, você socializa mais em casa e com parentes. Uma noite romântica no seu próprio lar é melhor do que uma noitada fora.

Oportunidades para o romance acontecem em ambientes espiritualizados — estúdios de yoga, encontros de oração, palestras sobre meditação ou eventos de caridade. Elas surgem quando você se envolve com atividades altruístas.

Chances de encontrar o amor também surgem por intermédio da família, de amigos de parentes e de pessoas que "fazem parte" da família. Elas bancarão o cupido e mediarão encontros, já que estarão muito envolvidas na sua vida amorosa (de um jeito positivo).

Júpiter rege seu passado — sua memória corporal. Então, neste ano, paixões antigas podem retornar. Se não for uma paixão antiga, alguém que se comporta como ela. Isso pode levar a uma reconexão ou à resolução de questões passadas — ou as duas coisas.

Este é um ano em que você passará pelas delícias do amor e da paixão — experiências incríveis.

Os virginianos partindo para ou no segundo casamento deveriam repensar. Há amor — talvez vários relacionamentos —, mas casamento não é aconselhável. Aproveite o romance pelo que ele é, sem criar muitas expectativas para o futuro. De qualquer forma, a vida amorosa será muito empolgante. Se você estiver no segundo casamento, ele será testado. Será necessária maior dedicação para as coisas darem certo.

Os virginianos partindo para ou no terceiro casamento terão uma vida social ativa, mas o amor não apresenta muitas mudanças. Os casados tendem a permanecer casados. E os solteiros, a permanecer solteiros.

AUTOAPERFEIÇOAMENTO

Este ano será sexualmente ativo, como mencionamos. A segunda metade em especial. Não apenas Júpiter estará na sua Casa Oito do Sexo como seu Planeta do Sexo, Marte, terá destaque — no topo do mapa. Uma boa intimidade emocional e o compartilhamento de sentimentos irão melhorar a experiência sexual ao longo do ano. O sexo emocional parece tão valioso quanto o sexo físico, no entanto, após 11 de maio, o lado físico ganha destaque. Também é bom compartilhar ideias e manter uma boa comunicação. Essa é uma parte importante das preliminares — especialmente após o dia 20 de agosto.

Com Netuno na sua Casa Sete há muitos anos, o cosmos está levando você para o amor espiritual. Vimos isso em relatórios passados, mas a tendência continua válida. Apesar de você encontrar o amor físico neste ano — um parceiro amoroso/sexual físico —, isso faz parte dos planos. Sim, a vida amorosa será feliz, mas ainda não está do jeito que você quer. Não é perfeita. Seus padrões são extremamente altos e esse é o caso há muitos anos. Nem as melhores pessoas conseguem alcançá-los. O amor humano é, por definição, limitado. Alguns amam mais do que outros, porém sempre existem certas limitações (a condição e a capacidade humana). Então, é bom ter em mente que existe uma força que ama você por completo, de forma perfeita. É um amor sábio — um amor que entende seu destino e propósito. Ele sempre está lá, independentemente dos seus relacionamentos. E o sentimento é mútuo. Relações físicas trazem certos prazeres; a ausência de relações traz outros. Com o amor espiritual, é a mesma coisa. Você é amado em todos os lugares e momentos. É bom se recolher a esse sentimento quando você se sentir decepcionado.

Esse amor sempre suprirá qualquer necessidade amorosa — e, com frequência, a necessidade verdadeira não é aquilo que você pensa. Essa fonte será encontrada mais tarde.

Urano, como mencionamos, cria mudanças — repentinas e dramáticas — a longo prazo nas ideias religiosas, filosóficas e teológicas. Isso pode ser desconfortável em alguns momentos. Urano costuma desafiar "crenças básicas" e são elas que pautam nossa vida. São as crenças que dão significado àquilo que fazemos, então é uma tendência muito importante. Você está passando por um período de grande experimentação filosófica e teológica. Aos poucos, vai encontrar o sistema que funciona para o seu caso. Não há nada de errado em se sentir atraído por religiões estrangeiras ou antigas que já foram esquecidas há muito tempo. Você encontrará elementos de verdade nelas, e perceberá erros também. É como se cada sistema, antigo e moderno, tenha captado algum aspecto da verdade e ignorado outros. Você passará por esses processos para formular o seu sistema — um que se encaixe na sua vida.

PREVISÕES MENSAIS

JANEIRO

Melhores dias: 2, 3, 11, 12, 21, 22, 29, 30
Dias mais tensos: 1º, 6, 7, 13, 14, 27, 28
Melhores dias para o amor: 2, 3, 6, 7, 11, 12, 17, 21, 22, 26, 29, 30
Melhores dias para o dinheiro: 2, 3, 6, 11, 12, 16, 21, 22, 23, 24, 25, 29, 30
Melhores dias para a carreira: 4, 5, 13, 14, 23

Sua temporada de festas não acabou no fim do ano. Ela continua até o dia 20, já que você está no meio de um ápice de prazer pessoal anual (um deles). O momento para coisas sérias virá após o dia 20; enquanto isso, divirta-se.

A saúde deve permanecer boa por todo o mês, porém é provável que melhore após o dia 25, quando Marte para de fazer um aspecto tenso com você. Urano, seu Planeta da Saúde, volta ao trânsito direto no dia 18 e faz ótimos aspectos durante todo o mês. A saúde será ainda mais beneficiada com os métodos mencionados no relatório anual.

O amor é um destaque importante. Romances sérios acontecem. Para muitos virginianos, a vida amorosa chega ao ápice da vida. Neste mês, a socialização ocorre mais em casa e com a família. Parentes e amigos da família estão envolvidos na sua vida amorosa. Em muitos casos, uma paixão antiga reaparece — e parece séria (geralmente não é). Mesmo que não seja uma paixão antiga, pode ser alguém com uma personalidade parecida.

Oportunidades no amor e na vida social surgem por intermédio da família e de amigos da família — talvez em encontros com parentes e por apresentações. Mas também em ambientes espirituais. Sessões de meditação, palestras religiosas, eventos de caridade ou por meio do envolvimento com atividades altruístas. A pessoa amada precisa ser espiritualizada — ou estar no mesmo ritmo espiritual que o seu — e ter fortes valores familiares. É provável que sua família goste dessa pessoa.

Na verdade, o problema na vida amorosa é você. Mercúrio, o regente do seu mapa, fica retrógrado no dia 14. Então, apesar de o romance

VIRGEM ♍ 183

estar no ar, você parece hesitante, sem saber o que realmente quer. Isso passará em fevereiro.

Apesar de janeiro parecer próspero, seu Planeta do Dinheiro, Vênus, passa quase todo esse período retrógrado — até o dia 29. Portanto, seja cauteloso com as finanças. Evite grandes compras e investimentos até essa data. Tente alcançar clareza sobre o dinheiro. Se precisar fazer uma compra importante, analise os dados com cuidado. Leia as letras miúdas no contrato. Proteja a si mesmo o máximo possível.

FEVEREIRO

Melhores dias: 7, 8, 17, 18, 26, 27
Dias mais tensos: 2, 3, 9, 10, 11, 24, 25
Melhores dias para o amor: 2, 3, 7, 8, 12, 13, 17, 18, 22, 23, 27
Melhores dias para o dinheiro: 2, 3, 7, 8, 12, 13, 17, 18, 19, 20, 21, 22, 27
Melhores dias para a carreira: 8, 9, 10, 11, 19, 20, 28

A maioria dos virginianos está sempre trabalhando. Para eles, o desemprego é o pior tipo de tortura. Porém, se você for um dos raros virginianos desempregados, este é um bom mês para conseguir trabalho. Os que já estão empregados (a grande maioria) terão oportunidades para fazer hora extra ou trabalhos secundários.

A saúde continua boa, mas precisa de mais atenção após o dia 18. Não há nada grave acontecendo, apenas aspectos tensos breves causados por planetas rápidos. Após o dia 18, descanse e relaxe mais. Escute as mensagens que seu corpo transmite. Melhore sua saúde com os métodos mencionados no relatório anual.

O amor continua sendo o destaque do mês. Conforme o Sol entra na Casa Sete no dia 18, você começa um ápice na vida amorosa e social anual (e, para muitos virginianos, da vida inteira). A entrada do Sol na Casa Sete reforça a importância da compatibilidade espiritual. Ele é o seu Planeta da Espiritualidade, então o mais importante é estar no mesmo ritmo espiritual. Este não é um mês para ir a bares ou boates em busca de romance. Você pode encontrar sexo lá, mas não amor. Ele espera você em palestras religiosas, no estúdio de yoga, nos seminários de meditação ou em eventos de caridade.

Você pode escolher entre espiritual ou mais espiritual. Mercúrio voltará ao movimento direto no dia 4, e isso também ajuda o amor. Você precisa ser mais claro sobre aquilo que deseja.

O estado de amor (como muitos virginianos se encontram) eleva sua prática espiritual e causa uma forte conexão com o Divino. Aqueles que estiverem seguindo pelo caminho espiritual terão bons resultados ao entoar cânticos, cantar, tocar instrumentos de percussão e dançar. Práticas estáticas — o caminho bhakti.

A vida financeira está muito melhor do que no mês passado. Em primeiro lugar, seu Planeta do Dinheiro, Vênus, está em trajetória direta. Então, você tem certeza e confiança. Vênus passará o mês inteiro em Capricórnio, o que é bom para as finanças. Você tem bom senso financeiro, valoriza seu dinheiro e gerencia bem os seus gastos. Há uma perspectiva a longo prazo e um comportamento conservador sobre questões monetárias. É um ótimo momento para começar a economizar e fazer planos de investimento de forma disciplinada.

MARÇO

Melhores dias: 6, 7, 8, 16, 17, 25, 26
Dias mais tensos: 2, 3, 9, 10, 23, 24, 30, 31
Melhores dias para o amor: 2 ,3, 9, 11, 12, 18, 19, 21, 22, 27, 28, 30, 31
Melhores dias para o dinheiro: 2, 3, 9, 11, 12, 18, 19, 21, 22, 27, 28, 30, 31
Melhores dias para a carreira: 8, 9, 10, 19, 20, 28

Até o dia 20, você continua em um ápice na vida amorosa e social anual. Na verdade, a vida social está mais forte do que no mês passado, já que Mercúrio também estará na Casa Sete entre os dias 10 e 27. Então você frequentará mais festas e reuniões. Casamentos podem acontecer no círculo familiar. TODOS os planetas estão no lado ocidental social do seu mapa (tirando a Lua, e só em certos períodos). A Casa Sete está muito poderosa, enquanto a Casa Um do Eu está vazia (apenas a Lua passará por lá entre os dias 16 e 17). Então este é um mês voltado para outras pessoas. Trata-se de cultivar o traquejo social e de colocar os outros acima de si mesmo. Você está mais popular e glamoroso do que nunca. As pessoas sentem que recebem o seu apoio, e ficam gratas por isso. Você se beneficiará com a bondade das pessoas, não pela distinção própria ou das ações pessoais.

Março é um mês em que você pensa mais como libriano do que como virginiano. Os relacionamentos são tudo: o motivo e a razão de viver. Apenas os relacionamentos permitem que você conheça a si mesmo. (Isso vai passar, mas, por enquanto, é assim que você se sente.)

Um amor sério — e até um casamento — está no ar.

Seu Planeta do Dinheiro, Vênus, faz conjunção com Marte até o dia 12. Isso mostra boa cooperação financeira com a pessoa amada, e também indica a capacidade de quitar ou fazer dívidas, dependendo das suas necessidades. Você tem acesso a capital externo. É um bom momento para fazer planejamento de impostos e seguros, e, para aqueles em idade apropriada, planejamento imobiliário. Você pode ser beneficiado pelo testamento de alguém ou ser nomeado para administrar os bens de uma pessoa. Às vezes, heranças surgem.

Vênus (e Marte) entra na Casa Seis no dia 6 e passa o restante do mês lá. Isso indica ganhos de forma antiquada — por meio do seu emprego, de algum trabalho paralelo ou de serviços práticos.

A saúde precisa de mais atenção neste mês. Como sempre, certifique-se de descansar o suficiente e de manter altos os níveis de energia. Melhore sua condição física usando os métodos mencionados no relatório anual. Também seria bom prestar mais atenção ao coração. Massagens no peito e na região do reflexo cardíaco serão benéficas.

No dia 20, o Sol entra na Casa Oito, então a atividade sexual aumenta. Mais importante, este é o momento para dar à luz a pessoa que você deseja ser — o eu que você poderia ser —, sua versão ideal. Para isso, é preciso se livrar — eliminar — velhos padrões de hábitos, pensamentos e sentimentos que seguram você. Uma boa purificação psíquica seria ótima. Este período é ideal para perder peso e fazer dietas de desintoxicação.

ABRIL

Melhores dias: 3, 4, 13, 14, 21, 22, 30
Dias mais tensos: 5, 6, 19, 20, 25, 26
Melhores dias para o amor: 8, 9, 17, 18, 25, 26, 27

Melhores dias para o dinheiro: 8, 9, 15, 16, 17, 18, 26, 27
Melhores dias para a carreira: 1º, 2, 5, 6, 12, 13, 21, 22

A saúde ainda precisa de atenção. Planetas rápidos se unem a dois planetas lentos para aumentar a tensão sobre você. Por sorte, o impacto é breve, então se certifique de descansar e relaxar o máximo possível, e de melhorar a saúde segundo os métodos descritos no relatório anual.

A atividade sexual fica ainda mais forte do que no mês passado. Marte, seu Planeta do Sexo, entra na Casa Sete do Amor no dia 15, e a Casa Oito continua poderosa até o dia 20. Marte na Casa Sete pode levar a brigas de poder no amor, mas, se você conseguir evitar isso, vai continuar feliz na vida amorosa.

Ainda é um período de transformação pessoal — de dar à luz (ou fazer progresso) a sua versão ideal, ao eu que você almeja ser. Tenha em mente nossa discussão sobre o assunto no mês passado.

Abril é socialmente ativo — tanto para o amor romântico (a Casa Sete) quanto para amizades (a Casa Onze). Amigos e conexões sociais podem ajudar você em situações de emprego e saúde. Você se sente atraído por pessoas espiritualizadas tanto no sentido romântico quanto platônico.

O eclipse solar no dia 30 é relativamente leve para os virginianos. (No entanto, se ele fizer aspectos com pontos importantes do seu mapa pessoal — calculado especialmente para você —, pode ser muito poderoso.) Sendo assim, não custa ter uma rotina mais tranquila neste período. Também tenha em mente que, apesar de você não ser muito afetado, esse pode não ser o caso para as pessoas à sua volta.

O eclipse ocorre na sua Casa Nove e afeta universitários. Eles fazem mudanças em planos de estudo e podem trocar de instituições de ensino ou área de especialização. Também podem ocorrer situações dramáticas com estudantes que estão tentando entrar na universidade. Pode ser que eles sejam reprovados em uma instituição, mas passem em outra (e esta provavelmente será a melhor a longo prazo, mas não é a dos seus sonhos). Se você estiver envolvido com questões jurídicas, poderá sofrer com reviravoltas dramáticas. Problemas ocorrem na instituição religiosa que você frequenta, e líderes religiosos passam por situações dramáticas. Também podem ocorrer complicações na universidade onde você estuda.

Como o Sol é o seu Planeta da Espiritualidade, o eclipse traz mudanças espirituais. Não apenas de mentores, ensinamentos e práticas, mas de comportamentos também. Ocorrem problemas nas organizações espirituais e de caridade que você frequenta. Gurus passam por momentos dramáticos. Pais e figuras parentais fazem mudanças financeiras importantes. Irmãos e figuras fraternas passam por grandes transformações na carreira.

MAIO

Melhores dias: 1º, 10, 11, 19, 25, 26
Dias mais tensos: 2, 3, 4, 16, 17, 23, 24, 30, 31
Melhores dias para o amor: 6, 7, 8, 15, 16, 17, 23, 24
Melhores dias para o dinheiro: 6, 7, 8, 12, 13, 16, 17, 25
Melhores dias para a carreira: 2, 3, 4, 12, 13, 18, 19, 28, 30, 31

A movimentação planetária agora está na parte superior do seu mapa — o lado diurno. Além disso, a Casa Dez da Carreira se torna muito poderosa depois do dia 21. Mercúrio, o regente do seu mapa, está na Casa Dez desde o dia 30 de abril, e ficará lá até o dia 24. Então você parece bem-sucedido. Este é um período (especialmente após o dia 21 — o início de um ápice de carreira anual) para se concentrar em objetivos externos e deixar o lar, a família e questões emocionais de lado por um tempo. A harmonia emocional é sempre importante, mas ela surgirá a partir do sucesso neste mês, e não o contrário. O único problema com a vida profissional é que Mercúrio fica retrógrado a partir do dia 10. Isso deixa você indeciso e enfraquece sua autoestima e autoconfiança. Mesmo assim, você parece bem-sucedido. A entrada do Sol na Casa Dez mostra que é possível impulsionar sua carreira e situação profissional por meio do envolvimento com organizações de caridade e causas altruístas, o que ilumina sua imagem pública e traz contatos importantes no trabalho.

Mas há outra forma de interpretar essa configuração. Em muitos casos, sua prática espiritual se torna sua carreira — a missão real — a partir do dia 21.

Um eclipse lunar ocorre no dia 16, e também tem um efeito relativamente leve sobre você. Ele ocorre na sua Casa Três e afeta estudantes do ensino básico. (O eclipse do mês passado afetou universitários.) Assim, há problemas na escola. A hierarquia escolar pode ser abalada. Estudantes podem mudar de planos de estudo ou até de escola. Carros e equipamentos de comunicação passam por testes e frequentemente precisam de conserto. Seria bom dirigir com mais cuidado. Este eclipse afeta Saturno, seu Planeta dos Filhos. Dessa forma, filhos e figuras filiais são afetados e devem ter uma agenda mais tranquila neste período. O mesmo vale para irmãos e figuras fraternas. Filhos e irmãos precisam se redefinir — a maneira como pensam em si mesmos e como desejam ser vistos pelos outros. Isso levará a uma mudança de guarda-roupa e um novo visual — uma nova forma de se apresentar ao mundo — nos próximos meses.

Como a Lua rege sua Casa Onze, as amizades também são afetadas. O relacionamento com os amigos pode ser testado — geralmente por dramas na vida deles. Computadores e equipamentos tecnológicos podem se comportar de forma errática. É comum que consertos e trocas sejam necessários. Faça backup de documentos importantes e não abra e-mails suspeitos.

JUNHO

Melhores dias: 6, 7, 15, 16, 23, 24, 25
Dias mais tensos: 13, 14, 19, 20, 26, 27
Melhores dias para o amor: 2, 3, 6, 7, 12, 16, 19, 20, 26, 29, 30
Melhores dias para o dinheiro: 4, 6, 7, 9, 10, 13, 16, 21, 26
Melhores dias para a carreira: 6, 7, 17, 26, 27

Em junho, o sucesso será ainda maior do que no mês passado. A Casa Dez está mais forte. Você continua no ápice de carreira anual, e, talvez mais importante, Mercúrio voltará ao trânsito direto no dia 4, entrando na Casa Dez no dia 14 (andando para a frente). Então sua confiança e autoestima retornam. Mercúrio no topo do mapa indica que você está no topo do mundo. As pessoas admiram você. No caso de virginianos mais jovens, isso indica a vontade de estar no topo. (Mas eles também podem estar no topo do seu ambiente.)

A saúde precisa de atenção até o dia 21. Então, como sempre, não se canse em excesso. Escute as mensagens do seu corpo. Melhore a saúde com os métodos mencionados no relatório anual. Você verá grandes avanços após o dia 21.

Júpiter saiu da Casa Sete no dia 11 de maio, o que também beneficia a sua saúde. A esta altura, seus objetivos sociais e românticos foram alcançados, e Júpiter expandirá as atividades da Casa Oito. É hora de se concentrar na sua transformação pessoal — se tornar a pessoa que você quer ser. Pais ou figuras parentais podem passar por cirurgias. Filhos e figuras filiais podem se mudar. Eles estão mais férteis do que o normal (se tiverem a idade apropriada). Você passa por um período sexualmente ativo. A libido se expande.

No dia 21, quando o Sol entrar na Casa Onze, você se torna mais sociável — não tanto no sentido romântico (isso parece ter se acomodado), mas no social. Você faz amigos espiritualizados. Seu conhecimento de ciências, tecnologia, astronomia e astrologia se expandirá (você tem mais capacidade de assimilar essas coisas agora). As amizades se tornam uma parte importante do seu caminho espiritual.

A vida financeira não tem destaque neste mês, pois a carreira é bem mais importante. Vênus fará conjunção com Urano nos dias 10 e 11, e isso traz algumas mudanças financeiras. É comum que você tenha ganhos inesperados, mas também pode ter gastos inesperados. Mesmo assim, o dinheiro para pagar as contas virá. Evite especulações entre os dias 17 e 18. Em resumo, este mês não traz muitas mudanças para as finanças. Seu prestígio e situação irão melhorar, mas a vida financeira nem tanto.

JULHO

Melhores dias: 4, 5, 12, 13, 21, 22, 31
Dias mais tensos: 10, 11, 16, 17, 23, 24
Melhores dias para o amor: 6, 7, 9, 15, 16, 17, 26, 27
Melhores dias para o dinheiro: 1º, 2, 6, 7, 10, 11, 15, 18, 19, 26, 28, 29
Melhores dias para a carreira: 8, 16, 17, 23, 24, 28, 29

A saúde está muito melhor agora do que no mês passado. Há apenas um planeta lento em aspecto tenso com você e os planetas rápidos, no geral, estão harmônicos. No entanto, Marte fará um aspecto dinâmico com Urano, seu Planeta da Saúde, entre os dias 30 e 31. Isso pode causar um procedimento médico ou cirurgia — ou pode ser recomendado que você passe por algum desses tratamentos. Também é bom prestar mais atenção no plano físico durante este período. O foco e o cuidado são importantes nos dias 1º e 2, já que Marte faz um aspecto tenso com Plutão.

Como mencionamos, o amor parece ter se acomodado e não há necessidade de se concentrar demais nessa área. Porém, amizades e atividades em grupo continuam ativas até o dia 23. O trígono de Mercúrio com Netuno entre os dias 16 e 17 traz oportunidades para o romance — com seu interesse amoroso atual ou com alguém novo.

No dia 23, o Sol entra na Casa Doze da Espiritualidade — no seu próprio signo e casa — e ele tem muita força nessa posição. Então, este é um período de intensa espiritualidade. (Mercúrio, o regente do seu mapa, se junta a ele no dia 19.) O foco neste momento são suas questões espirituais. Ter dois planetas benéficos na sua Casa Doze mostra grande avanço espiritual e muita satisfação com a sua prática. Os sonhos serão hiperativos e reveladores; anote-os. Você passará por vários tipos de experiências sobrenaturais e seu sexto sentido e suas capacidades místicas estarão muito ampliados. O mundo invisível mostra a você que está por perto e pronto para ajudar.

Apesar de a Casa do Dinheiro estar vazia — apenas a Lua passa por ela entre os dias 6 e 7 —, a vida financeira é boa. Até o dia 18, Vênus, seu Planeta do Dinheiro, estará na Casa Dez — uma posição poderosíssima. Isso indica foco e propósito, e indica ajuda financeira de chefes, pais, figuras parentais e superiores. Aumentos de salário — oficiais ou não — acontecem. Sua boa reputação na carreira leva a um aumento nos ganhos. No dia 18, Vênus entra na Casa Onze — uma casa benéfica. É um sinal de amigos ricos e de amigos que trazem oportunidades financeiras. Também favorece ganhos com o mundo virtual. A Casa Onze é onde "os maiores desejos e esperanças" se realizam e isso acontecerá no sentido financeiro.

AGOSTO

Melhores dias: 1º, 9, 10, 17, 18, 27, 28
Dias mais tensos: 7, 8, 13, 14, 20, 21
Melhores dias para o amor: 4, 5, 13, 14, 15, 23, 25, 26
Melhores dias para o dinheiro: 2, 3, 4, 5, 7, 15, 25, 26, 29, 30
Melhores dias para a carreira: 9, 17, 18, 20, 21, 29

Este é um mês muito espiritual. Assim como na vida, primeiro ocorre um crescimento interior antes de o exterior se materializar. No dia 23, seu progresso se torna visível para você mesmo e para o mundo.

Mercúrio, o regente do seu mapa, passa pelo solstício entre os dias 22 e 24. Ele pausa seu movimento latitudinal e depois muda de direção. O mesmo acontece com você. Há uma pausa nos seus desejos pessoais e na carreira, e depois uma mudança de rumo. É tudo muito natural e normal, e não há necessidade de ter medo.

No dia 20, quando Marte passa para o setor leste — do eu —, esse lado chegará ao seu ápice de força do ano. Ele não é nem de perto o mais dominante, porém está mais poderoso do que antes. Assim, outras pessoas continuam sendo muito importantes. Seu traquejo social ainda é essencial, porém agora você pode transferir um pouco do foco para o objetivo principal — a sua felicidade pessoal. É preciso equilibrar os seus interesses com os dos outros — especialmente os do cônjuge, parceiro ou interesse amoroso atual. Se houver mudanças a serem feitas para aumentar sua felicidade, agora é o momento. Depois, quando os planetas voltarem para o lado oeste, será mais difícil.

A movimentação retrógrada aumenta neste mês. Quarenta por cento dos planetas se movem para trás até o dia 24; depois disso, cinquenta por cento deles ficam retrógrados. Uma grande porcentagem — e ainda não chegamos ao número máximo do ano. Isso acontecerá no mês que vem. Depois, o ritmo da vida desacelera e é necessário ter paciência para lidar com isso.

A saúde continua boa, apesar de Marte fazer um aspecto tenso com você a partir do dia 20. Os outros planetas ajudam a aliviar o estresse. Quando o Sol entra em Virgem, no dia 23, você começa um ápice de prazer pessoal anual (um deles). Como não há muita coisa acontecendo no mundo, é melhor aproveitar. A entrada do Sol na Casa Um no dia 23 traz carisma e um encanto sobrenatural à imagem. O conhecimento sobre como moldar, formar e esculpir seu corpo por meios espirituais também será alcançado. É um bom período para você entrar na forma que deseja.

Agosto é um mês mais complicado para o romance. Netuno, seu Planeta do Amor, está retrógrado, e, após o dia 23, faz aspectos tensos. Isso pode indicar uma pausa no relacionamento atual. Pode fazer você questioná-lo. Se o sentimento for real, a relação vai sobreviver. Você e a pessoa amada parecem distantes — separados — entre os dias 4 e 26. Talvez não seja uma distância física, mas psicológica. Vocês enxergam as coisas de formas opostas, e seu desafio será diminuir essas diferenças.

A vida financeira parece boa. Vênus, seu Planeta do Dinheiro, está em trajetória direta por todo o mês. Até o dia 12, ele está na Casa Onze — que é benéfica. Isso mostra muito apoio da família, e ajuda e oportunidades que surgem por intermédio de amigos. Após o dia 12, Vênus entra na Casa Doze da Espiritualidade. A intuição é muito importante para as finanças.

SETEMBRO

Melhores dias: 5, 6, 13, 14, 15, 23, 24
Dias mais tensos: 3, 4, 9, 10, 16, 17, 30
Melhores dias para o amor: 2, 4, 5, 9, 10, 13, 14, 15, 19, 20, 29
Melhores dias para o dinheiro: 3, 7, 8, 11, 16, 21, 24, 26, 27, 30
Melhores dias para a carreira: 7, 8, 16, 17, 24

Mercúrio, o regente do seu mapa, fica retrógrado no dia 10. Isso leva a movimentação retrógrada a sessenta por cento — o máximo do ano. Essa retrogradação de Mercúrio é muito mais forte do que as outras que tivemos em 2022. Há um efeito cumulativo, causado pelo fato de tantos planetas estarem andando para trás.

A retrogradação de Mercúrio deixa a vida amorosa ainda mais complicada do que no mês passado. Agora, você e a pessoa amada estão indecisos, sem saber o que desejam. Evite tomar decisões importantes sobre relacionamentos amorosos neste mês.

Marte entrou na Casa Dez da Carreira no dia 20 de agosto e permanecerá lá até o fim do ano. Então, as exigências no trabalho estão fortes. Talvez você lide mais com a morte ou com questões da morte. Pode ser que ocorram cirurgias ou experiências de quase morte com chefes, superiores, pais ou figuras parentais. A necessidade de confrontar a morte parece ter destaque.

Vênus, seu Planeta do Dinheiro, passa pelo solstício entre os dias 30 de setembro e 3 de outubro. Uma pausa ocorre nas suas questões monetárias, e depois uma mudança de direção — imitando o comportamento de Vênus no céu.

As finanças, no entanto, estão excelentes em setembro. Vênus fica em trajetória direta por todo o mês. No dia 5, esse planeta entra em Virgem e na Casa Um, permanecendo lá até o dia 30. Isso é maravilhoso para as finanças. Vênus traz sorte financeira. As pessoas com dinheiro na sua vida querem lhe ajudar. O dinheiro (e as oportunidades) vêm até você.

Sua aparência está boa neste mês. O Sol no seu signo até o dia 23 traz carisma, brilho e um encanto espiritual. Vênus traz beleza e graciosidade (do estilo convencional). Você se veste de forma cara e estilosa, exibe sua prosperidade. É um bom período para comprar roupas e acessórios, já que seu gosto é impecável.

A saúde está excelente — especialmente até o dia 23. O grande trígono entre os signos de Terra é muito confortável para você, já que esse é o seu elemento nativo. Você está ainda mais organizado do que o normal.

OUTUBRO

Melhores dias: 2, 3, 11, 12, 21, 22, 30
Dias mais tensos: 1º, 7, 13, 14, 27, 28
Melhores dias para o amor: 4, 5, 6, 7, 8, 13, 14, 17, 25, 26
Melhores dias para o dinheiro: 4, 5, 8, 9, 13, 14, 18, 23, 24, 25, 26, 27
Melhores dias para a carreira: 2, 3, 13, 14, 23, 24

Este é um mês próspero. O Sol entrou na Casa do Dinheiro no dia 23 do mês passado e fica lá até o dia 23 de outubro. Mercúrio também entra nela no dia 11 e fica até o dia 30. Mais importante, Vênus, seu Planeta do Dinheiro, entrou na Casa Dois no dia 30 de setembro e ficará lá até o dia 23. Vênus estará muito forte no próprio signo e casa, e isso indica um período de maiores ganhos, de maior poder financeiro. Você está em um ápice financeiro anual até o dia 23. Com o Sol na Casa do Dinheiro, sua caridade ganha força. Como está ganhando mais, você pode ser mais generoso.

A saúde continua boa, e pode ser melhorada com os métodos citados no relatório anual.

Um eclipse solar ocorre na Casa Três no dia 25. Ele é leve para você, mas seria bom ter uma agenda mais calma mesmo assim. Algumas pessoas ao seu redor podem ser mais afetadas. (E, se ele acertar um ponto sensível no seu mapa pessoal — calculado especialmente para você —, pode ser bem mais forte do que pensamos.) O eclipse afeta estudantes do ensino básico. Pode haver problemas na escola, abalos na hierarquia. É comum que ocorram mudanças em planos de estudo e, às vezes, de escola. Irmãos e figuras fraternas são afetados. Eles passam por momentos dramáticos na carreira e na vida pessoal. Este é um momento para se redefinirem — mudar a maneira como enxergam e pensam sobre si mesmos, e como desejam ser vistos pelos outros. Isso levará a uma nova apresentação — um novo visual, um novo guarda-roupa — nos próximos meses. As pessoas com dinheiro na sua vida fazem mudanças financeiras importantes. Todo eclipse solar afeta sua vida espiritual, e este não é diferente. Ele também afetará a vida espiritual do seu pai, sua mãe ou de uma figura parental. Da mesma forma, ocorrem mudanças com ensinamentos, mestres e práticas em geral. Problemas surgem em uma organização religiosa ou de caridade com que você ou uma figura parental está envolvido. Gurus passam por momentos dramáticos. A intuição precisa ser verificada neste período.

A boa notícia sobre o eclipse é que ele ocorre ao mesmo tempo que a movimentação retrógrada diminui. As coisas estão começando a andar para a frente de novo, e o eclipse é um grande fator para isso.

NOVEMBRO

Melhores dias: 7, 8, 17, 18, 26, 27
Dias mais tensos: 3, 4, 10, 11, 24, 25, 30
Melhores dias para o amor: 3, 4, 13, 14, 23, 24, 30

Melhores dias para o dinheiro: 3, 4, 13, 14, 19, 20, 23, 24
Melhores dias para a carreira: 3, 4, 10, 11, 13, 14, 24, 25

Um eclipse lunar muito poderoso (total) no dia 8 é o destaque do mês. Esse eclipse da "lua de sangue" afeta muitos outros planetas (por isso é tão forte) — e muitas áreas da vida.

O eclipse ocorre na sua Casa Nove, afetando universitários ou estudantes que desejam entrar na universidade. (O último eclipse afetou alunos do ensino básico.) Assim, há problemas na instituição de ensino — em sua hierarquia. Cursos e professores podem mudar. Você pode não conseguir entrar em uma faculdade (a sua favorita), mas passar para outra. (É provável que seja melhor assim.) É comum que planos de estudo mudem. Estudantes costumam mudar de especialização e até de universidade. Há problemas na instituição religiosa que você frequenta e momentos dramáticos na vida de seus líderes religiosos. Suas crenças espirituais e teológicas serão testadas. É provável que revisões sejam necessárias. Com frequência, crenças antigas precisam ser descartadas. Como a Lua rege a sua Casa Onze, amizades são testadas, e podem ocorrer momentos dramáticos na vida de amigos. Computadores e equipamentos tecnológicos passam por testes. Consertos e trocas costumam ser necessários.

O impacto sobre Mercúrio — um planeta muito importante no seu mapa — traz mudanças de carreira e abalos na hierarquia da sua empresa ou indústria. Situações dramáticas — que causam reviravoltas — ocorrem na vida de chefes, superiores, seu pai, sua mãe ou figuras parentais. Além disso, o impacto sobre Mercúrio força você a se redefinir — a redefinir sua imagem e a percepção que tem de si mesmo. É preciso fazer isso por conta própria, ou outras pessoas o farão por você, e não será agradável. Nos próximos meses, você trocará de guarda-roupa, corte de cabelo e visual geral. O impacto em Urano, seu Planeta da Saúde e do Trabalho, pode mostrar mudanças no trabalho e na rotina de saúde. Se você tiver funcionários, pode ocorrer uma demissão em massa.

O impacto sobre Vênus traz mudanças financeiras. Os eventos do eclipse mostram em que pontos a estratégia e o raciocínio financeiros eram irreais, para que você faça correções.

DEZEMBRO

Melhores dias: 4, 5, 6, 14, 15, 16, 23, 24
Dias mais tensos: 1º, 7, 8, 21, 22, 27, 28
Melhores dias para o amor: 1º, 2, 3, 10, 11, 14, 20, 23, 24, 27, 28
Melhores dias para o dinheiro: 1º, 2, 3, 11, 14, 17, 18, 20, 21, 23, 24, 29
Melhores dias para a carreira: 2, 3, 7, 8, 14, 15, 23, 24

A saúde continua precisando de atenção até o dia 22. Planetas rápidos fazem aspectos tensos com você. A maioria passa até o dia 22, e depois disso seu bem-estar melhora muito. Nesse meio-tempo, foque mais o coração — faça massagens na região do reflexo, no peito e nas costelas. Certifique-se de descansar bastante e de revisar os métodos discutidos no relatório anual.

A carreira parece ativa, já que Marte permanece na Casa Dez. Mas questões no lar e na família ganham mais força. Faça o que puder com relação ao trabalho, mas se concentre na sua casa, nos seus parentes e no sem bem-estar emocional. Seu Planeta da Espiritualidade, o Sol, fica na Casa Quatro até o dia 22. Isso indica que o seu caminho espiritual nesse período envolve a resolução de questões antigas do passado — elas prendem você. Vênus, seu Planeta do Dinheiro, fica na Casa Quatro até o dia 10. Isso mostra apoio da família e geração de renda em casa, por intermédio da família e de contatos de parentes. É provável que você passe mais tempo em casa e com os familiares também. No dia 10, Vênus entra em Capricórnio, na sua Casa Cinco. Apesar de você se tornar mais especulativo, não será algo que vai sair de controle. O Planeta do Dinheiro em Capricórnio tende a lidar com questões monetárias de forma séria e criteriosa. Se você fizer especulações, usará métodos seguros e bem-pensados. O dinheiro vem para a sua vida de forma feliz e é gasto de forma feliz. Você investe mais nos filhos e em figuras filiais na sua vida.

Júpiter entra na Casa Oito no dia 21 — desta vez por um bom tempo. Isso pode trazer uma herança, mas em muitos casos ninguém precisa morrer. Você pode ser beneficiado no testamento de uma pessoa ou ser nomeado como administrador dos bens de alguém. Com Marte, o regente da Casa Oito, no topo do mapa — na Casa Dez —, você lida com a morte ou questões de morte. Talvez cirurgias e experiências de quase morte. Isso o faz encarar a vida com mais seriedade.

O amor está bom neste mês, especialmente depois do dia 7. Netuno, seu Planeta do Amor, volta ao trânsito direto no dia 4 e basicamente só recebe aspectos positivos depois do dia 22. O problema no amor é você — Mercúrio fica retrógrado no dia 29. Você parece indeciso sobre as coisas.

Dezembro é um mês de festa. A Casa Cinco da Diversão, da Criatividade e dos Filhos vai ficando cada vez mais forte conforme o mês progride. No dia 22, quando o Sol entra nela, você começa um ápice de prazer pessoal anual. Hora de deixar as preocupações e problemas de lado e se divertir. Tire férias do nervosismo. Você vai ver que muitas questões acabam se resolvendo sozinhas.

O movimento planetário é majoritariamente direto neste mês. Oitenta por cento dos planetas andam para a frente até o dia 29. Depois dessa data (Mercúrio fica retrógrado), setenta por cento têm trajetória direta. Então, as coisas estão caminhando. O ritmo da vida acelera.

Uma quantidade anormal de planetas está "fora dos limites" neste mês. Geralmente isso acontece com um ou dois (o normal é um). Em dezembro, são três. Isso significa que há algo no ar. Ultrapassar os limites parece estar na moda. Muitas pessoas fazem isso — e você também.

♎

LIBRA

A BALANÇA
Nascidos entre 23 de setembro e 22 de outubro

PERFIL PESSOAL

LIBRA EM UM RELANCE

Elemento: Ar
Planeta Regente: Vênus
Planeta da Carreira: Lua
Planeta da Saúde: Netuno
Planeta do Amor: Marte
Planeta das Finanças: Plutão
Planeta do Lar e da Vida Familiar: Saturno
Cores: azul, verde-jade
Cores que promovem o amor, o romance e a harmonia social: carmesim, vermelho, escarlate
Cores que propiciam ganhos: vinho, púrpura, violeta
Pedras: cornalina, crisólito, coral, esmeralda, jade, opala, quartzo, mármore branco
Metal: cobre
Perfumes: amêndoa, rosa, baunilha, violeta
Qualidade: cardeal (= atividade)
Qualidades essenciais ao equilíbrio: noção do eu, autossuficiência, independência
Maiores virtudes: encanto social, charme, tato, diplomacia
Necessidades mais profundas: amor, romance, harmonia social
Característica a evitar: violação de princípios (para ser socialmente aceito)
Signos de maior compatibilidade: Gêmeos, Aquário

Signos de maior incompatibilidade: Áries, Câncer, Capricórnio
Signo mais útil à carreira: Câncer
Signo que fornece maior suporte emocional: Capricórnio
Signo mais prestativo em questões financeiras: Escorpião
Melhor signo para casamento e associações: Áries
Signo mais útil em projetos criativos: Aquário
Melhor signo para sair e se divertir: Aquário
Signos mais úteis em assuntos espirituais: Gêmeos, Virgem
Melhor dia da semana: sexta-feira

COMPREENDENDO A PERSONALIDADE LIBRIANA

No signo de Libra, a psique universal manifesta sua capacidade de relacionamento, isto é, o talento para harmonizar elementos distintos, de forma orgânica e unificada. Libra representa o poder da alma de expressar a beleza em todas as suas formas. Mas a beleza não pode existir isoladamente. Ela nasce da comparação, da relação proporcional entre as partes. Sem essa justa harmonia nas relações não haverá beleza, seja nas artes, nos costumes, nas ideias, no foro sociopolítico.

Duas faculdades humanas elevam a espécie acima do reino animal. A primeira é a capacidade de raciocínio, conforme expressada nos signos de Gêmeos e Aquário. A segunda é o senso estético que Libra personifica, sem o qual não passaríamos de bárbaros inteligentes. Libra corresponde ao ímpeto civilizador da alma.

A beleza é a essência da natureza dos librianos. Eles vieram a este mundo para embelezá-lo. Poderíamos falar de seu charme social, de seu senso de equilíbrio e justiça, de sua capacidade de perceber e acatar o ponto de vista alheio, mas todos derivam de uma única qualidade central: o anseio pela beleza dos nativos de Libra.

Ninguém, por mais solitário que pareça, vive isolado. A vida no Universo apenas se mantém mediante ampla colaboração entre os seres. Os librianos compreendem isso muito bem e conhecem as leis espirituais que tornam as relações amenas e agradáveis.

Eles são, consciente ou inconscientemente, os grandes civilizadores, harmonizadores e artistas do planeta, traduzindo sua necessidade mais profunda e maior talento. Adoram reunir pessoas e são perfeitamente qualificados para isso. Conseguem detectar os pontos de união entre elas e os elos que as atraem, em vez de separá-las.

FINANÇAS

Os librianos podem parecer frívolos ou ilógicos em assuntos financeiros. Talvez porque estejam mais preocupados em ganhar dinheiro para os outros do que para si mesmos. Porém existe uma lógica por trás dessa atitude: eles sabem que tudo está interligado e que é, portanto, impossível ajudar os demais a progredir sem prosperar junto. E como aumentar a renda dos parceiros tende a fortalecer o relacionamento, os librianos optam por esse caminho. Para eles não há nada mais divertido do que um bom relacionamento. E você raramente encontrará um libriano enriquecendo à custa de alguém.

Escorpião, regente da Segunda Casa Solar de Libra, a do Dinheiro, confere aos librianos uma inusitada capacidade de visão em questões financeiras, que muitas vezes surge disfarçada de aparente indiferença. Muitos nativos de outros signos voltam-se para os librianos em busca de aconselhamento e orientação financeira.

Sua graça social faz com que gastem grandes quantias na organização de festas, recepções e eventos sociais. Também gostam de ajudar os que necessitam. Os librianos são capazes de deixar suas prioridades de lado para auxiliar um amigo, mesmo que tenham de pegar dinheiro emprestado para fazê-lo. Contudo, sempre pagam suas dívidas, sem que tenham de ser lembrados de fazê-lo.

CARREIRA E IMAGEM PÚBLICA

Os librianos apreciam aparecer em público como mecenas de boas causas. Os amigos e conhecidos são sua família, e os librianos gostam de exercer influência paternalista sobre eles. Também gostam de chefes com essa característica.

A cúspide da Décima Casa de Libra, a da Carreira, está no signo de Câncer. A Lua, regente da carreira dos librianos, é o corpo celeste mais ágil e mutável nos céus do horóscopo. É o único a percorrer todo o Zodíaco e as 12 Casas a cada mês. Aí temos uma chave fundamental para entender a forma como os librianos abordam a carreira e o que precisam fazer a fim de melhorar seu potencial profissional. A Lua é o corpo sideral dos humores e sentimentos; assim, os librianos precisam de uma carreira em que possam expressar livremente suas emoções. É por isso que tantos librianos se dedicam às artes. As ambições librianas crescem e minguam com a Lua. Sua capacidade varia segundo o humor lunar.

A Lua governa as massas, fazendo com que o ideal mais elevado de Libra seja conquistar a aclamação popular e o prestígio público. Os librianos que alcançam a fama tratam o público como um amigo íntimo ou amante. São muito flexíveis, por vezes inconstantes, em sua carreira e em suas ambições. Por outro lado, conseguem atingir seus objetivos de diversas maneiras. Não se prendem a um único tipo de postura ou jeito de fazer as coisas.

AMOR E RELACIONAMENTOS

Os librianos expressam sua verdadeira natureza no amor. Não há companheiros mais românticos, sedutores e justos. Se existe algo capaz de destruir uma relação e bloquear o amor que flui de um coração libriano é a desigualdade ou o desequilíbrio nas trocas entre amante e amado. Se um lado estiver dando ou recebendo demais, o ressentimento aflorará mais cedo ou mais tarde. Os librianos cuidam muito para que isso não ocorra. Erram sempre por dar demais — nunca por deixar faltar.

Se você estiver apaixonado por alguém de Libra, certifique-se de manter vicejante a aura de romance. Concentre-se nos detalhes: jantares à luz de velas, viagens a locais exóticos, flores e presentinhos. Presenteie com objetos belos, não necessariamente caros. Envie cartões. Telefone regularmente, mesmo que não tenha nada especial para dizer. Essas delicadezas são essenciais para os librianos, que encaram o relacionamento como uma obra de arte — torne-o belo e seu parceiro libriano ficará encantado. Se você for criativo nisso, ele o apreciará ainda mais — e tratará você do mesmo jeito.

Os librianos gostam que seus parceiros sejam determinados e até um pouco agressivos. Sabem que carecem dessas qualidades, de forma que apreciam que seus companheiros as exibam. Nos relacionamentos, entretanto, os próprios librianos podem ser um tanto agressivos, mas sempre de forma sutil e encantadora. É que eles agem deliberadamente no sentido de encantar e seduzir o objeto de seu desejo. E essa determinação é sempre deliciosa para quem está sendo cortejado.

VIDA DOMÉSTICA E FAMILIAR

Por serem criaturas intensamente sociais, os librianos não morrem de amores pelas tarefas domésticas. Gostam de uma casa bem-organizada, limpa e bela, e com tudo de que necessitam, mas as tarefas domésticas são para eles um fardo, uma carga de trabalho desagradável que tentam executar com a maior rapidez possível. Quando têm dinheiro — e muitas vezes mesmo quando não têm —, eles preferem pagar a alguém para cuidar dessas atividades. Apreciam, no entanto, a jardinagem, e adoram ter flores e plantas em casa.

O lar do libriano é moderno e decorado com muito bom gosto. Haverá sempre boa quantidade de pinturas e de esculturas na residência do nativo deste signo. Por apreciar estar com os amigos e com a família, o libriano adora receber convidados, e é ótimo anfitrião.

Capricórnio ocupa a cúspide da Quarta Casa Solar de Libra, do Lar e da Vida Familiar. Saturno, o planeta da Lei, da Ordem, dos Limites e da Disciplina, governa os assuntos domésticos de Libra. Se desejarem que sua vida doméstica seja boa e alegre, precisarão desenvolver mais algumas das virtudes saturninas — da ordem, da organização e da disciplina. É que os librianos, por serem tão criativos e necessitarem de harmonia, tendem a ser demasiado permissivos com os filhos, o que nem sempre é bom. Devem compreender que as crianças precisam de liberdade, mas também de limites.

LIBRA
PREVISÃO ANUAL PARA 2022

TENDÊNCIAS GERAIS

A saúde e a energia começaram a melhorar no ano passado. O período entre 2018-2020 foi difícil. Agora, dois planetas importantes que faziam aspectos tensos com você estão harmoniosos ou não incomodam. A saúde deve continuar boa. Talvez a melhoria tenha sido creditada a um médico, tratamento ou nova rotina, mas a verdade é que o poder planetário mudou ao seu favor. Falaremos mais sobre isso.

Apesar de a saúde estar boa, ela continua sendo o foco — especialmente até 11 de maio. Este é o ano em que você consegue um emprego dos sonhos. Ideal. Perfeito. Voltaremos a esse assunto.

A vida amorosa está excelente — ainda mais depois do dia 11 de maio. Júpiter ocupa sua Casa Sete do Amor, e isso faz com que solteiros comecem relacionamentos sérios. Talvez até casamento. É uma tendência que continuará no ano que vem. Falaremos mais sobre isso.

Há pelo menos vinte anos Plutão está na sua Casa Quatro. Isso transformou toda sua família e a situação do lar. Durante esse tempo, provavelmente ocorreram mortes entre parentes. Talvez tenham acontecido cirurgias ou experiências de quase morte na família. Essa tendência continua neste ano. Porém a vida familiar parece mais feliz. Voltaremos a esse assunto.

Saturno está na sua Casa Cinco desde o ano passado (tecnicamente, desde o dia 18 de dezembro de 2020). Isso indica uma necessidade de disciplinar seus filhos e figuras filiais na sua vida — de impor limites. É uma tarefa desafiadora, porque não se pode exagerar. A disciplina deve ser aplicada no "limite certo".

Faz muitos anos que Netuno está na sua Casa Seis da Saúde, e permanecerá lá por bem mais tempo. Isso indica alguém que se aprofunda nas leis da cura espiritual. Os aspectos espirituais da saúde física são revelados. Já falaremos sobre isso.

Urano está na sua Casa Oito há alguns anos, e continuará nela por outros mais. É um sinal de experimentação sexual. A tendência é boa, contanto que não seja destrutiva. O cônjuge, parceiro ou interesse amoroso atual é experimental na vida financeira.

As suas principais áreas de interesse este ano serão: lar e família; filhos; diversão e criatividade; saúde; trabalho; amor e romance (entre 11 de maio e 29 de outubro, e a partir de 21 de dezembro); sexo; transformação pessoal; estudos sobre ocultismo; viagens internacionais; religião, filosofia e teologia; ensino superior (depois de 20 de agosto).

Os caminhos de maior realização serão: saúde e trabalho (até 11 de maio, e entre 29 de outubro e 21 de dezembro); amor e romance (entre

11 de maio e 29 de outubro, e depois de 21 de dezembro); religião, filosofia e teologia; viagens internacionais; ensino superior (depois de 20 de agosto).

SAÚDE

(Esta é uma perspectiva astrológica sobre a saúde, não uma visão médica. No passado essas perspectivas eram idênticas, mas hoje podem ocorrer diferenças significativas. Para obter uma opinião com base em diagnósticos da medicina convencional, consulte seu médico ou um profissional da área da saúde.)

A saúde está boa neste ano, como mencionamos. Até 11 de maio, há apenas um planeta lento fazendo aspecto tenso com você (e a maioria dos librianos nem sente essa influência; apenas os que nasceram no fim do signo, entre 17 e 23 de outubro, serão afetados mais diretamente). Após o dia 11 de maio, Júpiter fará aspectos tensos — e a tensão de Júpiter costuma ser leve. A saúde está bem.

Sua Casa Seis da Saúde é muito proeminente neste ano. Assim, você se concentra nessa área. Em geral, isso costuma ser positivo, mas é provável que ocorra certo exagero. A tendência é aumentar coisas pequenas e transformá-las em problemas sérios. Hipocondria. Tome cuidado. Talvez seja melhor se concentrar em estilos de vida e regimes saudáveis do que em probleminhas bobos.

Apesar de a saúde estar boa, é possível torná-la ainda melhor. Dê mais atenção aos seguintes pontos — as áreas vulneráveis no seu mapa.

Rins e quadril. Sempre são importantes para os librianos. Os reflexos aparecem no seu mapa. Massagens regulares no quadril devem fazer parte da sua rotina de saúde. Não apenas fortalecerão os rins e o quadril como também a lombar.

Pés. Também sempre são importantes para os librianos. Massagens regulares nos pés são benéficas. Veja o seu mapa.

Fígado e coxas. Passaram a ser importantes desde 30 de dezembro de 2021, quando Júpiter entrou na sua Casa Seis. Sua importância permanece até 11 de maio, e entre 29 de outubro e 21 de dezembro. Os reflexos aparecem no seu mapa. Massagens regulares nas coxas não apenas fortalecem o fígado e as coxas como também a lombar (e o cólon).

Coração. É muito importante para os nascidos no final do signo de Libra — entre 17 e 23 de outubro. Para o restante dos librianos, o coração se torna relevante entre 11 de maio e 29 de outro, e depois de 21 de dezembro. Ele será importante no ano que vem também. Massagens no peito — especialmente no esterno e na parte superior da caixa torácica — fortalecem o coração. O essencial é evitar preocupações e ansiedade, as duas emoções que causam estresse nele. Há um consenso entre terapeutas espirituais sobre isso. Troque a preocupação pela fé. A meditação ajuda bastante.

Com Netuno sendo seu Planeta da Saúde, você reage muito bem a técnicas de cura espiritual. Sempre foi assim, porém agora — nos últimos dez anos — isso se torna mais forte. Caso você se sinta mal, consulte um terapeuta espiritual. Muitos librianos estão procurando curas espirituais neste período — se não estão, deveriam. Falaremos mais sobre isso daqui a pouco.

Seu Planeta da Saúde está em um signo de Água — e faz dez anos que é assim. Dessa forma, você tem uma boa conexão com os poderes de cura desse elemento — que são muitos. Se tiver algum mal-estar, tome um banho demorado. É bom ficar imerso em águas naturais — de oceanos, rios, lagos ou nascentes. Aplicar água em qualquer área do corpo que incomode deve ajudar. Permita que a água — da bica ou do chuveiro — flua pela área afligida.

LAR E FAMÍLIA

Sua Casa Quatro passou cerca de vinte anos com muito poder e continua em destaque neste ano. Plutão está nela, e seu dever é transformar — renovar as coisas por meio da morte e do renascimento. A esta altura (Plutão se prepara para sair dessa casa e sua missão parece cumprida), boa parte dos librianos tem novas situações em casa e na família. Muitas situações dramáticas de vida e morte ocorreram. O propósito era fazer nascer seu lar e sua situação doméstica ideais.

Houve mortes na família, mas também nascimentos para equilibrar as coisas. A natureza sempre compensa. Se ela tirar alguma coisa, a substitui por outra. O lar e a família (e sua vida emocional geral) estão muito melhores agora.

Plutão é o seu Planeta do Dinheiro. Sua presença na Casa Quatro indica muitas coisas. Você ganha dinheiro a partir do lar, por intermédio de parentes e de contatos da família. Há muito apoio dos familiares. Você gasta dinheiro com a sua casa, mas por outro lado ganha com ela. Com o passar dos anos, seu lar é tanto um ambiente de negócios quanto uma habitação. Escritórios foram arrumados, e empresas do tipo *home office* também.

Sua vida emocional passou por uma desintoxicação ao longo dos anos. E agora ela está muito mais pura — mais limpa — do que antes.

Plutão na Casa Quatro mostra que ocorreram muitas reformas na casa ao longo do ano, e outras podem acontecer em 2022. Se você estiver planejando uma, o período entre 25 de janeiro e 6 de março seria ótimo.

Mudanças tinham mais chance de acontecer em 2020 do que agora. Não há nada que as dificulte — porém não há nenhuma tendência que as apoie.

Seu pai, mãe ou figura parental passaram por muitas experiências de quase morte ao longo do ano. O período entre 25 de janeiro e 6 de março pode trazer outras. Essa pessoa terá um bom ano financeiro — esse é o seu foco. Ela pode se mudar (ou comprar ou vender uma casa de forma vantajosa) depois de 11 de maio. A mudança também pode ocorrer no ano que vem. Se ela estiver em idade reprodutiva, haverá maior fertilidade após o dia 11 de maio.

Irmãos e figuras fraternas podem se mudar neste ano. É comum que não se trate de uma mudança literal, mas da aquisição de outra casa, ou da expansão ou reforma da casa atual, ou da compra de objetos caros para o lar. O efeito é "como se tivessem" se mudado. Seu casamento ou relacionamento passará por testes depois de 20 de agosto.

Filhos e figuras filiais passam por momentos rebeldes e de nervosismo, que podem ser difíceis de lidar. Talvez eles tenham se mudado várias vezes nos últimos anos, ou façam isso nos próximos. Há uma inquietação, um desejo intenso de sair do lugar e de transformar sua vida. Emocionalmente, eles não estão estáveis. Meditar ajudaria bastante.

Netos, se você tiver, têm um ano sem grandes mudanças no que se refere ao lar e à família.

DINHEIRO E CARREIRA

A sua Casa do Dinheiro não tem destaque este ano — não é uma casa poderosa. Já faz algum tempo que isso acontece. A tendência é que não aconteçam grandes mudanças. Você está basicamente satisfeito com a sua situação e não tem muita necessidade de fazer transformações dramáticas nem de focar muito essa área. Os abalos financeiros de 2020 não parecem ter afetado demais você, e provavelmente levaram a um aumento de renda.

Plutão, seu Planeta do Dinheiro, está em Capricórnio (e na sua Casa Quatro) há vinte anos (mais ou menos). Ele continuará lá neste ano. O Planeta do Dinheiro em Capricórnio oferece um bom raciocínio financeiro e dá uma perspectiva a longo prazo sobre sua renda. Você tem uma boa visão sobre quais investimentos serão interessantes para o futuro. Sua abordagem monetária é metódica e cautelosa, você pensa a longo prazo e não está muito interessado em "dinheiro rápido", gerenciando o que tem de forma eficiente. Essa habilidade de gestão financeira talvez seja tão importante quanto o aumento de rendimentos. Você saberá usar o que tem.

Essa posição também é favorável para economias e planos de investimento a longo prazo. Você tem uma abordagem disciplinada com o dinheiro. Se ainda não fez um planejamento assim, este ano é um bom período para isso.

Plutão rege heranças, e muitos librianos receberam heranças nos últimos vinte anos. Porém, em muitos casos, ninguém precisa morrer. Você pode ser beneficiado pelo testamento de uma pessoa ou nomeado para administrar os bens de alguém. Muitos librianos trabalham com artes e antiguidades; assim, muitos lidam com espólios. Parece ser um negócio rentável em 2022.

Plutão na Casa Quatro do Lar e da Família mostra que você gasta muito dinheiro nessa área, mas ganha com ela também. Já falamos sobre isso: a família oferece bastante apoio. Parentes e conexões familiares serão importantes para as finanças.

Júpiter está na sua Casa Seis desde o dia 30 de dezembro de 2021, o que indica uma oportunidade de trabalho fabulosa, o emprego dos sonhos.

Este não é um ano muito forte para a carreira. Sua Casa Dez está basicamente vazia. Apenas planetas rápidos passam por ela, e seu impacto é breve. Sua Casa Quatro do Lar e da Família é mais forte, e a maioria dos planetas lentos está no lado noturno — a metade inferior — do seu mapa. Então, é um ano para cultivar o bem-estar emocional, a harmonia, e para lidar com questões de casa e da família. No entanto, sua harmonia emocional pode trazer sucesso na carreira. O problema é a falta de interesse — de desejo.

A Lua, como seu Planeta da Carreira, reforça essa interpretação. Genericamente, ela rege o lar e a família. Para a maioria dos librianos, esta é sua carreira real (mesmo se você estiver envolvido em tarefas mundanas) — sua casa e sua família estão em primeiro lugar.

AMOR E VIDA SOCIAL

Este ano — especialmente a segunda metade — será ótimo para o romance. O benevolente Júpiter entra na sua Casa Sete no dia 11 de maio, permanece lá até 29 de outubro e volta em 21 de dezembro. Sua estadia na Casa Sete do Amor dura cerca de metade do ano.

Os solteiros têm chance de casar ou de se envolver em um relacionamento que é "como" um casamento. Isso vale especialmente para os librianos que nunca casaram. No geral, seu círculo social se expande. Você conhece pessoas novas e importantes. E vizinhos interessantes — pessoas que sempre estiveram por perto, mas seus caminhos nunca se cruzaram. Há mais socialização com vizinhos, irmãos e figuras fraternas.

Genericamente, Júpiter rege estrangeiros, pessoas religiosas e acadêmicos, grupos que chamam sua atenção. Você gosta de pessoas com quem consegue aprender e vemos isso de outras maneiras também. Marte, seu Planeta do Amor, passará muito tempo (mais de quatro meses) na sua Casa Nove. Isso reforça o que dissemos.

Neste ano, os librianos têm os aspectos de alguém que se apaixona pelo professor, pastor, padre ou imame — seu líder religioso ou mestre. Oportunidades românticas podem surgir em terras estrangeiras, em eventos religiosos ou educacionais. As pessoas na escola ou na instituição religiosa que você frequenta podem bancar o cupido. Irmãos, figuras fraternas ou vizinhos também podem fazer esse papel.

Os aspectos físicos do amor sempre são importantes, porém você precisa mais do que isso neste período. Precisa haver compatibilidade filosófica. Os dois não precisam concordar com tudo, mas devem estar na mesma sintonia. O maior motivo para o fracasso dos relacionamentos é a incompatibilidade filosófica. As outras razões são apenas "desculpas" para disfarçar essas questões.

Para os librianos que estão partindo para ou já estão no segundo casamento, 2022 é um bom ano para a vida social. Se você for solteiro, um casamento pode ocorrer. Se já for casado, há mais romance na relação.

Os librianos partindo para ou no terceiro casamento terão uma vida social expansiva, mas o amor permanece na mesma. Os casados tendem a permanecer casados; os solteiros, a permanecer solteiros.

Por natureza, sua tendência é ser uma pessoa que se apaixona à primeira vista e, neste ano, mais do que nunca. Você irá atrás do que deseja, sem joguinhos. Se gostar de alguém, deixará isso claro.

Os librianos comprometidos podem melhorar seu relacionamento fazendo cursos — sobre temas que pareçam interessantes — em casal. Uma viagem para o exterior também será benéfica para um relacionamento já estabelecido. Frequentar cerimônias religiosas juntos ajudará muito a relação.

AUTOAPERFEIÇOAMENTO

Netuno está na sua Casa Seis da Saúde há muitos anos. Então você passa por um ciclo de explorar as dimensões espirituais da saúde. Há uma conexão muito forte e íntima entre as duas coisas. O corpo é apenas o lugar onde as doenças acontecem, mas elas nunca surgem nele. Sempre, sem exceção, a origem são regiões mais sutis — os reinos do pensamento e do sentimento. Apesar de ser bom aliviar os sintomas (para amenizar o sofrimento), não devemos confundir isso com uma cura. A cura apenas acontece quando os sintomas e suas causas básicas são tratados, JUNTOS. Só é possível lidar com as causas básicas por meio da espiritualidade. Esse é o reino da cura espiritual.

A desconexão espiritual — a desconexão da fonte da vida, do Divino — origina todas as doenças, para todas as pessoas. No seu caso, isso é mais intenso, e é muito importante que você mantenha suas orações em dia e permaneça em estado de graça. Isso já faz bem por si só, mas, no seu caso, realmente é uma questão de saúde.

Não há nada que o espírito não seja capaz de curar quando permitimos. A esta altura — após tantos anos —, você entende bem isso. Mas sempre há mais para ser aprendido. E este é um bom ano para isso (ainda mais do que os anos anteriores). Leia tudo que puder sobre o assunto. As obras de Ernest Holmes e Emmet Fox são bons pontos de partida. Eles levarão a outros trabalhos. Há muito material sobre o assunto. (Mais informações sobre esse tema podem ser encontradas no meu blog [em inglês], www.spiritual-stories.com, para quem tiver interesse em aprender.)

Urano, como mencionamos, está na sua Casa Oito há alguns anos e passará muitos outros nela. Você lida com questões sexuais de forma experimental, o que mostra pontos positivos e também perigos. Os pontos positivos são que todo mundo tem reações sexuais diferentes. Cada pessoa funciona de um jeito único e algo que causa prazer a um pode incomodar o outro. Não existe uma "forma certa" de gostar de sexo. O objetivo é aprender sobre nós mesmos e nossos parceiros, e ver o que funciona. Isso requer deixar de lado as regras e fazer testes na vida real. É assim que alcançamos o conhecimento de verdade. Neste caso, os perigos também são reais. Às vezes experimentações podem se tornar destrutivas — canibalismo, necrofilia, sadomasoquismo e similares. O ato sexual é um ato de amor, não de dor e destruição. Então, experimente coisas novas, mas de forma construtiva.

Saturno está na sua Casa Cinco desde o fim de 2020. Ele passará o restante deste ano nela. O desafio é disciplinar filhos e figuras filiais. É preciso encontrar o equilíbrio certo. Eles precisam de limites, não de crueldade. A tendência é exagerar na disciplina, então tome cuidado.

PREVISÕES MENSAIS

JANEIRO

Melhores dias: 4, 5, 13, 14, 23, 24, 31
Dias mais tensos: 2, 3, 8, 9, 16, 17, 29, 30
Melhores dias para o amor: 1º, 2, 3, 8, 9, 11, 12, 19, 21, 22, 29, 30

SEU HORÓSCOPO PESSOAL PARA 2022

Melhores dias para o dinheiro: 3, 6, 12, 16, 22, 25, 26, 30
Melhores dias para a carreira: 2, 3, 11, 12, 16, 17, 23

A saúde precisa de atenção neste mês. Basicamente está tudo bem, mas há uma tensão breve causada por planetas rápidos. Boa parte disso passará após o dia 20, mas você ainda precisa prestar atenção. A boa notícia é que a Casa Seis da Saúde está muito forte, e você está atento. Melhore a saúde com massagens nos pés, técnicas de cura espiritual, massagens no peito, nas costelas e na região do reflexo do coração. E, talvez mais importante, descanse quando se sentir cansado e evite ficar exausto.

O foco do mês é o lar e a família. Oitenta por cento dos planetas, às vezes noventa por cento, estão abaixo do horizonte no seu mapa — o lado noturno do horóscopo. A Casa Dez da Carreira fica vazia — apenas a Lua passa por lá nos dias 16 e 17. Então temos uma mensagem clara. Concentre-se na situação doméstica — seu bem-estar emocional — e deixe as questões do trabalho de lado. Você está construindo uma estrutura sobre a qual será construída uma carreira de sucesso. Está construindo a base. É um trabalho interior. Acontece nos bastidores.

Este é um mês de revelações psicológicas importantes. Os librianos em terapia farão muito progresso. Porém, mesmo que você não faça terapia profissional, também verá avanços, já que o cosmos se torna seu terapeuta. Memórias antigas, há muito esquecidas, retornarão de forma espontânea, e você poderá analisá-las a partir do seu estado atual de consciência. Isso, por si só, traz a cura. Eventos traumáticos na infância agora causam um sorriso.

Vênus, seu regente, está retrógrado até o dia 28. Então você precisa ser mais claro sobre seus objetivos pessoais. Certifique-se do que realmente quer antes de agir.

A vida financeira vai bem neste mês. Plutão, seu Planeta do Dinheiro, faz aspectos positivos — está muito estimulado. Além disso, com Júpiter na Casa Seis do Trabalho, você tem aspectos maravilhosos para o emprego. Oportunidades dos sonhos surgem.

Marte, seu Planeta do Amor, está "fora dos limites" entre os dias 12 e 31. Então os solteiros procuram pelo amor fora dos locais normais. Os cônjuges, parceiros ou interesses amorosos atuais dos librianos comprometidos também agem de forma diferente da habitual.

O amor fica perto de casa até o dia 25. Ele está na vizinhança, talvez nos vizinhos. Irmãos e figuras fraternas gostam de bancar o cupido. Há oportunidades românticas em escolas, palestras, seminários, bibliotecas ou livrarias. Depois do dia 25, Marte entra na Casa Quatro. O amor continua perto de casa, mas pode acontecer por intermédio de parentes ou contatos da família. Haverá mais socialização em casa. Valores familiares parecem importantes para o romance. A intimidade emocional pode ser tão essencial quanto a física. Marte gosta de ser agressivo no amor — é um planeta de amor à primeira vista. Porém, no signo de Capricórnio (depois do dia 25), ele é mais contido. Isso é bom. Você olha para onde está indo.

FEVEREIRO

Melhores dias: 1º, 9, 10, 11, 19, 20, 28
Dias mais tensos: 5, 6, 12, 13, 26, 27
Melhores dias para o amor: 5, 6, 7, 8, 17, 18, 26, 27
Melhores dias para o dinheiro: 2, 3, 8, 12, 13, 18, 21, 22, 23, 27
Melhores dias para a carreira: 1º, 9, 10, 12, 13, 22, 23

Um mês feliz. Você continua em um ápice de prazer anual até o dia 18 (começou no dia 20 de janeiro). A saúde melhora a cada dia, mas ainda precisa de atenção. Esta é uma fase festeira. Hora de aproveitar a vida. Tire férias das preocupações e dos problemas, e deixe a magia da alegria fazer seu trabalho perfeito. Sim, você terá bastante trabalho neste mês — a Casa Seis está muito poderosa —, mas se divertirá com as suas tarefas. Elas não vão parecer uma obrigação.

A saúde ainda precisa de cuidados, mas você está atento. Essa é uma boa notícia. Seria perigoso ignorar as coisas. Júpiter na Casa Seis mostra que você terá os melhores resultados possíveis com qualquer problema de saúde. Continue a melhorá-la com os métodos mencionados no mês passado. No dia 18, o Sol entra na Casa Seis, e você se interessará por métodos de cura alternativos. Mesmo que sua preferência seja pela medicina tradicional, você vai se interessar por tecnologias modernas nesta área.

O prazer pessoal — aproveitar a vida — não só faz bem por conta própria como também ajudará na sua prática espiritual. O estresse é um dos maiores bloqueios para o crescimento espiritual. O Divino não fica tenso, não faz esforço, apenas age com tranquilidade e poder. A criatividade pessoal será muito inspirada neste período — até o dia 18.

A prosperidade continua forte neste mês. Vênus, o regente do seu mapa (indicando você), faz conjunção com Plutão, seu Planeta do Dinheiro. (O aspecto será mais exato no próximo mês, mas já é possível senti-lo agora.) Isso demonstra um aumento de renda e uma proximidade com as pessoas com dinheiro na sua vida. Você parece e se sente mais próspero. Há apoio da família.

Marte, seu Planeta do Amor, continua "fora dos limites" até o dia 10. Então, assim como no mês passado, você está fora dos seus limites normais na busca pelo amor. Os cônjuges, parceiros ou interesses amorosos atuais dos librianos comprometidos funcionam fora da órbita habitual. Porém, apesar disso (talvez por causa disso), o amor parece feliz. Vênus e Marte fazem conjunção entre os dias 25 e 28. Isso indica um relacionamento romântico. Mostra proximidade com a pessoa amada.

A movimentação planetária está majoritariamente direta em fevereiro. Até o dia 4, noventa por cento dos planetas se movem para a frente, e, após essa data, TODOS fazem isso. Então o ritmo da vida acelera. Eventos acontecem rápido — na sua vida e no mundo em geral. Bebês nascidos neste período se desenvolverão cedo durante o crescimento.

O poder na Casa Seis (forte durante todo ano) se torna ainda maior após o dia 18. Os librianos que buscam emprego receberão várias ofertas, que serão boas. Você é procurado no mercado de trabalho. Novas oportunidades também podem surgir para aqueles que já tiverem emprego. Pode ser uma vaga em outra empresa ou a chance de fazer hora extra ou trabalhos paralelos. Filhos e figuras filiais têm um mês financeiro excelente. Os gurus na sua vida parecem envolvidos em um relacionamento romântico sério.

MARÇO

Melhores dias: 1º, 9, 10, 18, 19, 27, 28
Dias mais tensos: 4, 5, 11, 12, 13, 25, 26
Melhores dias para o amor: 4, 5, 9, 18, 19, 27, 28
Melhores dias para o dinheiro: 2, 3, 8, 11, 12, 18, 21, 22, 26, 30, 31
Melhores dias para a carreira: 2, 3, 11, 12, 13, 23

Há muitos sinais positivos para o amor neste mês. Marte, seu Planeta do Amor, faz conjunção com Vênus, o regente do seu mapa. Isso vale até o dia 12. É um indicador de relacionamento romântico e muito traquejo social (mais do que o normal). No dia 20, o Sol entra na Casa Sete, e você começa um ápice na vida amorosa e social anual. (O amor será ainda melhor no próximo mês.) Então o romance está no ar. Os solteiros podem não ficar solteiros por muito tempo. Os librianos comprometidos estão mais próximos do que o normal da pessoa amada (especialmente após o dia 12). Tanto Marte quanto Vênus mudam de signo neste mês — eles saem de Capricórnio e entram em Aquário no dia 6, passando o restante de março lá. É sinal de mais experimentação em relação ao amor. Diversão no amor, um comportamento mais brincalhão. Você está se divertindo com a pessoa amada. Oportunidades românticas acontecem para os solteiros nos ambientes habituais — festas, reuniões, cinema, resorts e locais de entretenimento. O mundo virtual e as redes sociais também parecem interessantes para o romance.

A saúde melhora muito neste mês — em especial após o dia 6. Porém, após essa data, ela volta a exigir atenção. A boa notícia é que a Casa Seis continua muito poderosa por todo o mês, e você está atento. Melhore-a com os métodos mencionados no relatório anual. Não há nada grave acontecendo, apenas uma tensão breve causada por planetas rápidos.

Os librianos em busca de emprego continuam tendo oportunidades excelentes, e isso também vale para os que já têm trabalho. Você ainda se destaca no mercado. Se você tem funcionários, receberá candidatos muito promissores. Não apenas isso, mas vai expandir seu quadro de empregados.

Tanto Marte quanto Vênus fazem conjunção com Plutão, seu Planeta do Dinheiro, entre os dias 2 e 4. Isso traz um aumento de renda para você e para a pessoa amada. Também indica oportunidades para parcerias comerciais ou empreendimentos conjuntos. Você e a pessoa amada cooperam financeiramente e parecem na mesma sintonia — concordando. O Sol e Júpiter fazem conjunção entre os dias 4 e 6. É sinal de um aumento de renda. Amigos prosperam e podem oferecer oportunidades.

Até o dia 6, as finanças não parecem ter destaque. A Casa do Dinheiro está vazia (apenas a Lua passa por ela entre os dias 21 e 22). A vida financeira tende a permanecer igual. Há um contentamento com a maneira como as coisas estão.

Filhos e figuras filiais continuam tendo um bom mês financeiro. (O ano inteiro será bom para eles quando se trata de dinheiro.) Seu pai, mãe e figuras parentais também prosperam, e você parece ter um grande envolvimento nisso. Tias e tios têm um bom mês e prosperam igualmente.

ABRIL

Melhores dias: 5, 6, 15, 16, 23, 24
Dias mais tensos: 1º, 2, 8, 9, 21, 22, 28, 29
Melhores dias para o amor: 1º, 2, 5, 6, 8, 17, 18, 25, 26, 27, 28, 29
Melhores dias para o dinheiro: 4, 8, 9, 14, 17, 18, 26, 27, 28
Melhores dias para a carreira: 1º, 2, 8, 9, 10, 11, 20, 21, 30

Apesar de a saúde ainda exigir atenção até o dia 20, este mês parece feliz e próspero. A Casa Seis permanece muito forte, então você se foca na saúde, o que é bom. Melhore seu bem-estar com os métodos mencionados no relatório anual. Você verá melhorias imensas após o dia 20.

TODOS os planetas estão no lado ocidental, social, do seu mapa neste mês. A única exceção é a Lua, que ocasionalmente visita o leste (entre os dias 8 e 20). A Casa Sete do Amor está muito poderosa até o dia 20, enquanto a Casa Um do Eu fica quase vazia. O foco agora está nos outros e nas necessidades deles — essa é uma tendência natural sua, de toda forma. O destaque do setor ocidental é muito confortável para você. A independência pessoal não está forte, mas você se acostumou a conseguir fazer as coisas do seu jeito por meio de consensos e de cooperação.

Seu ápice na vida amorosa e social anual dura até o dia 20. Então, o amor vai bem. Marte, seu Planeta do Amor, faz uma mudança significativa para Peixes, na Casa Seis, no dia 15. Isso indica mudanças no seu comportamento quanto ao romance. Primeiro, você parece encará-lo com mais seriedade. As brincadeiras e diversões recentes ficaram para trás. O amor é muito idealista e espiritualizado. A compatibilidade espiritual é muito importante. Você também demonstra amor de formas funcionais — por meio de tarefas práticas para a pessoa amada. O servir é o amor em ação. O local de trabalho se torna um ambiente favorável ao romance. Os librianos em busca de emprego examinam os aspectos sociais de uma vaga tanto quanto outros fatores. Há oportunidades de romance com colegas de trabalho e pessoas envolvidas com a área de saúde. Profissionais da medicina parecem interessantes neste período.

A Casa Oito se torna poderosa a partir do dia 20 e ganha ainda mais destaque devido ao eclipse solar no dia 30, que ocorre nela. Eclipses na Casa Oito tendem a ser dramáticos, então tenha uma agenda tranquila nesse período. Esse eclipse pode trazer confrontos com a morte — em geral, confrontos psicológicos. Às vezes ocorre uma experiência de quase morte — um quase desastre. Cirurgias podem ser recomendadas. Amigos também podem passar por experiências de quase morte. São lembretes cósmicos generosos para levarmos a vida com mais seriedade — ela é curta e pode acabar a qualquer momento —, então é importante "tratar dos negócios do pai", o trabalho que você veio fazer aqui.

O eclipse traz mudanças financeiras para o cônjuge, companheiro ou interesse amoroso atual. Há anos que essa pessoa faz mudanças importantes, porém o eclipse acelera as coisas. Amizades passam por testes, e amigos podem enfrentar momentos dramáticos. Computadores e equipamentos tecnológicos se comportam de forma errática.

MAIO

Melhores dias: 2, 3, 4, 12, 13, 21, 30, 31
Dias mais tensos: 5, 6, 19, 25, 26
Melhores dias para o amor: 7, 8, 9, 16, 17, 18, 25, 26
Melhores dias para o dinheiro: 1º, 6, 11, 16, 14, 15, 20, 25, 28
Melhores dias para a carreira: 5, 6, 10, 11, 20, 30

Um mês agitado. Júpiter faz uma movimentação importante, saindo da Casa Seis e entrando na Sete no dia 11. A vida amorosa floresce ainda mais. Vênus entra na Casa Sete no dia 3, e Marte, no 25. Então, apesar de tecnicamente este não ser um ápice na vida amorosa e social anual, você passa por um período muito sociável e feliz.

Como no mês passado, TODOS os planetas (exceto pela Lua) estão no seu setor favorito, o ocidental social. É por isso que maio, assim como abril, traz mais foco nos outros e nas suas necessidades. Suas tendências librianas normais estão muito acentuadas. Seu traquejo social habitual — sempre forte — se fortalece ainda mais.

O outro destaque do mês é o eclipse lunar no dia 16. Ele ocorre na Casa do Dinheiro e mostra a necessidade de fazer correções na vida financeira. Seu raciocínio, planejamento e estratégias — previsões — quando se trata de dinheiro não têm sido realistas, e você é obrigado a mudar. Esse eclipse afeta Saturno, então seu pai, sua mãe e figuras parentais também são afetados. Eles devem seguir uma agenda mais tranquila por enquanto. A Lua, o planeta eclipsado, é o seu Planeta da Carreira e também rege o outro pai ou figura parental. Ambos passam por situações dramáticas. Mudanças de emprego podem acontecer. Há momentos tensos na vida de chefes, e abalos na hierarquia da empresa e indústria. Às vezes, as pessoas realmente mudam de carreira, porém, na maioria das situações, apenas mudam a forma como querem se dedicar a ela. Irmãos e figuras fraternas também precisam fazer mudanças nas finanças. Podem ocorrer situações dramáticas na vida de familiares, e é possível que consertos sejam necessários em casa.

O poder planetário está, em sua maioria, acima do horizonte — no lado diurno do seu mapa. Um total de sessenta por cento dos planetas, às vezes setenta por cento, está na parte diurna. Então este é o momento para se concentrar na carreira e em objetivos externos. (O eclipse forçará você a prestar alguma atenção em casa, mas, quando isso passar, se concentre na vida profissional.)

JUNHO

Melhores dias: 9, 10, 17, 18, 26, 27
Dias mais tensos: 1º, 2, 3, 15, 16, 21, 22, 28, 29, 30
Melhores dias para o amor: 4, 6, 7, 13, 14, 16, 21, 22, 26
Melhores dias para o dinheiro: 4, 7, 11, 12, 13, 16, 21, 25
Melhores dias para a carreira: 1º, 2, 3, 9, 10, 18, 28, 29, 30

A Casa Sete continua muito forte. Júpiter está nela, junto com Marte. No próprio signo e casa, Marte está mais poderoso para você. Seu traquejo social se torna mais forte do que o costume. Seu Planeta do Amor em Áries faz com que você seja o tipo de pessoa que encontra "amor à primeira vista". Você sabe imediatamente quando uma pessoa é especial.

Há agressividade no amor, e relacionamentos se formam muito rápido. Surge um destemor para o romance. Mesmo que ocorram rejeições, você sacode a poeira e dá a volta por cima — como diz a expressão. Desde que o medo seja superado, há sucesso. Os librianos solteiros estão em um período que tende a casamentos. Você está no clima de um romance sério — de compromisso. Podem ou não ocorrer casamentos legais, mas você se envolverá em uma relação "como" casamento.

Junho é um mês feliz. O poder está na Casa Nove — uma casa benéfica — até o dia 21. Viagens — internacionais — são prováveis. Universitários vão bem nos estudos. Há muito interesse por religião, filosofia e teologia, e revelações filosóficas são prováveis.

Este é um mês bem-sucedido. No dia 21, o Sol entra na Casa Dez, e você começa um ápice de carreira anual. Com seu Planeta da Família retrógrado a partir do dia 4, é melhor se concentrar no trabalho. Questões familiares precisam de tempo para serem resolvidas; não há soluções rápidas. Os amigos parecem bem-sucedidos e abrem portas para você. Saber lidar bem com a tecnologia também parece importante.

A saúde precisa de atenção neste mês, especialmente depois do dia 21. Então, como sempre, certifique-se de descansar bastante. Melhore a saúde com os métodos mencionados no relatório anual.

As finanças estão mais complicadas agora que Plutão, seu Planeta do Dinheiro, está retrógrado. Isso não bloqueia os rendimentos, apenas deixa as coisas um pouco mais lentas. Vênus faz ótimos aspectos com Plutão nos dias 20 e 21, trazendo um evento financeiro feliz.

JULHO

Melhores dias: 6, 7, 14, 15, 23, 24
Dias mais tensos: 12, 13, 18, 19, 20, 26, 27
Melhores dias para o amor: 2, 3, 6, 7, 12, 13, 15, 18, 19, 20, 21, 22, 26
Melhores dias para o dinheiro: 1º, 2, 5, 8, 9, 10, 11, 13, 18, 19, 22, 28, 29
Melhores dias para a carreira: 8, 9, 17, 26, 27, 28, 29

Continue a se concentrar na carreira. Pouca coisa mudou desde o mês passado. Seu Planeta da Família continua retrógrado, e a Casa Dez fica mais forte do que em junho. Este é um período de sucesso exterior. Vá nessa onda. No dia 18, quando Vênus entrar na Casa Dez, o sucesso se torna ainda maior. Você está no topo do mundo, é admirado pelas pessoas. É reconhecido não apenas por suas conquistas profissionais, mas pela pessoa que é e pelo seu comportamento em geral. Sua aparência física tem um papel importante na carreira depois do dia 18.

A saúde ainda precisa de atenção. Você deve descansar sempre que possível e escutar as mensagens que seu corpo transmite. As exigências do trabalho não podem ser evitadas, mas é possível trabalhar de forma mais tranquila e se concentrar nas coisas realmente importantes da vida. Deixe as bobagens de lado. Se possível, passe um tempo em um spa ou agende massagens ou tratamentos de saúde. Melhore seu bem-estar com os métodos mencionados no relatório anual.

Seu Planeta do Amor, Marte, sai da Casa Sete no dia 5 e entra na Casa Oito. Isso indica algumas mudanças no comportamento amoroso. O magnetismo sexual parece a principal atração para os solteiros. No geral, este mês é mais sexualmente ativo.

As finanças pessoais passam por momentos complicados até o dia 23. Plutão faz um aspecto estressante e está retrógrado. O dinheiro vai vir, apenas com mais dificuldade e mais atrasos. A boa notícia é que o cônjuge, parceiro ou interesse amoroso atual terá uma vida financeira proveitosa neste mês e pode compensar as suas questões. As finanças devem melhorar após o dia 23, porém os atrasos continuam ocorrendo.

A vida social está ativa e feliz de duas maneiras — no contexto romântico e no social. No dia 23, quando o Sol entrar na Casa Onze, você se envolverá com grupos e atividades em grupo. É uma posição benéfica, porque o Sol rege sua Casa Onze, e está forte no próprio signo e casa. Será um bom momento para ampliar seu conhecimento sobre ciências, tecnologia, astronomia e astrologia. Muitas pessoas fazem seu horóscopo pessoal durante esse trânsito. Também é uma época interessante para comprar equipamentos e apetrechos tecnológicos. Suas escolhas tendem a ser boas.

A movimentação retrógrada aumenta neste mês. Até o dia 28, trinta por cento dos planetas estão andando para trás. Depois disso, passam a ser quarenta por cento. A boa notícia é que seu Planeta da Carreira nunca fica retrógrado, então a vida profissional não é afetada.

AGOSTO

Melhores dias: 2, 3, 11, 12, 20, 21, 29, 30
Dias mais tensos: 9, 10, 15, 16, 22, 23
Melhores dias para o amor: 1º, 4, 5, 9, 10, 15, 16, 18, 19, 25, 26, 29
Melhores dias para o dinheiro: 4, 5, 7, 10, 15, 18, 25, 28
Melhores dias para a carreira: 7, 8, 16, 22, 23

A saúde está muito melhor, e se fortalecerá ainda mais após o dia 12. Então você terá muita energia para alcançar seus objetivos.

A atividade social continua forte em agosto. A Casa Sete do Romance permanece em destaque — Júpiter está lá —, e a Casa Onze dos Amigos, Grupos e Atividades de Grupo se torna ainda melhor do que no mês passado. Você tem amor e amizades. O Planeta do Amor, Marte, passará para a Casa Nove no dia 20 e ficará lá pelo restante do ano. Isso muda as necessidades e o comportamento no amor. Antes do dia 20, sexo e magnetismo sexual parecem essenciais para o romance, porém, após essa data, você deseja mais compatibilidade intelectual e filosófica. Apesar de outras coisas geralmente levarem a culpa, a maioria dos relacionamentos termina por diferenças de filosofia — visões de mundo e valores básicos opostos. Então, embora não seja necessário concordar em tudo com a pessoa amada, é preciso que vocês estejam no mesmo ritmo filosófico. O Planeta do Amor na Casa Nove favorece estrangeiros, pessoas muito educadas e refinadas e indivíduos religiosos. Oportunidades românticas e sociais vão acontecer na universidade ou em eventos universitários, na instituição religiosa que você frequenta, em eventos religiosos ou em terras internacionais. Os librianos comprometidos podem melhorar o relacionamento fazendo uma viagem para o exterior.

Estudantes que desejam entrar para a faculdade avaliarão os aspectos sociais da instituição tanto quanto os acadêmicos.

Marte faz conjunção com Urano nos dias 1º e 2, trazendo a oportunidade de ter um caso amoroso — não necessariamente algo sério. Esse é um aspecto dinâmico, então preste mais atenção no plano físico. A orientação também vale para cônjuges, parceiros e interesses amorosos atuais.

A vida financeira parece tensa nos dias 8 e 9. Você está "distante" do dinheiro e das pessoas com dinheiro na sua vida. Carreira, posição social e prestígio são muito mais importantes do que apenas dinheiro. Você parece muito bem-sucedido até o dia 12. Depois disso, seus objetivos de carreira, pelo menos os de curto prazo, são alcançados, e é possível se concentrar em outras coisas.

As finanças vão melhorar após o dia 12, quando os aspectos tensos com Plutão vão embora. Porém, Plutão continua retrógrado, e a Casa do Dinheiro permanece vazia. A vida financeira simplesmente não se destaca. Ela permanece como do dia 12 em diante. (Mas melhora no mês que vem.)

Apesar de o setor leste do eu não ser dominante, ele chega ao auge de força em 2022. Então este é um período de maior independência pessoal. A tendência se tornará mais intensa nos próximos dois meses. Por isso, mesmo tendo em mente as necessidades dos outros, faça as mudanças que precisam ser feitas para a sua felicidade pessoal. Você pode ser um pouco mais assertivo do que foi no último ano. (Sem dúvida, você não vai exagerar.)

SETEMBRO

Melhores dias: 7, 8, 16, 17, 26, 27
Dias mais tensos: 5, 6, 11, 12, 18, 19, 20
Melhores dias para o amor: 4, 5, 7, 8, 11, 12, 13, 14, 15, 16, 17, 26, 27
Melhores dias para o dinheiro: 1º, 2, 3, 6, 11, 14, 15, 21, 24, 28, 29, 30
Melhores dias para a carreira: 5, 6, 14, 15, 18, 19, 20, 25, 26

A vida espiritual se tornou importante a partir de 23 de agosto, e permanece assim até o dia 23. Por natureza, você é um ser sociável, porém um pouco de solidão parece ser necessário agora. Não tenha medo de se tornar uma pessoa isolada do mundo; você está apenas entrando em contato consigo mesmo e com a sua própria aura. Isso é normal quando a Casa Doze está forte. O crescimento espiritual, que é o objetivo deste período, ocorre melhor na solidão, sem distrações externas.

A movimentação retrógrada chega ao auge do ano, então é melhor mesmo se recolher e desenvolver sua vida espiritual. Nada de mais acontece no mundo. O ritmo da vida é o mais devagar do ano. Além disso, quando portas se fecham no plano físico, é melhor trabalhar a espiritualidade. As portas espirituais sempre estão abertas.

No dia 23, quando o Sol entra na Casa Um, um ápice de prazer pessoal anual se inicia. Os prazeres sensuais se abrirão para você. O corpo recebe mais cuidados e a aparência física, a saúde e energia gerais também melhoram. O Sol traz atenção e carisma para a sua imagem.

Com a Casa Um forte após o dia 23, faça as mudanças que precisam ser feitas para a sua felicidade. Ame os outros, mas também cuide da pessoa mais importante de todas.

A saúde está boa neste mês e melhora ainda mais após o dia 23. Um grande trígono raro nos signos de Ar, seu elemento nativo, tornam essa área ainda mais forte. Mas também aprimoram suas capacidades intelectuais e de comunicação. Os librianos que trabalham com escrita, ensino, vendas, marketing, propaganda e relações públicas se sairão bem. Um dos problemas com tanto Ar — e especialmente para você — é que a mente pode se tornar superestimulada com muita facilidade. Ela remói as coisas sem necessidade, voltando aos mesmos pensamentos o tempo todo. Também há uma tendência a falar demais e isso suga a energia de que o corpo precisa para outras coisas — se curar, reparar células, fazer digestão etc. Tome cuidado.

Um grande trígono em signos de Terra (temos dois grandes trígonos neste mês) vai impulsionar as finanças. Plutão permanece retrógrado, mas faz bons aspectos com o Sol nos dias 17 e 18, e com Vênus entre 25 e 26. Esses dias devem ser bons para receber dinheiro. Mas o grande trígono ajudará a vida financeira de outras maneiras. Ele traz uma postura mais prática em relação à vida. Melhora suas capacidades de gerenciamento. Oferece a capacidade de criar tranquilidade no plano material.

O amor permanece como descrevemos em agosto. Marte continua em Gêmeos, na Casa Nove, por todo o mês.

OUTUBRO

Melhores dias: 4, 5, 13, 14, 23, 24
Dias mais tensos: 2, 3, 9, 10, 16, 17, 30
Melhores dias para o amor: 4, 5, 9, 10, 13, 14, 15, 24, 25

Melhores dias para o dinheiro: 3, 8, 9, 12, 18, 22, 25, 26, 27
Melhores dias para a carreira: 4, 5, 13, 14, 16, 17, 25

Um mês feliz e próspero para os librianos, aproveite!
Até o dia 23, você permanece em um ápice de prazer pessoal anual. E, apesar de a movimentação retrógrada ter diminuído desde o mês passado, ela continua intensa. É melhor você se divertir. Aproveite todos os prazeres sensoriais. Mime seu corpo. Recompense-o pelo bom serviço que presta a você. Com Vênus no seu signo até o dia 23, faz bem se embelezar e comprar roupas e acessórios. Você nasceu com bom gosto estético, mas neste mês ele está mais forte. Suas compras serão boas.

O amor também parece feliz. Sua aparência está ótima. A autoestima e a autoconfiança estão no auge de força do ano. O traquejo social está muito forte. Vênus faz bons aspectos com Marte, seu Planeta do Amor. Apesar de você estar mais independente do que o normal, isso não afeta a vida amorosa. A única questão é que Marte fica retrógrado até o dia 30. Porém, durante a maior parte do mês, não há problemas.

No dia 23, quando o Sol (e Vênus) entrar na Casa do Dinheiro, um ápice financeiro anual começa. Deve ser um período próspero. Plutão faz bons aspectos após o dia 23. O dinheiro virá antes do dia 23, porém com dificuldade.

Um eclipse solar no dia 25 ocorre na sua Casa do Dinheiro. Assim, você fará mudanças financeiras importantes. Os eventos do eclipse mostrarão em que pontos seu raciocínio financeiro (e suas suposições) estava errado, para que seja possível fazer correções. Isso vai ajudar a longo prazo, mas não será muito confortável enquanto acontece. O eclipse é leve para você, mas não custa seguir uma agenda mais tranquila mesmo assim. Ele parece afetar mais as pessoas com dinheiro na sua vida — e as envolvidas com suas finanças. Elas precisam ter um cronograma mais calmo. Todo eclipse solar traz situações dramáticas com amigos, submetendo as amizades a testes, e este não é diferente. Seus computadores e equipamentos tecnológicos também serão testados. Eles podem se comportar de forma errática. (Não há dúvida de que os fenômenos planetários afetam objetos físicos — especialmente os mais delicados, como computadores e softwares. A única questão é COMO isso acontece.)

NOVEMBRO

Melhores dias: 1º, 2, 10, 11, 19, 20, 28, 29
Dias mais tensos: 5, 6, 12, 13, 26, 27
Melhores dias para o amor: 1º, 2, 3, 4, 5, 6, 10, 11, 13, 19, 20, 23, 24, 28, 29
Melhores dias para o dinheiro: 4, 8, 9, 14, 18, 22, 23, 27
Melhores dias para a carreira: 3, 4, 12, 13, 14, 23

O consenso entre astrólogos é que um eclipse solar é mais forte do que um lunar. Mas essa é uma grande generalização e nem sempre é verdade. Vejamos o eclipse lunar do dia 8 como exemplo. Como ele afeta muito mais planetas do que o último eclipse solar, com certeza é mais forte. Não apenas a Lua sofre um impacto como Mercúrio, Urano e Vênus (especialmente importante para você). Este também é um eclipse total, enquanto o solar foi parcial. Ele afeta você pessoalmente e o mundo em geral.

Esse é o principal destaque do mês.

O eclipse ocorre na sua Casa Oito e pode trazer confrontos (em geral no nível psicológico) com a morte. Podem ocorrer experiências de quase morte e sonhos com a morte. Como a Lua é o seu Planeta da Carreira, haverá mudanças no emprego. Geralmente ocorrem abalos na hierarquia da empresa ou da indústria. Podem surgir problemas com as regras que regem a sua área de trabalho. E, às vezes, mudanças de carreira acontecem. Seu pai, mãe, figuras parentais, chefes e superiores passam por momentos dramáticos. O impacto em Mercúrio causa mudanças espirituais — nos ensinamentos, mestres e práticas. Uma organização espiritual ou de caridade que você frequenta pode ser abalada. Situações dramáticas ocorrem na instituição religiosa que você frequenta. Seus líderes religiosos passam por momentos difíceis. Crenças religiosas e filosóficas serão testadas; algumas serão revisadas, outras, descartadas. Você viverá de um jeito diferente após esse eclipse. Universitários também são afetados. Eles podem mudar o plano de estudos — talvez de repente — ou trocar de instituição de ensino. Filhos e figuras filiais são afetados igualmente. Eles devem seguir uma agenda mais tranquila durante este período. Deixe-os fora de perigo.

Apesar do eclipse, você parece próspero. As mudanças serão positivas. Você permanece em um ápice financeiro anual até o dia 22. A saúde também está boa.

DEZEMBRO

Melhores dias: 7, 8, 17, 18, 25, 26
Dias mais tensos: 2, 3, 9, 10, 11, 23, 24, 29, 30
Melhores dias para o amor: 2, 3, 7, 8, 14, 17, 18, 23, 24, 25, 26, 29, 30
Melhores dias para o dinheiro: 1º, 6, 11, 15, 16, 19, 20, 21, 24, 29
Melhores dias para a carreira: 2, 3, 9, 10, 11, 13, 22, 23

Seu Planeta do Amor permanece retrógrado neste mês, mas o romance vai melhorando aos poucos. Só não é uma boa ideia tomar decisões importantes e a longo prazo sobre relacionamentos amorosos agora. As coisas não são o que parecem. Júpiter, que voltou para a Casa Seis no dia 29 de outubro, agora retorna para a Sete no dia 21. Ele passará boa parte do próximo ano nela. Então o romance (talvez até casamento) vai acontecer. Irmãos e figuras fraternas parecem envolvidos na sua vida amorosa. Talvez vizinhos também. Você se sente atraído por estrangeiros, mas essas pessoas podem morar na casa ao lado. Não é preciso viajar para encontrar o amor.

A Casa Três da Comunicação e dos Interesses Intelectuais está poderosa até o dia 22. É um bom período para estudantes no ensino básico. Eles se concentram nos estudos e devem ir bem. Mesmo que você não seja estudante, suas capacidades intelectuais estão mais afiadas do que o normal, e este é um bom mês para ler e estudar mais, ou fazer cursos sobre assuntos que lhe interessem.

No dia 22, o Sol entra na Casa Quatro. Você começa o período da meia-noite do ano. Pode se desligar de problemas do trabalho por um tempo e se concentrar no lar e na família. Se quiser crescer na carreira, faça isso pelos métodos noturnos, e não pelos diurnos. Sonhe mais. Visualize aonde quer chegar em termos de emprego. Entre no clima de "estar nessa situação". Mais tarde, quando os planetas passarem para o topo do seu mapa, as manifestações acontecerão de forma espontânea (e poderosa).

As finanças estarão boas em dezembro. Plutão, seu Planeta do Dinheiro, voltou à movimentação direta no dia 8 de outubro e receberá bons aspectos neste mês. (No próximo, serão ainda melhores.) Então há confiança financeira e maior poder de ganho de renda.

A saúde precisa de atenção após o dia 22. Esse é um estresse breve causado por planetas rápidos, não é sério de verdade. Mesmo assim, certifique-se de descansar e relaxar mais. Níveis baixos de energia podem deixá-lo vulnerável a doenças oportunistas. Melhore a saúde com os métodos mencionados no relatório anual.

♏
ESCORPIÃO

O ESCORPIÃO
Nascidos entre 23 de outubro e 22 de novembro

PERFIL PESSOAL

ESCORPIÃO EM UM RELANCE

Elemento: Água
Planeta Regente: Plutão
  Planeta Corregente: Marte
  Planeta da Carreira: Sol
  Planeta da Saúde: Mercúrio
  Planeta do Amor: Vênus
  Planeta das Finanças: Júpiter
  Planeta do Lar e da Vida Familiar: Urano
Cor: púrpura
Cor que promove o amor, o romance e a harmonia social: verde
Cor que propicia ganhos: azul
Pedras: hematita, malaquita, topázio
Metais: ferro, rádio, aço
Perfumes: flor de cerejeira, coco, sândalo, melancia
Qualidade: fixa (= estabilidade)
Qualidade essencial ao equilíbrio: amplitude de visão
Maiores virtudes: lealdade, concentração, determinação, coragem, profundidade
Necessidades mais profundas: recolhimento íntimo e transformação
Características a evitar: ciúmes, desejo de vingança, fanatismo
Signos de maior compatibilidade: Câncer, Peixes
Signos de maior incompatibilidade: Touro, Leão, Aquário

Signo mais útil à carreira: Leão
Signo que fornece maior suporte emocional: Aquário
Signo mais prestativo em questões financeiras: Sagitário
Melhor signo para casamento e associações: Touro
Signo mais útil em projetos criativos: Peixes
Melhor signo para sair e se divertir: Peixes
Signos mais úteis em assuntos espirituais: Câncer, Libra
Melhor dia da semana: terça-feira

COMPREENDENDO A PERSONALIDADE ESCORPIANA

A fênix é um dos símbolos do signo de Escorpião. Meditar sobre essa lenda facilita a compreensão do temperamento escorpiano, bem como de seus interesses e de suas capacidades e necessidades mais profundas.

A fênix mitológica era uma ave capaz de renascer e de se reproduzir sozinha. E o fazia de forma curiosa. Voava à procura de um fogo ardente, geralmente em algum templo religioso, e se lançava sobre ele, deixando-se consumir pelas chamas, para depois emergir das cinzas, como um novo pássaro. Não poderia haver melhor símbolo para representar a transmutação mais profunda do ser.

Transformação — seja ela na mente, no corpo, nos negócios ou nos relacionamentos — é a palavra-chave para compreender o temperamento dos escorpianos. Eles são os transformadores da sociedade. Para que uma transformação se processe de forma natural, sem artificialidade, ela deve surgir do íntimo. Esse tipo de mudança é mais radical do que uma simples maquiagem superficial. Muitos acreditam que ao mudar a aparência estão se transformando, mas não é esse tipo de mudança que interessa aos escorpianos. Eles buscam alterações profundas e fundamentais. Uma vez que as transformações genuínas provêm do interior, os nativos demonstram grande interesse pelo cerne das coisas e, por conseguinte, pelo âmago filosófico da existência.

O intelecto dos nativos de Escorpião é profundo e penetrante. Se você, que é de outro signo, pretende prender o interesse de um escorpiano, terá de lhe apresentar algo mais do que uma simples imagem superficial. Você e seus projetos ou propostas terão de ser substanciais para despertar o interesse de um escorpiano. Se não o forem, ele logo irá desmascará-los e se afastará.

Ao observar a vida, com seus processos de crescimento e degeneração, torna-se evidente a atuação da força transformadora do signo de Escorpião. A lagarta se transforma em borboleta; o bebê se torna criança e, então, vira um adulto. Para os escorpianos, esse perpétuo processo de transformação não causa medo. Eles o encaram como parte natural da existência. Essa aceitação das transformações é a chave que lhes abre a compreensão do verdadeiro sentido da vida.

A compreensão escorpiana da vida, incluindo suas fraquezas, faz dos nativos do signo guerreiros valorosos, no sentido mais amplo da palavra. Acrescente a essas virtudes a profundidade, a paciência, a capacidade de resistir e suportar e você terá diante de si alguém com uma personalidade poderosíssima. Os escorpianos possuem boa memória, e de longo alcance. Podem ser muito vingativos — esperam anos para descontar algo em alguém. Entre os amigos, contudo, não há nenhum mais leal e verdadeiro do que o escorpiano. Poucos nativos de outros signos se mostram dispostos aos sacrifícios que ele é capaz de fazer por um amigo de verdade.

Os resultados de uma transformação são evidentes, muito embora o processo possa ser invisível e secreto. É por isso que os escorpianos possuem natureza oculta ou reservada. Uma semente não germinará adequadamente se a revirarmos o tempo inteiro, expondo-a à luz solar. Ela deve permanecer enterrada, longe da visão, até brotar. Da mesma forma, os escorpianos temem revelar muito de si e de suas aspirações. E ficarão felizes em lhes mostrar o produto acabado, mas só depois que estiver devidamente embrulhado. Por outro lado, apreciam conhecer os segredos alheios tanto quanto detestam revelar os seus.

FINANÇAS

Amor, nascimento, vida e morte são as transformações mais poderosas que se operam na natureza. Os escorpianos se interessam por todas elas. Em nossa sociedade, o dinheiro é também uma força transformadora; e é por essa razão que os nativos deste signo se interessam por ele. Para um escorpiano, dinheiro representa poder de controlar e gerar mudanças, e sua força o fascina. Mas, se não se mantiver atento, poderá tornar-se excessivamente materialista e maravilhar-se com o dinheiro, a ponto de acreditar que é ele que governa o mundo.

Até mesmo a palavra "plutocracia" tem a mesma etimologia que Plutão, o regente do signo de Escorpião, cujos nativos, de uma forma ou de outra, acabam atingindo o status financeiro a que aspiram. Lutam para alcançá-lo, e quando o conseguem, zelam cuidadosamente por seu patrimônio. Parte desse zelo financeiro deriva da honestidade, pois os escorpianos frequentemente lidam com o dinheiro de terceiros na condição de contadores, advogados, corretores e gerentes. E lidar com o dinheiro alheio requer ainda mais cautela do que fazê-lo com as próprias finanças.

Para realizar plenamente suas metas financeiras, os escorpianos precisarão aprender lições importantes. Deverão desenvolver qualidades que não lhes são intrínsecas, como a amplitude de visão, o otimismo, a fé, a confiança e, acima de tudo, a generosidade. Terão de aprender a ver que a opulência se faz presente em toda parte: tanto na natureza e na vida quanto em suas manifestações bem mais óbvias, como o poder e o dinheiro. Se eles aprenderem a desenvolver a generosidade, seu potencial financeiro aumentará de forma absurda, pois Júpiter, o senhor da abundância e da boa sorte, é também o regente financeiro de Escorpião.

CARREIRA E IMAGEM PÚBLICA

A aspiração mais profunda dos nativos de Escorpião é de serem considerados fontes de vida e de luz pela sociedade. Desejam ser líderes ou estrelas. Mas seguem uma trilha diferente da dos leoninos, as outras grandes estrelas do Zodíaco. O escorpiano chega às suas metas em segredo, sem ostentação; o leonino as persegue ostensivamente. O escorpiano busca as alegrias e o glamour dos ricos e famosos de forma mais discreta e reservada.

Os escorpianos possuem natureza introvertida e tendem a evitar as luzes da ribalta. Mas se desejam verdadeiramente consolidar suas metas profissionais mais elevadas, terão de se abrir um pouco mais e expressar-se com menos circunspecção; parar de ocultar sua luz debaixo de um barril e deixar que ela brilhe livremente. Acima de tudo, terão de abrir mão dos desejos de vingança e de atitudes mesquinhas. Os dons e a visão das profundezas lhes foram dados com um propósito importantíssimo: servir à vida, expandindo a alegria pessoal de viver em função dos outros.

AMOR E RELACIONAMENTOS

Escorpião é outro dos signos zodiacais que apreciam relacionamentos claramente definidos, sérios e bem-estruturados. São cautelosos na hora de contrair matrimônio, mas, tendo assumido um compromisso, permanecem fiéis a ele. E Deus proteja o cônjuge que for flagrado, ou mesmo que seja suspeito de infidelidade! O ciúme escorpiano já se tornou lendário. É tão intenso que consegue detectar o menor pensamento ou intenção de infidelidade, o qual desencadeará tanta tempestade quanto a prática do ato em si.

O escorpiano costuma desposar alguém mais abastado do que ele. A intensidade do seu temperamento faz com que ele valha por dois, de modo que tende a buscar parceiros pacatos, amistosos, estáveis e trabalhadores. Ele quer alguém com quem possa contar, alguém leal, para acompanhá-lo nas batalhas da vida. Para um escorpiano, um parceiro — seja amante ou amigo — é um companheiro, não um adversário. Os escorpianos buscam aliados, não competidores.

Se estiver apaixonado por um escorpiano, você precisará de muita paciência. Demanda muito tempo conhecê-lo, pois ele não se revela facilmente. Mas se você perseverar e se seus motivos forem louváveis, aos poucos ele permitirá que você penetre as câmaras secretas de sua mente e de seu coração.

VIDA DOMÉSTICA E FAMILIAR

Urano é o regente da Quarta Casa Solar de Escorpião, a Casa do Lar e da Vida Familiar. Urano é, também, o planeta da Ciência, da Tecnologia, das Mudanças e da Democracia. Isso fornece indícios interessantes da conduta escorpiana no lar e de como ele necessita agir para garantir uma vida doméstica feliz e harmoniosa.

Muitos escorpianos tendem a transferir seu arrebatamento passional e sua vontade férrea para o ambiente doméstico e familiar, cenário totalmente inadequado para tal tipo de manifestação. Esses traços de caráter são próprios em um soldado ou em um pioneiro desbravador, mas não em um provedor de família. Por isso, e também por sua necessidade de mudanças e de transformação, os nativos de Escorpião são propensos a mudanças súbitas de residência. Se não forem contidos com cuidado, os escorpianos — geralmente inflexíveis — podem causar muita turbulência e rebeliões no seio familiar.

Os nativos de Escorpião precisam desenvolver mais algumas qualidades aquarianas para poderem lidar melhor com os problemas domésticos. Devem aprender a cultivar o espírito de equipe e a tratar as atividades familiares como verdadeiras práticas de grupo, em que todos os membros possam opinar quanto ao que funciona e ao que não funciona. Pois, com frequência, os escorpianos se convertem em ditadores, e, quando isso acontece, eles ficam mil vezes piores do que um leonino ou um capricorniano (os outros dois signos de poder do Zodíaco). A ditadura escorpiana é mais intensa, passional, meditada, firme e centrada. Obviamente, isso é intolerável para os demais familiares, sobretudo para os mais sensíveis.

Para se beneficiarem do apoio emocional que a família oferece, os escorpianos precisam aprender a abrir mão do conservadorismo e a ser um pouco mais experimentais. Devem explorar novas formas de criar os filhos, procurar ser democráticos no lar e tentar administrar as situações por meio do consenso, não de editos autocráticos.

ESCORPIÃO
PREVISÃO ANUAL PARA 2022

TENDÊNCIAS GERAIS

A saúde e a energia estão melhores do que no ano passado, mas ainda precisam de atenção. Dois planetas lentos poderosos fazem aspectos tensos com você. Então, certifique-se de descansar bastante. Falaremos mais sobre isso.

Este ano parece feliz — um ano divertido. Sua Casa Cinco está muito poderosa, especialmente até o dia 11 de maio e entre 29 de outubro e 21 de dezembro. Cerca de metade do ano. É um momento interessante para explorar o lado divertido da vida. Bom para hobbies criativos. Os escorpianos em idade reprodutiva podem estar mais férteis que o normal. Em geral, é bom (e recompensador) conviver com crianças.

A vida financeira está excelente — especialmente até o dia 11 de maio e entre 29 de outubro a 21 de dezembro. Nos períodos entre 11 de maio e 29 de outubro e após 21 de dezembro, ótimas oportunidades de emprego surgirão. Os escorpianos desempregados não ficarão nessa situação por muito tempo. Até os que já têm trabalho podem receber oportunidades melhores com o empregador atual ou um novo. Já voltaremos a esse assunto.

Saturno está na sua Casa Quatro desde 18 de dezembro de 2020. Ele passará este ano lá também. Assim, a situação no lar e com a família parece fatigante. Você assume mais responsabilidade em casa. Falaremos sobre isso daqui a pouco.

Faz alguns anos que Urano está na sua Casa Sete do Amor, e permanecerá nela por mais um tempo. É uma configuração que testa casamentos e relacionamentos a longo prazo. Como se isso não bastasse, os quatro eclipses do ano também afetam essa área. O amor pode ser tempestuoso. Voltaremos a esse assunto.

Marte passa uma quantidade incomum de tempo na sua Casa Oito neste ano — mais de quatro meses. Em geral, ele fica um mês e meio em cada signo. Então essa é uma mensagem forte. Ela pode indicar cirurgias para você — ou elas serão recomendadas — e desafios financeiros para seus filhos ou figuras filiais. Voltaremos a falar disso.

Faz mais ou menos vinte anos que Plutão está na sua Casa Três. Um trânsito muito demorado. Ele continuará nela durante este ano, mas está se preparando para partir. É um aspecto que afeta irmãos, figuras fraternas e vizinhos. Sua vizinhança passou por transformações radicais ao longo dos anos. Irmãos e figuras fraternas tiveram vidas tumultuadas. Para estudantes do ensino básico, o aprendizado foi mais lento, porém o conteúdo aprendido, mais profundo.

As suas principais áreas de interesse este ano serão: comunicação; interesses intelectuais; lar e família; filhos; diversão e criatividade; saúde e trabalho (entre 11 de maio e 29 de outubro, e depois de 21 de dezembro); amor e romance.

Os caminhos de maior realização serão: filhos, diversão e criatividade (até 11 de maio e entre 29 de outubro e 21 de dezembro); saúde e trabalho (11 de maio e 29 de outubro e depois de 21 de dezembro); amor e romance.

SAÚDE

(Esta é uma perspectiva astrológica sobre a saúde, não uma visão médica. No passado essas perspectivas eram idênticas, mas hoje podem ocorrer diferenças significativas. Para obter uma opinião com base em diagnósticos da medicina convencional, consulte seu médico ou um profissional da área da saúde.)

A saúde, como mencionamos, está muito melhor do que no ano passado, porém ainda necessita de atenção. A boa notícia é que sua Casa Seis se torna muito poderosa após 11 de maio, então você se concentrará nesta área. Ficará atento. Cuidadoso.

Há muito que você pode fazer para beneficiar sua saúde. Dê mais atenção aos seguintes pontos — as áreas vulneráveis no seu mapa.

Coração. Tornou-se importante nos anos mais recentes, especialmente no último, e continua sendo importante neste. Os reflexos aparecem no seu mapa. Massagens no peito, especialmente no esterno e na parte superior da caixa torácica, fortalecem o coração. O melhor é evitar preocupações e ansiedade. O consenso entre terapeutas espirituais é que a preocupação e a ansiedade são as raízes dos problemas com o coração.

Fígado e coxas. Passam a ser importantes após 11 de maio, quando Júpiter entra na sua Casa Seis. Serão relevantes no próximo ano também. Os reflexos aparecem no seu mapa. Massagens regulares nas coxas não apenas fortalecem o fígado e as coxas como a lombar e o cólon.

Cólon, bexiga e órgãos sexuais. Sempre são importantes para os escorpianos, e este ano não é diferente. Os reflexos aparecem no seu mapa. Sexo seguro e moderação sexual continuam tendo seu valor.

Cabeça e rosto. Sempre relevantes para os escorpianos. Massagens regulares no couro cabeludo e no rosto devem fazer parte da sua rotina de saúde regular. Não apenas você fortalecerá o couro cabeludo e o rosto, mas o corpo todo. A terapia craniossacral é um tratamento excelente.

Glândulas suprarrenais. Também são sempre importantes para escorpianos. Em se tratando das glândulas suprarrenais, o essencial é evitar a raiva e o medo, as duas emoções que a estressam. A meditação ajudará muito nesse aspecto.

Musculatura. Você não precisa ser fisiculturista todo musculoso. Basta ter uma musculatura fortalecida. Músculos fracos ou flácidos podem acabar com o alinhamento da coluna e do esqueleto, causando vários problemas diferentes. Então, exercícios físicos vigorosos são importantes — de acordo com sua idade e fase de vida.

Pulmões, braços, ombros e sistema respiratório. Passam a ser importantes após o dia 20 de agosto. Seu Planeta da Saúde vai "acampar" — se acomodar — em Gêmeos por mais de quatro meses. Os reflexos aparecem no seu mapa.

A longa estadia de Marte na sua Casa Oito (a partir de 20 de agosto) indica que cirurgias podem ser sugeridas para você. Talvez como solução rápida para um problema cardíaco. (Você tem essa tendência desde o nascimento, porém ela se acentua neste período.) Dietas de desintoxicação podem ter o mesmo efeito, apesar de serem mais demoradas. Tente a desintoxicação primeiro.

Seu Planeta da Saúde, Marte, apesar de não ser o astro mais rápido nem o mais lento, vai atravessar seis signos e casas do seu mapa em 2022. Então há muitas tendências breves na saúde que serão avaliadas com mais cuidado nos relatórios mensais.

LAR E FAMÍLIA

Sua Casa Quatro está em destaque desde o ano passado, e continua chamando a atenção — uma casa poderosa — neste ano. Muitos escorpianos se mudaram em 2021, mas foi complicado. É pouco provável — e desaconselhável — que você se mude neste ano. Talvez você se sinta apertado onde está, mas é melhor aprender a usar o espaço que tem de forma mais eficiente do que se mudar.

A situação com a família parece estressante. Você se sente preso por dever e obrigação, não por amor e alegria. Decepções ocorrem. Você assume, como mencionamos antes, mais responsabilidade com questões familiares, e isso parece um fardo. É preciso trincar os dentes e aguentar firme. Não existe escapatória. Parece uma situação de carma. Lidar com essa situação causará muito crescimento espiritual.

Saturno na Casa Quatro mostra uma tendência à depressão. Você precisa evitar isso, porque é algo que nunca ajuda. Meditar faz uma grande diferença. Aprenda a apreciar seus fardos em vez de reclamar deles.

Saturno rege sua Casa Três da Comunicação e Interesses Intelectuais. Assim, sua casa se tornará tanto um lugar de aprendizado quanto um lar. Você montará uma biblioteca em casa, instalando equipamentos e softwares para o aprendizado. Muitos se envolverão com o ensino domiciliar. Alguns escorpianos darão aulas ou palestras em casa. É provável que você instale novos equipamentos de comunicação para isso (algo que também pode ter acontecido no ano passado).

A Casa Três também rege irmãos, figuras fraternas e vizinhos. Irmãos podem ir morar com você ou passar tempo demais na sua casa. Os vizinhos parecem mais envolvidos do que o normal com questões do lar e da família.

Se você pretende fazer uma grande reforma ou obra em casa, o período entre 6 de março e 15 de abril é interessante. A última metade de julho também.

Caso pretenda redecorar ou embelezar a casa, os períodos entre 6 de março e 5 de abril e entre 9 e 12 de junho são bons.

Seu pai, mãe ou figura parental terá um ano difícil. Essa pessoa parece pessimista em excesso, vê o lado negativo de tudo. Sente-se mais velha do que é. Essa figura parental tem emoções instáveis e pode ir do fundo do poço ao topo do mundo num piscar de olhos. Mudanças de humor repentinas afligem essa pessoa. Há uma tendência a se mudar várias vezes — isso acontece há muitos anos. Às vezes não se trata da troca de uma casa, mas de passar longos períodos em locais diferentes. A outra figura parental tem um ano estável no que se refere à família.

Irmãos e figuras fraternas estão muito focados nas finanças e tendem a ser prósperos. Uma mudança pode acontecer após 11 de maio. (Ou no ano que vem.)

Filhos e figuras filiais podem fazer grandes reformas na casa depois de 20 de agosto, mas uma mudança física é improvável. Eles precisam prestar atenção no gênio depois dessa data.

Netos, se você tiver, têm um ano sem muitas mudanças no que se refere à família.

DINHEIRO E CARREIRA

Seu Planeta do Dinheiro, Júpiter, se comporta de forma diferente neste ano. Normalmente ele passa entre 11 e 12 meses em um signo, mas, em 2022, ele passa metade do ano em Peixes e a outra metade em Áries (mais ou menos). Isso indicaria mudanças financeiras importantes. Uma nova forma de se comportar com relação ao dinheiro. Porém, a vida financeira parece boa — especialmente até 11 de maio e entre 29 de outubro e 21 de dezembro. Júpiter estará na sua Casa Cinco da Diversão, dos Filhos e da Criatividade Pessoal. Ele também fará uma conjunção com Netuno, o planeta mais espiritual de todos. Isso traz muitas mensagens. Você se sente mais à vontade para fazer especulações e tende a ter sorte. Passa mais tempo com os filhos e aprende com eles. Se forem jovens, eles podem ser uma fonte de inspiração — de motivação — para você ganhar mais. Às vezes dão ideias lucrativas sem querer. Se eles forem mais velhos, o apoio financeiro pode ser mais tangível. Esse aspecto também indica dinheiro que vem de forma feliz e é gasto com coisas felizes. Há felicidade monetária durante esse período. A conjunção de Júpiter com Netuno indica uma intuição financeira fabulosa — o atalho para a riqueza. Uma boa intuição vale mais do que muitos anos de trabalho duro.

Os escorpianos que lidam com artes criativas receberão mais dinheiro com seu trabalho neste ano. A criatividade pessoal provavelmente também está melhor e muito inspirada.

Você gastará dinheiro com seus filhos, mas poderá ganhar com eles, como mencionamos. E também poderá lucrar com entretenimento e música. Indústrias e empresas focadas em jovens são investimentos interessantes. Petróleo, gás natural, transporte de produtos, construtoras de navios, indústria da pesca, empresas de envase ou purificação de água e certos produtos farmacêuticos são investimentos interessantes neste ano.

No dia 11 de maio, Júpiter entra em Áries, na sua Casa Seis. Júpiter fica mais forte em Peixes (seu próprio signo) do que em Áries. Então, você precisa se esforçar para obter lucros, mas eles virão. Você parece continuar a se arriscar após 11 de maio. É possível que tome decisões financeiras rápidas e aceite negócios — investimentos e compras — de forma impulsiva. Quando há intuição, essas coisas dão certo. Júpiter em Áries gosta de "grana na mão" — dinheiro rápido. Tome cuidado, porque há pessoas espertas por aí que exploram essa tendência.

Júpiter em Áries, entre 11 de maio e 29 de outubro e depois de 21 de dezembro, favorece o ganho de dinheiro de forma antiquada — por meio do trabalho e de serviços produtivos. Oportunidades de trabalho muito boas virão neste período. É um aspecto que favorece a indústria da saúde — produtos farmacêuticos, comida saudável, produtos voltados à saúde e fornecedoras de produtos para médicos e cirurgiões. Você pode gastar mais dinheiro com a saúde, mas também pode ganhar.

Este não parece ser um ano muito forte para a carreira. O lar e a família parecem bem mais importantes. Sua Casa Dez da Carreira está basicamente vazia (apenas planetas rápidos passam por ela), enquanto a Casa Quatro do Lar e da Família tem destaque o ano todo. Quase todos os planetas lentos (exceto por Urano) estão no lado noturno, inferior, do mapa. Então, 2022 é um ano para lidar com questões familiares e o seu bem-estar emocional. Quando essas coisas forem esclarecidas, a vida profissional entrará nos eixos.

AMOR E VIDA SOCIAL

Como mencionamos antes, o amor será muito desafiado neste ano. Urano na Casa Sete testa relacionamentos existentes. Até mesmo as amizades do coração enfrentam obstáculos. Quando Urano terminar com você, daqui a alguns anos, seu círculo social será completamente novo. Você está sendo socialmente libertado — apesar de não parecer assim enquanto tudo acontece.

Os escorpianos casados e os comprometidos precisarão se esforçar mais para manter a união neste ano. Já vi casamentos sobreviverem a trânsitos de Urano, mas foi necessário muito, muito trabalho (e sacrifícios). A maioria não está disposta a pagar o preço. Será um bom teste para o comprometimento de um pelo outro.

Se você estiver solteiro, casar não é uma boa ideia em 2022. As coisas estão muito instáveis. Aproveite o amor do jeito como ele se apresenta, não há necessidade de se comprometer com coisas que podem não se concretizar.

Apesar de o romance estar instável, ele continua muito emocionante. Todas as suas concepções irão por água abaixo. Oportunidades românticas e amorosas podem acontecer a qualquer momento, em qualquer lugar. Você pode estar fazendo uma tarefa boba, tipo jogando o lixo fora, e dar de cara com o homem ou a mulher dos seus sonhos. O único problema é a estabilidade desse tipo de coisa. O amor pode surgir de forma imprevisível e acabar de forma imprevisível. Mas não faz diferença: amanhã é um novo dia, e outro amor pode surgir. Apesar de você estar mais estável com os seus afetos, existe uma tendência a conhecer — atrair — pessoas assim. Elas querem liberdade.

Isso, como mencionamos em relatórios anteriores, favorece múltiplos casos românticos em vez de casamento.

Urano é o seu Planeta da Família. Sua posição na Casa do Amor tem muitos significados. Você socializa mais em casa e com a família. Sente-se mais atraído por pessoas com fortes valores familiares. Parentes e contatos da família podem ser importantes para o amor. Em alguns casos, eles se metem na sua vida amorosa, e talvez não de forma positiva. Brigas familiares podem ser um dos motivos para problemas no seu relacionamento.

Vênus é o seu Planeta do Amor. E, como leitores assíduos sabem, é um planeta rápido. Ao longo do ano, ele passa por todo o seu mapa. Assim, há muitas tendências a curto prazo para o amor que dependem da posição de Vênus e dos aspectos que ele faz. É melhor lidar com elas nos relatórios mensais.

AUTOAPERFEIÇOAMENTO

Saturno está na sua Casa Quatro desde o ano passado. Além dos fenômenos que discutimos anteriormente, isso cria uma tendência a reprimir sentimentos, a controlá-los. Em geral, a pessoa não se sente segura para expressar seus sentimentos verdadeiros, prendendo-os. Isso não pode continuar por tempo demais. É como tentar reprimir os movimentos do intestino. Com o tempo, ele vai se expressar, e a reação será desproporcional ao que deveria ter sido no começo. O controle emocional é ótimo e uma das lições espirituais deste ano. Mas controle não significa repressão. É preciso direcionar as emoções por meio do foco e da força de vontade, o que costuma ser difícil quando estamos cheios de negatividade. Então, é necessário liberar a emoção negativa de forma positiva. De um modo que seja inofensivo para você e para as pessoas ao seu redor. No meu livro *A Technique for Meditation* (nos capítulos dois e três), apresento algumas técnicas para isso. Também há muitas informações no meu site [em inglês], *www.spiritual-stories.com*.

Quando os sentimentos negativos são liberados, fica muito fácil mudar o humor para algo positivo e construtivo. Você pode repetir afirmações positivas, entoar mantras, rezar e meditar. Todos esses métodos mudam o humor.

Algumas escolas espirituais aconselham o uso da Chama Violeta, que consome e transmuta emoções negativas (e o raciocínio por trás delas). Também é um método benéfico.

Urano está na sua Casa Sete do Amor há alguns anos, e passará mais tempo nela. Além do fenômeno mundial que isso produz, há lições espirituais a serem aprendidas para o resto da sua vida. Você deve aprender a se sentir confortável com as mudanças e a instabilidade na vida amorosa. Aceite-as. Siga o fluxo. A natureza sempre compensa. Se uma coisa é removida, outra surge para substituí-la — geralmente algo melhor. Porém, enquanto você estiver dividido, não vai aproveitar nada. Deixe a vida fluir e permita que o amor flua também.

Este é um ano em que muitos dos escorpianos — até os que não trabalham com isso — terão uma criatividade exacerbada. Muitos descobrirão talentos criativos que nunca souberam ter. O espírito inspira você nessas áreas. Expressar essa inspiração não apenas traz mais alegria para a vida como também aprimora seu resultado final.

PREVISÕES MENSAIS

JANEIRO

Melhores dias: 6, 7, 16, 17, 25, 26
Dias mais tensos: 4, 5, 11, 12, 18, 19, 31
Melhores dias para o amor: 2, 3, 11, 12, 21, 22, 29, 30
Melhores dias para o dinheiro: 1º, 6, 16, 25, 27, 28
Melhores dias para a carreira: 2, 3, 11, 12, 18, 19, 23

A saúde está boa até o dia 20, porém depois se torna tensa. Certifique-se de descansar o suficiente após essa data. Melhore seu bem-estar com massagens nas costas e na região do reflexo do fígado até o dia 25. Depois, massagens nas costas e nos joelhos serão benéficas. Concentre-se na higiene dental após o dia 20 também.

Apesar de a saúde e energia não estarem no máximo, muitas coisas boas acontecem. Júpiter na Casa Cinco da Diversão, da Criatividade e dos Filhos traz atividades prazerosas e passatempos. É possível aproveitar mais a vida. Você está no clima de se divertir, e atrai isso. A vida financeira também parece boa. Seu Planeta do Dinheiro, Júpiter, ocupa a Casa Cinco, indicando dinheiro feliz — que vem de atividades felizes e é gasto com coisas felizes. É um período favorável para especulações. Você pode receber um "dinheiro miraculoso" neste mês (e nos próximos).

Seu ano começa com a Casa Três muito forte. O foco está em interesses intelectuais e comunicação. Isso é excelente para estudantes do ensino básico, porque indica sucesso nos estudos. As suas capacidades mentais e comunicativas estão muito ampliadas — mesmo que você não esteja na escola. Você lê e fala mais do que o normal. Absorve informações. Irmãos e figuras fraternas também têm um bom mês. Eles têm boa autoestima e confiança — a saúde parece boa. Eles passaram por tensões financeiras no último ano, porém as finanças melhoram após o dia 20.

No dia 20, o Sol entra na Casa Quatro do Lar e da Família, por isso o foco está nela — e no seu bem-estar emocional (que precisa de atenção). Como o Sol é o seu Planeta da Carreira — a mensagem do seu mapa é bem clara —, esta é a sua missão em janeiro (depois do dia 20): sua casa, sua família e seu bem-estar emocional.

Muitos escorpianos investirão na carreira trabalhando em casa — talvez em um escritório particular ou atuando remotamente. No nível metafísico, isso indica que é bom tentar alcançar objetivos usando os métodos noturnos — com meditação, visualização criativa e entrando na sensação, no clima que você almeja para a sua vida profissional. Depois, quando os planetas passarem para o lado diurno do seu mapa, manifestações acontecem de forma espontânea, pois o trabalho interior já foi feito.

O amor está complicado em janeiro, já que os dois planetas envolvidos na sua vida amorosa estão retrógrados — Urano até o dia 18, e Vênus, seu Planeta do Amor de verdade, até o dia 29. Então há muita indecisão e confusão. Talvez atrasos e problemas ocorram. Melhora no mês que vem.

FEVEREIRO

Melhores dias: 2, 3, 12, 13, 21, 22, 23
Dias mais tensos: 1º, 7, 8, 14, 15, 16, 28
Melhores dias para o amor: 7, 8, 17, 18, 27
Melhores dias para o dinheiro: 2, 3, 12, 13, 21, 22, 24, 25
Melhores dias para a carreira: 1º, 9, 10, 14, 15, 22, 23

Seu Planeta da Saúde, Marte, está "fora dos limites" desde o dia 12 de janeiro. Ele permanece assim até o dia 10. Isso indica que, em questões de saúde, você sairá da sua órbita normal. Você explorará terapias que estão "fora" da sua experiência habitual. Provavelmente será uma atitude positiva. Com a saúde permanecendo delicada até o dia 18, é preciso procurar tratamentos alternativos. Ela melhorará após o dia 18, mas continuará precisando de atenção. Dois planetas lentos continuarão fazendo aspectos tensos com você.

Apesar disso, fevereiro é um mês feliz. A entrada do Sol na Casa Cinco inicia um período de prazer pessoal anual. Na verdade, se divertir e aproveitar são as suas missões depois do dia 18. Estar de bem com a vida vai curar muitos problemas. O Sol na Casa Cinco após o dia 18 indica que você curte sua carreira. Talvez entretenha clientes — se divirta com eles. Talvez faça contatos importantes enquanto se distrai com passatempos.

Isso também indica um foco intenso nos filhos e nas figuras filiais na sua vida. Apoiá-los — guiá-los e ajudá-los — é a sua missão nesse período.

Filhos e figuras filiais têm um mês excelente. Sua aparência é boa. Há autoconfiança e autoestima. A saúde e a energia devem estar bem. E eles parecem prósperos (e muito férteis).

O amor melhorou muito desde o mês passado. O casamento não parece estar nas cartas este ano, porém o romance acontece. Seu Planeta do Amor, Vênus, passa fevereiro em Capricórnio, na sua Casa Três. Assim, o amor fica por perto — na vizinhança ou entre vizinhos. Oportunidades românticas podem acontecer na escola, em palestras, seminários, na biblioteca ou na livraria — enquanto você se distrai com seus interesses intelectuais. Vênus em Capricórnio gosta de ir devagar no amor. Ele demora um pouco. O romance precisa passar por testes para mostrar que é real. Porém, depois que a pessoa amada supera todos os obstáculos, ela tende a ficar do seu lado. Com Urano na Casa Sete, o amor permanece instável, até com quem venceu os testes.

A vida financeira está excelente. Reveja nossa análise do mês passado.

MARÇO

Melhores dias: 2, 3, 11, 12, 13, 21, 22, 30, 31
Dias mais tensos: 1º, 6, 7, 8, 14, 15, 27, 28
Melhores dias para o amor: 6, 7, 8, 9, 18, 19, 27, 28
Melhores dias para o dinheiro: 2, 3, 11, 12, 21, 22, 23, 24, 30, 31
Melhores dias para a carreira: 2, 3, 11, 12, 14, 15, 23

Marte e Vênus começaram uma conjunção no dia 25 de fevereiro. Ela dura até o dia 12. Isso tem muitos pontos positivos e alguns desafios. O lado bom é que esse aspecto indica envolvimento romântico com um colega de trabalho. Essa pessoa pode ser um terapeuta ou alguém que lide com a sua saúde. Você parece se sentir atraído por profissionais da saúde neste período. O lado ruim é que você (e a pessoa por quem se sente atraído) está um pouco perfeccionista no amor — crítico e exigente. É preciso tomar cuidado com isso. Vênus faz conjunção com Plutão entre os dias 2 e 3, trazendo uma experiência romântica feliz.

Marte e Vênus entram na Casa Quatro no dia 6 e passam o restante do mês lá. Isso traz muitas mensagens. Você socializa mais em casa. Há mais harmonia entre a família. Parentes e contatos familiares são importantes para o amor. Talvez uma paixão antiga reapareça. Essa parece mais uma questão terapêutica do que romântica. Você vai conseguir solucionar questões do passado. Marte na Casa Quatro indica a importância da saúde emocional em março. É muito importante manter um humor positivo e construtivo. A dieta também parece fazer diferença para a saúde. Massagens nas panturrilhas e nos tornozelos beneficiam a saúde. Ela precisa de atenção.

O poder planetário passa para o setor ocidental social do seu mapa neste mês. Após o dia 6, oitenta por cento dos planetas, às vezes noventa, estão no oeste. Então, outras pessoas são importantes. Este é o momento de cultivar seu traquejo social. O egoísmo — não há nada errado com ele por si só — não vai compensar neste período. Você atrai o bem por meio da boa vontade dos outros.

O Sol faz conjunção com Júpiter entre os dias 4 e 6, e isso é bom para as finanças, um indicador de sucesso na carreira. Entre os dias 11 e 13, o Sol faz conjunção com Netuno, trazendo diversão, felicidade, proximidade com filhos e figuras filiais e oportunidades no trabalho. O envolvimento com instituições de caridade e atividades altruístas impulsionam a carreira. Filhos também parecem bem-sucedidos. Eles terão um mês excelente para as finanças.

Seu ápice de prazer pessoal anual continua até o dia 20. A vida anda divertida. Assim como no mês passado, as oportunidades de carreira surgem enquanto você se diverte.

ABRIL

Melhores dias: 8, 9, 17, 18, 25, 26
Dias mais tensos: 3, 4, 10, 11, 23, 24, 30
Melhores dias para o amor: 3, 4, 8, 17, 18, 25, 26, 27, 30
Melhores dias para o dinheiro: 8, 9, 17, 18, 19, 20, 26, 27
Melhores dias para a carreira: 1º, 2, 10, 11, 20, 21, 30

No mês passado, TODOS os planetas estavam em trajetória direta, e a vida seguia em um ritmo eficiente. Essa tendência continua em abril. Porém, no dia 29, um planeta muito importante, Plutão, o regente do seu mapa, fica retrógrado. Isso dura muitos meses. Então é necessário ser claro sobre objetivos pessoais e a imagem que você deseja projetar para o mundo.

Um eclipse solar também ocorre no dia 30 na sua Casa Sete. A saúde precisa de atenção por boa parte do mês, e a sua agenda deve ser mais tranquila, especialmente durante a época do eclipse. Um relacionamento atual passa por testes. Podem acontecer situações dramáticas na vida do cônjuge, parceiro ou interesse amoroso atual. Mudanças ocorrem na carreira, e situações dramáticas acontecem na vida dos seus pais, figuras parentais, chefes e superiores — as figuras de autoridade na sua vida. Eles também devem seguir um cronograma mais tranquilo. Filhos e figuras filiais devem tomar cuidado ao dirigir. Seus carros e equipamentos de comunicação passarão por testes. Irmãos e figuras fraternas têm problemas com os próprios filhos ou figuras filiais.

Um relacionamento pode ser encerrado, porém sua vida amorosa continua ativa e empolgante. No dia 20, o Sol entra na Casa Sete, e você começa um ápice na vida amorosa e social anual. Os solteiros conhecerão pessoas novas e terão vários tipos de oportunidades, porém, a questão é a estabilidade dessas relações. Esse é o preço a ser pago pela diversão. Vênus fará conjunção com Netuno entre os dias 26 e 28. Há oportunidade de casos amorosos. Depois ele faz conjunção com Júpiter no dia 30, que também traz novas chances no amor. O dia 30 mostra uma melhora nas finanças.

Júpiter, seu Planeta do Dinheiro, faz conjunção com Netuno entre os dias 1º e 17. Isso indica excelente intuição financeira, orientação espiritual em questões financeiras e sorte em especulações. Deve ser um bom período monetário.

Seu Planeta da Saúde, Marte, estará na Casa Quatro até o dia 15. Assim, como no mês passado, melhore a saúde com massagens nas panturrilhas e tornozelos, uma dieta correta e a manutenção do bem-estar emocional. No dia 15, Marte entra na Casa Cinco. Isso favorece massagens nos pés, técnicas de cura espiritual e alegria, que é uma força de cura poderosa.

MAIO

Melhores dias: 5, 6, 14, 15, 23, 24
Dias mais tensos: 1º, 7, 8, 9, 21, 27, 28
Melhores dias para o amor: 1º, 7, 8, 16, 17, 27, 28
Melhores dias para o dinheiro: 6, 16, 17, 25
Melhores dias para a carreira: 7, 8, 9, 10, 11, 20, 30

O eclipse lunar do dia 16 ocorre no seu próprio signo, por isso é forte para você. Tenha uma agenda tranquila. Faça as coisas que precisam ser feitas, mas as tarefas opcionais — especialmente se forem estressantes — devem ser remarcadas. Esse eclipse faz você reavaliar a si mesmo — faz você refletir. É preciso atualizar a visão que tem de si mesmo, sua imagem e a maneira como deseja ser visto pelos outros. Geralmente isso acontece porque as pessoas estão falando mal ou difamando você. É preciso definir a si mesmo por conta própria, ou farão isso no seu lugar. Assim, nos próximos meses, você mudará de visual — guarda-roupa, corte de cabelo etc.

Todo eclipse lunar testa suas visões religiosas e filosóficas — sua teologia também. Isso é basicamente positivo. Algumas das suas crenças serão descartadas, e outras, apenas revistas e atualizadas. Os eventos do eclipse deixam claro o que é válido.

Como o eclipse afeta Saturno (o regente da sua Casa Três), irmãos e figuras fraternas são afetados. Eles também precisam se redefinir. Momentos dramáticos ocorrerão com seus amigos, e amizades serão testadas. Para você, carros e equipamentos de comunicação passam por problemas, e é melhor tomar mais cuidado ao dirigir.

O amor permanece instável (e talvez você prefira assim), porém, haverá muitas oportunidades. Os solteiros conhecerão pessoas novas. Os escorpianos comprometidos frequentarão mais eventos sociais e farão novas amizades. Você continua no meio de um ápice na vida amorosa e social anual até o dia 21.

Seu Planeta do Dinheiro, Júpiter, faz uma mudança importante, saindo da Casa Cinco no dia 11 e entrando na Casa Seis. É um sinal de rendimentos do jeito antigo — por meio de trabalho e de serviços práticos. A área da saúde parece interessante como investimento ou para negócios. Você continua se arriscando nas finanças, mas o trabalho duro e a dedicação desenvolvem boa sorte.

A saúde e a energia melhoram após o dia 21. Nesse meio-tempo, melhore a saúde com massagens nos pés e técnicas de cura espiritual até o dia 25. Depois disso, massagens no rosto, couro cabeludo e cabeça — na região dos reflexos adrenais — são benéficas. Faça mais exercícios depois do dia 25.

JUNHO

Melhores dias: 1º, 2, 3, 11, 12, 19, 20, 28, 29, 30
Dias mais tensos: 4, 5, 17, 18, 23, 24, 25
Melhores dias para o amor: 6, 7, 16, 23, 24, 25, 26
Melhores dias para o dinheiro: 4, 13, 14, 21
Melhores dias para a carreira: 4, 5, 9, 10, 18, 28, 29

Marte, seu Planeta da Saúde, começou o solstício no dia 27 de maio, e isso continua até o dia 2. Ele faz um intervalo no céu e depois muda de direção (na sua movimentação latitudinal). Então o mesmo acontece com suas questões de saúde e trabalho. Há uma pausa e uma mudança de rumo.

Tanto Marte quanto Júpiter passam o mês inteiro na Casa Seis. Isso indica ganhos no trabalho — do jeito antiquado. Também favorece a indústria dos esportes e suas fornecedoras, além do campo da saúde. Você gastará dinheiro com saúde, mas também poderá lucrar com ela. Júpiter em conjunção com Marte na sua Casa da Saúde é positivo. Indica os melhores resultados possíveis em questões de saúde. Os escorpianos em busca de emprego terão excelentes opções. Os que têm funcionários encontrarão bons candidatos e aumentarão a força de trabalho.

A saúde está muito melhor do que no mês passado. Boa parte da tensão em curto prazo vai embora. Até o dia 23, toda a tensão rápida desaparece. Isso é bom para a energia.

A Casa Oito — sua casa favorita — está poderosa em junho até o dia 21. Isso favorece todos os interesses naturais dos escorpianos — sexo, transformação pessoal, desintoxicação e regimes de limpeza. Você está à vontade, no sentido psicológico. O cosmos o impulsiona para fazer aquilo de que mais gosta.

O amor está bom, porém instável. Isso vale especialmente para o período entre os dias 10 e 11, quando Vênus faz conjunção com Urano. A situação com seu interesse amoroso atual muda de uma hora para outra. Há abalos no amor, mas é uma tendência breve. Até o dia 21, o amor e oportunidades românticas acontecem de forma tradicional — em festas, reuniões e apresentações por amigos e parentes. Após o dia 23, quando Vênus entra na Casa Oito, ele se torna mais erótico, mais sexual. O magnetismo sexual é fundamental. (É um período sexualmente ativo, de toda forma.) Oportunidades amorosas podem acontecer de jeitos estranhos (porém não estranhos para os escorpianos) — em funerais, velórios ou enquanto você visita um conhecido ou parente enlutado. Também pode ocorrer durante visitas a alguém no hospital. Há uma atração por pessoas ricas. Os cônjuges, parceiros ou interesses amorosos terão um bom mês para as finanças.

No dia 21, a Casa Nove se torna poderosa, favorecendo a carreira. Há sucesso e expansão. O trabalho se torna mais importante agora, conforme o poder planetário passa para o lado superior, diurno, do seu mapa. Ele não é dominante, porém está muito mais forte do que antes. Há necessidade de equilibrar o lar e a família com objetivos profissionais. Viagens internacionais relacionadas ao trabalho ocorrem após o dia 21. Sua disposição para viajar é um fator importante para o sucesso da carreira. A entrada do Sol na Casa Nove é boa para universitários, mostrando foco nos estudos, o que traz sucesso. Seu interesse em religião, filosofia e teologia aumenta neste período. Uma boa discussão de teologia pode ser mais interessante no que uma noite de farra.

JULHO

Melhores dias: 8, 9, 16, 17, 26, 27
Dias mais tensos: 1º, 2, 14, 15, 21, 22, 28, 29
Melhores dias para o amor: 6, 7, 15, 21, 22, 26
Melhores dias para o dinheiro: 1º, 2, 10, 11, 18, 19, 28, 29
Melhores dias para a carreira: 1º, 2, 8, 9, 17, 28, 29

A saúde está boa até o dia 23, porém, depois, precisa de atenção. Seu Planeta da Saúde, Marte, entra em Touro, na Casa Sete, no dia 5 e fica lá pelo restante do mês. Assim, uma boa saúde significa uma vida amorosa e social saudável. Caso surjam problemas, restaure a harmonia social o mais rápido possível. A saúde também pode ser aprimorada com massagens no pescoço e na garganta e terapia craniossacral. Com seu Planeta da Saúde na Casa Sete, talvez você se envolva mais com o bem-estar de amigos e pessoas amadas do que com o seu próprio. A boa notícia é que, com o benevolente Júpiter na sua Casa Seis, você terá os melhores resultados possíveis com a saúde.

Marte na Casa Sete complica a vida amorosa. Ele pode fazer você se tornar perfeccionista no amor — crítico demais, procurando defeitos, e isso destruirá momentos românticos. Então, tome cuidado. Por outro lado, demonstra uma atração por profissionais da área da saúde e por pessoas envolvidas com o seu bem-estar. Uma visita a um consultório médico pode acabar se transformando em algo mais.

Marte faz aspectos dinâmicos com Plutão, o regente do seu mapa, nos dias 1º e 2, então preste mais atenção no plano físico. O mesmo vale para os dias 30 e 31, quando Marte faz conjunção com Urano. Os parentes também precisam ficar atentos nestas últimas datas.

A entrada de Marte em Touro no dia 5 desloca o equilíbrio planetário para a metade superior do mapa, o lado diurno. Ele agora é dominante. Com o acréscimo da força à Casa Dez depois do dia 23, temos uma mensagem clara: foque na carreira.

A saúde e a energia poderiam estar melhores, mas você é muito bem-sucedido neste mês. No dia 23, um ápice de carreira anual se inicia. O Sol, seu Planeta da Carreira, estará no próprio signo e casa, onde é mais poderoso. Isso indica sucesso.

Seu Planeta da Carreira, o Sol, faz aspectos lindos com Júpiter, seu Planeta do Dinheiro, nos dias 30 e 31. Isso traz sucesso nas finanças e no trabalho. Também pode trazer aumentos — oficiais ou não — e o apoio dos pais. Chefes se sentem favoráveis aos seus objetivos financeiros. Se você tiver problemas com o governo, esta seria uma boa época para lidar com eles.

Até o dia 23, com a Casa Nove tão forte, você viajará. Assim como no mês passado, parece ser uma viagem de negócios. O forte interesse por religião, filosofia e teologia continua. Universitários serão bem-sucedidos nos estudos.

Plutão está retrógrado (junto com mais três planetas) em julho, e a maioria dos astros permanece no setor ocidental social. Talvez seja bom não ter a autoconfiança e a autoestima tão fortes quanto o normal. Este é um período para se concentrar nos outros e em suas necessidades. O seu jeito (e você não sabe ao certo qual é ele) nem sempre é o melhor. Deixe os outros fazerem as coisas da forma como preferirem, contanto que não seja algo destrutivo.

AGOSTO

Melhores dias: 4, 5, 13, 14, 22, 23
Dias mais tensos: 11, 12, 17, 18, 25, 26
Melhores dias para o amor: 4, 5, 15, 17, 18, 25, 26
Melhores dias para o dinheiro: 7, 8, 15, 25
Melhores dias para a carreira: 7, 8, 16, 25, 26

Marte continua fazendo conjunção com Urano nos dias 1º e 2, então, assim como no mês passado, fique atento ao plano material. Isso também vale para parentes. Podem ocorrer mudanças na sua rotina de saúde.

A saúde continua precisando de atenção até o dia 23. Depois disso, haverá uma melhora enorme. Marte sai do seu aspecto tenso, assim como o Sol e Mercúrio. Enquanto isso, certifique-se de descansar e relaxar mais. Não se permita ficar cansado em excesso. Mantenha a harmonia social com amigos e a pessoa amada. Massagens no pescoço e na garganta são úteis até o dia 20. Depois, é possível melhorar a saúde com massagens nos braços e ombros. Massagens na região dos reflexos dos pulmões e brônquios também são benéficas. Tome bastante ar puro e respire fundo. A reflexologia das mãos (procure no Google) será especialmente eficaz. Marte na Casa Oito a partir do dia 20 favorece dietas de desintoxicação e perda de peso. Cirurgias podem ser recomendadas — isso não significa que você precise fazê-las, mas existe essa tendência.

Este ainda é um período de muito sucesso. Seu ápice de carreira anual dura até o dia 23. Então, os focos precisam ser a vida profissional e objetivos externos. (A saúde emocional é importante nos dias 1º e 2, mas perde o destaque depois disso.) O sucesso no mundo exterior trará harmonia emocional. Essa também é a melhor forma de ajudar sua família.

Você parece distante da pessoa amada em agosto. Talvez não no sentido físico, mas no psicológico. Isso acontece até o dia 12. Seu desafio é encurtar a distância. Nenhum dos dois está certo ou errado — vocês só têm perspectivas diferentes, visões diferentes sobre as coisas. Às vezes a de um está certa, às vezes é a do outro. Vênus faz bons aspectos com

Netuno nos dias 6 e 7 — trazendo oportunidade para um caso amoroso. Não parece sério. Após o dia 12, Vênus entra na Casa Dez da Carreira, o que traz muitas mensagens. Os solteiros se sentem atraídos por poder e prestígio. Há oportunidades românticas (e talvez propostas) com chefes e pessoas acima do seu nível social ou profissional. O perigo é se envolver em relacionamentos por conveniência, não por amor verdadeiro. Você avançará na carreira por meio da socialização — frequentando ou organizando o tipo certo de festas e reuniões. Seus contatos têm um papel importante na vida profissional, e boa parte da sua socialização é relacionada ao trabalho. Vênus faz aspectos harmoniosos com Júpiter nos dias 17 e 18, o que é ótimo para o amor e para as finanças.

A movimentação retrógrada está forte neste mês, então o ritmo da vida diminui um pouco. Mas o campo profissional não é afetado. Seu Planeta da Carreira, o Sol, nunca fica retrógrado.

Apesar de o seu Planeta do Dinheiro passar o mês todo retrógrado, as finanças parecem boas até o dia 23. O ritmo pode diminuir, atrasos acontecem, mas os rendimentos parecem bons.

Quando o Sol entrar na Casa Onze no dia 23, você pode melhorar ainda mais a carreira com seus conhecimentos de tecnologia e com atividades virtuais. Contatos sociais também são importantes após essa data.

SETEMBRO

Melhores dias: 1º, 2, 9, 10, 18, 19, 20, 28, 29
Dias mais tensos: 7, 8, 13, 14, 15, 21, 22
Melhores dias para o amor: 4, 5, 13, 14, 15
Melhores dias para o dinheiro: 3, 4, 11, 21, 30
Melhores dias para a carreira: 5, 6, 14, 15, 21, 22, 25, 26

A saúde está muito melhor agora. De novo, dois planetas lentos fazem aspectos tensos. Porém, os rápidos ajudam você ou não incomodam. É possível melhorar a saúde com massagens nos braços e ombros, ar fresco e respiração funda, massagens na região dos reflexos dos pulmões e brônquios e dietas de desintoxicação. A saúde nesta fase não pede que coisas sejam acrescentadas ao corpo, mas que você se livre do que não pertence a ele.

Vênus, seu Planeta do Amor, entra na Casa Onze no dia 5 e permanece lá até o fim do mês. (Ele entra em Libra no dia 30.) Então, o poder e o prestígio passam a ser menos atraentes após o dia 5. Você deseja um relacionamento entre iguais. Deseja amizade com a pessoa amada, não só paixão. Este deve ser um mês positivo para o amor, mas há armadilhas. Vênus em Virgem (sua Casa Onze) pode tornar você ou a pessoa amada (ele afeta os dois) excessivamente crítico e perfeccionista sobre o amor. Há uma tendência a usar mais a cabeça do que o coração. Uma tendência a criticar demais os defeitos. Os motivos são bons. Você quer perfeição, e tudo diferente disso precisa ser corrigido. Mas esse é um comportamento que pode acabar com momentos românticos — com o clima de romance. Desejar perfeição é algo positivo, mas a análise deve acontecer depois, não durante momentos de intimidade. Também é importante fazer apenas críticas construtivas. O momento certo é crucial. Outro problema é que Plutão continua retrógrado, e, apesar de existirem oportunidades, você não sabe o que quer. A autoconfiança não está tão boa quanto deveria. Mesmo assim, Vênus faz bons aspectos com Plutão, o regente do seu mapa, depois do dia 5, especialmente entre os dias 25 e 26. Então há oportunidades românticas para os solteiros. O mundo virtual parece importante para o amor — as redes sociais e sites de relacionamento. Também é bom se envolver com organizações profissionais e comerciais. Encontros românticos podem acontecer por intermédio dessas instituições.

Vênus, seu Planeta do Amor, passa pelo solstício entre os dias 30 de setembro e 3 de outubro. Ele faz uma pausa no céu (na movimentação latitudinal) e muda de direção. O mesmo acontece com a sua vida amorosa. Há um intervalo e depois uma mudança de rumo. Esse solstício é como um "descanso cósmico". Você analisa as coisas e muda de foco. É algo positivo.

A vida financeira está complicada em setembro. Seu Planeta do Dinheiro, Júpiter, passa o mês todo retrógrado. (Em geral, a movimentação retrógrada está no auge do ano.) Os rendimentos vêm, mas são mais lentos do que o normal. As finanças parecem melhores antes do dia 23. Se possível, evite fazer grandes investimentos ou compras neste mês. Se for inevitável, pesquise bastante antes — seja precavido.

Sua Casa Onze fica forte até o dia 23, fazendo com que este seja um período social — porém você está mais ligado a amizades e a atividades em grupo do que ao romance (o amor pode vir como um efeito colateral). No dia 23, o Sol entra na Casa Doze da Espiritualidade, e você começa um intenso período espiritual. É um bom momento para meditar, estudar a literatura sagrada e se envolver com instituições e causas de caridade. Trata-se de participar de coisas que vão além de você mesmo. Conforme sua conexão com o Divino se aprofunda e você permite que o poder dele opere, muitos problemas da vida desaparecerão.

OUTUBRO

Melhores dias: 7, 16, 17, 25, 26
Dias mais tensos: 4, 5, 11, 12, 18, 19
Melhores dias para o amor: 4, 5, 11, 12, 13, 14, 25
Melhores dias para o dinheiro: 1º, 8, 9, 18, 26, 27, 28
Melhores dias para a carreira: 4, 5, 13, 14, 18, 19, 25

Vênus, seu Planeta do Amor, continua passando pelo solstício até o dia 3, então reveja nossa explicação sobre o momento no mês passado. Uma pausa saudável acontece na vida amorosa.

Júpiter, seu Planeta do Dinheiro, passa pelo solstício desde o dia 8 de setembro. Isso continuará até o dia 16. (Júpiter é um planeta muito lento, por isso seus solstícios são mais longos.) Assim, há — e continua a ter — uma pausa na sua vida financeira, um descanso, miniférias, e depois uma mudança de direção. É como se você estivesse financeiramente "trocando de marcha". (Júpiter também muda de signo neste mês — ele volta para Peixes no dia 29 —, dando mais força à "troca de marcha".)

A movimentação retrógrada permanece forte, porém menos intensa do que no mês passado, e apesar de um eclipse solar no dia 25, o mês é basicamente feliz. Seu foco espiritual até o dia 23 (e continua depois disso também) vai lhe ajudar a passar pelo eclipse, que será muito forte para você. Então tenha uma agenda mais tranquila neste período.

O eclipse ocorre no seu signo e tem um impacto pessoal. (Este é o segundo eclipse no seu signo neste ano.) Mais uma vez, há uma necessidade de se redefinir e de repensar a imagem que tem de si mesmo. Isso leva, nos próximos meses, a mudanças no guarda-roupa, no corte de cabelo e na apresentação geral. Conforme você muda por dentro, as transformações acontecem por fora.

O Sol é o seu Planeta da Carreira, então todo eclipse solar afeta o trabalho e traz mudanças e problemas. Às vezes o rumo profissional muda, mas nem sempre. Podem acontecer abalos na hierarquia corporativa ou na sua área. As regras do governo sobre sua indústria podem mudar, e você precisa repensar a maneira como tenta crescer na carreira. Com frequência ocorrem momentos dramáticos na vida de chefes, pais e figuras parentais — momentos transformadores. No seu caso (com o Sol na Casa Um), uma nova oportunidade de carreira surge, e você aceita. Organizações espirituais ou de caridade com que você está envolvido são obrigadas a fazer mudanças financeiras importantes. As pessoas com dinheiro na sua vida passam por transformações espirituais. Irmãos e figuras fraternas enfrentam situações dramáticas com amigos, talvez experiências de quase morte. Filhos e figuras filiais passam por mudanças de emprego e na rotina de saúde. Se eles estiverem na faculdade, há mudanças nos planos de estudo.

Então, mais agitação neste mês, porém também mais felicidade. A entrada do Sol no seu signo no dia 23 aumenta a energia e o carisma. Sua aparência está boa. Você tem confiança e autoestima. (Plutão, o regente do seu mapa, volta ao movimento direto a partir do dia 2, e isso também melhora a autoconfiança e a autoestima.)

Vênus entra no seu signo no dia 23 também. Isso mostra que o amor está atrás de você. Apenas siga sua rotina diária. Este é o momento de ter amor do jeito que você deseja. Para os escorpianos comprometidos, a pessoa amada está se dedicando a você, colocando os seus desejos na frente dos dela. Não é o momento ideal para casamento, mas para o romance.

NOVEMBRO

Melhores dias: 3, 4, 12, 13, 22, 23, 30
Dias mais tensos: 1º, 2, 7, 8, 15, 16, 28, 29
Melhores dias para o amor: 3, 4, 7, 8, 3, 24
Melhores dias para o dinheiro: 4, 14, 23, 24, 25
Melhores dias para a carreira: 3, 4, 13, 14, 15, 16, 23

Seu ápice de prazer pessoal anual dura até o dia 22. Então, este é um bom momento para aproveitar os prazeres dos sentidos e do corpo. É bom recompensar e mimar o corpo por todo o trabalho pesado (e altruísta) que ele faz por você. Um ótimo momento para deixá-lo do jeito que você deseja.

A aparência pessoal está excelente. Não é apenas a aparência física que melhora: porém você exala mais energia, mais vida, algo a mais. As pessoas, especialmente do sexo oposto, reagem a isso.

Apesar de o setor leste do eu não ser dominante, ele chega ao auge de força do ano. Então, outras pessoas com certeza são muito importantes, porém você sente mais independência pessoal do que o normal. Se mudanças tiverem que ser feitas para melhorar sua felicidade pessoal, agora é o momento de fazê-las.

O principal destaque é um eclipse lunar poderoso — e total — no dia 8. Como ele afeta muitos outros planetas — e, assim, muitas áreas da sua vida —, é muito mais forte do que o eclipse solar do mês passado. Ele é forte para você e para o mundo em geral.

Esse eclipse ocorre na sua Casa Sete do Amor, e, assim, testa um relacionamento atual. Como mencionamos antes, faz alguns anos que os relacionamentos duradouros passam por testes. Esse eclipse dá mais força a esse aspecto. Um relacionamento atual é abalado. O eclipse também traz situações dramáticas e crises para a pessoa amada ou parceiro. Universitários passam por abalos na faculdade e trocam seus planos de estudo. Há abalos e crises na instituição religiosa que você frequenta e na vida de líderes religiosos. Não é aconselhável fazer viagens para o exterior neste período.

Três planetas são afetados pelo eclipse: Mercúrio, Urano e Vênus. O impacto em Vênus só reforça os dramas amorosos que descrevemos. Em Mercúrio, também testa amizades (não romances). A vida dos amigos passa por momentos difíceis. Equipamentos de computador e de alta tecnologia são testados e frequentemente precisam de reparos ou trocas. Seu pai, sua mãe ou figuras parentais fazem mudanças financeiras importantes. Como Mercúrio rege sua Casa Oito, podem ocorrer encontros psicológicos com a morte. Talvez experiências de quase morte. Desastres de que você escapa por pouco. O impacto em Urano traz situações dramáticas no círculo familiar e na vida dos pais e figuras parentais. É comum que consertos sejam necessários em casa.

Porém os planetas, no geral, são generosos com você neste mês, e todos esses desafios terão os melhores resultados possíveis.

Seu período do ápice do prazer pessoal anual dura até o dia 22. Após essa data, conforme o Sol entra na sua Casa do Dinheiro, você começa um ápice financeiro anual. Ele deve ser melhor do que o normal, uma vez que Júpiter, seu Planeta do Dinheiro, volta ao trânsito direto no dia 23. É um bom momento, porque coincide com seu ápice financeiro. Então há prosperidade. Os gastos causados pelo eclipse são quitados com facilidade.

DEZEMBRO

Melhores dias: 1º, 9, 10, 11, 19, 20, 27, 28
Dias mais tensos: 4, 5, 6, 12, 13, 25, 26
Melhores dias para o amor: 2, 3, 4, 5, 6, 14, 23, 24
Melhores dias para o dinheiro: 1º, 11, 20, 21, 22, 29
Melhores dias para a carreira: 2, 3, 12, 13, 22, 23

Marte, seu Planeta da Saúde, está "fora dos limites" desde o dia 24 de outubro, e permanecerá assim pelo restante do mês. (Também há outros planetas "fora de curso".) Ele fica retrógrado até o fim de dezembro. Por isso, quando se trata de questões de saúde, você está fora da sua órbita normal — explorando coisas que normalmente não exploraria. No entanto, com Marte retrógrado, tome muito cuidado ao fazer mudanças importantes na rotina de saúde. A saúde está boa neste mês, e não há necessidade de mudar as coisas em um impulso. Talvez isso signifique que você se sinta excluído no trabalho. O emprego leva você a situações novas.

Igualmente, vemos essa tendência no amor. Seu comportamento romântico está "fora da caixa" — e talvez atraia pessoas que também estejam fora do prumo. O mesmo vale para a sua espiritualidade. (Em geral, essa parece ser uma tendência no mundo em geral — as pessoas se aventuram fora dos seus limites habituais.)

Dezembro é um mês próspero. Você continua em um ápice financeiro anual até o dia 22. Júpiter, seu Planeta do Dinheiro, anda para a frente. Você tem confiança e clareza. Mais importante, há foco. De acordo com a lei espiritual, nós conseguimos aquilo em que nos focamos. Júpiter muda de signo no dia 21. Desta vez ele vai passar um bom tempo na Casa Seis. Assim, você aprende com o trabalho. Ótimas oportunidades surgirão, independentemente de você já ter emprego ou não. É possível ganhar dinheiro com a área de saúde, e você provavelmente também gastará mais com ela. Filhos e figuras filiais tiveram prosperidade ao longo do ano, e terão mais ainda agora.

No dia 22, conforme o Sol entra na Casa Três, o foco muda para interesses intelectuais. Objetivos financeiros, pelo menos os de curto prazo, foram alcançados, e agora você quer expandir sua mente e seu conhecimento. Estudantes no ensino básico irão bem nos estudos. Há muito foco nessa área. As capacidades intelectuais são ampliadas, e o aprendizado (e o ensino) se torna fácil. Os escorpianos não são muito de falar, mas neste mês falam mais do que o normal. Este é um bom período para fazer cursos sobre assuntos que lhe interessem. Se você for especializado em alguma área, pode querer dar aulas ou escrever em um blog sobre o assunto. É um bom momento para cuidar de todos aqueles telefonemas, e-mails ou cartas que está devendo para outras pessoas.

Vênus, seu Planeta do Amor, entra na Casa Três no dia 10. Esse planeta começou o ano aqui e termina aqui. Concluiu um ciclo completo. Assim, o amor está perto de casa, na sua vizinhança ou com vizinhos. A compatibilidade intelectual é importante para o romance. Você gosta de pessoas desembaraçadas — aquelas que têm facilidade para conversar. A boa comunicação faz parte das preliminares neste período. Oportunidades românticas surgem na escola, em palestras, seminários, na biblioteca ou na livraria. Ambientes educacionais. Como vimos no começo do ano, Vênus em Capricórnio demora a se apaixonar. Há muita hesitação. Isso é positivo, mas uma hesitação saudável que se transforma em medo vira um problema. Você quer testar o amor durante este período. Quer ter certeza de que ele é real. (E seu parceiro talvez faça a mesma coisa.)

SAGITÁRIO

O ARQUEIRO
Nascidos entre 23 de novembro e 20 de dezembro

PERFIL PESSOAL

SAGITÁRIO EM UM RELANCE

Elemento: Fogo
Planeta Regente: Júpiter
Planeta da Carreira: Mercúrio
Planeta do Amor: Mercúrio
Planeta das Finanças: Saturno
Planeta da Saúde e do Trabalho: Vênus
Planeta do Lar e da Vida Familiar: Netuno
Planeta da Fortuna e da Abundância: Júpiter
Cores: azul, azul-marinho
Cores que promovem amor, romance e harmonia social: amarelo, amarelo-ouro
Cores que propiciam ganhos: preto, índigo
Pedras: carbúnculo, turquesa
Metal: estanho
Perfumes: cravo, jasmim, mirra
Qualidade: mutável (= flexibilidade)
Qualidades essenciais ao equilíbrio: atenção aos detalhes, organização, senso administrativo
Maiores virtudes: generosidade, honestidade, mente aberta, poder de visão
Necessidade mais profunda: expansão mental
Características a evitar: excesso de otimismo, exagero, muita generosidade com o dinheiro alheio

Signos de maior compatibilidade: Áries, Leão
Signos de maior incompatibilidade: Gêmeos, Virgem, Peixes
Signo mais útil à carreira: Virgem
Signo que fornece maior suporte emocional: Peixes
Signo mais prestativo em questões financeiras: Capricórnio
Melhor signo para casamento e associações: Gêmeos
Signo mais útil em projetos criativos: Áries
Melhor signo para sair e se divertir: Áries
Signos mais úteis em assuntos espirituais: Leão, Escorpião
Melhor dia da semana: quinta-feira

COMPREENDENDO A PERSONALIDADE SAGITARIANA

A contemplação do símbolo do arqueiro nos possibilita desenvolver uma compreensão intuitiva dos nativos de Sagitário. O manejo do arco e flecha corresponde ao primeiro degrau de refinamento na arte de caçar e guerrear. A capacidade de lançar setas além do alcance habitual das lanças expandiu os horizontes humanos, bem como sua riqueza e seu poder, garantindo a hegemonia de sua vontade.

Atualmente, em vez de utilizar arcos e flechas, fazemos uso de explosivos e engenhocas bem mais complexas para projetar nosso poder pessoal, mas os motivos essenciais que se ocultam por trás do seu emprego permanecem inalterados. Esses poderes representam nossa própria capacidade de expandir a esfera de influência pessoal. E é com essa expansão que Sagitário se preocupa. Por isso, os sagitarianos estão sempre buscando expandir seus horizontes e suas perspectivas e ocupar um território mais vasto. Isso se aplica a todos os âmbitos de suas vidas, desde o econômico até o intelectual e o social.

Os sagitarianos são famosos pelo intenso desenvolvimento do seu intelecto superior, o qual lhes confere aprimorada capacidade de compreender conceitos metafísicos, filosóficos e espirituais. A mente superior representa a faceta mais elevada da natureza psíquica, sendo movida não por considerações pessoais de natureza egoísta, mas pela graça e luminosidade de um poder maior. A maioria dos sagitarianos aprecia a educação superior, e embora eles possam, por vezes, entediar--se com o ensino formal, adoram estudar, por conta própria, assuntos de seu interesse. A paixão pelas viagens e por lugares distantes também é característica necessária nos sagitarianos.

Se analisarmos em profundidade esses atributos dos nativos do signo, constataremos que eles brotam de seu íntimo desejo por desenvolvimento. Viajar muito significa conhecer mais, e conhecer é ser mais; já cultivar o intelecto superior equivale a crescer e se expandir. Todas essas atividades tendem a ampliar os horizontes mentais dos sagitarianos e, indiretamente, suas perspectivas de êxito material e econômico.

A generosidade sagitariana já se tornou proverbial e justifica-se por muitas razões. Uma delas é a consciência inata de abundância que os nativos do signo parecem possuir. Eles se sentem ricos, sortudos e capazes de atingir todas as suas metas financeiras, e por se sentirem assim, se dão o luxo de arcar com a generosidade. Os sagitarianos não admitem em suas vidas os fardos da limitação e da carência, que impedem os nativos de outros signos de doar prodigamente. Outra razão para essa generosidade é seu idealismo religioso e filosófico, que tem origem na mente superior, de natureza generosa, por não estar subordinada a circunstâncias materiais. E, também, graças à sua exaltada natureza emocional. A doação é, por si só, um ato enriquecedor, e essa recompensa basta aos sagitarianos.

FINANÇAS

Os sagitarianos parecem atrair e gerar riquezas. Possuem ideias, energia e talento para tornar realidade sua visão de paraíso na Terra. Contudo, a riqueza pura e simples não é suficiente para eles. É pela opulência que se interessam; viver confortavelmente, apenas, não é satisfatório para os nativos do signo.

Para concretizar seu verdadeiro potencial de ganho eles precisam desenvolver mais sua capacidade de gerenciamento e organização. Têm de aprender a traçar limites e a estabelecer metas intermediárias. Raramente se chega à riqueza da noite para o dia. Mas os sagitarianos sentem dificuldade em lidar com processos longos e bem-delineados. Da mesma forma que os leoninos, eles anseiam por sucesso e riqueza de forma rápida e ostensiva. Devem conscientizar-se, entretanto, de que o excesso de otimismo pode desembocar em aventuras financeiras tresloucadas e perdas desalentadoras. Naturalmente, poucos signos zodiacais exibem a mesma capacidade para dar um passo atrás tão habilmente quanto Sagitário, porém esse recuo pode gerar mágoas desnecessárias. Os sagitarianos precisam aprender a preservar seus pontos de vista, sem abrir mão deles, mas também a trabalhar de forma prática e eficiente para torná-los realidade.

CARREIRA E IMAGEM PÚBLICA

Os sagitarianos pensam grande. Anseiam por dinheiro, fama, prestígio, carisma, aclamação pública e um lugar nas páginas da história. Costumam se empenhar para realizar essas metas. O êxito ou não depende do seu horóscopo pessoal. Mas todo sagitariano desejoso de reconhecimento público ou profissional precisa compreender que estes não são conferidos para enaltecer o ego; são mera decorrência de serviços prestados à humanidade. Quanto mais cedo descobrirem formas efetivas de servir, maior será a oportunidade de ascender ao topo.

O ego dos sagitarianos é gigantesco, talvez justificadamente, pois têm muito do que se orgulhar. Todavia, se desejam reconhecimento público, precisarão controlar um pouquinho esse ego e se tornar mais humildes e menos arrogantes, sem, no entanto, resvalar para a autonegação. Têm, ainda, de aprender a lidar com detalhes da vida que muitas vezes os iludem e ludibriam.

No emprego, são trabalhadores assíduos, que gostam de agradar chefes e colegas; são confiáveis, solícitos e apreciam os desafios. Costumam ser amigáveis e prestimosos no trabalho. Geralmente, contribuem com ideias inteligentes e métodos novos, que melhoram o ambiente profissional para todos. Os sagitarianos sentem-se fortemente atraídos por posições desafiadoras e carreiras que os forcem a desenvolver seu intelecto, mesmo que precisem trabalhar duramente para obter sucesso. Atuam bem sob supervisão; contudo, sua própria natureza os leva a buscar posições nas quais possam exercer, eles mesmos, a supervisão e ampliar, assim, sua esfera de influência. Os sagitarianos são bem-sucedidos em profissões que lhes facultem o contato com grande variedade de pessoas e viagens a locais novos e excitantes.

AMOR E RELACIONAMENTOS

Os sagitarianos amam ser livres e concedem de bom grado a liberdade aos cônjuges. Gostam de relacionamentos em constante mutação. Tendem a ser volúveis no amor e a mudar de opinião em relação aos parceiros com frequência.
Os nativos deste signo sentem os relacionamentos claramente definidos e estruturados como uma ameaça à sua liberdade. Geralmente, casam-se mais de uma vez.
No amor, são passionais, generosos, abertos, benevolentes e muito ativos. Demonstram sua afeição abertamente. Contudo, à semelhança dos arianos, tendem a comportar-se de forma egoísta em relação aos parceiros. Precisam aprender a respeitar os pontos de vista alheios, não apenas o seu, e também a desenvolver maior objetividade, frieza e clareza intelectual, a fim de estabelecer comunicação bilateral com os parceiros. É comum idealizarem excessivamente o cônjuge e o próprio amor. Uma atitude mais fria e racional vai ajudá-los a perceber a realidade mais claramente e, assim, evitar desapontamentos.

VIDA DOMÉSTICA E FAMILIAR

Os sagitarianos procuram conceder ampla liberdade à família. Gostam de casas grandes e com muitas crianças. Aliás, este é um dos signos mais férteis do Zodíaco. Entretanto, ao lidar com os próprios filhos, tendem a errar, por excesso de permissividade. Suas crianças, muitas vezes, adquirem a ideia equivocada de que não existem limites. Contudo, preservar a liberdade no lar não deixa de ser uma atitude fundamentalmente positiva, pois, quando contrabalançada com alguma medida equilibradora, faculta a livre expressão e o desenvolvimento pleno dos membros da família.

SAGITÁRIO
PREVISÃO ANUAL PARA 2022

TENDÊNCIAS GERAIS

2022 não é um ano forte para a carreira. O foco é o bem-estar emocional e a resolução do passado. Sua Casa Dez da Carreira está vazia, enquanto a Casa Quatro do Lar e da Família é, de longe, a mais forte do mapa. Falaremos sobre isso.

Faz cerca de vinte anos que Plutão está na sua Casa do Dinheiro, e ele continuará lá em 2022. Isso indica uma intuição financeira fabulosa e uma personalidade caridosa e generosa (apesar de não parecer que você seja assim em excesso). Seu Planeta do Dinheiro está na Casa Três desde o ano passado. Então você investe em equipamentos de comunicação e talvez ganhe dinheiro com essa área. A vida financeira está boa neste ano, mas ficará ainda melhor no próximo. Voltaremos a esse assunto.

A saúde está boa, melhorando ainda mais depois do dia 11 de maio. Seu comportamento nessa área é muito experimental. Falaremos mais sobre isso.

Júpiter entra na sua Casa Cinco no dia 11 de maio, fazendo com que este seja um ano divertido. Mulheres em idade reprodutiva se tornam muito mais férteis por todo o ano.

Marte passará uma quantidade anormal de tempo na sua Casa Sete do Amor. Geralmente, ele fica um mês e meio em cada signo ou casa. Em 2022, ele permanece na sua Casa Sete por quatro meses. Para os solteiros, é um sinal de possíveis casos amorosos. Para os casados, pode indicar lutas por poder no relacionamento. Voltaremos nesse tópico.

As suas principais áreas de interesse este ano serão: finanças; comunicação; interesses intelectuais; lar e família; diversão, filhos, criatividade (entre 11 de maio e 29 de outubro, e a partir de 21 de dezembro); saúde; trabalho; amor e romance (depois de 20 de agosto).

Os caminhos de maior realização serão: lar e família (até o dia 11 de maio e entre 29 de outubro e 21 de dezembro); diversão, filhos, criatividade (entre 11 de maio e 29 de outubro, e a partir de 21 de dezembro); saúde e trabalho.

SAÚDE

(Esta é uma perspectiva astrológica sobre a saúde, não uma visão médica. No passado essas perspectivas eram idênticas, mas hoje podem ocorrer diferenças significativas. Para obter uma opinião com base em diagnósticos da medicina convencional, consulte seu médico ou um profissional da área da saúde.)

Sua Casa Seis está em destaque há alguns anos, e permanece em foco em 2022. Urano — um planeta lento — está nela. É um sinal de mudanças constantes na rotina de saúde. Você busca pela rotina perfeita, mas, sempre que acha que a encontrou, algo novo aparece e você muda de novo.

Isso é bom em muitos aspectos. Você tenta tratamentos e médicos novos. Está deixando todas as regras de lado e aprendendo o que funciona especificamente para o seu caso. Você sabe que "opera" de um jeito único, e as coisas que dão certo para os outros podem não dar certo para você. Coisas que dão certo para você podem não dar certo para os outros. Então o seu principal trabalho agora (e nos últimos anos) é aprender como seu corpo funciona. Essa é uma das melhores coisas que podemos fazer — desvendar, conhecer a nós mesmos. E é isso que acontece neste período.

Urano cria mudanças na rotina de saúde, mas ele é auxiliado por dois eclipses na sua Casa Seis — um solar no dia 30 de abril e um lunar no dia 8 de novembro.

A saúde está razoável neste ano. E ficará melhor ainda depois de 11 de maio. Em agosto, quando Marte entrar em um aspecto tenso com você, será preciso voltar a se concentrar nela.

Há muito que você pode fazer para favorecer a sua saúde. Dê mais atenção aos seguintes pontos — as áreas vulneráveis no seu mapa.

Coração. Passou a ser importante no ano passado, quando Júpiter entrou em um aspecto tenso com você. Ganha uma importância ainda maior após 20 de agosto. Os reflexos aparecem no seu mapa. Massagens no peito — especialmente no esterno e na parte superior da caixa torácica — ajudam. O importante é cultivar a fé — o antídoto para preocupações e ansiedade. Fuja das preocupações. A meditação ajudará bastante.

Pescoço e garganta. Sempre são importantes para os sagitarianos, já que Vênus é o seu Planeta da Saúde. Os reflexos aparecem no seu mapa. A tensão tende a se acumular no pescoço e precisa ser aliviada.

Fígado e coxas. Sempre são importantes para os sagitarianos. Os reflexos aparecem no seu mapa. Massagens regulares nas coxas não apenas fortalecem o fígado e as coxas, mas também a lombar.

Tornozelos e panturrilhas. Passaram a ser importantes em 2019, quando Urano entrou na sua Casa Seis. Essas áreas devem ser massageadas com frequência. Certifique-se de que os tornozelos tenham apoio ao se exercitar.

Seu Planeta da Saúde, Vênus, é rápido, como leitores assíduos sabem. Em um ano, ele passa por todos os signos e casas do mapa. Há muitas tendências breves na saúde que dependem da posição de Vênus e dos aspectos que ele faz. Será melhor tratar delas nos relatórios mensais.

LAR E FAMÍLIA

Sua Casa Quatro do Lar e da Família está forte neste ano. Uma casa poderosa. A Casa Dez da Carreira está vazia. Não só isso, como TODOS os planetas lentos passam 2022 na metade inferior do seu mapa. Então isso reforça o foco no lar, na família e na necessidade do bem-estar emocional.

Este é um ano feliz para essa área. Mulheres em idade reprodutiva ficam mais férteis do que o normal. O círculo familiar se expandirá. Geralmente isso acontece com a ocorrência de nascimentos ou casamentos, mas nem sempre. Às vezes, você conhece pessoas que são como família para você. É um bom ano para comprar ou vender casas. Há muita sorte nesse aspecto. Mudanças — felizes — são prováveis. Às vezes, as pessoas não se mudam de verdade — podem comprar uma casa ou propriedade nova, ou ter acesso a outras casas. Ou reformam a casa onde moram e compram itens caros. O efeito geral é uma sensação de "como se" tivessem se mudado.

"O passado não morreu", diz William Faulkner, "ainda nem passou". Este é um ano em que você compreende essa verdade. Será um período de muita nostalgia, de apreço pela história — tanto a sua própria e da sua família quanto a mundial. Você vai digerir e reinterpretar experiências e eventos passados.

Aqueles sagitarianos que fazem terapia terão bastante progresso neste ano. Muitas revelações psicológicas acontecerão. Mesmo que você não faça terapia ou não seja terapeuta, vai oferecer ajuda psicológica para amigos e família. Sua percepção sobre essas questões está apurada.

Caso tenha planos de fazer reformas ou obras em casa, o período entre 15 de abril e 25 de maio seria um bom momento.

Caso você queira redecorar ou comprar objetos de arte para a casa, o período entre 5 de abril e 2 de maio é promissor.

Seu pai, mãe ou figura parental em idade reprodutiva está fértil nesse período. Uma figura parental será muito próspera neste ano — o próximo também apresenta essa tendência. Ela fará reformas importantes em casa.

Irmãos e figuras fraternas passam por uma fase de instabilidade emocional há alguns anos. Podem ter ocorrido mudanças ao longo desse período e a tendência continua em 2022.

Filhos e figuras filiais têm um ano sem muitas mudanças na área da família.

DINHEIRO E CARREIRA

Sua Casa do Dinheiro está em destaque nos últimos vinte anos. Em 2022, ela continua em foco. Isso logo vai mudar. Nos próximos dois anos, Plutão se mudará para a Casa Três.

A vida financeira passou por uma transformação completa nas últimas duas décadas. Ocorreram crises — experiências de quase morte financeira, e, em alguns casos, mortes financeiras reais (falências ou cobranças de dívidas, e eventos semelhantes). Apesar de não terem sido experiências agradáveis, elas levaram você à vida financeira dos seus sonhos, que está muito perto de se manifestar agora. Os percalços monetários foram apenas as dores do parto — não uma punição.

Parte dessa transformação envolveu uma limpeza financeira — a limpeza sempre vem antes de um nascimento. Então houve (ainda há) a necessidade de se livrar de desperdícios — gastos desnecessários, contas bancárias e de corretagem supérfluas e outras despesas improdutivas. Menos é mais. Também foi bom se livrar das posses desnecessárias e sem utilidade.

Plutão é o planeta mais lento de todos. Ele passa entre 22 e 35 anos em um signo. Muitas das tendências sobre as quais escrevemos em relatórios passados continuam valendo para este ano.

Plutão rege heranças. Isso pode ter acontecido para muitos sagitarianos, porém também indica que espólios podem trazer lucro. Ninguém precisa morrer, mas você pode ser beneficiado pelo testamento de alguém ou ser nomeado como administrador dos bens de alguma pessoa. Para os sagitarianos que trabalham com espólios — comprando e vendendo —, é uma tendência positiva.

Os sagitarianos de idade apropriada têm feito planos para comprar imóveis e essa continua sendo uma tendência interessante neste ano.

Um bom planejamento contábil e eficiência contábil geral foi e continua sendo essencial.

Talvez a tendência mais importante seja que muitos sagitarianos estão se envolvendo com as dimensões espirituais da riqueza — aplicando as leis espirituais e seguindo a intuição. Falaremos mais sobre isso.

Como mencionamos anteriormente, este não é um ano muito forte para a carreira. Os leitores assíduos sabem que o cosmos se desenvolve de forma equilibrada. Às vezes, o lar e a família, questões emocionais, filhos e criatividade pessoal são mais importantes do que o trabalho. É o caso deste ano. Não há problema nenhum com a carreira, apenas uma falta de interesse. Sua Casa Dez está basicamente vazia, enquanto a Casa Quatro se mostra muito poderosa. Então este é um período para lidar com questões familiares e emocionais — para colocar ordem na vida doméstica. Isso criará a base para o futuro sucesso na carreira.

A Casa Dez vazia pode ser interpretada como algo positivo. Ela indica contentamento com a situação das coisas, mostrando que não é necessário dedicar energia extra a essa área. Há uma tendência a permanecer igual.

Seu Planeta da Carreira, Mercúrio, é rápido, como leitores assíduos sabem. Em um ano, ele atravessa todo o mapa. Assim, há muitas tendências breves na carreira que dependem da posição de Mercúrio e dos aspectos que ele faz. Será melhor falar sobre elas nos relatórios mensais.

AMOR E VIDA SOCIAL

Sua vida social parece estável até o dia 11 de maio, mas acelera depois de 20 de agosto.

Não parece ser um ano para casamento ou relacionamentos sérios. No entanto, é um bom período para casos amorosos — relações divertidas. Os solteiros não parecem estar no clima de casamento. E você atrai pessoas que se sentem de forma semelhante.

Anteriormente, mencionamos que os sagitarianos estão mais férteis neste período e um casamento pode ocorrer devido a uma gravidez — assim, apesar de você e seu parceiro não estarem dispostos a ter algo mais permanente, isso pode acontecer por outros motivos.

Marte na Casa Sete do Amor tem vários significados. Por um lado, ele mostra o que acabamos de explicar — um desejo por diversão e alegria. Os relacionamentos sem compromisso são apenas outra forma de entretenimento, sem a intenção de se tornarem algo sério. Eles tendem a ficar instáveis em momentos difíceis — que sempre acontecem.

O outro problema com Marte na Casa Sete são as brigas por poder dentro da relação. Elas acabam com o romance. Se você conseguir evitar isso, é possível que o relacionamento sobreviva.

Neste ano, você se sente atraído por pessoas divertidas. Pessoas que sejam boas companhias. Tipos atléticos são interessantes. Oportunidades para o romance podem surgir na academia, em estádios esportivos, no cinema, em resorts ou em lugares de entretenimento. Festas também são ambientes propícios. Uma noite de farra pode ser romântica.

Como Mercúrio, seu Planeta do Amor, também rege sua Casa Dez, você se sente atraído por pessoas bem-sucedidas — pessoas poderosas e prestigiosas também. Assim, oportunidades românticas podem acontecer enquanto você tenta conquistar objetivos da carreira (apesar de isso não parecer muito interessante neste ano) ou com pessoas relacionadas à sua carreira.

Há muitas tendências breves para o romance. Isso acontece porque Mercúrio, seu Planeta do Amor, se move muito rápido. Durante o ano, ele passa por todo o seu mapa. Essas tendências curtas dependem da posição dele e dos aspectos que faz. É melhor tratar delas nos relatórios mensais.

AUTOAPERFEIÇOAMENTO

Como mencionamos, este é um ano forte para o lar e a família. Porém, mais do que isso, é um ano para a cura emocional. Você vai confrontar seu passado. Esse será um interesse muito natural. Não apenas pelo seu passado pessoal, mas também pela história da sua família também. Muitos sentimentos antigos surgem. A maioria deles não tem ligação com o presente, mas eventos atuais podem acioná-los. Alguém olha para você de uma maneira específica, usa determinado perfume, faz um gesto ou usa um tom de voz específico. Essas coisas trazem experiências passadas à tona e elas surgem por um motivo. Para a cura. Para a resolução. Para serem reinterpretadas a partir da sua mentalidade atual. Até mesmo um evento traumático para a sua versão de 6 anos de idade pode trazer um sorriso para a pessoa que você é hoje. Sim, as emoções permanecem, mas você não tem mais 6 anos e consegue enxergar o evento com outros olhos. Na maioria dos casos, apenas uma observação neutra, sem julgamentos, basta para trazer resolução. Se o evento foi extremamente traumático, há métodos espirituais para dissipá-lo e remover as emoções negativas associadas. Você não perderá a memória, apenas a negatividade que a acompanha. Eventos realmente traumáticos podem precisar de mais análises. Meu livro, *A Technique for Meditation*, apresenta dois capítulos que tratam disso. Há muitas outras informações no meu site [em inglês], *www.spiritual-stories.com*, para quem quiser aprender mais. A limpeza das memórias corporais — os registros de experiências passadas, positivas ou negativas — é um trabalho para muitas vidas, de acordo com os sábios. Então tenha paciência. Não existe uma solução rápida, que acontece do dia para a noite. Mas cada progresso torna a vida melhor. É isso que importa, e este é um ano em que você fará avanços.

Júpiter, o regente do seu mapa, e Netuno, o planeta mais espiritual de todos, fazem conjunção por boa parte do ano. Há motivos espirituais por trás disso tudo. Quando você limpar sua memória corporal, sua vida espiritual também vai desabrochar. Plutão, seu Planeta do Dinheiro, está na Casa Dois há cerca de vinte anos. Você passará por um ciclo de aprendizado para aplicar as leis espirituais da abundância e oferta. Aqui, temos a solução verdadeira e duradoura para a pobreza. Essa é a cura. Tudo mais é apenas uma medida temporária — conseguir um emprego, conseguir treinamento, assistência social etc. são coisas que podem ajudar com a dor a curto prazo, mas não curam o problema. Uma boa definição espiritual da pobreza é "desconexão com a abundância do Divino". Essa abundância está sempre ali e nunca diminui nem se perde. Ela não depende de qualquer condição material. Não se interessa pelo quanto você tem ou deixa de ter. Ela não se importa se você está empregado, desempregado, endividado ou se foi vítima da crise no mercado. Ela simplesmente é. Quando entramos em contato com ela e a compreendemos, ela flui. Nunca se contém. No entanto, existem leis. A esta altura, você compreende muito sobre elas, porém, há sempre mais a ser entendido. Meu site também oferece muitas informações sobre isso.

PREVISÕES MENSAIS

JANEIRO

Melhores dias: 1º, 8, 9, 18, 19, 27, 28
Dias mais tensos: 6, 7, 13, 14, 21, 22
Melhores dias para o amor: 2, 3, 4, 5, 11, 12, 13, 14, 21, 22, 23, 29, 30
Melhores dias para o dinheiro: 2, 3, 4, 5, 6, 13, 14, 16, 23, 24, 25, 29, 30, 31
Melhores dias para a carreira: 4, 5, 13, 14, 21, 22, 23

Um mês feliz e próspero para os sagitarianos. Aproveite!
A saúde está excelente. Marte fica em Sagitário até o dia 25, oferecendo energia, coragem e vontade de colocar a mão na massa. Você faz tudo rápido. Seu desempenho em esportes e rotinas de exercício é excelente. Você também parece estar se divertindo. Filhos e figuras filiais se dedicam a você. O único problema com Marte no seu signo é a pressa e a impaciência. Isso pode causar acidentes ou ferimentos. (É provável que você nem perceba que está fazendo tudo rápido — é como estar sob a influência de uma droga). Então siga acelerado, mas preste atenção. Também tome cuidado com o seu gênio. Neste período, você não leva desaforo para casa. Seu comportamento pode parecer mais agressivo do que o normal.

Você está no meio de um ápice financeiro anual até o dia 20. E, mesmo depois dessa data, haverá prosperidade. Um total de sessenta por cento dos planetas está na sua Casa do Dinheiro ou passando por ela. É muita energia. O dinheiro pode vir de muitas formas e através de muitas pessoas. Para investidores, isso favorece um portfólio grande e diversificado. Você se interessa por muitas empresas e mercados.

Apesar de a saúde estar boa, seu Planeta da Saúde, Vênus, fica retrógrado até o dia 29. Então evite fazer grandes mudanças na dieta ou na rotina de saúde nesse período. (Urano, que também influencia sua saúde, fica retrógrado até o dia 18.) Então é melhor deixar mudanças para depois.

Oportunidades de trabalho também surgem, mas precisam de uma análise mais aprofundada. Solucione suas dúvidas. Faça perguntas. As coisas não são o que aparentam ser. A clareza virá no próximo mês.

O amor está complicado em janeiro, e há alguns motivos para isso. O primeiro é que a maioria dos planetas está no setor leste do mapa — o setor do eu. A Casa Um fica forte até o dia 25, enquanto a Casa Sete do Amor está vazia (apenas a Lua passa por ela entre os dias 13 e 14). Acrescente a isso a retrogradação do seu Planeta do Amor, Mercúrio, no dia 14, e você tem uma receita para a lentidão no romance.

Os relacionamentos não parecem tão importantes neste período. Esta é uma época voltada para o "eu". Trata-se de um tempo para desenvolver iniciativa pessoal, independência e autoconfiança. Isso não significa que você será cruel com os outros — apenas que eles não serão o foco. É um momento para assumir responsabilidade pela sua própria felicidade. Isso cabe a você. A felicidade, no sentido espiritual, não passa de uma escolha. Faça essa escolha. Se achar que mudanças são necessárias para aumentar sua felicidade, agora é o momento para fazê-las. Você tem o dinheiro e a motivação. Mais tarde, quando os planetas passarem para o oeste, será mais difícil.

Decisões importantes na vida amorosa, de um jeito ou de outro, não devem ser feitas após o dia 14. Busque ganhar mais discernimento. Seu Planeta do Amor, Mercúrio, alterna entre as Casas Dois e Três. Até o dia 2 e depois do dia 27, oportunidades românticas surgem enquanto você vai atrás de objetivos financeiros ou com pessoas envolvidas na sua vida financeira. Entre os dias 2 e 27, há oportunidades de romance na vizinhança, talvez com vizinhos.

FEVEREIRO

Melhores dias: 5, 6, 14, 15, 24, 25
Dias mais tensos: 2, 3, 9, 10, 11, 17, 18
Melhores dias para o amor: 7, 8, 9, 10, 11, 17, 18, 19, 27, 28
Melhores dias para o dinheiro: 1º, 2, 3, 9, 10, 11, 12, 13, 19, 20, 21, 22, 26, 27, 28
Melhores dias para a carreira: 8, 17, 18, 19, 20, 28

O amor começa a se fortalecer conforme Mercúrio entra em movimento direto no dia 4. Até o dia 15, ele ocupa a Casa do Dinheiro, então, assim como em janeiro, há oportunidades românticas enquanto você vai atrás de objetivos financeiros ou talvez com pessoas envolvidas em suas finanças. Você acaba socializando mais com as pessoas com dinheiro na sua vida. A riqueza é atraente para o romance. Você expressa o amor de formas práticas e também é assim que se sente amado. No dia 15, Mercúrio entra em Aquário, na sua Casa Três. Mercúrio é muito poderoso nesse signo, da sua "exaltação". Então o traquejo social está muito forte. O problema é o desinteresse. A Casa Sete permanece vazia (apenas a Lua passa por ela nos dias 9, 10 e 11). Isso faz com que as coisas permaneçam iguais. Os solteiros se interessam por tipos intelectuais. A compatibilidade mental é importante para o amor. Você precisa amar a mente da pessoa tanto quanto o corpo.

Este ainda é um período de independência pessoal, então, se você ainda não fez aquelas mudanças para a sua felicidade, este continua sendo um bom momento para fazê-las. Os planetas estão se preparando para ir para o oeste no mês que vem, então é melhor não perder tempo.

A Casa Três se tornou poderosa no dia 20 de janeiro e continua assim até o dia 18 de fevereiro. Isso é maravilhoso para estudantes — tanto universitários quanto do ensino básico. Há foco nos estudos, trazendo sucesso. As capacidades mental e de comunicação estão mais fortes do que nunca.

A Casa do Dinheiro permanece forte neste mês, porém menos do que em janeiro. Então os rendimentos estão bons. Você tem uma boa intuição financeira. Talvez esteja mais especulativo do que o normal. Os dias 3 e 4 parecem especialmente lucrativos. A Lua Nova do dia 1º ocorre perto do seu Planeta do Dinheiro, Saturno, e também deve ser um bom dia para as finanças. Outras questões monetárias irão se esclarecer ao longo do mês. Todas as informações de que você precisa para tomar boas decisões virão até você. (Isso também vale para questões intelectuais e educacionais.)

A saúde precisa de mais atenção a partir do dia 18. Melhore seu bem-estar com massagens no peito e na região do reflexo do coração. Massagens nas costas e nos joelhos também serão boas.

A situação do lar e da família parece muito feliz neste ano, especialmente depois do dia 18. Mudanças podem acontecer. Gestações podem se iniciar. O círculo familiar se expande por meio de nascimentos ou casamentos. Os humores estão mais otimistas. TODOS os planetas (exceto pela Lua — e só às vezes) estão abaixo do horizonte no seu mapa — o lado noturno do seu horóscopo. A Casa Dez da Carreira está vazia (apenas a Lua passa por ela nos dias 17 e 18). Então o foco é o lar, a família e o seu bem-estar emocional. Muitas revelações psicológicas acontecem neste mês. (Isso vale para todo o ano, mas neste mês em especial). O cosmos faz terapia com o seu mundo sensorial.

MARÇO

Melhores dias: 4, 5, 14, 15, 23, 24
Dias mais tensos: 2, 3, 9, 10, 16, 17, 30, 31
Melhores dias para o amor: 1º, 9, 10, 11, 12, 18, 19, 22, 27, 28
Melhores dias para o dinheiro: 1º, 2, 3, 9, 10, 11, 12, 18, 19, 21, 22, 25, 26, 27, 28, 30, 31
Melhores dias para a carreira: 8, 16, 17, 19, 20, 28

Marte e Vênus fazem conjunção desde 25 de fevereiro, e continuam assim até o dia 12. É como se eles caminhassem juntos — fossem apenas um. No geral, isso melhora a vida amorosa de todo o planeta. Há uma proximidade entre os sexos. No seu mapa, é um sinal de que filhos e figuras filiais prosperam. Eles também podem se envolver em relacionamentos sérios.

O lar parece ser o centro de tudo neste mês. Até o seu Planeta do Amor e da Carreira, Mercúrio, ocupa a Casa Quatro entre os dias 10 e 27. Então a missão está no lar e na família — ESSA é a sua carreira durante este período. Mas também é um sinal de que você investe na sua carreira mundana a partir do lar. Além disso, o lar é o centro social.

A saúde ainda precisa de atenção até o dia 20. Depois disso, você verá melhorias dramáticas. Como sempre, mais descanso faz bem à saúde. Até o dia 6, é bom fazer massagens nas costas e nos joelhos. Depois, massagens nos tornozelos e nas panturrilhas são benéficas. Após o dia 6, certifique-se de tomar bastante ar fresco e de respirar corretamente.

O Sol fará conjunção com Júpiter entre os dias 4 e 6. Isso pode indicar uma viagem internacional para você ou para a família como um todo.

(É provável que um cruzeiro seja a opção mais divertida.) Também é um sinal de boas notícias para universitários ou estudantes que desejem entrar para a faculdade.

Mercúrio faz conjunção com o seu Planeta do Dinheiro, Saturno, entre os dias 1º e 2. Isso pode trazer aumentos e apoio financeiro dos pais ou figuras parentais. Talvez surja uma oportunidade para parceria de negócios ou empreendimentos em conjunto. Mercúrio faz conjunção com Júpiter entre os dias 20 e 21. Isso traz oportunidades para a carreira e vida amorosa. O cônjuge, parceiro ou interesse amoroso atual passa por um bom período financeiro.

A passagem de Mercúrio pela Casa Quatro — Peixes — traz idealismo para a vida amorosa e profissional. Você pode crescer na carreira ao se envolver com instituições de caridade ou causas altruístas. Os resultados virão mais tarde — é provável que não sejam imediatos. Também é um sinal de que valores familiares e compatibilidade espiritual são importantes para o amor. A intimidade emocional talvez seja mais importante do que a intimidade física.

A vida financeira em geral parece promissora. Seu Planeta do Dinheiro, Saturno, está em trânsito direto e faz aspectos muito bons neste mês.

No dia 20, quando o Sol entra na Casa Cinco, você começa um ápice de prazer pessoal anual. Hora de aproveitar a vida. Enquanto você se diverte, oportunidades na carreira e no amor surgem de forma muito natural (especialmente depois do dia 27).

ABRIL

Melhores dias: 1º, 2, 10, 11, 19, 20, 28, 29
Dias mais tensos: 5, 6, 13, 14, 25, 26
Melhores dias para o amor: 1º, 2, 5, 6, 8, 12, 13, 17, 18, 21, 22, 25, 26, 27
Melhores dias para o dinheiro: 5, 6, 8, 9, 15, 16, 17, 18, 21, 22, 23, 24, 26, 27
Melhores dias para a carreira: 1º, 2, 12, 13, 14, 21, 22

A saúde precisa de atenção a partir do dia 15. Não há nada grave acontecendo, apenas uma tensão breve causada por planetas rápidos. Melhore-a com mais descanso, como sempre. Até o dia 5, massagens nas panturrilhas e tornozelos são benéficas. Tomar ar fresco e respirar fundo também ajudam. Após esse período, melhore seu bem-estar com massagens nos pés e técnicas de cura espiritual. Caso você se sinta mal, consulte um terapeuta espiritual. A boa saúde emocional é muito importante depois do dia 5. Tratamentos holísticos são especialmente poderosos entre os dias 26 e 28.

O poder planetário passa para o oeste no dia 15. Então você se encontra em um período mais social. Hora de cultivar as habilidades de interação. Não é o momento de ser assertivo e tomar iniciativa. Agora, você pode alcançar seus objetivos por meio de consensos e traquejo social. Coloque as outras pessoas em primeiro lugar, e o seu próprio bem virá de forma natural e normal. No dia 30, Mercúrio entra na Casa Sete, fortalecendo-a.

Um eclipse solar no dia 30 ocorre na Casa Seis da Saúde. Isso indica mudanças importantes na rotina de saúde nos próximos meses. Às vezes, ocorrem sustos, mas busque uma segunda opinião caso isso aconteça. (Durante aspectos desafiadores, exames podem apresentar resultados ruins que desaparecem quando a situação planetária muda.) Também ocorrem mudanças de emprego. Pode ser dentro da sua empresa atual ou em outra companhia. Caso você tenha funcionários, demissões em massa ou situações dramáticas na vida deles são possíveis.

O Sol rege sua Casa Nove. Assim, todo eclipse solar a afeta. Universitários passam por problemas na faculdade, mudam de planos de estudo e podem trocar de instituição de ensino. Há confusões na instituição religiosa que você frequenta e situações dramáticas na vida de líderes espirituais. Você gosta de viajar, mas evite fazer isso durante o período do eclipse. Caso esteja envolvido em questões jurídicas, elas passarão por uma grande reviravolta, que pode ser boa ou ruim.

As finanças estão melhores antes do dia 20. Depois, o dinheiro continuará vindo, mas você precisa se esforçar mais.

MAIO

Melhores dias: 7, 8, 9, 16, 17, 25, 26
Dias mais tensos: 2, 3, 4, 10, 11, 23, 24, 30, 31
Melhores dias para o amor: 2, 3, 4, 7, 8, 12, 13, 16, 17, 18, 19, 28, 30, 31

Melhores dias para o dinheiro: 3, 4, 6, 13, 16, 19, 21, 22, 25, 31
Melhores dias para a carreira: 2, 3, 4, 10, 11, 12, 13, 18, 19, 28

No geral, a saúde está boa neste período. Mas há uma tensão breve causada por planetas rápidos. Então a energia não fica como deveria — e como ficará. Como sempre, certifique-se de descansar bastante, já que uma boa energia é a primeira linha de defesa contra doenças. Melhore a saúde com massagens no couro cabeludo, rosto e cabeça entre os dias 3 e 28. Exercícios físicos ajudam a manter um bom tônus muscular, que é algo importante. Evite a raiva e o medo, as duas emoções que estressam as glândulas adrenais. Após o dia 28, massagens no pescoço e na garganta serão benéficas. A terapia craniossacral fará bem por todo o mês. A boa notícia é que a Casa Seis da Saúde tem muita força durante maio. Então você não ignora as coisas, está concentrado na saúde.

Júpiter, o regente do seu mapa, faz uma mudança importante para a Casa Cinco no dia 11, o que é digno de atenção. Então você se torna mais envolvido com seus filhos e figuras filiais. Os sagitarianos em idade reprodutiva continuam muito férteis. Há mais diversão na sua vida também. Essa é uma tendência para o restante deste ano e do próximo. A criatividade pessoal ficará bem mais forte do que o normal.

Um eclipse lunar no dia 16 ocorre na Casa Doze da Espiritualidade. Ele é relativamente leve para você, mas não faria mal ter uma agenda mais tranquila neste período. (Você deve ter uma rotina mais tranquila por todo o mês, mas especialmente durante o eclipse.) Esse é um momento que traz mudanças na sua prática, aprendizados e mestres espirituais. Ele muda sua postura quanto ao caminho espiritual. Em alguns casos, durante esse tipo de eclipse, as pessoas embarcam em uma trajetória mística. Em muitos outros, o eclipse traz revelações interiores que causam mudanças em práticas e atitudes. Há problemas em organizações de caridade ou espirituais com as quais você está envolvido. (E como a Lua rege sua Casa Nove, há problemas na instituição religiosa que você frequenta também.) Líderes espirituais e gurus passam por momentos dramáticos. Universitários ou estudantes entrando para a faculdade são afetados. Há mudanças em planos de estudo e, com frequência, mudanças de instituição de ensino. Pode haver abalos na hierarquia da universidade. Questões jurídicas — caso você esteja envolvido com

SEU HORÓSCOPO PESSOAL PARA 2022

esse tipo de coisa — passam por uma reviravolta. Elas andam para a frente. Saturno, seu Planeta do Dinheiro, é afetado pelo eclipse, então há necessidade de fazer mudanças financeiras. Seu raciocínio e suas suposições estavam errados — como os eventos do eclipse deixarão evidente —, e você é forçado a fazer ajustes. As pessoas com dinheiro na sua vida passam por momentos dramáticos. Amigos passam por mudanças financeiras importantes — as suposições deles também estavam erradas.

O amor é ativo, mas complicado. O Sol entra na Casa Sete no dia 21, e você começa um ápice na vida amorosa e social anual. O único problema é a retrogradação do seu Planeta do Amor, Mercúrio, no dia 10. Isso complica as coisas. A confiança social não está das melhores. Os solteiros conhecerão pessoas novas e irão a festas, mas não há necessidade de tomar decisões importantes sobre o amor.

Os sagitarianos em busca de trabalho terão mais oportunidades neste mês. Talvez oportunidades em excesso. Os que já estão empregados encontrarão oportunidade de fazer hora extra ou trabalhos paralelos. Você está com vontade de trabalhar, e seus funcionários seguem o seu ritmo.

JUNHO

Melhores dias: 4, 5, 13, 14, 21, 22
Dias mais tensos: 6, 7, 19, 20, 26, 27
Melhores dias para o amor: 6, 7, 16, 17, 26, 27
Melhores dias para o dinheiro: 2, 3, 4, 10, 13, 15, 16, 18, 21, 29, 30
Melhores dias para a carreira: 6, 7, 17, 26, 27

O poder planetário está principalmente no oeste — na verdade, na posição mais a oeste. A Casa Sete do Amor e das Atividades Sociais está abarrotada de planetas, enquanto a Casa Um do Eu está vazia (apenas a Lua passa por ela entre os dias 13 e 14). Então temos uma mensagem clara. Este é um mês dedicado a outras pessoas e ao seu relacionamento com elas. O amor e as atividades sociais — as necessidades de terceiros — têm prioridade em relação aos seus próprios desejos. Você cultiva habilidades sociais neste mês. Habilidades pessoais, assertividade e iniciativa não são tão importantes. Consiga o que você quer por meio de consensos e de cooperação. Não tente forçar a barra. O bem virá pela boa vontade dos outros.

Você continua em um ápice na vida amorosa e social anual. Apesar de ser improvável que casamentos aconteçam — você não parece nesse clima —, há muitas oportunidades para o amor. Você prefere se divertir a ter alguma coisa séria. A vida amorosa também recebe ajuda de Mercúrio, que entra em trajetória direta no dia 3. A confiança social volta. Você tem maior certeza sobre aquilo que deseja. Um relacionamento protelado volta a andar para a frente.

A saúde continua precisando de atenção até o dia 21. Ela está boa, mas você sente a tensão breve de planetas rápidos. Boa parte do estresse passará até o dia 21. Enquanto isso, certifique-se de descansar bastante e melhorar a saúde com massagens no pescoço até o dia 23, e terapia craniossacral. Após esse período, massagens nos braços e ombros e reflexologia nas mãos serão benéficas. Também é bom tomar ar fresco e respirar fundo. Após o dia 23, a harmonia social é muito importante.

Apesar de a saúde e a energia não estarem tão bem quanto poderiam estar, você continua se divertindo. A Casa Cinco está forte, e você entra no ritmo de festa. Dois planetas muito importantes ocupam a Casa Cinco — Júpiter, o regente do seu mapa, e Marte, o regente da Casa Cinco. Então o objetivo deste período é apenas felicidade. A criatividade está mais forte do que o normal. Mulheres em idade reprodutiva estarão muito férteis.

A vida financeira está boa. Saturno faz aspectos maravilhosos até o dia 21. Os dias 15 e 16 parecem especialmente bons para obter rendimentos. A única questão para as finanças é a retrogradação do seu Planeta do Dinheiro, Saturno, a partir do dia 4. Isso continuará por alguns meses. Com uma retrogradação tão longa, é impossível parar a atividade financeira, mas você pode pesquisar bem as coisas.

No dia 21, o Sol entra na Casa Oito e permanece lá pelo restante do mês e por boa parte de julho. É um momento para se concentrar na transformação pessoal — dar à luz a pessoa que você deseja se tornar. Isso requer se livrar de velhos fardos — de pensamentos e padrões emocionais antigos que não cabem mais na sua nova versão. Também é uma boa época para perder peso e fazer dietas de desintoxicação. Este é o momento para você expandir seus horizontes, se livrando de tudo que for desnecessário. Nós nos expandimos ao eliminar, não ao acrescentar.

JULHO

Melhores dias: 1º, 2, 10, 11, 18, 19, 20, 28, 29
Dias mais tensos: 4, 5, 16, 17, 23, 24, 31
Melhores dias para o amor: 6, 7, 8, 15, 16, 17, 23, 24, 26, 28, 29
Melhores dias para o dinheiro: 1º, 2, 7, 10, 11, 12, 13, 15, 18, 19, 24, 28, 29
Melhores dias para a carreira: 4, 5, 8, 16, 17, 28, 29, 31

A saúde e a energia estão excelentes neste mês. E ficarão ainda melhores conforme ele progride. Você terá toda a energia de que precisa para conquistar aquilo que quiser. Ela pode ser amplificada ainda mais com massagens nos braços e ombros, na região do pulmão e brônquios e reflexologia nas mãos até o dia 18. Depois, a dieta ganha importância. Massagens na região do reflexo do estômago e uma boa saúde emocional também vão ajudar.

A Casa Oito está ainda mais forte do que no mês passado. Assim, como mencionamos, este é um período para se reinventar — de transformação pessoal, dietas de desintoxicação e perda de peso. Mercúrio, seu Planeta do Amor, passará boa parte de julho na Casa Oito — entre os dias 5 e 19. Isso indica que o magnetismo sexual é o principal atrator para os solteiros. Em geral, julho é um mês mais sexualmente ativo. Porém isso muda no dia 19, quando seu Planeta do Amor entra em Leão, na Casa Nove. Você percebe que, apesar de o sexo ser importante, outras coisas talvez tenham o mesmo peso. Há uma tendência a se aproximar de pessoas muito educadas e refinadas. Você busca por compatibilidade filosófica. Sente-se atraído por pessoas com quem aprende e que admira. Seus aspectos são os de alguém que se apaixona pelo professor, pastor, padre ou rabino. Oportunidades para o amor e vida social surgem na faculdade ou em eventos relacionados à mesma, ou na instituição religiosa que você frequenta e em eventos religiosos. Os estrangeiros também parecem interessantes.

Seu Planeta do Amor se move rápido neste mês. No geral, a atividade retrógrada está forte neste período, mas isso não afeta o amor nem a carreira. Você está confiante e faz progresso rápido.

Marte entra na Casa Seis no dia 5. Isso favorece rotinas de exercício físico. Há a necessidade de um bom tônus muscular (além do que já foi mencionado antes). Isso indica que você se dedica mais à saúde dos seus filhos ou de figuras filiais do que à sua própria. Uma oportunidade de trabalho feliz surge.

A Casa Nove se torna poderosa no dia 23. Isso traz oportunidades para viajar. Muitas delas parecem relacionadas à carreira. O período entre os dias 30 e 31 parece promissor para viagens internacionais. Também é um bom momento para universitários e estudantes que desejam entrar para a faculdade. Os dias 30 e 31 também trazem boas notícias nessa área.

AGOSTO

Melhores dias: 7, 8, 15, 16, 25, 26
Dias mais tensos: 1º, 13, 14, 20, 21, 27, 28
Melhores dias para o amor: 4, 5, 9, 15, 17, 18, 20, 21, 25, 26, 29
Melhores dias para o dinheiro: 3, 7, 9, 10, 12, 15, 21, 25, 30
Melhores dias para a carreira: 1º, 9, 17, 18, 27, 28, 29

A saúde precisa de mais atenção a partir do dia 23. De novo, é uma tensão breve causada por planetas rápidos. Nada muito grave parece acontecer. Então, como sempre, tente manter o seu nível de energia alto. Massagens na região do reflexo do coração e no peito serão benéficas. A dieta é importante até o dia 12.

O amor está interessante em agosto. Marte entra na Casa Sete no dia 20 e permanece lá pelo restante do ano. Não parece ser um sinal de casamento, mas de um caso amoroso — diversão e joguinhos. No dia 4, seu Planeta do Amor entra na Casa Dez da Carreira. Isso indica atração por pessoas poderosas e prestigiosas. Pessoas que podem ajudar sua carreira. Você conhece esse tipo de personalidade neste mês. Seu traquejo social está forte, já que Mercúrio se encontra bem-posicionado — no próprio signo e casa, no topo do seu mapa, entre os dias 4 e 26. A vida amorosa deve estar boa. Grande parte da sua vida social gira em torno da carreira (mas não toda). Há oportunidades para romance com chefes e superiores, e com pessoas envolvidas na sua carreira. A forma como você encara o amor muda após o dia 26, quando Mercúrio entra na romântica Libra. Até o dia 26, o amor parece pragmático — prático, uma decisão de trabalho. Porém, depois disso, você busca romance.

Este é um mês bem-sucedido. Embora o lado diurno do mapa não esteja dominante — o lado noturno permanece mais forte —, esse é o seu auge no ano. Então seria bom se focar na carreira. A imagem que me vem à cabeça é que você chegou ao meio-dia do seu ano e deveria estar se movimentando, mas fica cansado e dorme, depois acorda, depois dorme de novo. É difícil sair da noite.

Viagens a trabalho também parecem prováveis neste ano. Sua disposição para viajar e mentorear os outros parece importante para a carreira. Não se esqueça de estar presente ou de organizar os tipos certos de festas e reuniões.

A vida financeira parece estressante. Apesar de você ter sucesso na carreira, os resultados só devem aparecer depois. Seu Planeta do Dinheiro, Saturno, continua retrógrado. Também recebe aspectos estressores até o dia 23. As finanças devem melhorar após o dia 23 e o próximo mês será muito melhor.

SETEMBRO

Melhores dias: 3, 4, 11, 12, 21, 22, 30
Dias mais tensos: 9, 10, 16, 17, 23, 24
Melhores dias para o amor: 4, 5, 7, 8, 13, 14, 15, 16, 17, 24
Melhores dias para o dinheiro: 3, 5, 6, 7, 8, 11, 16, 17, 21, 26, 27, 30
Melhores dias para a carreira: 7, 8, 16, 23, 24

A atividade retrógrada chega ao auge do ano. A partir do dia 10, sessenta por cento dos planetas estão andando para trás — uma porcentagem enorme. Crianças nascidas neste período — nem precisamos saber seu mapa — demorarão mais para se desenvolver. Talvez seja bom que Júpiter passe pelo solstício neste mês. Ele ocorre entre o dia 8 de setembro e 16 de outubro. (Júpiter é muito devagar, então o solstício dura mais.) Esse é um evento muito importante para você, já que Júpiter rege o seu mapa. Então há uma pausa nas suas atividades pessoais e uma mudança de direção no mês que vem. O intervalo será benéfico para você.

Quando a atividade retrógrada é forte, há muito que podemos fazer para tirarmos vantagem disso. Em primeiro lugar, podemos rever todas as áreas da nossa vida e enxergar onde é necessário aprimorar. Então, quando os planetas voltarem a andar para a frente, estaremos prontos para segui-los. Em segundo lugar, com tantas retrogradações, devemos buscar a perfeição em tudo que fazemos. Certifique-se de que cada detalhe da vida — as finanças, a carreira etc. — esteja perfeito: não há atalhos agora. Dedique tempo para fazer tudo da maneira correta. Isso não vai eliminar os atrasos e os problemas, mas irá reduzi-los, junto com seu impacto.

A saúde ainda precisa de atenção até o dia 23. Então descanse e relaxe mais e escute as mensagens que seu corpo envia. Se você se exercitar e sentir dor ou desconforto, pare e descanse antes de retomar a prática. Melhore a saúde com massagens na região do reflexo do coração e do peito. Após o dia 5, massagens abdominais serão benéficas. A saúde melhora muito depois do dia 23.

Você continua em um ápice de carreira anual até o dia 23. Então tente ficar alerta e se foque no trabalho. É normal se sentir confuso (ainda há muitos planetas no lado noturno do mapa), mas tente retomar o foco sempre que possível.

Mercúrio fica retrógrado até o dia 10, complicando as coisas tanto para o amor quanto para a carreira. Com Júpiter e Mercúrio retrógrados ao mesmo tempo, você e a pessoa amada estão sem foco e sem objetividade: nenhum sabe o que quer. Evite tomar decisões amorosas importantes depois do dia 10.

Apesar de o seu Planeta do Dinheiro permanecer retrógrado, agora ele faz bons aspectos — então os rendimentos aumentam e vêm mais facilmente.

OUTUBRO

Melhores dias: 1º, 9, 10, 18, 19, 27, 28
Dias mais tensos: 7, 13, 14, 21, 22
Melhores dias para o amor: 2, 3, 4, 5, 13, 14, 25
Melhores dias para o dinheiro: 2, 3, 4, 5, 8, 9, 13, 14, 18, 23, 24, 26, 27, 30
Melhores dias para a carreira: 2, 3, 13, 21, 22, 23, 24

Um eclipse solar no dia 25 é quase uma repetição (mas apenas quase) do eclipse solar de 16 de maio. Ele ocorre na Casa Doze e parece relativamente leve para você. Há mudanças espirituais. Transformações ocorrem nos bastidores — coisas que você pode ver depois. Surgem problemas e situações dramáticas nas organizações espirituais ou de caridade com que você está envolvido. Você muda sua forma de fazer doações, e também seu aprendizado, seus mestres e suas práticas espirituais. (Isso costuma vir de revelações interiores e é muito natural e normal.)

Os amigos fazem mudanças financeiras importantes. Irmãos e figuras fraternas passam por momentos dramáticos no amor. Relacionamentos são testados. Filhos e figuras filiais podem passar por confrontos psicológicos com a morte. Talvez alguém recomende a eles que façam uma cirurgia.

O Sol rege sua Casa Nove e todo eclipse solar afeta as questões dessa área. Então universitários passam por momentos dramáticos na faculdade. Eles mudam de planos de estudo ou de curso. Às vezes, trocam de instituição de ensino. A política da universidade pode mudar de um jeito que afete seus planos. A instituição religiosa que você frequenta também pode sofrer abalos. Há momentos dramáticos pessoais — com frequência, eles são transformadores — na vida de líderes religiosos. Não é um bom momento para viagens. Se for inevitável, marque a viagem para antes ou depois do período do eclipse. Decisões jurídicas podem surpreender.

A boa notícia é que a saúde está boa neste mês. A situação do lar e da família também parece feliz, e você se sente mais focado. Seu pai, sua mãe ou uma figura parental prospera.

As finanças também melhoram. Saturno, seu Planeta do Dinheiro, volta ao trânsito direto no dia 23. Você tem confiança em relação à vida financeira e está pronto para seguir em frente. No entanto, talvez tenha que se esforçar mais para ganhar dinheiro após o dia 23. Se você se dedicar, vai prosperar.

Melhore a saúde com massagens na região do reflexo dos rins e no quadril — até o dia 23. Depois, dietas de desintoxicação fazem bem — além de técnicas de cura espiritual.

NOVEMBRO

Melhores dias: 5, 6, 15, 16, 24, 25
Dias mais tensos: 3, 4, 10, 11, 17, 18, 30
Melhores dias para o amor: 3, 4, 10, 11, 13, 14, 23, 24, 25
Melhores dias para o dinheiro: 1º, 2, 4, 10, 11, 14, 19, 20, 23, 26, 27, 28, 29
Melhores dias para a carreira: 3, 4, 13, 14, 17, 18, 24, 25

A movimentação retrógrada continua a diminuir neste mês. Até o fim de novembro, apenas vinte por cento dos planetas estarão retrógrados. Então os eventos no mundo começam a andar para a frente. Projetos bloqueados são liberados.

Junto com isso, temos um eclipse lunar monstruoso no dia 8. (Sinto que esse eclipse faz parte do "desbloqueio" dos projetos. Ele derruba os obstáculos.) Ele é forte por muitos motivos. Em primeiro lugar, é um eclipse total (esses são sempre mais fortes do que os parciais). Em segundo, afeta muitos planetas e, portanto, muitos departamentos da vida; e então, ele é poderoso no sentido pessoal e para o mundo como um todo. Mercúrio, Vênus e Urano são afetados.

O eclipse ocorre na sua Casa Seis da Saúde e do Trabalho e impacta o regente dessa casa, Vênus. Então surgem mudanças no emprego e as condições do ambiente de trabalho mudam. Pode ocorrer um susto em relação à saúde (e se isso acontecer, procure uma segunda opinião no fim do mês — é comum que exames mostrem uma coisa quando as energias planetárias estão agitadas e outra quando há mais harmonia.) Nos próximos meses, você fará mudanças importantes na rotina de saúde. Caso tenha funcionários, momentos dramáticos podem ocorrer na vida deles e é possível que uma demissão em massa aconteça neste mês ou nos próximos.

A Lua, o planeta eclipsado, rege sua Casa Oito. Então podem ocorrer encontros psicológicos com a morte ou experiências de quase morte. Talvez uma cirurgia seja recomendada. (Mas busque uma segunda opinião.) O cônjuge, parceiro ou interesse amoroso atual precisa fazer mudanças financeiras importantes. O raciocínio e a estratégia que ele seguia em relação ao dinheiro era pouco realista.

Além disso, o cônjuge, parceiro ou interesse amoroso atual passa por momentos dramáticos na vida pessoal. Ele precisa se redefinir. Há uma necessidade de atualizar a imagem e a forma como se apresenta para os outros. Seu relacionamento passa por testes.

Mudanças na carreira também acontecem. Em geral, não é uma mudança literal — geralmente ela surge na forma de transformações na política da empresa, no mercado ou nas regras do governo. É preciso abordar a carreira de um jeito diferente. Porém, às vezes, isso leva a uma mudança real no plano de carreira. Há momentos dramáticos — frequentemente transformadores — na vida de chefes, superiores, pais e figuras parentais.

O eclipse acontece quando a Casa Doze está forte. Então você passa por um período mais espiritual até o dia 22. A espiritualidade — meditação e prática espiritual — é a melhor forma de enfrentar esse tipo de eclipse. Ela faz com que você mantenha a calma e revela soluções.

No dia 22, quando o Sol entra na sua Casa Um, você começa um dos seus ápices de prazer pessoal anuais — um período feliz.

DEZEMBRO

Melhores dias: 2, 3, 12, 13, 21, 22, 29, 30
Dias mais tensos: 1º, 7, 8, 14, 15, 16, 27, 28
Melhores dias para o amor: 2, 3, 7, 8, 14, 17, 18, 23, 24, 25, 26
Melhores dias para o dinheiro: 1º, 7, 8, 11, 17, 18, 20, 21, 23, 24, 25, 26, 29
Melhores dias para a carreira: 2, 3, 14, 15, 16, 23, 24

Um mês feliz e próspero para os sagitarianos, aproveite!

Agora, o poder planetário está principalmente no setor leste do eu — e na extrema posição leste. Então você passa por um período de auge da independência pessoal. Você pode e deve fazer as coisas do seu jeito, e os outros parecem animados para seguir a sua deixa. Faça as mudanças que precisam ser feitas para a sua felicidade e elas vão acontecer de forma fácil. Você não precisa da aprovação dos outros (mas vai tê-la de toda forma). Assuma a responsabilidade pela sua própria felicidade.

Seu ápice de prazer pessoal anual, que começou no dia 22 do mês passado, continua. A saúde está boa e ficará ainda melhor após o dia 21. Este é o momento de aproveitar todos os prazeres dos sentidos e do corpo. Faz bem paparicar o corpo e demonstrar gratidão por todo o trabalho pesado e altruísta que ele sempre fez por você. É uma boa época para deixar o corpo em forma. E também para comprar roupas e acessórios, já que o seu gosto está apurado agora. (Vênus está na Casa Um até o dia 10.) Oportunidades para viagens felizes estão a caminho e oportunidades de emprego também. Universitários recebem boas notícias da faculdade. Sua aparência pessoal se destaca, e as pessoas notam.

Seu Planeta do Amor, Mercúrio, está em Sagitário desde o dia 17 de novembro e permanece lá até o dia 7. Isso indica alguém que recebe amor da forma como deseja. O amor vai atrás de você. Não é preciso fazer nada especial. Oportunidades de carreira fazem o mesmo e isso acontece sem a necessidade de um esforço especial.

No dia 21, o Sol entra na Casa do Dinheiro, e você começa um ápice financeiro anual. Isso será aparente mesmo antes do dia 21, já que Mercúrio entra na Casa Dois no dia 7, e Vênus, no dia 10.

Júpiter volta para a Casa Cinco no dia 21 e você passa por um período animado para festas. E agora tem os fundos necessários para bancar isso.

Ultrapassar limites — ignorar limites — parece ser a tendência mundial em dezembro. Muitas pessoas fazem isso. Há três planetas "fora dos limites" neste mês — Marte, Vênus e Mercúrio. Para você, é um sinal de estar fora da sua órbita normal no amor e na carreira, na saúde e nos tipos de entretenimento que costuma preferir.

CAPRICÓRNIO

A CABRA
Nascidos entre 21 de dezembro e 19 de janeiro

PERFIL PESSOAL

CAPRICÓRNIO EM UM RELANCE

Elemento: Terra
Planeta Regente: Saturno
  Planeta da Carreira: Vênus
  Planeta do Amor: Lua
  Planeta das Finanças: Urano
  Planeta da Saúde e do Trabalho: Mercúrio
  Planeta do Lar e da Vida Familiar: Marte
Cores: preto, índigo
Cores que promovem o amor, o romance e a harmonia social: castanho--escuro, prateado
Cor que propicia ganhos: azul-ultramarino
Pedra: ônix negro
Metal: chumbo
Perfumes: magnólia, pinho, ervilha-de-cheiro, gualtéria
Qualidade: cardeal (= atividade)
Qualidades essenciais ao equilíbrio: calor humano, espontaneidade, espírito de diversão
Maiores virtudes: senso de dever, organização, perseverança, paciência, capacidade de enxergar a longo prazo
Necessidades mais profundas: gerir, encarregar-se, administrar
Características a evitar: pessimismo, tristeza, materialismo e conservadorismo excessivos

Signos de maior compatibilidade: Touro, Virgem
Signos de maior incompatibilidade: Áries, Câncer, Libra
Signo mais útil à carreira: Libra
Signo que fornece maior suporte emocional: Áries
Signo mais prestativo em questões financeiras: Aquário
Melhor signo para casamento e associações: Câncer
Signo mais útil em projetos criativos: Touro
Melhor signo para sair e se divertir: Touro
Signos mais úteis em assuntos espirituais: Virgem, Sagitário
Melhor dia da semana: sábado

COMPREENDENDO A PERSONALIDADE CAPRICORNIANA

As virtudes capricornianas são de tal natureza que algumas pessoas sempre serão contra elas, e outras, a favor. Muitos as admiram; outros as abominam. A razão para isso parece ser a sede de poder dos nativos do signo. Um bom capricorniano sempre tem os olhos voltados para o ápice do poder, elevação, prestígio e autoridade. No signo de Capricórnio, a ambição não é um pecado ou defeito, é a mais elevada das virtudes.

Os capricornianos não temem o ressentimento que sua autoridade (ou autoritarismo) possa gerar. Sua mente fria, calculista e organizada já computou todos os riscos da equação: impopularidade, animosidade, mal-entendidos e, mesmo, a calúnia declarada. E eles sempre têm um plano para lidar com esses contratempos de modo eficiente. Para um capricorniano, situações de arrepiar os cabelos de qualquer outro mortal não passam de meros problemas solucionáveis, lombadas na estrada que o conduzem ao poder, à eficácia e ao prestígio crescentes.

Costuma-se atribuir pessimismo aos nativos do signo, mas tal avaliação é um tanto ilusória. É verdade que adoram levar em consideração o lado negativo das coisas. Também é verdade que adoram imaginar o pior cenário possível para qualquer empreendimento. Os outros consideram deprimente essa maneira de analisar as situações, mas os capricornianos agem assim com o intuito de detectar uma forma de escapar de possíveis problemas: é o seu roteiro de fuga.

Sempre questionarão o sucesso que você alcançou. Vão lhe mostrar que você não está se saindo tão bem quanto julga. Agem dessa forma tanto em relação a si mesmos quanto em relação aos demais. Sua intenção não é provocar desânimo, é eliminar obstáculos a um sucesso ainda maior. Um patrão ou supervisor capricorniano imagina que, por melhor que seja o desempenho atual, sempre haverá espaço para progredir. Isso explica por que é tão difícil lidar com chefes capricornianos. É de tirar qualquer empregado do sério. Suas atitudes são, todavia, bastante eficazes: conseguem fazer com que seus subalternos cresçam profissionalmente e se aprimorem no desempenho de suas tarefas.

Os capricornianos são gerentes e administradores natos. Os leoninos podem ocupar com eficácia o posto de reis e rainhas, mas são os capricornianos que se encaixam melhor no de primeiros-ministros — que são, na verdade, aqueles que exercem o poder.

Os capricornianos se interessam por virtudes duradouras, e tudo que consiga subsistir ao teste do tempo e à prova das circunstâncias. Modas e modismos não lhes dizem nada, salvo seu aspecto lucrativo e a contribuição que possam dar em nome do poder. Os capricornianos empregam esse mesmo tipo de atitude no amor, nos negócios, em sua filosofia de vida e até na religião.

FINANÇAS

Os capricornianos, geralmente, alcançam a riqueza pelo trabalho. Mostram-se dispostos a trabalhar longa e arduamente pelo que desejam. Conseguem facilmente abrir mão de amenidades em prol de benefícios mais duradouros. Em relação às finanças, tendem a consolidar sua riqueza em idade mais avançada.

A fim de atingir suas metas financeiras, entretanto, precisam despojar-se de seu forte conservadorismo. Talvez esse seja o traço menos desejável da personalidade capricorniana. São capazes de resistir a qualquer inovação apenas pelo fato de ser uma novidade jamais testada. Têm medo de experimentar. Eles precisam aprender a correr pequenos riscos, mostrar-se mais dispostos a comercializar produtos novos e a explorar diferentes técnicas administrativas. Caso contrário, serão atropelados pelo progresso e ficarão para trás. É necessário aceitar a mudança dos tempos e descartar velhos métodos, que já provaram ser obsoletos.

Com frequência, essa experimentação implica o rompimento com a autoridade estabelecida. Talvez seja premente até abandonar a posição entrincheirada em que se encontram e arriscar-se em novos empreendimentos. Dessa forma, terão de aceitar os riscos e seguir adiante com eles. Somente dessa maneira estarão trilhando a estrada dos altos ganhos.

CARREIRA E IMAGEM PÚBLICA

A ambição e o anseio de poder dos capricornianos são notados com clareza. É, possivelmente, o signo mais ambicioso do Zodíaco, e o que faz mais sucesso, no sentido mundano da palavra. Entretanto, existem algumas lições que os capricornianos precisam aprender se desejam realizar suas aspirações mais elevadas.

Inteligência, trabalho árduo, eficácia fria e racional e organização os levarão até certo ponto do caminho, mas não ao topo. Será necessário cultivar o encanto social, atuar nessa área de forma mais graciosa. Em suma, saber lidar com as pessoas. Os nativos de Capricórnio devem aprender a cultivar a beleza e os contatos sociais convenientes, e fazer uso do poder airosamente, para que as pessoas consigam gostar deles; e essa é uma arte delicada. E, ainda, a unir as pessoas em torno de certos objetivos. Em síntese, têm de assimilar alguns dos prodigiosos dons librianos de charme e graça para chegar ao topo.

Tendo aprendido essa lição, vocês, capricornianos, serão extremamente bem-sucedidos em suas carreiras. São trabalhadores diligentes e devotados que não receiam investir tempo e esforço em seus empreendimentos. Os capricornianos não costumam se apressar na realização de uma tarefa; gostam de executá-la com esmero. Preferem ascender na escala social ou na empresa onde trabalham de forma lenta, mas com segurança. Movidos a sucesso, é natural que geralmente conquistem a simpatia dos chefes, que os apreciam e respeitam.

AMOR E RELACIONAMENTOS

Da mesma forma que ocorre com Escorpião e Peixes, é dificílimo conhecer bem um capricorniano. Eles são profundos, introvertidos e gostam de manter sua discrição. Não gostam de revelar seus pensamentos íntimos. Se você se apaixonou por um nativo do signo, seja paciente e vá com calma. Pouco a pouco, começará a conhecê-lo melhor.

Os capricornianos possuem uma natureza profundamente romântica, mas não a entregam de bandeja. Não são particularmente emotivos; sua impassividade beira a frieza. Em geral, demonstram seu amor de forma prática.

Leva tempo para um capricorniano, homem ou mulher, se apaixonar. Não é o tipo que se entrega ao amor à primeira vista. Os nativos de Áries e Leão que se envolverem com capricornianos podem mistificar erroneamente que seus parceiros de Capricórnio são frios, insensíveis e rígidos. Obviamente, nada disso é verdade. É que eles gostam de fazer as coisas devagar, de conhecer bem o terreno onde pisam, antes de demonstrar seu amor ou comprometer-se.

Mesmo nas relações amorosas, costumam agir com intencionalidade. Necessitam de mais tempo para tomar decisões do que os nativos de qualquer outro signo zodiacal; mas, vencida a barreira, podem mostrar-se tão passionais quanto qualquer outro signo. Os capricornianos apreciam relações bem estruturadas e definidas, constantes e previsíveis. Quase apreciam a rotina. Buscam companheiros que os apoiem, e fazem o mesmo com seus pares. Faz parte de sua psicologia básica essencial. Se tal relação é o melhor para eles ou não, é outra história, pois sua vida é naturalmente marcada pela rotina. Talvez se dessem melhor em um relacionamento mais estimulante, mutável e flutuante.

VIDA DOMÉSTICA E FAMILIAR

O lar dos capricornianos, como o dos virginianos, é sempre organizado e arrumadinho. Eles procuram gerir suas famílias da mesma forma como administram seus negócios. São tão obcecados pela carreira que muitas vezes carecem de tempo para o lar e para a família. Devem procurar envolver-se mais ativamente na vida doméstica e familiar. Contudo, levam os filhos muito a sério, e são pais corujas, sobretudo quando os filhos crescem e se tornam membros respeitados da sociedade.

SEU HORÓSCOPO PESSOAL PARA 2022

CAPRICÓRNIO
PREVISÃO ANUAL PARA 2022

TENDÊNCIAS GERAIS

Plutão se encontra em Capricórnio há vinte anos e ele está quase terminando com você, mas não terminou ainda. No próximo ano, ele vai entrar e sair do seu signo, mas sairá de vez em 2024. A maioria dos capricornianos não sente isso com tanta intensidade, porém os nascidos no fim do signo — entre 14 e 20 de janeiro — têm uma percepção mais intensa desse aspecto. Esse trânsito causou muitas situações dramáticas na sua vida pessoal — cirurgias, experiências de quase morte e encontros psicológicos com a morte. Você está criando uma nova versão de si mesmo — a pessoa que sempre quis ser. Isso já aconteceu com a maioria dos capricornianos, mas os nascidos no fim do signo passarão por essa fase em 2022. Um renascimento pode ser complicado. Mas o resultado final é positivo.

No ano passado (na verdade, no fim de 2020), Saturno, o regente do seu mapa, entrou na sua Casa do Dinheiro. Ele passará este ano inteiro lá. É um bom sinal para questões financeiras, porque indica foco. Porém você terá que se esforçar mais para ganhar dinheiro. Além disso, precisa resolver conflitos com as pessoas relacionadas a dinheiro na sua vida. Voltaremos nesse assunto.

Sua Casa Três da Comunicação e de Atividades Intelectuais está forte há muitos anos. Netuno, o regente dessa casa, se acomodou nela. Em 2022, a Casa Três ganha uma importância ainda maior, já que Júpiter passa metade (aproximadamente) do ano nela. Isso é maravilhoso para estudantes que ainda não chegaram ao período da universidade. Eles se concentram nos estudos e parecem se dar muito bem. Também é bom para os capricornianos que trabalham com vendas, marketing, ensino e escrita. Suas habilidades intelectuais e de comunicação parecem muito aprimoradas.

Júpiter passa a outra metade do ano (aproximadamente) na Casa Quatro do Lar e da Família. É sinal de uma provável mudança ou compra de mobília, ou da venda de um imóvel. Mulheres em idade reprodutiva se tornam mais férteis do que o normal. Voltaremos a esse tema.

Faz alguns anos que Urano está na sua Casa Cinco e ele continuará lá por mais um tempo. Assim, é mais difícil lidar com filhos e figuras filiais. Eles parecem rebeldes e mais independentes do que o normal. Porém essa configuração também traz uma criatividade muito pessoal e mais alegria na forma como você ganha dinheiro.

A saúde está basicamente boa durante todo o ano, mas precisa de mais atenção após o dia 11 de maio. Marte passará uma quantidade incomum de tempo na sua Casa Seis a partir de 20 de agosto. Isso indica a necessidade de manter uma boa saúde emocional — e exercícios físicos se tornam mais importantes. Já voltaremos a esse assunto.

As suas principais áreas de interesse este ano serão: corpo, imagem e aparência; finanças; comunicação e interesses intelectuais; lar e família (entre 11 de maio e 29 de outubro, e depois de 21 de dezembro); filhos, diversão e criatividade; saúde e trabalho (depois de 20 de agosto).

Os caminhos de maior realização serão: comunicação e interesses intelectuais (até 11 de maio e entre 29 de outubro e 21 de dezembro); lar e família (entre 11 de maio e 29 de outubro, e depois de 21 de dezembro); filhos, diversão e criatividade.

SAÚDE

(Esta é uma perspectiva astrológica sobre a saúde, não uma visão médica. No passado essas perspectivas eram idênticas, mas hoje podem ocorrer diferenças significativas. Para obter uma opinião com base em diagnósticos da medicina convencional, consulte seu médico ou um profissional da área da saúde.)

A saúde parece boa neste ano. No início de 2022, há apenas um planeta lento — Plutão — fazendo aspecto tenso com você. A maioria dos capricornianos não sente isso — apenas os nascidos no fim do signo. No dia 11 de maio, Júpiter faz um aspecto adverso, mas sua influência tende a ser leve. A saúde e a energia estão bem, em resumo. Claro, há períodos ao longo do ano em que elas pioram um pouco. Eles ocorrem por causa de trânsitos — que são temporários, não tendências para o ano todo. Quando passarem, a boa saúde e energia de sempre voltam.

A Casa Seis fica basicamente vazia até 20 de agosto — outro sinal positivo. Você acha que ter uma boa saúde é algo natural. Não há necessidade de se concentrar nela se não há nada de errado. No dia 20 de agosto, Marte entra na Casa Seis e passa o restante do ano nela. Isso traz mais destaque à saúde. Porém parece ser algo mais relacionado à família e aos parentes do que questões pessoais.

Apesar de a saúde estar boa, é possível torná-la ainda melhor. Dê mais atenção aos seguintes pontos — as áreas vulneráveis no seu mapa.

Coração. É importante há mais de vinte anos. Em 2022, os capricornianos nascidos entre 14 e 20 de janeiro — no fim do signo — devem prestar mais atenção nele. Os reflexos aparecem no seu mapa. Massagens no peito — especialmente no esterno e na parte superior da caixa torácica — serão benéficas. Quando se trata do coração, o mais importante é evitar preocupações e ansiedade, as duas emoções que o estressam.

Coluna, joelhos, dentes, ossos e alinhamento geral do esqueleto. Sempre são importantes para os capricornianos. Os reflexos aparecem no seu mapa. Massagens regulares nas costas e nos joelhos devem fazer parte da rotina de saúde. Uma visita ao quiroprata ou ao osteopata pode ser benéfica. A vértebras precisam ser mantidas no alinhamento correto. Uma boa higiene bucal é importante. Certifique-se de ingerir cálcio suficiente para a saúde dos ossos. Yoga e pilates são exercícios maravilhosos para a coluna. Se você ficar exposto ao sol, use um bom protetor solar.

Pulmões, braços, ombros e sistema respiratório. São sempre importantes para os capricornianos. Os reflexos aparecem no seu mapa. Massagens nos braços e ombros devem fazer parte da rotina de saúde. A tensão tende a se acumular nos ombros e precisa ser liberada. Um bom ar fresco é um tônico natural.

Cabeça e rosto. Serão importantes depois de 20 de agosto. Os reflexos aparecem no seu mapa. Massagens regulares no couro cabeludo e no rosto serão benéficas. Não apenas você fortalecerá o couro cabeludo e o rosto, mas o corpo todo. A terapia craniossacral é excelente para o couro cabeludo.

Glândulas suprarrenais. Os reflexos aparecem no seu mapa. Também se torna algo importante a partir de 20 de agosto.

Musculatura. Também se torna muito importante a partir de 20 de agosto. É importante ter um bom tônus muscular. Uma rotina regular de exercícios físicos, de acordo com sua idade e fase de vida, é essencial. Você não precisa ser fisiculturista, basta ter uma musculatura fortalecida. Músculos fracos ou flácidos podem acabar com o alinhamento da coluna e do esqueleto, causando vários problemas diferentes.

Marte é o seu Planeta da Família. Então, como mencionamos, você parece estar mais focado na saúde de parentes do que na sua. Também há a necessidade de ter uma boa saúde emocional. É preciso se manter positivo e construtivo.

Há muitas tendências breves para a saúde no seu mapa. Isso acontece porque seu Planeta da Saúde, Mercúrio, é muito rápido. Ele passa por todo seu horóscopo em um ano. Então a saúde pode depender muito da posição dele e dos tipos de aspectos que faz. Falaremos sobre isso nos relatórios mensais.

LAR E FAMÍLIA

Este é um ano forte — e feliz — para o lar e a família. Não apenas a Casa Quatro fica poderosa por metade do ano, mas TODOS os planetas lentos estão abaixo do horizonte no seu mapa — o lado noturno do horóscopo. A Casa Dez da Carreira, em contraste, fica basicamente vazia — apenas planetas rápidos passam por ela, e o efeito é breve. Veja bem, os capricornianos sempre são ambiciosos, porém menos neste ano do que o normal. Questões familiares e emocionais — a base sobre a qual a carreira é construída — são a prioridade. Você não perdeu a ambição, mas está preparando a base para um futuro impulso. Quanto mais alta for uma construção, mais fundos precisam ser os alicerces.

A estadia de Júpiter na Casa Quatro (ele entra e sai) entre 11 de maio e 29 de outubro e a partir de 21 de dezembro frequentemente indica uma mudança feliz. Às vezes, não é uma mudança literal; pode ser que uma casa extra seja comprada, ou que você ganhe acesso a casas diferentes mesmo que não seja dono delas. Também é possível que compre itens caros de decoração ou faça uma reforma. O efeito é "como se" você tivesse se mudado. Seu lar é confortável.

Também é um sinal de que o círculo familiar se amplia durante o ano. Geralmente, isso acontece por meio de nascimentos ou casamentos. Porém, às vezes, você conhece pessoas que se tornam parte da família — que cumprem essa função. Como mencionamos, mulheres em idade reprodutiva se tornam mais férteis do que o normal. Isso vale por todo ano.

Porém há outras coisas acontecendo. Júpiter é o seu Planeta da Espiritualidade. Sua entrada na Casa Quatro mostra que a família como um todo — especialmente seu pai, sua mãe ou uma figura parental — se torna mais espiritualizada. Todos estão sob influências espirituais intensas. Os sonhos dos parentes são ativos (assim como os seus) e a percepção extrassensorial deles está mais apurada. Eles passam por vários tipos de experiências sobrenaturais. Não me surpreenderia se a casa fosse usada para abrigar encontros e palestras espirituais ou eventos de caridade.

Seu pai, sua mãe ou uma figura parental irá viajar mais neste ano. Se for uma mulher em idade reprodutiva, ela está mais fértil do que o normal. Essa pessoa passará por muitas mudanças financeiras, porém há prosperidade — no próximo ano também. Ela não passará por muitas transformações em relação à vida familiar — é pouco provável que ocorram mudanças de casa.

Irmãos e figuras fraternas têm um bom ano no geral. Há prosperidade e fertilidade (se ele ou ela estiver em idade reprodutiva). É pouco provável que ocorra uma mudança de casa, mas reformas podem ocorrer.

Filhos e figuras filiais andam se mudando bastante. Eles parecem inquietos. Porém não há previsão de uma mudança de casa formal.

Netos, se você tiver algum, ou pessoas que ocupam esse papel na sua vida, têm um ano sem grandes mudanças no lar e na família.

DINHEIRO E CARREIRA

A vida financeira é um grande foco deste ano. Saturno, o regente do seu mapa e um planeta muito importante e amigável para você, ocupa esta casa. Isso indica prosperidade. Você gasta dinheiro consigo mesmo. Adota a imagem da riqueza, se veste de forma cara. As pessoas enxergam você como alguém abastado, e isso abre várias portas e oportunidades. Sua aparência pessoal e o seu comportamento são fatores importantes nos lucros, e é provavelmente por isso que você gasta dinheiro consigo mesmo. Na sua opinião, o melhor investimento é você mesmo.

Porém as finanças estão um pouco complicadas. Você parece discordar das pessoas relacionadas a dinheiro na sua vida. Há certo conflito nessa área. Você (e eles) terão que se esforçar para chegar a um consenso. Existe uma forma de os dois lados ficarem felizes, e é preciso encontrá-la.

Mas essas são questões menos importantes. Urano, seu Planeta do Dinheiro, está na sua Casa Cinco há alguns anos e esta Casa Cinco apresenta sucesso. Ela tende à prosperidade. Não apenas prosperidade na concepção do mundo material — mas uma prosperidade feliz. O ato de ganhar dinheiro é prazeroso. Você lucra enquanto se diverte ou ao participar de atividades de lazer. Talvez um negócio importante seja feito enquanto você está no teatro, em um resort ou sentado à beira da piscina, tomando piñas coladas. Talvez seu emprego envolva distrair clientes em boates chiques ou com jantares caros. Você tem sorte com especulações. (Todo investimento exige certo grau de risco — porém alguns são mais arriscados do que outros.)

Seu dinheiro vem de um jeito divertido e é gasto com coisas divertidas — coisas que lhe trazem alegria. É uma riqueza feliz. Você aproveita o dinheiro que tem.

A criatividade pessoal está mais lucrativa do que nunca neste período. Você gasta dinheiro com filhos e figuras filiais, mas também ganha com eles. Se forem mais jovens, servem de inspiração para obter mais lucros. É comum que tenham ideias rentáveis. Muita gente já construiu uma fortuna ao observar o comportamento do filho. Se forem mais velhos, podem oferecer um apoio material mais ativo.

O mercado voltado para o público jovem — especialmente quando se trata de eletrônicos — parece interessante. Videogames, streamings de música, filmes ou shows — o entretenimento tecnológico criado para jovens parece divertido e rentável. Há empresas envolvidas com jogos virtuais — pôquer, criação de times imaginários de beisebol ou futebol — que seriam interessantes como negócios ou investimentos. Você tem uma boa intuição para esse tipo de coisa.

A carreira, como mencionamos, não terá destaque neste ano. Você está construindo a infraestrutura para o futuro. Criando sua base. A Casa Dez está basicamente vazia. E, como mencionamos, o lado noturno do mapa é bem mais forte do que o lado diurno. Isso não deve ser motivo de preocupação. Alguns anos são assim. A carreira permanece estável. O problema não é talento ou capacidade — apenas falta de interesse.

Vênus é o seu Planeta da Carreira. Como nossos leitores assíduos sabem, ele é um planeta rápido, que atravessa o mapa inteiro ao longo do ano. Assim, há muitas tendências breves na carreira que dependem da posição de Vênus e dos aspectos que ele faz. Será melhor lidar com elas nos relatórios mensais.

AMOR E VIDA SOCIAL

Sua Casa Sete do Amor está vazia em 2022. Assim, como em muitos anos anteriores, a vida amorosa não apresenta grandes mudanças. Você parece satisfeito com sua situação e não sente necessidade de fazer mudanças dramáticas ou se concentrar demais nessa área. Os casados tendem a permanecer casados, e os solteiros, a permanecer solteiros.

No entanto, se problemas surgirem no amor, pode ser por causa dessa falta de atenção. Você precisará se concentrar mais. Dois eclipses lunares neste ano obrigarão você a ter foco. O primeiro acontece no dia 16 de maio, e o segundo, no dia 8 de novembro. Serão momentos para solucionar pendências na vida amorosa — eliminar problemas e imperfeições.

A falta de mudanças se aplica aos capricornianos que estão construindo seu primeiro ou segundo casamento. Os que já estão no terceiro casamento recebem aspectos melhores para o amor e a vida social. Para os solteiros, o amor vai atrás de você, já que alguém está interessado. Para os casados, há mais proximidade na relação, e a pessoa amada é muito incentivadora e dedicada.

A Lua é o seu Planeta do Amor. Ela, como leitores assíduos sabem, é o astro mais rápido de todos. Enquanto os outros planetas rápidos, o Sol, Mercúrio e Vênus, levam um ano para dar a volta no mapa, a Lua faz isso todo mês. Assim, o amor pode acontecer para você de muitas maneiras e em muitos ambientes, dependendo da posição da Lua e dos aspectos que ela faz. Será melhor falarmos dessas tendências nos relatórios mensais.

No geral, podemos dizer que a vida amorosa será melhor quando a Lua estiver crescente. Você terá mais energia, entusiasmo e traquejo social nesses períodos. As Luas Nova e Cheia tendem a oferecer dias socialmente ativos (se encaixarem com bons aspectos, elas trazem felicidade; se ocorrerem junto com aspectos tensos, trazem desafios).

Seu pai, sua mãe ou uma figura parental terá um ano fabuloso para o amor e a vida social — a partir de 11 de maio (com uma breve pausa entre 29 de outubro e 21 de dezembro). Se ele ou ela estiver solteiro, pode acontecer um casamento ou um relacionamento sério.

Irmãos ou figuras fraternas têm um ano próspero, porém não acontecem muitas mudanças no amor.

Filhos e figuras filiais provavelmente não deveriam se casar neste ano (nem nos próximos). Eles parecem instáveis demais para qualquer coisa séria. É melhor continuarem tendo casinhos descompromissados.

Netos, se você tiver algum (ou pessoas que ocupam esse papel na sua vida), terão um ano fabuloso para o amor e a vida social. Isso depende muito da idade deles. Se forem novos, farão amigos e estarão populares. Os mais velhos podem se casar ou viver um "quase" casamento.

AUTOAPERFEIÇOAMENTO

Netuno está na sua Casa Três há muitos anos. Espiritual, ele eleva a mente, o intelecto e as capacidades mentais a um plano mais elevado, espiritual, para uma vibração mais alta. Escrevemos sobre isso em relatórios anteriores. Porém, em 2022, esse processo ganha velocidade — é muito mais intenso do que escrevemos no passado. Isso acontece porque o seu Planeta da Espiritualidade, Júpiter, também passa metade do ano na Casa Três. É uma elevação frenética.

A primeira coisa que acontece é que seu gosto por literatura se torna mais refinado. Você prefere leituras mais espiritualizadas — periódicos, revistas e livros. Assuntos mundanos comuns parecem tediosos, sem importância ou significado. Você quer algo mais profundo.

A forma como você se comunica também se torna mais inspirada. Muitos escritores de sucesso eram (e são) capricornianos. Estou falando de Jack London, Edgar Allen Poe, Rudyard Kipling e, um mais próximo dos nossos tempos, J. R. R. Tolkien. Os capricornianos que gostam de escrever receberão inspiração do topo. "Toda escrita", diz Emerson, "ocorre através da graça de Deus". Você está nesse estado de graça agora. Alguns capricornianos podem resolver começar agora. A poesia também parece interessante.

Seu discurso e sua escrita carregam um tom musical. Normalmente, os capricornianos são bruscos e diretos. Agora, você presta mais atenção na entonação, no ritmo, nas nuances. Isso também está presente no seu processo mental. Não se trata apenas do que é dito ou escrito. Você está ciente do que fica nas entrelinhas, da maneira como as coisas são ditas — no que é enfatizado, no que é dito com relutância —, e isso lhe dá uma percepção mais apurada daquilo que lê.

Com Urano, o Planeta da Mudança, na sua Casa Cinco da Criatividade, você está pronto para explorar novas formas de criatividade neste período — escrever pode ser a opção ideal. (Música também parece interessante.)

Lidar com filhos rebeldes também tem sido um problema nos últimos anos. Você aprende a fazer isso adquirindo experiência e prática. Quando Urano terminar com os capricornianos, você será um especialista. Capricórnio gosta de autoridade e gosta de exercê-la. Mas autoritarismo em excesso não funciona com crianças. Na verdade, isso pode atiçá-las ainda mais. Urano se orgulha de se opor à autoridade. Ele gosta de ir contra a lei e a ordem. Mas também ama a verdade. Então, se você precisa impor limites aos seus filhos (e eles precisam de limites), não seja autoritário, dedique um tempo para explicar seus motivos. Eles precisam entender isso.

Marte estará na sua Casa Seis da Saúde a partir de 20 de agosto. Nós já falamos sobre as consequências disso para a saúde física. Porém a mensagem real, mais profunda, é a necessidade de cura emocional. Marte, como você sabe, é o seu Planeta da Família, o regente da Casa Quatro, que governa seus humores, emoções e memórias. Então este é o momento para se envolver mais com a cura emocional — a cura do passado —, cuidando das memórias corporais. É um bom momento para embarcar em terapias psicológicas. Mas você pode fazer muitas coisas para liberar as memórias corporais por conta própria, como técnicas de meditação, por exemplo. Meu livro, *A Technique for Meditation*, oferece métodos para fazer isso. É inofensivo para você mesmo e para os outros. Se algo lhe incomodar — abalar você, dificultar seu funcionamento normal —, é sinal de que a questão precisa ser esclarecida. Você pode usar a técnica do "acesse e dispense" descrita no meu livro ou fazer o exercício de escrita. Há muitas informações adicionais sobre esse assunto no meu site [em inglês], *www.spiritual-stories.com*.

PREVISÕES MENSAIS

JANEIRO

Melhores dias: 2, 3, 11, 12, 21, 22, 29, 30
Dias mais tensos: 8, 9, 16, 17, 23, 24
Melhores dias para o amor: 2, 3, 11, 12, 16, 17, 21, 22, 23, 29, 30
Melhores dias para o dinheiro: 2, 3, 4, 5, 6, 11, 12, 16, 21, 22, 25, 29, 30, 31
Melhores dias para a carreira: 2, 3, 11, 12, 21, 22, 23, 24, 29, 30

Um mês feliz e próspero para os capricornianos, aproveite! Em janeiro, o agito está na Casa Um. Ela é de longe a mais forte do mapa. Um total de cinquenta, às vezes sessenta por cento, dos planetas está lá ou passando por lá. Você se encontra no meio de um ápice de prazer pessoal anual, e no auge de um período de independência. Esse é o tipo do mês em que é tudo "eu, eu, eu". É hora de assumir a responsabilidade pela própria felicidade — de criar a própria felicidade. A iniciativa pessoal faz diferença. Chegará a hora de cultivar o traquejo social, mas não é agora. Faça as mudanças que precisam ser feitas para aumentar sua felicidade — você tem muito apoio cósmico. Se você estiver feliz, há muito menos sofrimento no mundo.

Este é um mês para fazer as coisas do seu jeito. Você sabe o que é melhor para a sua vida — sabe mais do que os outros. Então, como dizem por aí, faça o que lhe faz bem.

Janeiro não é um mês muito forte para o amor. A Casa Um está abarrotada de planetas, enquanto a Casa Sete está vazia — apenas a Lua passa por lá entre os dias 16 e 17. Os relacionamentos podem dar certo, contanto que a pessoa amada ceda aos seus desejos.

No dia 20, o Sol encontra Saturno na sua Casa do Dinheiro, e você começa um ápice financeiro anual. Este é um bom período para fazer dívidas ou quitá-las — depende da sua necessidade. É um bom momento para fazer planejamentos de impostos e seguros, e, se você tiver a idade adequada, para fazer um planejamento imobiliário. Esta é uma boa época para atrair investidores externos para os seus projetos, caso você tenha boas ideias.

A saúde parece excelente neste mês. Você tem a energia de dez pessoas. Seu Planeta da Saúde, Mercúrio, ficará retrógrado no dia 14. Então não é o momento ideal para exames ou procedimentos médicos — que não sejam urgentes. Se você precisar fazer esse tipo de coisa, marque para antes do dia 14.

Júpiter e Netuno na Casa Três indicam um mês excelente para estudantes — os próximos meses seguirão essa tendência.

FEVEREIRO

Melhores dias: 7, 8, 17, 18, 26, 27
Dias mais tensos: 5, 6, 12, 13, 19, 20
Melhores dias para o amor: 1º, 7, 8, 9, 10, 12, 13, 17, 18, 22, 23, 27
Melhores dias para o dinheiro: 1º, 2, 3, 7, 8, 12, 13, 17, 18, 21, 22, 26, 27, 28
Melhores dias para a carreira: 7, 8, 17, 18, 19, 20, 27

Marte entrou em Capricórnio do dia 25 de janeiro e permanecerá lá pelo restante deste mês. Marte e Plutão no seu signo são uma configuração muito dinâmica. A sexualidade é mais forte do que o normal. Você se dá bem com rotinas de exercícios e faz as coisas rápido. O lado negativo é a pressa e a correria. Acidentes ou machucados podem acontecer. Você também pode passar a impressão de ser "brigão" nesse período — alguém que esteja atrás de confusão. As pessoas enxergam você dessa maneira. Então é preciso tomar cuidado com isso.

A Casa Um continua forte, enquanto a Casa Sete do Amor permanece vazia — apenas a Lua passa por ela entre os dias 12 e 13. Então este é um mês, assim como janeiro, voltado para o "eu". Você tenta ajustar as condições para sua felicidade. A independência e a iniciativa pessoais fazem diferença agora. Tudo depende apenas de você.

Vênus está no seu signo desde o mês passado. Em janeiro, ele ficou retrógrado, mas agora caminha para a frente. Isso indica oportunidades de carreira — elas vêm até você. A sua aparência também é a de uma pessoa bem-sucedida. Os outros enxergam você dessa forma. O único problema é que a carreira não parece ter destaque agora. TODOS os planetas estão abaixo do horizonte no seu mapa. Você está na parte noturna do ano. As oportunidades existem, mas o problema é a falta de interesse.

Talvez a carreira não seja o foco, mas a vida financeira é. Você continua em um ápice financeiro anual até o dia 18. Talvez precise se esforçar mais para ganhar dinheiro, mas ele vem.

A Casa Três está forte (e auspiciosa) desde que o ano começou, mas se torna ainda mais poderosa após o dia 18. Há muitas possibilidades nessa área. Irmãos e figuras fraternas prosperam. Estudantes vão bem na escola e vendedores e profissionais do marketing têm um mês excelente. Um carro ou equipamento de comunicação novo (ou os dois) chegam até você. As pessoas com dinheiro na sua vida parecem enriquecer ainda mais.

O amor não tem destaque. Assim como em janeiro, sua Casa Sete está vazia (apenas a Lua passa por ela entre os dias 12 e 13). Isso indica que as coisas tendem a permanecer iguais. Você parece focado nos seus objetivos pessoais e não em parcerias.

MARÇO

Melhores dias: 6, 7, 8, 16, 17, 25, 26
Dias mais tensos: 4, 5, 11, 12, 13, 18, 19
Melhores dias para o amor: 2, 3, 9, 11, 12, 13, 18, 19, 23, 27, 28
Melhores dias para o dinheiro: 1º, 2, 3, 6, 7, 11, 12, 16, 17, 21, 22, 25, 26, 27, 28, 30, 31
Melhores dias para a carreira: 9, 18, 19, 27, 28

TODOS os planetas estão em trajetória direta neste mês e o Sol entra em Áries no dia 20. Você está com a melhor energia impulsora do ano. Então este é o momento para lançar novos projetos e produtos para o mundo. Você tem o apoio de muito magnetismo cósmico.

Apesar de este não ser um período de ápice financeiro anual, as finanças parecem ir bem. A Casa do Dinheiro está muito forte. Deve ser um mês próspero. Marte e Vênus entram na Casa do Dinheiro no dia 6. Marte, seu Planeta da Família, mostra bastante apoio dos parentes. Vênus indica gastos com filhos e figuras filiais, e talvez ganhos com eles também. Também é um indicativo do apoio de chefes e superiores. Eles parecem estar em sincronia com os seus objetivos financeiros. Às vezes, esse aspecto leva a um aumento de salário — oficial ou não.

A Casa Três continua forte durante o mês — especialmente até o dia 20. As capacidades mentais estão mais fortes do que nunca, então é um bom momento para fazer cursos sobre assuntos que pareçam interessantes. Também é o período ideal para lecionar sobre áreas que você domina. O Sol faz conjunção com Júpiter entre os dias 4 e 6. Isso indica uma boa recompensa financeira para o cônjuge, parceiro ou interesse amoroso atual.

Marte faz conjunção com Plutão entre os dias 2 e 4. Esse é um aspecto dinâmico, então preste atenção no plano físico. Essa regra também se aplica a pais e figuras parentais. Seu pai, sua mãe ou uma figura parental pode passar por uma cirurgia. Marte faz aspectos dinâmicos com Urano entre os dias 20 e 22. Também preste atenção no plano físico durante esse período.

No dia 20, o Sol entra na Casa Quatro do Lar e da Família. Você está na meia-noite do seu ano. Este é um momento para dormir, para se recolher da consciência externa e se concentrar em assuntos interiores. Durante o sono, a consciência externa fica inativa, mas coisas incríveis acontecem dentro de nós. Células são reparadas. Os padrões para o dia seguinte são configurados. Forças são acumuladas para o amanhã. Há muita atividade nos bastidores.

Os capricornianos sempre são ambiciosos, porém agora é o momento de se concentrar no lar — a base sobre a qual uma carreira bem-sucedida cresce.

A saúde continua boa, porém precisa de mais atenção após o dia 20.

ABRIL

Melhores dias: 3, 4, 13, 14, 21, 22, 30
Dias mais tensos: 1º, 2, 8, 9, 15, 16, 28, 29
Melhores dias para o amor: 1º, 2, 8, 9, 12, 13, 17, 18, 21, 22, 25, 26, 27
Melhores dias para o dinheiro: 3, 4, 8, 9, 13, 14, 17, 18, 21, 22, 23, 24, 26, 27, 30
Melhores dias para a carreira: 8, 15, 16, 17, 18, 25, 26, 27

A Casa Três continua muito forte. Tanto Marte quanto Vênus entram nela — Vênus no dia 5 e Marte no dia 15. É um mês excelente para irmãos e figuras fraternas. Eles estão muito prósperos neste período — especialmente entre os dias 1º e 17. A carreira deles vai bem. Estudantes, escritores, professores, vendedores e profissionais do marketing também encontram sucesso.

A saúde continua precisando de atenção até o dia 20. Não há nenhum problema grave, apenas uma tensão breve causada por planetas rápidos. Então se certifique de descansar bastante. Melhore a saúde com massagens na cabeça, no rosto e no couro cabeludo, exercícios físicos e massagens na região das glândulas adrenais até o dia 11. Depois, massagens no pescoço e garganta são benéficas. A saúde melhora muito após o dia 20.

O eclipse solar no dia 30 é leve para você, mas seria bom ter uma agenda tranquila neste período mesmo assim. Como o eclipse acontece na sua Casa Cinco, filhos e figuras filiais devem tomar cuidado. Também seria interessante que eles tivessem um cronograma mais leve. Filhos e figuras filiais estão se redefinindo. Eles mudam a maneira como pensam a respeito de si mesmos e sobre como desejam ser vistos pelos outros. Seu pai, sua mãe ou uma figura parental precisa fazer mudanças financeiras importantes. Algum problema monetário acontece. O Sol rege a sua Casa Oito. Então todo eclipse solar afeta essas áreas. Podem ocorrer confrontos com a morte (psicológicos) ou experiências de quase morte. Se você tiver investidores externos, eles podem passar por dificuldades. O cônjuge, parceiro ou interesse amoroso atual sofre abalos financeiros.

Apesar do eclipse, uma oportunidade de carreira feliz surge no dia 30, e filhos e figuras filiais têm um bom dia para as finanças.

A Casa Quatro continua muito forte até o dia 20, então o foco está no lar, na família e no seu bem-estar emocional. No dia 20, enquanto o Sol entra na Casa Cinco, você começa um ápice de prazer pessoal anual. Hora de aproveitar a vida. Tire férias das preocupações e dos problemas.

MAIO

Melhores dias: 1º, 10, 11, 19, 25, 26
Dias mais tensos: 5, 6, 12, 13
Melhores dias para o amor: 5, 6, 7, 8, 10, 11, 16, 17, 20, 30
Melhores dias para o dinheiro: 1º, 6, 10, 11, 16, 19, 21, 25, 27, 28
Melhores dias para a carreira: 7, 8, 12, 13, 16, 17

Um mês agitado.

O poder planetário muda do lado leste para o oeste — do setor do eu para o setor dos outros. Júpiter faz uma movimentação importante, entrando na Casa Quatro no dia 11. Três planetas passam pelo solstício neste mês — algo muito inusitado. E, por último, mas não menos importante, temos um eclipse lunar no dia 16 que te afeta bastante.

A saúde precisa de atenção a partir do dia 11. Não é nada sério, apenas uma tensão breve causada por planetas rápidos. A boa notícia é que você está focado na saúde e dedicado a ela neste mês. O ideal é que não se dedique em excesso. Mercúrio, seu Planeta da Saúde, fica retrógrado no dia 10. Não é o momento para exames ou procedimentos médicos (se forem opcionais). Você pode melhorar a saúde com massagens nos ombros e braços, na região do reflexo dos pulmões e brônquios e com o bom e velho ar puro entre os dias 1º e 24. Depois, massagens no pescoço e na garganta serão benéficas.

Com o poder planetário principalmente no setor oeste, este mês se trata mais dos outros do que de você. O cosmos deseja que você desenvolva habilidades sociais, então vai organizar as coisas de forma que o seu bem venha por meio de outras pessoas e da bondade delas. Habilidades pessoais, iniciativa e assertividade não vão ajudar muito. Mas o traquejo social, sim.

Vênus passa pelo solstício entre os dias 4 e 8. Isso causa uma pausa nas suas questões de carreira, e então uma mudança de direção.

Marte, seu Planeta da Família, passa pelo solstício entre 27 de maio e 2 de junho. Então há uma pausa na vida familiar e uma mudança de direção.

O solstício de Júpiter dura bastante — ele é um planeta muito lento. Seu solstício começa no dia 12 e continua até 11 de junho. Isso causa uma pausa e então uma mudança de direção na sua vida espiritual.

O eclipse lunar do dia 16 ocorre na Casa Onze das Amizades. Então há momentos dramáticos na vida dos amigos. Amizades podem passar por testes. Amigos podem enfrentar situações transformadoras. Seu relacionamento atual também será testado. A Lua, o astro eclipsado, é o seu Planeta do Amor. Geralmente, isso traz à tona questões reprimidas — mágoas etc. — que precisam ser processadas. Bons relacionamentos sobrevivem a esses períodos e até se tornam melhores. São os relacionamentos com problemas mais básicos que correm perigo. Você passa por dois eclipses solares todo ano, então já sabe lidar com eles a esta altura.

JUNHO

Melhores dias: 6, 7, 15, 16, 23, 24, 25
Dias mais tensos: 1º, 2, 3, 9, 10, 21, 22, 28, 29, 30
Melhores dias para o amor: 1º, 2, 3, 6, 7, 9, 10, 16, 18, 26, 28, 29, 30
Melhores dias para o dinheiro: 4, 6, 7, 13, 15, 16, 17, 18, 21, 23, 24
Melhores dias para a carreira: 6, 7, 9, 10, 16, 26

A família continua sendo importante agora que Júpiter está na Casa Quatro. Marte, seu Planeta da Família, também está lá. Há felicidade e prosperidade nessa área. O círculo familiar se expande. Os capricornianos em idade reprodutiva estão muito férteis agora. Seu pai, sua mãe ou uma figura parental prospera.

A Casa Seis da Saúde e do Trabalho fica poderosa até o dia 21. Mercúrio, seu Planeta da Saúde, volta ao movimento direto no dia 3, então agora é mais seguro fazer exames ou procedimentos médicos opcionais. Em resumo, a saúde está boa até o dia 21. Depois disso, você precisa descansar e relaxar mais, e melhorar a saúde com massagens nos ombros e braços, e na região do reflexo dos pulmões e brônquios. Certifique-se de tomar bastante ar fresco.

Os capricornianos em busca de trabalho terão sorte até o dia 21 (e até depois). Os que já têm emprego receberão oportunidades de fazer hora extra ou trabalhos paralelos. Aqueles que tiverem funcionários também terão muito sucesso.

No dia 21, o Sol entra na Casa Sete, e você começa um ápice na vida amorosa e social anual. O amor é muito erótico nesse período. Você se sente atraído por pessoas ricas e não está evidente o que se destaca mais — a riqueza ou um bom magnetismo sexual. Ambos são importantes.

O cônjuge, parceiro ou interesse amoroso atual é próspero neste mês. Ele passa por um período de sorte financeira e de oportunidades felizes.

Saturno, o regente do seu mapa, fica retrógrado no dia 4. Sinto que isso pode ser positivo. A autoestima e a autoconfiança enfraquecem, e

SEU HORÓSCOPO PESSOAL PARA 2022

surge uma necessidade de reavaliar objetivos e rumos pessoais. Porém, com o setor oeste do seu mapa tão poderoso, não é necessário ter muita autoconfiança. Você precisa de traquejo social. Você precisa conviver bem com as pessoas. Deixe os outros fazerem as coisas do jeito deles, contanto que suas atitudes não sejam destrutivas.

JULHO

Melhores dias: 4, 5, 12, 13, 21, 22, 31
Dias mais tensos: 6, 7, 18, 19, 20, 26, 27
Melhores dias para o amor: 6, 7, 8, 9, 15, 17, 26, 27, 28, 29
Melhores dias para o dinheiro: 1º, 2, 4, 5, 10, 11, 12, 13, 14, 15, 18, 19, 21, 22, 28, 29, 31
Melhores dias para a carreira: 6, 7, 15, 26

A movimentação retrógrada aumenta aos poucos neste mês. No fim de julho, quarenta por cento dos planetas estarão andando para trás. A vida diminui o ritmo. Os eventos precisam de mais tempo para se desenvolverem.

Mesmo assim, nada disso afeta a vida amorosa e social, que está com a força toda. A Casa Sete do Amor é a mais poderosa do seu mapa neste mês. Os solteiros conhecem mais gente nova e têm muitas oportunidades para o amor. Até os casados saem mais e frequentam mais eventos sociais. Os solteiros vão casar? Talvez. Mas você encontra pessoas que considera dignas de casamento.

O cônjuge, parceiro ou interesse amoroso atual encontrou prosperidade no mês passado, e encontrará ainda mais neste. Ele entrará em um ápice financeiro anual no dia 23.

Marte faz aspectos dinâmicos com Plutão entre os dias 1º e 2. Então você, seu pai, sua mãe ou uma figura parental precisam prestar mais atenção no plano físico. No fim do mês — entre 30 e 31 —, Marte faz conjunção com Urano — um aspecto dinâmico para você, seu pai, sua mãe ou uma figura parental. A boa notícia é que ele ou ela tem um papel ativo — e prestativo — na sua vida financeira.

A Casa Sete está mais forte do que a Casa Um. A maioria dos planetas está no oeste agora. Então deixe os outros fazerem as coisas do jeito deles, contanto que não seja um comportamento destrutivo. O impulso planetário está voltado para os outros, não para você mesmo. A saúde ainda precisa de atenção até o dia 23. Depois, ela melhora muito. No meio-tempo, massagens nos ombros e braços, e na região do reflexo dos pulmões e brônquios são benéficas até o dia 5. Após esse período, a dieta ganha importância. Uma boa saúde também significa uma boa saúde social. Então, se problemas surgirem, restaure a harmonia com amigos e entes queridos o mais rápido possível. Após o dia 19, é importante fazer massagens no peito e na região do reflexo do coração. Terapias espirituais são mais eficientes do que o normal entre os dias 22 e 23.

A vida financeira está boa, porém se complica após o dia 23. Desafios surgem a partir dessa data. Provavelmente também há trabalho a ser feito envolvendo rendimentos nesse período. O cônjuge, parceiro ou interesse amoroso atual é muito generoso entre os dias 30 e 31.

AGOSTO

Melhores dias: 1º, 9, 10, 17, 18, 27, 28
Dias mais tensos: 2, 3, 15, 16, 22, 23, 29, 30
Melhores dias para o amor: 4, 5, 7, 8, 15, 16, 22, 23, 25, 26
Melhores dias para o dinheiro: 1º, 7, 9, 10, 11, 12, 15, 17, 18, 25, 27, 28
Melhores dias para a carreira: 2, 3, 4, 5, 15, 25, 26, 29, 30

O lado noturno do seu mapa ainda está dominante. No entanto, o lado diurno — que lida com conquistas externas — chegou ao auge de força do ano. Você não pode ignorar seu lar, sua família nem seu bem-estar emocional, mas pode passar um pouco do foco para a carreira.

Este é um mês feliz. A saúde está boa. A energia parece alta. Haverá um grande trígono nos signos de Terra a partir do dia 4. Isso é outro fator positivo para você. A Terra é o seu elemento nativo, e seus dons práticos são apreciados pelos outros. Sua capacidade de gerenciamento sempre boa ficará ainda melhor agora.

Marte entra na Casa Seis da Saúde no dia 20 e passa o restante do ano lá. Isso apresenta várias mensagens. Para você, boa saúde significa boa saúde familiar — uma vida doméstica e emocional saudável. Você

SEU HORÓSCOPO PESSOAL PARA 2022

provavelmente está mais envolvido com a saúde de parentes do que com a sua própria. Exercícios físicos parecem importantes pelo restante do ano. Você precisa de uma musculatura forte. Seu Planeta da Saúde, Mercúrio, se move rápido neste mês. Ele passará por três signos e casas do seu mapa. Isso é positivo para a saúde. Há confiança. Você faz muitos avanços. Mas a saúde precisa mudar rápido. Até o dia 4, o coração é importante. Entre 4 e 19, o intestino é o foco. Massagens abdominais são benéficas. Após o dia 26, massagens no quadril e na região do reflexo dos rins são fundamentais.

A vida financeira melhora após o dia 23. Ela está bem antes disso, mas parece exigir mais esforço, apresentando desafios.

Este mês parece sexualmente ativo, porém a vida amorosa não apresenta grandes mudanças. A Casa Sete está vazia — apenas a Lua passa por ela nos dias 22 e 23. Geralmente, se a vida sexual é ativa, presumimos que o lado amoroso vai bem. Porém sexo e amor são duas coisas diferentes.

Marte faz aspectos dinâmicos com Saturno entre os dias 6 e 7. Então preste mais atenção no plano físico. Seja mais paciente com uma figura parental. Vocês parecem em conflito.

SETEMBRO

Melhores dias: 5, 6, 13, 14, 15, 23, 24
Dias mais tensos: 11, 12, 18, 19, 20, 26, 27
Melhores dias para o amor: 4, 5, 6, 13, 14, 15, 18, 19, 20, 25, 26
Melhores dias para o dinheiro: 3, 5, 6, 7, 8, 11, 14, 15, 21, 23, 24, 30
Melhores dias para a carreira: 4, 5, 13, 14, 15, 26, 27

Você entra no dia 23 no período mais forte para a carreira do ano. Sem dúvida, você passou por influências mais poderosas em anos anteriores e encontrará outras melhores no futuro. Mas, para 2022, este é o auge. A Casa Dez está forte, assim como a Casa Quatro. O lado noturno do mapa continua predominante. Então o seu desafio é equilibrar uma vida doméstica saudável com uma carreira de sucesso. Você alterna entre uma coisa e outra.

CAPRICÓRNIO ♑ 315

Vênus, seu Planeta da Carreira, passa pelo solstício entre o dia 30 de setembro e 3 de outubro. Ele faz uma pausa no céu — na movimentação latitudinal — e então muda de direção. O mesmo acontece com a sua carreira. Há um intervalo rápido, e então uma mudança de rumo.

A saúde está boa neste mês, porém, depois do dia 23, precisa de mais atenção. Isso acontece devido a tensões breves causadas por planetas rápidos, e não parece sério. Você pode melhorar a saúde descansando mais do que o normal, mas também com massagens no peito e na região do reflexo do coração. Massagens no quadril e na região do reflexo dos rins são importantes até o dia 24. Depois, massagens no baixo ventre e na região do reflexo do intestino delgado serão úteis. Seu Planeta da Saúde, Mercúrio, fica retrógrado a partir do dia 10. (A atividade retrógrada em geral está no auge do ano, então esta retrogradação de Mercúrio será ainda mais forte do que as anteriores. Há um efeito cumulativo.) Este não é um momento para fazer exames, hemogramas, tomografias etc. nem procedimentos, no caso de opcionais. A tendência a ocorrerem erros é maior. Se você precisar fazer essas coisas, faça antes do dia 10 ou espere até o mês que vem.

Viagens a trabalho são prováveis neste mês, mas é melhor evitá-las ou remarcá-las. Se isso não for possível, tente não reservar voos de conexão muito próximos. Compre bilhetes com reembolso. Dê mais tempo para chegar e sair do seu destino.

A vida financeira vai bem, mas tenha em mente que o seu Planeta do Dinheiro, Urano, permanece retrógrado. Então os rendimentos vêm — Urano faz bons aspectos até o dia 23 — mas podem acontecer problemas e atrasos.

O amor não tem destaque. A Casa Sete está vazia — apenas a Lua passa por ela nos dias 18, 19 e 20. Isso faz com que as coisas permaneçam iguais.

OUTUBRO

Melhores dias: 2, 3, 11, 12, 21, 22, 30
Dias mais tensos: 9, 10, 16, 17, 23, 24
Melhores dias para o amor: 4, 5, 13, 14, 16, 17, 25
Melhores dias para o dinheiro: 2, 3, 4, 5, 8, 9, 11, 12, 18, 21, 22, 26, 27, 30
Melhores dias para a carreira: 4, 5, 13, 14, 23, 24, 25

A saúde ainda precisa de atenção até o dia 23. Porém, depois, haverá uma melhora drástica. Enquanto isso, melhore seu bem-estar com massagens no peito e na região do reflexo do coração; massagens abdominais e na região do reflexo do intestino delgado (até o dia 11), e no quadril e na região do reflexo dos rins entre os dias 11 e 30. Mercúrio, seu Planeta da Saúde, volta à movimentação direta no dia 2 (e, em geral, a atividade retrógrada diminui neste mês), então é mais seguro agora fazer exames, tomografias, hemogramas e procedimentos opcionais.

Você continua em um ápice anual de carreira até o dia 23. Então mantenha o equilíbrio entre o lar, a família e o trabalho. Não será possível ignorar questões familiares e da casa, mas você pode desviar um pouco do foco para a vida profissional.

Vênus, seu Planeta da Carreira, continua passando pelo solstício até o dia 3. Assim, ocorre uma pausa nas questões de trabalho e então uma mudança de direção.

As finanças estão mais interessantes antes do dia 23. Seu Planeta do Dinheiro, Urano, continua retrógrado, para melhorar a situação. Depois dessa data, é preciso se esforçar mais para ganhar dinheiro — se você se dedicar, ele virá.

Após o dia 23, começa um bom período social — não necessariamente romântico —, porém com mais amizades e atividades em grupo. Filhos e figuras filiais passam por uma fase social muito forte. Não é aconselhável que se casem agora — apesar de oportunidades surgirem.

Um eclipse solar no dia 25 ocorre na sua Casa Onze dos Amigos. Esse eclipse é relativamente leve para você (no entanto, se ele fizer algum aspecto com seu mapa pessoal — calculado especialmente para você —, pode ser muito poderoso). Ele testará amizades. Abalos e problemas ocorrem em organizações comerciais ou profissionais com as quais você estará envolvido. Podem ocorrer dramas na vida de amigos — talvez eles passem por cirurgias ou experiências de quase morte. Chefes, pais ou figuras parentais fazem mudanças financeiras importantes. O mesmo vale para o cônjuge, parceiro ou interesse amoroso atual. Correções nas decisões financeiras são necessárias. Filhos e figuras filiais passam por dramas amorosos. Um relacionamento atual é testado.

NOVEMBRO

Melhores dias: 7, 8, 17, 18, 26, 27
Dias mais tensos: 5, 6, 12, 13, 19, 20
Melhores dias para o amor: 3, 4, 12, 13, 14, 23, 24
Melhores dias para o dinheiro: 1º, 2, 4, 7, 8, 14, 17, 18, 23, 26, 27, 28, 29
Melhores dias para a carreira: 3, 4, 13, 19, 20, 23, 24

Apesar de a saúde estar excelente neste mês e ficar ainda melhor no próximo, um eclipse lunar muito poderoso no dia 8 vai abalar a sua vida e o mundo em geral. Será um eclipse total (o mais poderoso de todos), porém, mais do que isso, afeta outros três planetas no seu mapa — Mercúrio, Urano e Vênus. Então tenha uma agenda mais tranquila nesse período. Faça as coisas que precisam ser feitas, mas é melhor remarcar as opcionais — especialmente se forem estressantes.

O eclipse ocorre na sua Casa Cinco dos Filhos. Então filhos e figuras filiais são afetados. Eles precisam se redefinir — a maneira como pensam em si mesmos, sua autoimagem, e como querem ser vistos pelos outros. Como o eclipse afeta Vênus, o impacto neles é ainda mais forte. Se não tomarem cuidado com questões de dieta, esse tipo de eclipse é capaz de acionar uma desintoxicação do corpo — que pode parecer uma doença, só que não é. O corpo está apenas se livrando de coisas que não pertencem a ele.

O impacto em Vênus, que também é o seu Planeta da Carreira, mostra que mudanças estão por vir no trabalho. Podem ser problemas na hierarquia corporativa, momentos dramáticos na vida de chefes e superiores, talvez uma mudança nas leis e regulamentos que regem o seu mercado. Você precisa seguir sua carreira de um jeito diferente. Às vezes, as pessoas chegam a mudar seu rumo profissional.

Seu pai, sua mãe ou uma figura parental passa por momentos dramáticos — essa pessoa faz mudanças financeiras importantes.

O impacto sobre Urano, seu Planeta do Dinheiro, mostra abalos financeiros na sua vida pessoal. Você precisa fazer correções na estratégia e no planejamento financeiro. Os eventos do eclipse revelarão em que pontos suas suposições monetárias não eram realistas.

Todo eclipse lunar testa seu relacionamento atual. Você sabe que isso acontece duas vezes por ano e já está acostumado. Em geral, roupa suja — questões reprimidas — surge para ser lavada. O cônjuge, parceiro ou interesse amoroso atual passa por situações dramáticas pessoais, e isso pode ser a causa do problema. Ele ou ela deve seguir uma agenda mais tranquila nesse período.

O impacto em Mercúrio, seu Planeta da Saúde, pode trazer um susto médico. Como a saúde está excelente agora, é possível que não passe de um susto mesmo. No entanto, isso levará a mudanças importantes na sua rotina de saúde nos próximos meses. Muitas dessas mudanças são normais. Somos seres em evolução. A saúde precisa de mudança e rotinas saudáveis devem evoluir junto. Também é possível que ocorra uma troca de emprego — pode ser dentro da sua situação atual ou o começo de uma nova. Como Mercúrio também rege a sua Casa Nove, há problemas na instituição religiosa que você frequenta e situações dramáticas na vida de líderes religiosos. Provavelmente não é uma boa ideia viajar durante este período. Se for necessário, evite o período do eclipse.

DEZEMBRO

Melhores dias: 4, 5, 6, 14, 15, 16, 23, 24
Dias mais tensos: 2, 3, 9, 10, 11, 17, 18, 29, 30
Melhores dias para o amor: 2, 3, 9, 10, 11, 13, 14, 22, 23, 24
Melhores dias para o dinheiro: 1º, 4, 5, 11, 14, 15, 20, 21, 23, 24, 25, 26, 29
Melhores dias para a carreira: 2, 3, 14, 17, 18, 23, 24

No dia 22 de novembro, você começou um período muito espiritual, e ele continua até o dia 22 deste mês. Isso é bom, pois a prática espiritual talvez seja a melhor maneira de lidar com os abalos causados pelo eclipse. O altruísmo e a compreensão espiritual também ajudam a carreira. É bom se envolver com instituições de caridade e atividades altruístas — especialmente até o dia 10. Nesse dia, seu Planeta da Carreira, Vênus, entra em Capricórnio, passando o restante do mês lá. É um trânsito feliz. Traz muitas oportunidades de carreira sem que você nem se esforce. Elas vêm até você. A imagem ganha glamour e estilo.

No dia 22, quando o Sol entra no seu signo, você começa um ápice de prazer pessoal anual. Hora de aproveitar todos os prazeres sensoriais e corporais. Hora de paparicar o corpo e demonstrar gratidão por todo o trabalho duro que ele faz por você nesse tempo. Existe uma tendência de não valorizar o serviço do corpo. Porém é necessário demonstrar como somos gratos a ele de tempos em tempos.

A entrada do Sol na Casa Um no dia 22 favorece perda de peso e dietas de desintoxicação. Então, por um lado, Vênus incentiva você a comer demais, enquanto o Sol insiste para você emagrecer. Sinto que você fará as duas coisas. Come muito e faz dieta, come muito e faz dieta. Vai e vem.

A saúde está boa neste mês. Até o aspecto tenso que Júpiter faz com você não basta para causar problemas. Há muitos planetas rápidos oferecendo apoio. Você pode melhorar ainda mais a saúde com massagens nas coxas e na região do reflexo do fígado até o dia 7, e nas costas e joelhos depois disso. Não se esqueça de fazer exercícios também.

Júpiter entra na Casa Quatro no dia 21, para ficar por um bom tempo. Isso pode causar mudanças, a expansão do círculo familiar e a compra ou a venda feliz de uma casa. Há felicidade na família.

Este é um mês próspero — especialmente a partir do dia 22. Urano faz aspectos muito bons. Porém tenha em mente que Urano continua retrógrado (um dos poucos neste mês), então atrasos e problemas podem ocorrer. No entanto, o dinheiro vem.

AQUÁRIO

O AGUADEIRO
Nascidos entre 20 de janeiro e 18 de fevereiro

PERFIL PESSOAL

AQUÁRIO EM UM RELANCE

Elemento: Ar
Planeta Regente: Urano
  Planeta da Carreira: Plutão
  Planeta da Saúde: Lua
  Planeta do Amor: Vênus
  Planeta das Finanças: Netuno
  Planeta do Lar e da Vida Familiar: Vênus
Cores: azul-relâmpago, cinza, azul-ultramarino
Cores que promovem o amor, o romance e a harmonia social: dourado, laranja
Cor que propicia ganhos: verde-água
Pedras: pérola negra, obsidiana, opala, safira
Metal: chumbo
Perfumes: azaleia, gardênia
Qualidade: fixa (= estabilidade)
Qualidades essenciais ao equilíbrio: calor, sentimento e emoção
Maiores virtudes: capacidade intelectual; facilidade de compreender, formular e transmitir conceitos abstratos; amor ao novo; vanguardismo
Necessidades mais profundas: conhecer o novo e implementá-lo
Características a evitar: frieza, rebeldia gratuita, ideias fixas
Signos de maior compatibilidade: Gêmeos, Libra

Signos de maior incompatibilidade: Touro, Leão, Escorpião
Signo mais útil à carreira: Escorpião
Signo que fornece maior suporte emocional: Touro
Signo mais prestativo em questões financeiras: Peixes
Melhor signo para casamento e associações: Leão
Signo mais útil em projetos criativos: Gêmeos
Melhor signo para sair e se divertir: Gêmeos
Signos mais úteis em assuntos espirituais: Libra, Capricórnio
Melhor dia da semana: sábado

COMPREENDENDO A PERSONALIDADE AQUARIANA

Os nativos de Aquário apresentam faculdades intelectuais mais desenvolvidas do que qualquer outro signo zodiacal. Eles pensam de forma clara e científica. Exibem notória capacidade de raciocínio abstrato e de formular leis, teorias e regras claras com base na observação empírica de fatos. Os geminianos podem ser exímios coletores de informação, mas os aquarianos dão um passo além, interpretando primorosamente as informações obtidas.

As pessoas pragmáticas e voltadas para assuntos mundanos erroneamente tendem a considerar o pensamento abstrato como algo sem finalidade prática. É verdade que o reino da abstração nos afasta do universo físico, mas as descobertas efetuadas nesses domínios muitas vezes acabam exercendo tremendo impacto no resultado final. As maiores invenções e descobertas científicas originam-se nos domínios do abstrato.

O aquariano, mais do que ninguém, parece feito para sondar as dimensões abstratas. Os que puderam explorar essas regiões bem sabem que são zonas frias, destituídas de emoções e sentimentos. Na verdade, a emotividade impede o funcionamento adequado nessas dimensões, o que pode transmitir aos nativos de outros signos a impressão de que os aquarianos são desprovidos de emoção. Não é que não sintam ou sejam incapazes de nutrir emoções profundas, apenas o excesso de sentimentalismo bloqueia sua capacidade de pensar e de inventar. Pessoas de alguns outros signos mal conseguem entender ou tolerar a ideia de que não seja possível para o aquariano exceder-se no plano sentimental, mas é essa objetividade que qualifica os nativos deste signo para o exercício da ciência, da comunicação e da amizade.

Os aquarianos são muito amigáveis, mas não fazem alarde dessa virtude. Agem da forma mais acertada para auxiliar seus amigos, mas jamais de forma passional ou afetada.

São apaixonados pela clareza de pensamento. E também adoram romper com a autoridade instituída. Comprazem-se em fazê-lo, pois encaram a rebelião como um jogo ou desafio. Costumam se rebelar por puro prazer, sem sequer considerar se a autoridade que desafiam é legítima ou não. Os conceitos de "certo ou errado" não são tão rígidos na mente rebelde aquariana; desafiar a autoridade e o poder é uma questão de princípios.

Se Capricórnio e Touro tendem a errar por conservadorismo, Aquário tende a fazê-lo por sede de inovação. Sem essa virtude, no entanto, seria pouco provável que o mundo evoluísse. O conservadorismo entrava o progresso. A originalidade e a inventividade pressupõem a capacidade de demolir barreiras; cada nova descoberta representa a derrocada de um obstáculo ao livre pensamento. Os aquarianos se interessam vividamente por romper fronteiras e derrubar paredes, seja no campo científico, no político ou no social. Outros signos zodiacais, como Capricórnio, são dotados de aptidão científica, mas são os aquarianos que se destacam nas ciências sociais e humanas.

FINANÇAS

Nas finanças, os aquarianos procuram ser idealistas e humanitários, a ponto de beirar o autossacrifício. Contribuem com generosidade para causas políticas e sociais. E, nesse sentido, diferem dos capricornianos e dos taurinos, que geralmente esperam alguma recompensa; os aquarianos são capazes de contribuir sem nenhum interesse.

Tendem a tratar as finanças com a mesma frieza e racionalidade com que administram a maior parte dos setores de suas vidas. O dinheiro é algo de que necessitam, e os aquarianos empregam métodos científicos para obtê-lo.

O dinheiro tem valor para um aquariano pelos bens que pode proporcionar. Jamais, como na visão de outros signos, pelo status que confere. Os aquarianos não são perdulários nem avarentos. Gastam seus recursos de forma prática, visando, por exemplo, facilitar o progresso pessoal, da família e até de estranhos.

Para atingir seu pleno potencial financeiro, contudo, eles devem explorar mais sua natureza intuitiva. Se seguirem apenas as teorias financeiras — ou as que eles julgam teoricamente corretas —, poderão sofrer perdas e decepções. Se, entretanto, fizerem uso da intuição, vão se sair bem melhor. Para os aquarianos, a intuição é o melhor atalho para o sucesso.

CARREIRA E IMAGEM PÚBLICA

Os aquarianos gostam de ser vistos não só como demolidores de barreiras, mas também como transformadores da sociedade e do mundo. Anseiam por reconhecimento nessas áreas e desempenham bem seu papel. Respeitam os que agem dessa forma e até esperam que seus superiores o façam.

Os aquarianos preferem empregos que envolvam boa dose de idealismo; procuram carreiras de cunho filosófico. Precisam engajar-se em trabalhos criativos nos quais tenham acesso à pesquisa de novas técnicas e métodos. Gostam de manter-se ocupados e de resolver os problemas de forma direta e imediata, sem perda de tempo. São trabalhadores ágeis, que geralmente têm sugestões que beneficiam os colegas. Os aquarianos são muito prestativos no ambiente de trabalho e aceitam de bom grado as responsabilidades, preferindo assumi-las a ter de receber ordens de terceiros.

Para realizar suas metas profissionais mais sublimes, eles precisam desenvolver a sensibilidade emocional, a profundidade de sentimentos e o ardor passional. É fundamental que aprendam a focalizar a atenção nas particularidades e a concentrar-se mais na tarefa que têm em mãos. Precisam aprender, ainda, a deixar que o "fogo da motivação" os incendeie por completo se desejam chegar ao topo. Quando essa paixão se fizer presente em suas vidas, obterão êxito em qualquer empreendimento a que se dedicarem.

AMOR E RELACIONAMENTOS

Os aquarianos são excelentes amigos, mas deixam um pouco a desejar como amantes. É claro que se apaixonam, mas seus pares sempre ficam com a impressão de terem um bom amigo ao seu lado, não um namorado propriamente dito.

Da mesma forma que os capricornianos, os nativos de Aquário não são propensos a demonstrações ostensivas ou arrebatadas de paixão e afetividade. Na verdade, ficam incomodados quando o cônjuge os toca ou acaricia em demasia. Não significa que não amem seus parceiros, apenas demonstram seu amor de outras formas. Curiosamente, tendem a atrair para si o tipo de relacionamento que mais os deixa acanhados: relações com pessoas calorosas, passionais, românticas e afetivas. Talvez intuam, saibam de maneira instintiva, que essas pessoas são detentoras de virtudes que eles não possuem, e por isso as procuram. De qualquer modo, a combinação parece funcionar bem. A frieza aquariana esfria um pouco o ardor do parceiro, enquanto o fogo da paixão aquece um pouco o sangue frio do aquariano.

As principais qualidades que os aquarianos precisam cultivar no plano sentimental são o calor, a generosidade, a paixão e a alegria de viver. Eles adoram relacionamentos mentais. Nesse terreno, fazem jus à menção honrosa. Se a relação carecer de uma pitada de comunhão intelectual, seu amante aquariano, seguramente, se sentirá entediado ou insatisfeito.

VIDA DOMÉSTICA E FAMILIAR

Também na esfera doméstica e familiar os aquarianos tendem a agir de forma mutável, não convencional, e instável. Desejam abolir limites familiares tanto quanto anseiam por eliminar as pressões de qualquer ordem.

Mesmo assim, são bastante sociáveis. Gostam de manter um lar agradável, onde possam receber e entreter familiares e amigos. Suas casas são geralmente decoradas de forma moderna e abarrotadas de utensílios e instrumentos de última geração, que os aquarianos consideram indispensáveis.

A fim de terem uma vida doméstica saudável e satisfatória, eles precisam aprender a introduzir nela um pouco de estabilidade e conservadorismo. Não é possível viver só de novidades. A durabilidade, a permanência e a constância são necessárias em pelo menos uma das esferas da vida; a doméstica e familiar parece a ideal.

Vênus, o planeta do Amor, rege também a Quarta Casa Solar aquariana, do Lar e da Vida Familiar, e isso indica que, em se tratando da família e da educação dos filhos, a teoria, o raciocínio frio e o intelecto não bastam. Os aquarianos precisam acrescentar amor a essa equação, para terem uma vida doméstica maravilhosa.

AQUÁRIO
PREVISÃO ANUAL PARA 2022

TENDÊNCIAS GERAIS

A saúde e a energia precisam de mais atenção neste ano. Dois planetas lentos e poderosos, que devem ser levados a sério, fazem um aspecto tenso com você por todo o ano. Por si só, isso não é problema. Porém, quando os planetas rápidos também entram na festa, complicações podem ocorrer. Já voltaremos nesse assunto.

Apesar da energia mais fraca do que o normal, muitas coisas boas acontecem neste ano. Você está muito próspero. Sua Casa do Dinheiro ganha destaque. O benéfico Júpiter passa metade do ano nela. Falaremos mais sobre isso daqui a pouco.

No dia 11 de maio, Júpiter entra na sua Casa Três e passa a outra metade do ano lá. É um trânsito poderoso para estudantes que ainda não chegaram ao momento da universidade. Eles têm sucesso nos estudos. Também é ótimo para escritores, jornalistas, professores, comerciantes e profissionais do marketing. Eles devem ter um bom ano financeiro.

Saturno está na sua Casa Um desde o ano passado (tecnicamente, desde 18 de dezembro de 2020). Isso tem pontos positivos e negativos. Um dos positivos é uma postura mais séria em relação à vida. Indica alguém que assume responsabilidade pelas coisas — talvez em excesso. Indica alguém com boa capacidade de gerenciamento e organização. Mas há um lado ruim. Você tende a ser pessimista demais. Sente sua idade e suas limitações físicas com muita intensidade. Pode haver a tendência a ser "muito sério", o que afeta seu casamento e sua vida amorosa. Já voltaremos nesse tema.

Plutão está na sua Casa Doze há cerca de vinte anos. Isso indica uma transformação completa na sua vida espiritual. A tendência permanece, mas Plutão irá embora em 2024, e a pior parte do trânsito já passou.

Faz alguns anos que Urano está na sua Casa Quatro. É um sinal de foco na vida familiar e instabilidade na família. As emoções podem estar muito instáveis. Falaremos disso daqui a pouco.

As suas principais áreas de interesse este ano serão: corpo, imagem e aparência; finanças; comunicação e interesses intelectuais (entre 11 de maio e 29 de outubro, e depois de 21 de dezembro); lar e família; espiritualidade.

Os caminhos de maior realização serão: finanças (até 11 de maio e entre 29 de outubro e 21 de dezembro); comunicação e interesses intelectuais (entre 11 de maio e 29 de outubro, e depois de 21 de dezembro); lar e família.

SAÚDE

(Esta é uma perspectiva astrológica sobre a saúde, não uma visão médica. No passado essas perspectivas eram idênticas, mas hoje podem ocorrer diferenças significativas. Para obter uma opinião com base em diagnósticos da medicina convencional, consulte seu médico ou um profissional da área da saúde.)

A saúde, como mencionamos, precisa de mais atenção neste ano. O problema é que sua Casa Seis da Saúde não tem destaque — não é uma casa poderosa —, e, assim, existe uma tendência a ignorar as coisas. Você meio que considera a saúde algo garantido. Esse comportamento foi aceitável no passado, mas deixou de ser no último ano. Você será obrigado a prestar atenção.

Como seus níveis de energia não estão normais, a primeira linha de defesa é elevá-los. Se você se sentir cansado, descanse. Se estiver se exercitando e sentir algum desconforto, não precisa insistir, descanse e retorne ao exercício depois — talvez diminua a intensidade a um nível confortável. Escute as mensagens que seu corpo manda.

Também dê mais atenção aos seguintes pontos — as áreas vulneráveis no seu mapa. Como é mais provável que os problemas comecem neles, mantê-los saudáveis e em forma é uma boa forma de se prevenir.

Coração. Passou a ser importante em março de 2019, quando Urano entrou em um aspecto tenso com você. Ganhou uma importância ainda maior quando Saturno também entrou na festa com um aspecto tenso. Os reflexos aparecem no seu mapa. Na minha experiência, massagens no peito — no esterno e na parte superior da caixa torácica — fortalecem o coração. Em um nível mais metafísico, é importante evitar preocupações e ansiedade, as duas emoções que estressam o coração. Substitua as preocupações pela fé. A meditação ajudará bastante.

Tornozelos e panturrilhas. Sempre são importantes para os aquarianos. Os tornozelos e as panturrilhas devem ser massageados com frequência. Busque os pontos doloridos e massageie-os. Isso deve fazer parte da sua rotina de saúde. Um tornozelo fraco pode desalinhar a coluna, causando outros problemas. Dê mais apoio aos tornozelos durante exercícios físicos.

Estômago e seios. Sempre são importantes para os aquarianos, já que a Lua é o seu Planeta da Saúde. O reflexo aparece no seu mapa. É uma boa ideia fazer massagem no peito do pé também. Sua dieta é sempre importante (isso não vale para todas as pessoas, aliás). O QUE você come é importante e deve ser acompanhado por um profissional. Mas COMO você come talvez seja mais importante ainda. Tente elevar o ato de comer, saindo do mero apetite e de uma necessidade animal e passando para um ato de idolatria. Antes e depois das refeições, agradeça pelo alimento (com suas próprias palavras). A comida deve ser abençoada (com suas próprias palavras). É uma boa ideia escutar músicas tranquilas durante as refeições. Não apenas essas práticas aumentarão as vibrações do alimento, mas também as vibrações do sistema digestivo. Você receberá tudo de mais elevado e melhor da comida, e ela será bem-digerida. Para mulheres, é uma boa ideia realizar exames regulares nos seios.

A Lua também rege a sua vida emotiva. Então é importante manter uma boa saúde emocional. Há uma necessidade de ser construtivo e feliz nas suas emoções e humores. Caso surjam problemas de saúde (espero que não), restaure a harmonia entre a família o mais rápido possível. Meditações regulares ajudam a manter o humor positivo.

A Lua, seu Planeta da Saúde, é o astro mais rápido do zodíaco. Ela passa por todo o mapa em um mês. Assim, há muitas tendências breves que dependem da posição da Lua e dos aspectos que ela faz. É melhor lidar com elas nos relatórios mensais.

LAR E FAMÍLIA

Sua Casa Quatro do Lar e da Família tem destaque desde março de 2019, quando Urano entrou nela. Ela permanecerá assim por mais alguns anos (no próximo em especial). A boa notícia é que você dá uma atenção muito pessoal a essa área. Isso garante que as coisas ocorram da "melhor forma" possível.

A situação da família é extremamente volátil nesse período. Há muitas situações dramáticas e crises familiares. Também podem ocorrer divisões dentro da família. Todo o seu foco será necessário para manter a união.

Mudanças de humor, em você e talvez em parentes, também são muito extremadas. Isso pode ser controlado através de meditação para as pessoas que já tem esse hábito, mas outras podem precisar ser medicadas.

O problema com essas variações de humor é que você não sabe o que esperar dos seus parentes. Não dá para saber quando eles vão explodir. É preciso ficar atento o tempo todo. Não é o tipo de coisa possível de prever usando a lógica.

Urano na Casa Quatro indica várias mudanças e reformas na casa. O lar está sempre se aperfeiçoando. Já escrevemos sobre isso em relatórios passados, e a tendência continua valendo para este ano. É como se você estivesse em busca do seu lar ideal, e sempre que você acredita tê-lo encontrado, uma nova ideia, uma nova visão surge, e as mudanças recomeçam. Aos poucos, você está sendo guiado para o seu lar dos sonhos e para a sua situação familiar dos sonhos.

SEU HORÓSCOPO PESSOAL PARA 2022

Você se dedica muito ao seu pai, sua mãe ou a uma figura parental. Mas essa pessoa está inquieta e instável. Ela sente uma necessidade de liberdade pessoal neste período — quer se livrar de todos os fardos e responsabilidades.

Neste ano, dois eclipses ocorrem na sua Casa Quatro. O primeiro é o eclipse solar do dia 30 de abril, e o outro é o lunar de 8 de novembro. Eles causarão ainda mais abalos na situação familiar. Mas a boa notícia é que forçam mudanças na família.

Reformas e obras na casa podem acontecer durante todo o ano, mas, se você tiver opção, o período entre 4 de julho e 20 de agosto é mais favorável. Para embelezar a casa, comprando objetos de arte, o momento ideal é entre 28 de maio e 23 de junho.

Seu pai, sua mãe ou uma figura parental se muda bastante — talvez passe longos períodos em locais diferentes. Porém uma mudança formal é pouco provável. (Também não há qualquer tendência que prejudique isso.)

Irmãos e figuras fraternas estão prósperos neste ano. Se estiverem em idade reprodutiva, ficam mais férteis, porém é improvável que se mudem.

Filhos e figuras filiais têm um ano sem grandes mudanças na área do lar e da família, assim como netos (se você tiver algum).

DINHEIRO E CARREIRA

Como mencionamos, este é um ano muito próspero. Sua Casa do Dinheiro não está em destaque, porém abriga o benéfico Júpiter. O Planeta da Abundância e da Expansão está mais benéfico do que o normal. Primeiro, ele passa metade do ano no próprio signo e casa. Ele fica confortável em Peixes, forte. Mas também faz conjunção com Netuno, seu Planeta do Dinheiro, por boa parte do ano. Você chegará ao fim de 2022 muito mais rico do que começou.

Júpiter rege sua Casa Onze. Isso traz muitas mensagens. Primeiro, é outro sinal da beneficência de Júpiter, já que a Casa Onze é uma casa benéfica. Mas também indica lucros com o mundo virtual, por redes sociais e tecnologia de ponta. Não importa o que você realmente faz, a internet e sua especialidade tecnológica são importantes. Você gasta mais com tecnologia, porém também ganha com ela. Seus amigos são ricos e parecem oferecer oportunidades. Os melhores desejos e esperanças financeiros se tornam verdade neste ano. (E, quando isso acontecer, é provável que você construa um novo conjunto de "melhores desejos e esperanças".)

Além da tecnologia de ponta, você tem um bom instinto para mercados que envolvem água — serviços de abastecimento, empresas de engarrafamento e purificadores de água, transporte, estaleiros, indústria de pesca, empresas de frutos do mar, petróleo, gás natural e certos fármacos (estéticos ou estimulantes de humor). Todas essas áreas são interessantes para seguir carreira, abrir negócios ou fazer investimentos.

Júpiter entra na sua Casa Três no dia 11 de maio. É provável que você adquira um novo carro e equipamentos de comunicação — também pode valer para o próximo ano.

Plutão, seu Planeta da Carreira, está na sua Casa Doze da Espiritualidade há cerca de vinte anos. Ele permanece lá em 2022. Porém, no próximo ano, ele começa (indo e vindo) sua transição para a Casa Um. Então mudanças de carreira ocorrem, e você está se preparando para elas. Dois eclipses na Casa Dez da Carreira também impulsionam você a fazer mudanças. O eclipse lunar de 16 de maio e o eclipse solar de 25 de dezembro ocorrem na Casa Dez da Carreira e trarão mudanças positivas.

Nos últimos vinte anos, seu sucesso foi escondido, nos bastidores. Daqui a pouco — nos próximos dois ou três anos —, ele se tornará mais escancarado, ficará à vista de todos.

No meio-tempo, você ainda prefere carreiras em organizações sem fins lucrativos e altruístas. Havia a necessidade de algo que tivesse um significado pessoal e para o mundo em geral. Nós escrevemos sobre isso em relatórios passados, e essa tendência continua neste ano.

Os aquarianos nascidos no início do signo — entre 19 e 21 de janeiro — ainda sentem a influência de Plutão. Você adota a imagem do sucesso e as pessoas têm essa imagem sua. Oportunidades de carreira vêm atrás de você, sem que exista a necessidade de fazer muita coisa.

AMOR E VIDA SOCIAL

Sua Casa Sete do Amor não fica em destaque há anos e isso não muda em 2022. Ela está praticamente vazia — apenas planetas rápidos passam por ela, e seu efeito é breve. É sinal de um ano sem muitas mudanças na vida amorosa. Os solteiros tendem a permanecer solteiros, e os casados, a permanecer casados. De certa forma, isso é bom. Você parece satisfeito com sua situação, e não há necessidade de se concentrar nessa área.

Há outro aspecto que reforça o que dizemos. Quase todos os planetas lentos (com exceção de Urano) estão no setor leste do seu mapa — o setor do eu. A Casa Um tem destaque, enquanto a Sete está vazia. Então esse é o tipo de ano que gira em torno do "eu". Trata-se de organizar seus desejos e interesses pessoais — de encontrar sua felicidade pessoal em vez de agradar os outros, de afirmar sua independência. Você está mais contido em 2022.

O setor oeste social do mapa se fortalecerá com o passar do ano, porém nunca se torna mais forte do que o leste. Este último sempre é dominante.

O Sol é o seu Planeta do Amor. Ele se move rápido e passa pelo mapa inteiro todo ano. Então há muitas tendências breves para o amor que dependem da posição do Sol e dos aspectos que ele recebe. Falaremos sobre isso nos relatórios mensais.

Dois eclipses solares em 2022 (a quantidade normal para todo ano) abalarão a vida amorosa e trarão correções. Um ocorre no dia 30 de abril, e o outro, em 25 de outubro. Falaremos mais sobre eles nos relatórios mensais.

Até aqui, falamos sobre os aquarianos às vésperas ou já em seu primeiro casamento. Porém o mesmo vale para os que estão no segundo casamento — a tendência é que nada mude. Os que estão na fase do terceiro recebem bons aspectos românticos neste ano. Seu traquejo social está muito forte. Pode ser que você se envolva com uma pessoa rica ou que esteja envolvida nas suas finanças. Ela pode ter sido "só uma amiga" até agora, mas o relacionamento pode se transformar em algo mais.

A área das amizades parece mais ativa que a do romance. Enquanto Júpiter estiver em Peixes, na sua Casa do Dinheiro (até 11 de maio e entre

29 de outubro e 21 de dezembro), você faz amigos e tem boas oportunidades sociais enquanto tenta conquistar objetivos financeiros e com pessoas envolvidas nas suas finanças. Entre 11 de maio e 29 de outubro, e a partir de 21 de dezembro, você faz amizades na vizinhança e em ambientes educacionais.

Pais e figuras parentais passam por testes no casamento. Caso sejam solteiros, casamento não é aconselhável.

Irmãos e figuras fraternas passam por um ano sem grandes mudanças no amor e na vida social. Eles parecem mais voltados para si mesmos.

Filhos e figuras filiais têm um bom ano para o amor e a vida social. Eles se focam nessa área e tendem a ter sucesso. Pessoas poderosas os atraem — pessoas prestigiosas e imponentes. Eles conhecem esse tipo de companhia neste ano.

Netos, se você tiver algum, têm ótimas oportunidades românticas a partir de 11 de maio. Boa parte disso depende de sua idade. Se forem crescidos o suficiente, romances sérios podem ocorrer — até casamentos. Netos mais jovens fazem amigos novos e importantes.

AUTOAPERFEIÇOAMENTO

Com Netuno, o planeta mais espiritualizado de todos, como seu Planeta do Dinheiro, a intuição e as leis espirituais da prosperidade sempre são importantes para você. Um interesse vitalício. Desde que Netuno entrou em Peixes, em 2012, esse interesse se intensificou, e escrevemos sobre isso em relatórios anteriores. Neste ano, ele se intensifica ainda mais, já que Júpiter também entra em Peixes e faz conjunção com seu Planeta do Dinheiro por boa parte do ano. É como se a intuição financeira estivesse a toda velocidade. Não apenas ela é boa durante o ano, mas suas intuições passadas se comprovarão. Nós podemos ganhar dinheiro natural — que você ganha de formas naturais — por meio do trabalho, dos seus pais, do seu cônjuge, de investimentos etc. — e "dinheiro milagroso" — que surge de repente, de formas que você jamais imaginou. (Veja bem, até o dinheiro natural é, na verdade, "dinheiro milagroso", mas disfarçado — toda a fartura vem do espírito.) Este é um ano para o dinheiro milagroso. O natural é muito bom, e devemos nos sentir gratos por ele, porém o milagroso é bem mais alegre.

Boa parte dos aquarianos já sabe muito sobre a fartura espiritual, porém sempre há mais a ser aprendido. Este é um bom ano para isso. Você terá certeza, sem sombra de dúvida, de que existe uma força que se importa com você e provém. Não importa o que aconteça no mundo e quanto dinheiro você tem ou não no banco — essa força tem um suprimento infalível, contanto que suas leis sejam seguidas.

Você receberá orientação financeira por meio de sonhos, palpites, uma aparente "intuição", médiuns, tarólogos, canais espirituais e mestres religiosos.

No geral, você é uma pessoa caridosa. Neste ano, isso se intensifica. Provavelmente é uma boa ideia continuar doando uma parte — certa porcentagem — dos seus ganhos. Fazer doações para sua instituição religiosa é uma prática excelente (e esse é o caso há muitos anos). Doar uma porcentagem ajuda você a não se empolgar e não doar em excesso. O altruísmo abre as portas espirituais da fartura. Há muitas informações sobre esse assunto no meu site [em inglês], *www.spiritual-stories.com*.

Saturno, como mencionamos, está no seu signo desde o ano passado. Esse é um trânsito ótimo para muitas coisas. Você tem boa capacidade de gerenciamento e de chefia. É mais capaz de deixar o corpo e a imagem em forma. Há mais disciplina para isso. Este é um ano excelente para perder peso, se isso for necessário. No entanto, e escrevemos sobre isto no ano passado também, não é muito bom para relacionamentos amorosos e sociais. Você tende a ser frio e distante por natureza. Mas, neste período, isso se intensifica. É como se você tivesse tomado um remédio, e esse fosse um dos efeitos colaterais. As pessoas podem se desanimar com sua frieza e distância. Elas sentem como se existissem barreiras ao seu redor que não podem ser ultrapassadas. É difícil se aproximar de você. A boa notícia é que é fácil mudar isso. Tente ser mais carinhoso e amoroso com os outros. Faça isso todos os dias, e sua vida social irá melhorar.

PREVISÕES MENSAIS

JANEIRO

Melhores dias: 4, 5, 13, 14, 23, 24, 31
Dias mais tensos: 11, 12, 18, 19, 25, 26

Melhores dias para o amor: 2, 3, 11, 12, 18, 19 ,21, 22, 23, 29, 30
Melhores dias para o dinheiro: 6, 7, 16, 17, 25, 26
Melhores dias para a carreira: 3, 12, 22, 25, 26, 30

A prosperidade é fortíssima neste mês — e será ainda melhor no próximo. Com a prosperidade, vem a liberdade de seguir seus interesses espirituais. E esse é o destaque de janeiro.

Sua Casa Doze da Espiritualidade está lotada de planetas. Um total de sessenta por cento dos astros está nela ou passando por ela. É muito poder. Sua percepção extrassensorial e suas capacidades espirituais estão mais fortes do que o normal. Você tem várias revelações espirituais — e, quando isso acontece, é algo muito feliz. É como sair de uma prisão. Há um grande suspiro de alívio. Vários tipos de experiências sobrenaturais acontecem. Seus sonhos provavelmente são mais interessantes e empolgantes do que a sua vida diária. Saturno, seu Planeta da Espiritualidade, está em Aquário há mais de um ano e passará o restante de 2022 lá. Então você é visto como uma pessoa espiritualizada, altruísta e filantrópica. Você recebe ensinamentos espirituais para aprender a colocar o corpo em forma com uso de meios espiritualizados. A verdade é que o corpo é completamente servil ao espírito.

No dia 20, o Sol entra no seu signo, e você começa um ápice de prazer pessoal anual. É um bom momento para se entregar aos prazeres corporais e dos sentidos — um bom momento para papariquar o corpo. Também é bom para colocar o corpo e a imagem na forma que você deseja.

Um total de noventa por cento dos planetas está no setor leste do seu mapa neste mês. Quando a Lua visitar o setor oeste, entre os dias 11 e 26 — oitenta por cento estará no leste. Então você passa por um período de extrema independência pessoal. Este mês gira em torno do "eu" — e não há nada de errado com isso. Seu interesse próprio e sua felicidade são tão importantes quanto os dos outros. Portanto, este é o momento de fazer as mudanças necessárias para a sua felicidade pessoal. Mais tarde, quando o poder planetário passar para o oeste, será mais difícil fazer isso.

O amor também é feliz neste mês. Você conduz sua vida amorosa do seu jeito. O cônjuge, parceiro ou interesse amoroso atual quer agradar e coloca você em primeiro lugar. Para os solteiros, não é necessário fazer muita coisa para atrair o amor. Ele vai atrás de você. Simplesmente siga sua rotina. Antes do dia 20, oportunidades amorosas e românticas ocorrem em ambientes holísticos — seminários ou palestras sobre meditação, grupos de estudo espirituais, eventos de caridade ou altruístas. As pessoas cuidam de você nestes dias, não o contrário.

FEVEREIRO

Melhores dias: 1º, 9, 10, 11, 19, 20, 28
Dias mais tensos: 7, 8, 14, 15, 16, 21, 22, 23
Melhores dias para o amor: 1º, 7, 8, 9, 10, 14, 15, 16, 17, 18, 22, 23, 27
Melhores dias para o dinheiro: 2, 3, 12, 13, 21, 22, 23
Melhores dias para a carreira: 8, 18, 21, 22, 23, 27

A espiritualidade continua muito importante. Apesar da Casa Doze não estar tão proeminente quanto no mês passado, ela permanece muito forte. Então releia nossa discussão de janeiro — boa parte do que dissemos ainda se aplica para fevereiro.

A saúde está excelente. Apesar de dois planetas lentos fazerem aspectos tensos com você, os planetas rápidos oferecem apoio. Você pode melhorar a saúde ainda mais com os métodos mencionados no relatório anual. Em geral, entre os dias 1º e 16, haverá mais entusiasmo sobre questões de saúde. Depois do dia 16, dietas de desintoxicação são favoráveis. Até lá, terapias e tratamentos que fortalecem o corpo são benéficos.

Boa parte do poder planetário permanece no leste — o setor do eu. A porcentagem continua igual à do mês passado. Então tudo gira em torno de você — sua iniciativa pessoal, suas capacidades e habilidades são as coisas mais importantes. Os outros cuidam de você neste período, não o contrário. Você faz as coisas do seu jeito — como deveria fazer. Você sabe o que é melhor no seu caso. Então continua sendo um bom mês para fazer as mudanças necessárias para a sua felicidade. Não é preciso consultar os outros.

Seu ápice de prazer pessoal anual dura até o dia 18. Talvez ele se perpetue ainda mais, já que o regente da Casa Cinco, Mercúrio, entra no seu signo no dia 15. Com Saturno em Aquário há mais de um ano, as coisas se tornam um pouco mais leves. Sua tendência é ser sério demais.

No dia 18, o Sol entra na sua Casa do Dinheiro, e você começa um ápice financeiro anual. Para muitos aquarianos, será um ápice da vida também. (Isso depende muito da sua idade.) Amigos, contatos sociais e entes queridos estão envolvidos na sua vida financeira e ajudam muito. Sua intuição monetária está bastante afiada. Você sempre foi uma pessoa generosa, e essa tendência é maior neste mês. Fazer doações para instituições religiosas é uma prática excelente para todos, mas especialmente para você — e especialmente neste mês. Seu Planeta do Amor na Casa do Dinheiro costuma trazer parcerias ou oportunidades de negócios em conjunto. Apesar de você estar muito independente neste período, não pode abandonar o traquejo social por completo. Ainda mais quando se trata de dinheiro. Sua simpatia tem um papel importante na vida financeira.

Até o dia 18, o amor vem até você, e não há muito que precise ser feito. Apenas esteja presente. Após o dia 18, os solteiros encontram romance ao tentarem realizar objetivos financeiros ou com pessoas envolvidas em sua vida monetária.

MARÇO

Melhores dias: 1º, 9, 10, 18, 19, 27, 28
Dias mais tensos: 6, 7, 8, 14, 15, 21, 22
Melhores dias para o amor: 2, 3, 9, 11, 12, 14, 15, 18, 19, 23, 27, 28
Melhores dias para o dinheiro: 2, 3, 11, 12, 21, 22, 30, 31
Melhores dias para a carreira: 8, 18, 21, 22, 26

TODOS os planetas estão se movendo para a frente neste mês. Tanto o seu ciclo solar pessoal quanto o universal estão crescentes. E, no dia 20, o Sol entra em Áries — a melhor energia de iniciativa do zodíaco. Então temos uma mensagem definitiva: agora é o momento (especialmente após o dia 20) para iniciar novos projetos ou lançar novos produtos no mundo. Há muito impulso cósmico por trás de você.

Continua sendo um bom período — se você ainda não fez isto — para realizar as mudanças necessárias para conquistar sua felicidade e seu bem-estar. No mês que vem, o setor leste perderá um pouco a força.

SEU HORÓSCOPO PESSOAL PARA 2022

A saúde continua excelente neste mês — apesar de dois planetas lentos em aspecto tenso com você. Os rápidos oferecem apoio. Você pode melhorar a saúde ainda mais com os métodos mencionados no relatório anual. Haverá mais entusiasmo por questões de saúde entre os dias 2 e 18, conforme seu Planeta da Saúde fica crescente. Esse período é interessante para fazer atividades que fortaleçam o corpo. Após o dia 18, dietas de desintoxicação e para perda de peso são interessantes (para se livrar de coisas relacionadas ao corpo).

Você permanece em um ápice financeiro anual — que se torna ainda mais forte do que no mês passado — entre os dias 10 e 20. Nós também vemos prosperidade de outras maneiras. A Lua passará duas vezes pela sua Casa do Dinheiro neste mês — geralmente, ela faz apenas uma única visita.

Tanto Marte quanto Vênus entram no seu signo no dia 6. Vênus traz beleza e traquejo social. Marte, energia e dinamismo. É um trânsito feliz, que remove um pouco do pessimismo de Saturno do seu signo.

O amor está feliz. Você se sente atraído por pessoas ricas. A riqueza é afrodisíaca. Solteiros encontram oportunidades românticas enquanto tentam realizar objetivos financeiros e com pessoas envolvidas na vida monetária. O Sol na Casa do Dinheiro costuma apresentar oportunidades para parcerias ou negócios em conjunto. (Os aquarianos que fazem investimentos podem lucrar com consolidações e aquisições de empresas.)

No dia 20, o Planeta do Amor entra na sua Casa Três. A postura para romances muda. O amor está perto de casa, na vizinhança, talvez com vizinhos. A compatibilidade mental é muito importante — bem mais do que mera riqueza. Você se atrai por pessoas com quem tem facilidade de conversar, com quem consegue compartilhar ideias. Após o dia 20, você passa a ser uma pessoa que acredita em "amor à primeira vista".

ABRIL

Melhores dias: 5, 6, 15, 16, 23, 24
Dias mais tensos: 3, 4, 10, 11, 17, 18, 30
Melhores dias para o amor: 1º, 2, 8, 10, 11, 17, 18, 20, 21, 22, 25, 26, 27, 30
Melhores dias para o dinheiro: 8, 9, 17, 18, 25, 26, 27
Melhores dias para a carreira: 4, 14, 17, 18, 22

A saúde precisa de mais atenção a partir do dia 20. Então melhore-a com os métodos mencionados no relatório anual. Você sente mais entusiasmo por questões de saúde entre os dias 1º e 16. Esse é um bom período para fortalecer o corpo. Do dia 16 ao 30, dietas de desintoxicação e perda de peso têm bons resultados — se livre das coisas que não pertencem ao corpo.

Apesar de a energia geral não estar no seu auge, abril é um mês feliz e próspero. A Casa do Dinheiro continua muito poderosa. Júpiter e Netuno estão lá desde o começo do ano, e Vênus se junta a eles no dia 5. No dia 15, é a vez de Marte. Então há muito poder financeiro neste período. Entre os dias 1º e 17, Júpiter faz conjunção com seu Planeta do Dinheiro, Netuno — aumentando os rendimentos. Amigos também são prósperos. Vênus na Casa do Dinheiro indica que há bom apoio da família. Marte mostra lucros com escrita, ensino, vendas, marketing e transações comerciais.

Um eclipse solar no dia 30 ocorre na Casa Quatro do Lar e da Família. Com frequência, isso traz problemas ou abalos no círculo familiar. (Inclusive, coisas boas podem ser tão tumultuantes quanto as ruins — e coisas boas acontecem na família nesse dia.) É comum que reparos sejam necessários no lar. Irmãos e figuras fraternas fazem mudanças financeiras importantes. Filhos e figuras filiais passam por mudanças espirituais — eles também devem tomar mais cuidado ao dirigir neste período.

Todo eclipse solar testa a vida amorosa, e este não é diferente. Você passa por essas provas duas vezes por ano e, a esta altura, já sabe lidar com elas. Geralmente, mágoas reprimidas vêm à tona. É necessário lidar com elas. Às vezes, o relacionamento é testado por alguma situação dramática na vida da pessoa amada. Ela pode passar por mudanças importantes na carreira.

Você continua no clima de "amor à primeira vista" até o dia 20. Talvez se jogue em relacionamentos depressa demais, de forma impulsiva. Mas não importa, você está desenvolvendo coragem no amor. No dia 20, sua postura se torna mais conservadora. O amor está perto de casa. Parentes e conexões familiares são importantes para o amor.

MAIO

Melhores dias: 2, 3, 4, 12, 13, 21, 30, 31
Dias mais tensos: 1º, 7, 8, 9, 14, 15, 27, 28
Melhores dias para o amor: 7, 8, 9, 10, 11, 16, 17, 20, 30
Melhores dias para o dinheiro: 6, 15, 16, 23, 24, 25
Melhores dias para a carreira: 1º, 11, 14, 15, 20, 28

A Casa do Dinheiro perde um pouco de importância neste mês. No dia 3, Vênus vai embora. No dia 11, Júpiter. No dia 25, é a vez de Marte. A prosperidade está incrivelmente forte neste ano, e, a esta altura, objetivos financeiros em curto prazo foram alcançados, e você pode mudar seu foco para interesses intelectuais — ler, estudar e aprender. É um ótimo mês para estudantes que ainda não chegaram ao momento de entrar na universidade. Eles têm sucesso nos estudos e recebem honrarias. Também é um bom período para trabalhadores em áreas intelectuais — professores, escritores, vendedores e profissionais do marketing. Suas habilidades de comunicação sempre são fortes, porém estão mais ainda agora.

O amor continua perto de casa até o dia 21. Há mais socialização dentro do lar e com parentes. Uma noite tranquila e romântica em casa é mais interessante do que uma noitada fora. A intimidade emocional é tão importante quanto a física. Na verdade, compartilhar sentimentos é quase uma preliminar neste período.

Isso muda no dia 21, quando seu Planeta do Amor entra na Casa Cinco, e então baladas passam a ser mais interessantes do que ficar em casa. Você se sente atraído por pessoas divertidas e o amor precisa ser legal. As responsabilidades amorosas não são levadas em consideração. Essa posição favorece casos amorosos, não um romance sério e comprometido.

O eclipse lunar no dia 16 afeta bastante os aquarianos — especialmente os nascidos no fim do signo (entre 12 e 16 de fevereiro), então tenha um cronograma tranquilo e despreocupado nesse período. Este eclipse ocorre na sua Casa Dez da Carreira, indicando mudanças na vida profissional. Às vezes, durante esse tipo de trânsito, as pessoas mudam de área. Mas não costuma ser o caso. Em geral, as regras do jogo mudam. Ajustes precisam ser feitos por conta de mudanças na hierarquia da empresa ou no mercado. Mudanças de cargo também podem ocorrer. Às vezes, é dentro da sua companhia atual, mas talvez aconteça uma troca de ambiente de trabalho. Caso você tenha funcionários, há a possibilidade de uma demissão em massa, agora ou nos próximos meses. Podem ocorrer sustos na saúde, já que o astro eclipsado, a Lua, é o seu Planeta da Saúde. Mas a saúde está basicamente boa neste período, e é provável que os sustos não passem disso, sem ser nada grave. Sua rotina de saúde vai mudar — e muito — nos próximos meses.

JUNHO

Melhores dias: 9, 10, 17, 18, 26, 27
Dias mais tensos: 4, 5, 11, 12, 23, 24, 25
Melhores dias para o amor: 4, 5, 6, 7, 9, 10, 16, 18, 26, 28, 29
Melhores dias para o dinheiro: 2, 3, 4, 12, 13, 19, 20, 21, 29, 30
Melhores dias para a carreira: 7, 11, 12, 16, 25

Os estudantes continuam indo bem neste mês. Eles conquistam muito em seus estudos. Irmãos, figuras fraternas e vizinhos são bondosos com você e trazem boa sorte. Eles também estão prósperos. As pessoas com dinheiro na sua vida se tornam mais ricas. Carros e equipamentos de comunicação novos vêm até você — é um bom momento para comprar essas coisas.

A saúde está muito melhor do que em maio, e continua progredindo conforme o mês avança. Você pode aumentar seu bem-estar com os métodos mencionados no relatório anual.

Este é um mês feliz. No dia 21, você começa um dos seus ápices de prazer pessoal anuais. Então é hora de aproveitar a vida. Quando o desânimo bater, encontre atividades que lhe agradem. Não apenas elas vão aumentar sua postura como ajudarão os problemas a se dissolverem.

Aproveitar a vida também ajuda o romance. Os românticos na sua vida estão buscando por diversão — leveza. Você anda sério demais. O amor deve ser alegre, porém, como no mês passado, os aspectos não indicam casamento, mas casos amorosos. A compatibilidade mental é muito importante. Uma boa comunicação — a troca de ideias — é uma forma de preliminar. O comportamento no amor muda de novo após o dia 21. A intimidade emocional passa a ser tão importante quanto a intimidade física. Você se sente atraído por terapeutas, profissionais da saúde e talvez por pessoas envolvidas na sua saúde. Colegas de trabalho também parecem interessantes. Os aquarianos em busca de emprego têm sorte após o dia 21, e os aspectos sociais do trabalho provavelmente têm o mesmo peso que o salário, a jornada e os benefícios.

A saúde está boa neste mês, mas você parece focado nessa área após o dia 21. O ideal é que seja apenas uma prevenção e uma busca por estilos de vida saudáveis. Tome cuidado para não fazer tempestade em copo-d'água.

Finanças não estão tão boas quanto estavam nos primeiros quatro meses do ano, mas ainda estão indo bem, especialmente após o dia 21.

JULHO

Melhores dias: 6, 7, 14, 15, 23, 24
Dias mais tensos: 1º, 2, 8, 9, 21, 22, 28, 29
Melhores dias para o amor: 1º, 2, 6, 7, 8, 9, 17, 15, 26, 28, 29
Melhores dias para o dinheiro: 1º, 2, 9, 10, 11, 16, 17, 18, 19, 27, 28, 29
Melhores dias para a carreira: 5, 8, 9, 13, 22

No dia 5, a maior parte do poder planetário passa para o setor oeste social do mapa. No dia 23, a Casa Sete do Amor, Atividades Sociais e "Outros" se torna mais poderosa. Então você está em um período social. Dons e habilidades pessoais são menos importantes do que o traquejo social — sua capacidade de se dar bem com os outros. As habilidades sociais fazem o trabalho pesado, não seus talentos ou iniciativa. Deixe os outros lidarem com as coisas do jeito deles, contanto que não seja destrutivo. A sua maneira de fazer as coisas provavelmente não é a melhor. O bem chega a você por ação dos outros.

Marte entra na Casa Quatro no dia 5, permanecendo lá pelo restante do mês. Este é um bom momento para fazer grandes obras em casa. (Alguns aquarianos podem estar pensando em construir uma casa.) Um irmão ou figura fraterna prospera. Ele parece concentrado nas finanças. Seu pai, sua mãe ou uma figura parental parece impaciente e combativo. Os ânimos estão exaltados.

A saúde precisa de mais atenção a partir do dia 5. Então o fato de você estar muito concentrado na saúde durante este mês é algo positivo. É um bom sinal. Você pode melhorar a saúde com os métodos mencionados no relatório anual. Como sempre, certifique-se de descansar bastante.

No dia 23, quando o Sol, seu Planeta do Amor, entra na sua Casa Sete, você começa um ápice na vida amorosa e social anual. Isso teve ser benéfico para os solteiros, já que o Sol está poderoso no próprio signo e casa. O traquejo social e o magnetismo estão muito mais fortes do que o normal. Os solteiros têm opções neste mês — há oportunidades para um relacionamento sério e comprometido, e também para "diversão" — casos amorosos.

A vida financeira passa por uma boa fase, mas tenha em mente que o seu Planeta do Dinheiro, Netuno, está retrógrado (e passará muitos meses assim). Então, apesar de a sua intuição para questões monetárias estar maravilhosa, ela precisa ser verificada. Os dias 16 e 17 são especialmente bons para as finanças — tanto você quanto seu interesse amoroso atual prosperam. Nos dias 30 e 31, seu parceiro encontra prosperidade, mas também é um bom período para a vida amorosa e social.

AGOSTO

Melhores dias: 2, 3, 11, 12, 20, 21, 29, 30
Dias mais tensos: 4, 5, 17, 18, 25, 26
Melhores dias para o amor: 4, 5, 7, 8, 15, 16, 25, 26
Melhores dias para o dinheiro: 5, 7, 13, 14, 15, 23, 25
Melhores dias para a carreira: 1º, 4, 5, 10, 18, 28

Marte começou uma conjunção com Urano no dia 31 de julho, e esse trânsito permanece nos dias 1º e 2. Isso traz uma proximidade entre você e um irmão ou uma figura fraterna. Suas habilidades de comunicação estão especialmente fortes nesse período. No entanto, você deve ficar mais atento ao plano físico, especialmente enquanto dirige. Evite brigas e confrontos.

Temos um grande trígono nos signos de Terra neste mês. Suas habilidades de comunicação e seu domínio de ideias podem não ser vistos com bons olhos agora. As pessoas parecem mais concentradas em coisas práticas.

A saúde ainda precisa de atenção até o dia 23. Não há nada sério acontecendo. É apenas um estresse breve causado por planetas rápidos. No meio-tempo, certifique-se de descansar bastante. Talvez você possa marcar mais massagens ou tratamentos naturais quando for possível. Melhore a saúde com os métodos mencionados no relatório anual. No dia 23, as coisas começam a melhorar muito.

Você continua em um ápice na vida amorosa e social anual até o dia 23. Não deixe o excesso de pessimismo acabar com a sua atração. A felicidade e um comportamento alegre vão trazer o amor. Podemos ser sérios, mas manter o ânimo e o otimismo.

A movimentação retrógrada aumenta neste mês. Nunca haverá menos de quarenta por cento de planetas em retrogradação, e, depois do dia 24, cinquenta por cento dos planetas andam para trás. Então o ritmo da vida está mais lento. Há muita indecisão em você e nos outros. Não tem problema. Isso é natural. É o clima astrológico.

As finanças estão mais desafiadoras do que no mês passado. Seu Planeta do Dinheiro, Netuno, continua retrógrado, além de receber aspectos estressantes após o dia 23. Então o dinheiro virá, porém há mais trabalho envolvido (e atrasos e problemas).

Marte entra na Casa Cinco no dia 20 e permanece lá pelo restante do ano. Filhos e figuras filiais parecem mais combativos. Eles perdem a paciência com muita facilidade. Podem se meter em briga.

SETEMBRO

Melhores dias: 7, 8, 16, 17, 26, 27
Dias mais tensos: 1º, 2, 13, 14, 15, 21, 22, 28, 29
Melhores dias para o amor: 4, 5, 6, 13, 14, 15, 21, 22, 25, 26
Melhores dias para o dinheiro: 2, 3, 9, 10, 11, 19, 20, 21, 29, 30
Melhores dias para a carreira: 1º, 2, 10, 18, 28, 29

A retrogradação chega ao auge neste mês. A partir do dia 10, sessenta por cento dos planetas estão retrógrados. Uma porcentagem enorme. A vida parece parar. É como se nada estivesse acontecendo (não por fora). Há muita indecisão pessoal e no mundo. Nós estamos em um precipício, e esperamos. O que lemos no jornal e vemos na televisão provavelmente não é exato e deve ser encarado com desconfiança. Nosso trabalho é aproveitar o momento e tentar nos beneficiar com ele. Porque, não se engane, coisas importantes acontecem por baixo dos panos — só não sabemos exatamente o quê. Às vezes, precisamos dar um passo para trás antes de seguir para a frente.

Seu Planeta do Amor, o Sol, nunca fica retrógrado. Então a vida amorosa segue para a frente. Ela parece feliz neste ano. O Sol faz bons aspectos com Urano, o regente do seu mapa. Há oportunidades românticas para os solteiros. O problema com o amor é você. Você não tem certeza do que quer. Está indeciso.

O amor é erótico até o dia 23. O magnetismo sexual parece ser a principal atração. Oportunidades amorosas acontecem em lugares e situações estranhas — em enterros ou funerárias, durante velórios ou consolando uma pessoa enlutada. No dia 23, isso mudará conforme seu Planeta do Amor entra em Libra. O romance se torna mais romântico, não apenas sexual. Há uma necessidade de compatibilidade filosófica — uma visão de mundo semelhante. Oportunidades românticas provavelmente surgem na faculdade ou em eventos universitários, na instituição religiosa que você frequenta ou em eventos religiosos. As pessoas na sua instituição religiosa podem bancar o cupido. Há uma atração por estrangeiros, e oportunidades românticas também podem ocorrer em terras internacionais.

O cônjuge, parceiro ou interesse amoroso atual passa por um mês fenomenal, mas precisa fazer seu dever de casa após o dia 10, pesquisando mais antes de tomar decisões financeiras importantes.

A saúde melhorou muito desde o mês passado e se torna ainda melhor após o dia 23.

Apesar do seu Planeta do Dinheiro, Netuno, estar retrógrado, as finanças devem melhorar após o dia 23. Antes disso, você tem mais trabalho — mais desafios.

OUTUBRO

Melhores dias: 4, 5, 13, 14, 23, 24
Dias mais tensos: 11, 12, 18, 19, 25, 26

Melhores dias para o amor: 4, 5, 13, 14, 18, 19, 25
Melhores dias para o dinheiro: 6, 7, 8, 9, 17, 18, 26, 27
Melhores dias para a carreira: 3, 12, 22, 25, 26

A atividade retrógrada diminui muito neste mês. Até o fim de outubro, apenas trinta por cento dos planetas estarão retrógrados — no mês passado, eram sessenta por cento. Uma redução de cinquenta por cento. Então as coisas estão começando a andar para a frente de novo. Parte disso acontece por causa do eclipse solar do dia 25, que acabará com os obstáculos para o sucesso.

Três planetas também passam pelo solstício neste mês. Eles fazem uma pausa no céu e mudam de direção (no movimento latitudinal). Isso também tem um papel no desbloqueio das coisas. Uma mudança de rumo acontece em várias áreas da vida.

O lado diurno do seu mapa, apesar de estar longe de ser dominante, chega ao auge de força do ano. O lar e a família — e o bem-estar emocional — continuam sendo seu principal interesse, mas você pode mudar um pouco do foco para a carreira. Este não é um ano muito forte para a vida profissional, porém você chega ao ápice dessa área, começando no dia 23.

O eclipse solar do dia 25 é intenso para você, então tenha uma agenda tranquila neste período. A saúde em geral também precisa de mais atenção após o dia 23. Certifique-se de descansar bastante e melhorar seu bem-estar com os métodos mencionados no relatório anual.

O eclipse do dia 25 ocorre na Casa Dez da Carreira, sinalizando mudanças na área profissional. Em geral, as pessoas não mudam o rumo da carreira (às vezes, isso acontece), porém a maneira como seguem o caminho em que estão. Reviravoltas na empresa ou no mercado podem causar isso. Às vezes, regulações governamentais mudam as regras da sua empresa ou mercado. Situações dramáticas na vida de chefes e superiores também podem causar a mudança. Seu pai, sua mãe ou uma figura parental passam por momentos dramáticos.

Todo eclipse solar afeta sua vida amorosa, e este não é diferente. Um relacionamento atual passa por testes. Isso não necessariamente significa um término. Você passa por esses eclipses duas vezes por ano, no mínimo — então não é uma situação estranha. Mas sinaliza que chegou o momento de lavar a roupa suja e lidar com questões reprimidas. Bons relacionamentos sobrevivem a essas coisas, mas os problemáticos podem correr riscos. Às vezes, os testes ocorrem devido a situações dramáticas na vida do cônjuge, parceiro ou interesse amoroso atual. O relacionamento em si não é problema.

NOVEMBRO

Melhores dias: 1º, 2, 10, 11, 19, 20, 28, 29
Dias mais tensos: 7, 8, 15, 16, 22, 23
Melhores dias para o amor: 3, 4, 13, 14, 15, 16, 23, 24
Melhores dias para o dinheiro: 3, 4, 13, 14, 23, 30
Melhores dias para a carreira: 8, 9, 18, 22, 23, 27

Você já teve períodos melhores para a carreira na sua vida, e terá outros no futuro, mas este mês é o auge para 2022. O seu ápice de carreira anual ocorre até o dia 22.

O principal destaque é o eclipse lunar total do dia 8, que é muito forte para você pessoalmente, e para o mundo em geral. Tenha uma rotina tranquila neste período.

O eclipse ocorre na sua Casa Quatro do Lar e da Família, mas também afeta três outros planetas — Urano, Mercúrio e Vênus. Então há situações dramáticas no lar e na vida de parentes. Há abalos na família. Consertos podem ser necessários em casa. Momentos dramáticos ocorrem com parentes e com seu pai, sua mãe ou uma figura parental. Você também parece ser pessoalmente afetado. É preciso redefinir a si mesmo e a maneira como se enxerga — atualize-a, refine-a —, ou os outros farão isso por você de forma não muito agradável. Essa mudança levará a trocas de guarda-roupa e transformações na imagem e na maneira como você se apresenta nos próximos meses. Os sonhos tendem a ser agitados e desagradáveis, mas não preste atenção neles — são apenas dejetos psíquicos remexidos pelo eclipse. Não são importantes.

Como Mercúrio é afetado, filhos e figuras filiais são atingidos. Eles também devem seguir uma agenda tranquila e relaxada nesse período. O impacto em Mercúrio pode apresentar confrontos psicológicos com a morte ou experiências de quase morte. Sua prática espiritual (que fica mais forte no fim do mês) ajuda a lidar com isso. Chefes, pais e figuras parentais passam por testes no casamento ou em relacionamentos sérios. Irmãos e figuras fraternas são obrigados a fazer mudanças financeiras importantes.

O astro eclipsado, a Lua, é o seu Planeta da Saúde. Então há sustos nessa área. Se isso acontecer, espere mais ou menos dez dias e busque uma segunda opinião. Tomografias e exames feitos durante um período de eclipse, quando as energias estão agitadas, podem não ser exatos. Refaça-os. Haverá mudanças importantes na sua rotina de saúde nos próximos meses. Mudanças de emprego também são prováveis. Se você tiver funcionários, há instabilidade na força de trabalho, e é provável que ocorram demissões em massa.

Você continua em um ápice de carreira anual, mas o eclipse prejudica seu foco.

A saúde precisa de atenção até o dia 22, mas haverá uma melhora intensa depois disso. Melhore seu bem-estar com os métodos citados no relatório anual.

DEZEMBRO

Melhores dias: 7, 8, 17, 18, 25, 26
Dias mais tensos: 4, 5, 6, 12, 13, 19, 20
Melhores dias para o amor: 2, 3, 12, 13, 14, 22, 23, 24
Melhores dias para o dinheiro: 1º, 10, 11, 20, 21, 27, 28, 29
Melhores dias para a carreira: 6, 15, 16, 19, 20, 24

O eclipse poderoso do mês passado deve ter mudado certas tendências no mundo. De repente, parece estar na moda pensar e agir "fora da caixa" — sair dos limites normais. Três planetas estão "fora dos limites" em dezembro (muito incomum). Marte está assim desde 24 de outubro, e continua durante todo o mês. Mercúrio, entre os dias 1º e 22, e Vênus entre 2 e 24.

No geral, um planeta fora de curso indica que não há respostas no âmbito normal e que é preciso procurá-las em lugares diferentes — explorar o desconhecido. Isso é o que acontece com seu pai, sua mãe ou uma figura parental, na sua vida religiosa ou filosófica, com seus filhos e figuras filiais, com as finanças de um dos pais, com irmãos, figuras fraternas e nas suas preferências intelectuais. Porém, como mencionamos, parece ser uma tendência do mundo em geral.

A saúde melhorou muito em comparação com o mês passado, e os eventos do mundo também progridem. O ritmo da vida acelera. Mais uma vez, o poder planetário está primordialmente no leste, e o momento de "agradar as pessoas" acabou. (Elas sempre devem ser tratadas com respeito.) Faça as coisas do seu jeito. Dance conforme o seu ritmo. Se mudanças precisarem ser feitas para garantir sua felicidade, faça-as. Deixe que o mundo se adapte a você, e não o contrário.

Este é um mês feliz. A força está na Casa Onze até o dia 22, e essa é a sua casa favorita. O poder planetário força você a fazer aquilo que ama — passar tempo com amigos e grupos, estudar ciência, astronomia, astrologia e tecnologia, se envolver com networking e atividades virtuais.

No dia 22, conforme o Sol entra na Casa Doze da Espiritualidade, a prática espiritual se torna importante. (Você sente isso mesmo antes dessa data.) A Casa Doze tem quase a mesma força que tinha no começo do ano. Então você pode esperar sonhos muito carregados, cheios de significado e importância. Suas habilidades extrassensoriais e espirituais também estão apuradas. O desafio é manter os dois pés no chão.

A vida financeira também está boa neste mês. Há prosperidade.

PEIXES

OS PEIXES
Nascidos entre 19 de fevereiro e 20 de março

PERFIL PESSOAL

PEIXES EM UM RELANCE

Elemento: Água
Planeta Regente: Netuno
Planeta da Carreira: Júpiter
Planeta da Saúde: Sol
Planeta do Amor: Mercúrio
Planeta das Finanças: Marte
Planeta do Lar e da Vida Familiar: Mercúrio
Cores: verde-água, azul-turquesa
Cores que promovem o amor, o romance e a harmonia social: tons terrosos, amarelo, amarelo-ouro
Cores que propiciam ganhos: vermelho, escarlate
Pedra: diamante branco
Metal: estanho
Perfume: lótus
Qualidade: mutável (= flexibilidade)
Qualidades essenciais ao equilíbrio: estruturação, capacidade de lidar com a forma
Maiores virtudes: sensitividade psíquica, sensibilidade, abnegação, altruísmo
Necessidades mais profundas: iluminação espiritual, liberação
Características a evitar: escapismo, procura de más companhias, estados psicológicos negativos

Signos de maior compatibilidade: Câncer, Escorpião
Signos de maior incompatibilidade: Gêmeos, Virgem, Sagitário
Signo mais útil à carreira: Sagitário
Signo que fornece maior suporte emocional: Gêmeos
Signo mais prestativo em questões financeiras: Áries
Melhor signo para casamento e associações: Virgem
Signo mais útil em projetos criativos: Câncer
Melhor signo para sair e se divertir: Câncer
Signos mais úteis em assuntos espirituais: Escorpião, Aquário
Melhor dia da semana: quinta-feira

COMPREENDENDO A PERSONALIDADE PISCIANA

Se os piscianos exibem uma virtude notória, é sua capacidade de acreditar no lado espiritual, invisível ou psíquico das situações. Os bastidores da realidade são tão verdadeiros para eles quanto o chão onde pisam. São tão concretos que frequentemente ignoram os aspectos visíveis e palpáveis da realidade, a fim de concentrar-se em suas facetas invisíveis, ditas intangíveis.

Peixes é o signo zodiacal no qual as faculdades intuitivas e a emoção se acham mais desenvolvidas. Os piscianos parecem fadados a viver sob a égide delas, e esse procedimento pode tirar os outros do sério, sobretudo as pessoas dotadas de natureza materialista, científica ou técnica. Se você é daqueles que acreditam que o dinheiro, o status e o sucesso mundano são as únicas coisas na vida que valem a pena, jamais conseguirá compreender um pisciano.

Os piscianos são dotados de intelecto, mas este serve apenas para racionalizar o que já sabem intuitivamente. Para um aquariano ou geminiano, o intelecto se revela uma ferramenta valiosa na hora de adquirir conhecimentos. Para um bom pisciano, ele não passa de uma ferramenta que revela o conhecimento.

Os piscianos percebem-se como peixes nadando em um vasto oceano de pensamento e emoção. Esse oceano apresenta diversos níveis de profundidade e é perpassado por variadas correntes e subcorrentes. Eles anseiam por águas límpidas, habitadas por criaturas boas, belas e verdadeiras, mas muitas vezes se veem subitamente arrastados para profundezas de águas turvas e lodosas. Os piscianos sentem que não criam os próprios pensamentos, apenas sintonizam ideias preexistentes, e é por isso que fazem questão de buscar águas límpidas. Essa habilidade em sintonizar com pensamentos de ordem superior presenteia-os com acentuada inspiração musical e artística.

O fato de Peixes ser tão voltado para a espiritualidade — por mais que os piscianos envolvidos com o universo empresarial tentem ocultá-lo — nos obriga a analisar esse aspecto em detalhes. Sem o qual fica quase impossível compreender a personalidade pisciana.

Existem quatro tipos de posicionamento espiritual. O primeiro deles é o ceticismo inveterado, a postura dos materialistas seculares. A segunda atitude caracteriza-se pela crença intelectual ou emocional e pela adoração da figura de um Deus distante; é a atitude da maioria dos frequentadores de igrejas. A terceira postura transcende a crença, por incluir a vivência espiritual direta; é a postura dos religiosos que renasceram misticamente de alguma forma. O quarto tipo de posicionamento é a união com o Divino, a fusão plena com o universo espiritual, que caracteriza a prática da yoga. Esse quarto tipo de atitude corresponde à mais profunda das necessidades piscianas. E os nativos do signo se acham singularmente qualificados para se dedicar a essa tarefa e obter êxito nela.

Consciente ou inconscientemente, os piscianos buscam a comunhão com o mundo espiritual. A crença em uma realidade maior os torna compreensivos e tolerantes em relação aos demais, talvez até em excesso. Haverá ocasiões em suas vidas nas quais terão de dar um basta e preparar-se para defender seus pontos de vista e até armar uma confusão para salvaguardá-los, se preciso for. Contudo, em virtude das qualidades, que exibem, será necessário pisar muito fundo em seus calos para extrair deles esse tipo de reação.

Os piscianos aspiram, basicamente, à santidade. E com esse desejo trilham um caminho muito pessoal. Ninguém deve tentar impor-lhes um conceito estereotipado de santidade: eles terão de encontrá-lo por meio de sua própria busca.

FINANÇAS

O dinheiro, em geral, não é excessivamente importante para os piscianos. É claro que necessitam dele para sobreviver, tanto quanto os nativos dos demais signos, e muitos nativos de Peixes conseguem grande fortuna. Não é, porém, sua meta principal. Fazer o bem, sentirem-se satisfeitos consigo mesmos, alcançar a paz de espírito e o alívio da dor e do sofrimento são os pontos verdadeiramente cruciais para eles.

Eles ganham dinheiro de forma intuitiva e instintiva. Seguem mais suas premonições do que a lógica racional. Tendem a ser generosos e até caritativos em excesso. O menor dos infortúnios basta para que os piscianos coloquem a mão no bolso e façam doações. Embora seja uma de suas maiores virtudes, eles devem ser mais cuidadosos com as finanças. Precisam escolher bem a quem emprestam dinheiro, para que não sejam explorados. Se doarem verbas a instituições de caridade, devem acompanhar o destino que estas darão às suas doações. Mesmo quando não são ricos, os piscianos gostam de gastar dinheiro auxiliando seus semelhantes. Uma vez mais, precisam agir com cautela, aprender a dizer não algumas vezes e servir-se em primeiro lugar, vez por outra.

Talvez a maior pedra no caminho financeiro dos piscianos seja a passividade. Eles alimentam uma postura no estilo "deixe estar" que poderá fazê-los tropeçar. Apreciam mesmo é agir sem compromisso. Mas, no terreno das finanças, certa dose de agressividade é necessária. Os nativos de Peixes precisam aprender a fazer com que as coisas aconteçam, a gerar sua própria riqueza. A passividade excessiva tende a causar perda de dinheiro e de oportunidades. Simplesmente preocupar-se com a segurança financeira não trará a segurança almejada. Os piscianos precisam aprender a perseguir com maior tenacidade seus objetivos.

CARREIRA E IMAGEM PÚBLICA

Os piscianos gostam de ser publicamente vistos como pessoas prósperas (tanto espiritual quanto materialmente), generosas e propensas à filantropia. Respeitam os que demonstram coração magnânimo e empatia pela humanidade. Admiram muito os que se envolvem com empreendimentos de larga escala. Gostariam até de ocupar posições semelhantes. Em suma, gostam de se sentir ligados a organizações de porte que realizem tarefas grandiosas.

Para atingir seu pleno potencial profissional, é vital que viajem mais, aprimorem sua educação e conheçam verdadeiramente o mundo. Em outras palavras, precisam do otimismo desbravador dos sagitarianos para chegar ao topo.

Devido ao seu desvelo e à sua generosidade, os piscianos costumam optar por profissões em que possam ser úteis aos seus semelhantes. É por isso que há tantos piscianos médicos, enfermeiros, assistentes sociais e professores. Pode levar um bom tempo até que os piscianos descubram o tipo de atividade que desejam exercer profissionalmente, mas, tendo encontrado uma carreira que lhes desperte o interesse e que lhes permita empregar suas virtudes, eles a desempenharão primorosamente.

AMOR E RELACIONAMENTOS

Não é de surpreender que alguém tão voltado para o outro mundo como os piscianos procure parceiros práticos e de pés no chão. Eles preferem ligar-se a cônjuges que lidem bem com os detalhes, visto que eles próprios detestam fazer isso. Buscam essa qualidade tanto em seus parceiros profissionais quanto nos sentimentais. Mais do que qualquer outra coisa no mundo, isso lhes confere a sensação de estarem ancorados em terra e conectados com a realidade.

Conforme seria de esperar, esse tipo de relacionamento, embora necessário, certamente será marcado por altos e baixos. Mal-entendidos tendem a ocorrer com frequência quando polos tão opostos tentam se atrair. Se você estiver apaixonado por um pisciano, vivenciará essas flutuações na pele e precisará ser muito paciente até as coisas se estabilizarem. Os piscianos são temperamentais, intuitivos, afetuosos e difíceis de conhecer. Somente o tempo e as atitudes corretas poderão desvendar os segredos do universo pisciano. Entretanto, se estiver apaixonado por um nativo do signo, constatará que nadar nessas correntezas vale a pena, pois são pessoas boas e sensíveis, que apreciam e necessitam doar amor e afeição.

Quando apaixonados, adoram fantasiar. Para eles, a fantasia representa noventa por cento do prazer em uma relação. Tendem a idealizar o par, o que pode ser simultaneamente bom e ruim. O lado difícil para qualquer um que se apaixone por um pisciano é o de corresponder às elevadas aspirações idealizadas pelos nativos do signo.

VIDA DOMÉSTICA E FAMILIAR

Em sua vida doméstica e familiar, os piscianos precisam resistir ao impulso de querer que seu cônjuge e os familiares adivinhem seus sentimentos e estados de espírito. Não é razoável, leitor de Peixes, esperar que eles exibam o mesmo grau de intuição que você. Será preciso que você desenvolva mais a comunicação verbal. Uma troca serena de ideias e opiniões, marcada pela calma e pelo distanciamento emocional, beneficiará a todos.

Muitos piscianos apreciam a mobilidade. A estabilidade parece cercear sua liberdade. Eles detestam ficar trancafiados em um local por uma eternidade.

O signo de Gêmeos ocupa a cúspide da Sexta Casa solar pisciana, do Lar e da Vida Familiar. Isso indica que os nativos de Peixes necessitam de um ambiente doméstico que estimule seus interesses mentais e intelectuais. Tendem a tratar os vizinhos como uma extensão da família. Alguns exibem atitude ambivalente em relação ao lar e à família. Por um lado, apreciam o apoio emocional que a família fornece; mas, por outro, não se habituam às obrigações, às restrições e aos deveres que ela impõe. Encontrar o equilíbrio é, para os piscianos, a chave mestra de uma vida familiar afortunada.

PEIXES
PREVISÃO ANUAL PARA 2022

TENDÊNCIAS GERAIS

Este é um ano feliz e próspero para os piscianos. A saúde e a energia estão boas. Não há planetas lentos fazendo aspectos tensos com você. Todos os outros ajudam ou não incomodam. Voltaremos nesse assunto.

O trânsito de Júpiter por Peixes é excepcionalmente rápido. Ele passará cerca de seis meses lá. No geral, sua estadia em um signo dura entre 11 e 12 meses. É provável que ele não precise ficar muito tempo. Seu trabalho pode ser feito rapidamente. Ele permanece em Peixes até 11 de maio e entre 29 de outubro e 21 de dezembro. Mulheres em idade reprodutiva estarão mais férteis do que o comum. Piscianos mais velhos precisam prestar atenção no peso. Você tem uma "vida boa" neste ano, e esse costuma ser o preço que pagamos.

Também há prosperidade. Até 11 de maio, Júpiter no seu signo eleva o padrão de vida. Independentemente do quanto você tem, vive como se tivesse mais. Porém, após essa data, Júpiter entra na sua Casa do Dinheiro, permanecendo lá até 29 de outubro, e retorna apenas em 21 de dezembro. É um sinal clássico de prosperidade. Júpiter não apenas traz prosperidade e fertilidade, mas sucesso na carreira também. Falaremos mais sobre isso daqui a pouco.

Faz cerca de vinte anos que Plutão está na sua Casa Onze. Ele permanece nela em 2022, porém se prepara para ir embora. Suas amizades se transformaram. Muitas acabaram. Amigos morreram ou passaram por experiências de quase morte. Esse também foi um fator na transformação.

Saturno está na sua Casa Doze desde o ano passado, e continuará lá em 2022. Isso indica uma espiritualidade mais realista. Nem tudo é utopia — apesar de parecer assim de vez em quando. Há muitas aplicações práticas. Voltaremos a esse assunto.

Urano está na sua Casa Três há alguns anos. E passará mais alguns anos nela. Estudantes do ensino básico parecem mais afetados por esse trânsito. Há mudanças na instituição de ensino, planos de estudo e problemas na escola.

Marte passará uma quantidade incomum de tempo na Casa Quatro neste ano — a partir de 20 de agosto. (Geralmente, ele permanece em um signo e casa por um mês e meio. Então está acampado lá.) Inclusive, esse será o único planeta lento em aspecto tenso com você. Isso levará a reformas ou construções em casa. Falaremos mais sobre isso.

As suas principais áreas de interesse este ano serão: corpo, imagem e aparência pessoal; finanças (entre 11 de maio e 29 de outubro, e a partir de 21 de dezembro); comunicação e interesses intelectuais; lar e família (a partir de 20 de agosto); amigos, grupos, atividades em grupo; espiritualidade.

Os caminhos de maior realização serão: corpo, imagem, aparência pessoal (até o dia 11 de maio e entre 29 de outubro e 21 de dezembro); finanças (entre 11 de maio e 29 de outubro, e a partir de 21 de dezembro); comunicação e interesses intelectuais.

SAÚDE

(Esta é uma perspectiva astrológica sobre a saúde, não uma visão médica. No passado essas perspectivas eram idênticas, mas hoje podem ocorrer diferenças significativas. Para obter uma opinião com base em diagnósticos da medicina convencional, consulte seu médico ou um profissional da área da saúde.)

Como mencionamos, a saúde está boa neste ano. Nenhum planeta lento faz aspecto tenso com você (apenas Marte, e só depois de 20 de agosto). Todos os outros astros ajudam ou não incomodam. A Casa Seis vazia (apenas planetas rápidos passam por ela) também é um bom sinal para a saúde — não há necessidade de prestar muita atenção nela. Após 20 de agosto, talvez seja melhor ficar mais atento.

Dois eclipses solares forçarão mudanças na rotina de saúde, mas você passa por isso duas vezes por ano e já está acostumado. Em 2022, os eclipses solares ocorrem em 30 de abril e 25 de outubro.

Sim, há períodos em que a saúde e a energia estão menos tranquilas do que o normal — talvez até estressantes. Essas coisas ocorrem devido a trânsitos de planetas rápidos. Mas são temporárias, não tendências para o ano. Quando passam, seus bons níveis normais de energia e saúde retornam.

Com a energia mais alta, condições preexistentes devem permanecer adormecidas neste ano.

Apesar de a saúde estar boa, é possível torná-la ainda melhor. Dê mais atenção aos seguintes pontos — as áreas vulneráveis no seu mapa.

Coração. Sempre importante para os piscianos, já que o Sol, o regente do coração, é o seu Planeta da Saúde. Os reflexos aparecem no seu mapa. Massagens no peito, no esterno e na parte superior da caixa torácica serão benéficas. Como leitores assíduos sabem, é importante evitar preocupações e ansiedade, as duas emoções que o estressam. A meditação vai ajudar você a cultivar a fé, não a preocupação.

Pés. Também são sempre importantes para Peixes, que rege os pés. Massagens regulares serão fantásticas. Não apenas você fortalecerá os pés, como o corpo inteiro.

Seu Planeta da Saúde, o Sol, é rápido. Durante o ano, ele passa por todo o mapa. Assim, há muitas tendências de saúde em curto prazo que dependem da posição do Sol e dos aspectos que ele faz. É melhor falarmos delas nos relatórios mensais.

Júpiter estará no seu signo, com idas e vindas, entre 1º de janeiro e 29 de outubro. Apesar de ser um trânsito feliz — traz todos os prazeres do corpo e dos cinco sentidos para você —, tudo em excesso pode ser problemático. Se você não tomar cuidado, pode engordar neste ano.

LAR E FAMÍLIA

A Casa Quatro da Família não se destaca neste ano. Apenas planetas rápidos passam por ela, e seu efeito é temporário. Isso indica que não acontecerão grandes transformações. É pouco provável que ocorram mudanças de casa. A família não muda muito. As coisas permanecem semelhantes ao que estavam no ano passado.

Porém isso muda no dia 20 de agosto, quando Marte entra na sua Casa Quatro e permanece lá pelo restante do ano. Como mencionamos mais cedo, uma grande reforma na casa pode ocorrer. É um sinal de que você gasta mais dinheiro com o lar e a família. Os parentes lhe darão bastante apoio. Podem surgir conflitos na unidade familiar — os ânimos estão acirrados. Tente ter calma.

Como Marte é o seu Planeta do Dinheiro, a tendência é que os piscianos trabalhem remotamente. Muitos montam escritórios em casa ou o expandem. Alguns começam negócios caseiros. O lar é tanto um local de negócios quanto uma habitação.

A permanência de Marte na Casa Quatro também indica a instalação de uma academia, equipamentos de ginástica, talvez de atletismo, em casa.

Seu Planeta da Família, Mercúrio, se move muito rápido. Ele passa por todos os signos e casas do mapa durante o ano. (Em 2022, passará pela Casa Onze duas vezes.) Assim, há muitas tendências breves na vida familiar que dependem da posição de Mercúrio e dos aspectos que ele recebe. É melhor falarmos sobre elas nos relatórios mensais.

Espere até 20 de agosto para fazer consertos ou reformas importantes (se for possível esperar). Caso você queira embelezar a casa — redecorar —, o período entre 23 de junho e 18 de julho é interessante.

Seu pai, sua mãe ou uma figura parental pode se mudar neste ano. Essa pessoa terá um ano forte para a carreira. Se for uma mulher em idade reprodutiva, uma gravidez pode acontecer. Ela parece muito fértil.

Irmãos e figuras fraternas são nômades neste período. Podem se mudar várias vezes. Porém, mesmo que não seja uma mudança formal, eles passarão longos períodos de tempo morando em locais diferentes.

Filhos ou figuras filiais podem ter se mudado recentemente. Este ano não apresenta grandes transformações. (Outras mudanças podem acontecer no futuro.)

Netos, se você tiver algum, podem ter se mudado no ano passado. Neste, não é aconselhável. É melhor que eles continuem onde estão e aprendam a aproveitar o espaço que têm.

DINHEIRO E CARREIRA

É um ano próspero, como mencionamos. Você não vai conseguir fugir da boa sorte. Júpiter, o Planeta da Riqueza, Abundância e Expansão, passa metade do ano em Peixes (seu signo) e metade do ano (mais ou menos) em Áries. Em Peixes, Júpiter é considerado "exaltado". Em Áries, "em júbilo". Basta dizer que ele ganha força nos dois signos. Isso indica expansão dos ganhos e oportunidades felizes de rendimentos. Os bens que você já possui serão mais valorizados.

Como mencionamos, enquanto Júpiter está no seu signo, você vive em um padrão mais elevado do que o normal. Viaja, come em bons restaurantes, paparica o corpo. E também se veste melhor do que o normal. Os figurões da vida — chefes, superiores, pais, figuras de autoridade — parecem dedicados a você. Caso tenha problemas com o governo, agora é o momento de resolvê-los. Você vai conseguir o melhor resultado possível.

Júpiter não é apenas o Planeta da Abundância. No seu mapa, ele é o Planeta da Carreira. Assim, oportunidades de trabalho — boas — surgem. Nem é preciso buscá-las — elas vêm ao seu encontro. Você será a imagem de uma pessoa bem-sucedida. Irá se vestir conforme manda o figurino e transmitir esse tipo de aura. As pessoas vão encará-lo dessa maneira. Você será admirado.

Seu Planeta da Carreira no seu próprio signo indica que, independentemente do que você fizer de verdade, sua missão real é seu corpo e imagem — é preciso entrar em forma e mostrar isso para os outros. A aparência pessoal e o comportamento geral são fatores importantes para o sucesso da carreira.

Quando Júpiter entrar em Áries, entre 11 de maio e 29 de outubro, e a partir de 21 de dezembro, os lucros devem aumentar ainda mais. Não apenas você tem o apreço e o apoio das pessoas prestigiosas na sua vida, como eles também ajudam seus planos financeiros. Isso pode indicar aumentos de salário — diretos ou indiretos. Sua boa reputação na carreira traz oportunidades financeiras.

Marte, seu Planeta do Dinheiro, é um astro "intermediário". Ele é mais rápido do que os planetas lentos, porém muito mais devagar que os rápidos. Enquanto o Sol, Mercúrio e Vênus passam pelo mapa inteiro em um ano, Marte percorre seis ou sete casas. Assim, por causa disso, há muitas tendências financeiras breves que dependem da posição dele e dos aspectos que recebe. Será melhor falar delas nos relatórios mensais.

Marte, seu planeta das finanças, passa uma quantidade incomum de tempo na Casa Quatro neste ano. Mais de quatro meses. Ele ficará lá a partir de 20 de agosto. Isso indica a importância da família e de contatos de parentes nas finanças. É um trânsito que favorece o mercado imobiliário residencial, a indústria alimentícia, hotéis, pousadas e empresas voltadas para proprietários de imóveis. Como Marte estará em Gêmeos, telecomunicações, transporte e empresas de mídia serão favorecidos. Os piscianos que lecionam, escrevem, trabalham com vendas ou negócios terão um período bem-sucedido.

AMOR E VIDA SOCIAL

Sua Casa Sete do Amor não tem destaque neste ano. Isso acontece há muitos anos. Ela está basicamente vazia (planetas rápidos passam por lá, mas seu impacto é breve). Também observe que o setor oeste, social, do seu mapa está vazio de planetas lentos. Apesar de ele se fortalecer ao longo do ano, nunca será dominante. O setor leste do eu, ou da independência pessoal, sempre será mais poderoso. Então este não é um ano muito social. Trata-se mais de colocar seu corpo, sua imagem e seus desejos pessoais em ordem. De exercitar a independência e seguir seu caminho pessoal para a felicidade. Quando isso for alcançado, o romance pode surgir a partir dessa situação.

É provável que não aconteçam muitas transformações na vida amorosa. Os solteiros tendem a permanecer solteiros, e os casados, a permanecer casados. Há uma satisfação com a situação atual.

No entanto, se surgirem problemas no amor, sua falta de foco e atenção pode ser a causa do problema. Você precisa ser mais atento nessa área.

Não há nada contra o romance no mapa, apenas uma falta de interesse — uma ausência do "frio na barriga".

Os piscianos partindo para ou no primeiro, segundo ou terceiro casamento passam por um ano sem grandes mudanças no amor. Mas os que estão na etapa do quarto casamento receberão aspectos lindos. O romance está no ar.

Mercúrio é o seu Planeta do Amor. E, como nossos leitores assíduos sabem, ele é um planeta rápido. Ao longo do ano, ele passa por todos os signos e casas do mapa. (Em 2022, passa pela sua Casa Onze duas vezes.)

Então há muitas tendências breves no amor que dependem da posição de Mercúrio e dos aspectos que ele faz. É melhor falar sobre elas nos relatórios mensais.

O cônjuge, parceiro ou interesse amoroso atual tem um ano muito socialmente ativo. Ele conhece pessoas novas e importantes, e aumenta seu círculo de amizades.

Seu pai, sua mãe ou uma figura parental passa por testes no casamento a partir de 20 de agosto. Isso não significa um término, apenas testes. Eles precisam se esforçar mais para manter a união.

Irmãos e figuras fraternas também passam por testes no casamento. Se estiverem solteiros, não é aconselhável que casem agora.

Filhos e figuras filiais passaram por muitos traumas sociais nos últimos vinte anos. Divórcios podem ter acontecido. As coisas melhoraram a partir de 2020. Neste ano, a vida amorosa permanece igual.

Netos, se você tiver algum, ou aqueles que ocupam esse papel na sua vida podem casar neste ano — ou se envolver em um relacionamento romântico sério. Se forem muito novos, isso se manifestará como uma vida social ativa e novos amigos.

AUTOAPERFEIÇOAMENTO

Há duas perspectivas básicas quando se trata de relacionamentos. Uma visão mantém que uma pessoa precisa se entender por completo antes de um relacionamento poder acontecer. Ela precisa conhecer seu interior e o que traz sua felicidade para o relacionamento fluir a partir desse ponto. O outro comportamento é que a relação completa a pessoa. É impossível ela ser feliz sem um relacionamento. É preciso transcender todo o egoísmo e cuidar dos outros, e a felicidade pessoal surge naturalmente a partir disso. Há verdade nas duas filosofias. A primeira pode ser melhor em certas ocasiões, e a segunda, em outras. Neste ano — e nos anteriores também —, você segue a segunda visão. Mas organize seu lado pessoal. Aprenda a gostar da própria companhia, e os outros gostarão dela também. Esteja confortável consigo mesmo.

Peixes é espiritual por natureza. Com Netuno no seu signo há muitos anos, essa tendência se intensificou mais. E, agora, com Júpiter se juntando a ele, tudo ganha mais força. Assim, você precisa de uma carreira espiritualizada. Uma organização sem fins lucrativos seria um ambiente confortável. Seguir carreira em uma empresa holística também. E outra interpretação é que a sua prática espiritual, seu crescimento espiritual, É sua carreira — a missão real deste ano (especialmente até 11 de maio e entre 29 de outubro e 15 de dezembro).

Saturno está na sua Casa Doze da Espiritualidade desde o ano passado. Os piscianos tendem a ser abrangentes em questões espirituais. Isso basta para que transcendam o mundo físico e vivam em paz. Mas com Saturno na Casa Doze, você precisa de uma abordagem mais prática. Sua espiritualidade precisa ter um impacto nas questões práticas da vida. Ela deve ser organizada e estruturada. Precisa resolver problemas do mundo real. (E faz isso quando nós permitirmos.)

PREVISÕES MENSAIS

JANEIRO

Melhores dias: 6, 7, 16, 17, 25, 26
Dias mais tensos: 1º, 13, 14, 21, 22, 27, 28
Melhores dias para o amor: 2, 3, 4, 5, 11, 12, 13, 14, 21, 22, 23, 29, 30
Melhores dias para o dinheiro: 1º, 6, 8, 9, 16, 19, 25, 29
Melhores dias para a carreira: 1º, 6, 16, 25, 27, 28

Um mês feliz para os piscianos, aproveite!

Você começa o ano com uma saúde excelente. Há apenas um planeta, Marte, fazendo aspecto tenso com você, e ele passa a ser harmonioso no dia 25. Apenas a Lua — ocasionalmente — faz aspectos tensos. Eles são rápidos. Então você tem muita energia para conquistar o que quiser. Melhore a saúde ainda mais com massagens nas costas e nos joelhos até o dia 20, e com massagens nas panturrilhas e tornozelos após o dia 20.

O poder planetário está primordialmente no setor leste do mapa — o setor do eu. E essa força aumenta conforme o mês progride. Então você está em um período de muita independência pessoal. A autoestima e autoconfiança estão fortes — e se fortalecerão ainda mais nos próximos meses. O mundo precisa se adaptar a você, não o contrário. Tome as medidas — faça as mudanças — necessárias para sua felicidade. Ela só depende de você agora.

A Casa Onze dos Amigos e dos Grupos está incomumente poderosa por todo o mês. Um total de cinquenta por cento, às vezes sessenta por cento, dos planetas está nela ou passando por ela. Então este é um período muito social, porém não necessariamente romântico. Trata-se de estar envolvido com amigos e atividades em grupo. Cercar-se de pessoas com interesses pessoais. Relacionamentos platônicos.

Este não é um mês muito forte para a vida amorosa. Seu Planeta do Amor, Mercúrio, fica retrógrado no dia 14. Então a confiança romântica poderia ser melhor. Mercúrio estará em Aquário entre os dias 2 e 27, o que também favorece o amor platônico. Um amigo pode querer se tornar algo mais. Você se interessa por pessoas espiritualizadas, um pouco diferentes e rebeldes. Cientistas, inventores, astrônomos, astrólogos e pessoas que lidam com tecnologia são interessantes. No dia 27, Mercúrio volta para Capricórnio. Você se torna mais cauteloso no amor (como deveria ser). Está mais tradicional.

A vida financeira está boa. Júpiter no seu signo indica boa sorte e prosperidade, e isso se fortalece nos próximos meses. Seu Planeta do Dinheiro na Casa Dez até o dia 25 mostra um aumento nos lucros e o favorecimento de chefes, pais ou figuras parentais. Aumentos de salário — oficiais ou não — são prováveis.

FEVEREIRO

Melhores dias: 2, 3, 12, 13, 21, 22, 23
Dias mais tensos: 9, 10, 11, 17, 18, 24, 25
Melhores dias para o amor: 7, 8, 17, 18, 19, 20, 27, 28
Melhores dias para o dinheiro: 2, 3, 5, 6, 7, 8, 12, 13, 17, 18, 21, 22, 26, 27
Melhores dias para a carreira: 2, 3, 12, 13, 21, 22, 24, 25

Você continua em um mês forte para a vida social, porém está mais envolvido com amigos, grupos e atividades em grupo. Tal envolvimento pode levar a um romance, trazendo bons resultados. A Casa Onze continua muito forte (porém menos do que em janeiro), e há muitos planetas em Aquário, que rege amizades e grupos.

No dia 20 de janeiro, o Sol entrou na Casa Doze da Espiritualidade, ficando lá até o dia 18. Então este é um forte período espiritual. Sim, é bom passar tempo com amigos, é bom passar tempo com grupos, mas encontre momentos para ficar sozinho. O crescimento espiritual se desenvolve melhor na solidão.

A saúde está melhor ainda do que no mês passado. TODOS os planetas (exceto pela Lua, e só temporariamente) fazem aspectos harmoniosos com você. A entrada do Sol em Peixes no dia 18 aumenta ainda mais a saúde e a energia. O desafio agora é usar toda a força vital extra — que é lucro — de formas sábias e construtivas. As pessoas que reclamam de "falta de força" não entendem o que está acontecendo. Seu problema é usar a força que já têm de formas erradas.

O poder planetário chegará ao auge da posição leste a partir do dia 18. Essa tendência continua no mês que vem. Então você passa por um período de máxima independência pessoal. Você pode e deve fazer as coisas do seu jeito. Não há outra pessoa no mundo que conheça melhor o seu caminho para a felicidade. Agora é o momento de segui-lo. Faça as mudanças necessárias para o seu bem-estar. O mundo vai se adaptar a você, não o contrário. Suas capacidades, habilidades e iniciativa pessoais são importantes agora. Você pratica sua autoafirmação.

Seu Planeta do Dinheiro, Marte, entrou em Capricórnio no dia 25 de janeiro, passando o restante do mês lá. Marte fica "exaltado" nesse signo. Ele atinge o auge da sua força. Então a capacidade de gerar lucro está "exaltada" agora. (Três planetas no seu signo, incluindo o Sol e Júpiter, também aumentam os rendimentos.) É um mês próspero.

Fevereiro gira principalmente em torno de você. O importante é alcançar seus objetivos pessoais. Os outros ficam em segundo plano. Então o amor e o romance não têm destaque. A tendência é que permaneçam iguais.

MARÇO

Melhores dias: 2, 3, 11, 12, 13, 21, 22, 30, 31
Dias mais tensos: 9, 10, 16, 17, 23, 24
Melhores dias para o amor: 1º, 9, 11, 12, 16, 17, 18, 19, 22, 27, 28
Melhores dias para o dinheiro: 2, 3, 4, 5, 9, 11, 12, 18, 19, 21, 22, 27, 28, 30, 31
Melhores dias para a carreira: 2, 3, 11, 12, 21, 22, 23, 24, 30, 31

Este é um mês saudável e próspero para os piscianos, aproveite!

No mês passado, no dia 18, enquanto o Sol entrava no seu signo, você começou um dos seus ápices anuais de prazer pessoal — para muitos piscianos, esse é o maior ápice da vida (dependendo da sua idade). Ele dura até o dia 20. Então é o momento de cuidar da pessoa mais importante; de aproveitar todos os prazeres do corpo e dos cinco sentidos — os deleites carnais; de papariar o corpo e recompensá-lo por todo o trabalho pesado (e altruísta) que ele faz há tantos anos. Neste mês, o prazer pessoal fica ainda mais forte do que no mês passado, conforme Mercúrio também entra no seu signo no dia 10.

A independência pessoal ganha ainda mais força. Assim, novamente, faça as mudanças necessárias para garantir sua felicidade. Tome as rédeas da situação e crie seu próprio paraíso. Este é um mês (assim como fevereiro) para fazer as coisas do seu jeito. Os outros se adaptarão. Com Mercúrio, seu Planeta do Amor, em Peixes entre os dias 10 e 27, até o amor funciona do seu jeito. Há uma grande melhora na vida amorosa. O amor vem até você, não o contrário. Se você está comprometido, o cônjuge, parceiro ou interesse amoroso dos piscianos comprometidos são muito dedicados, desejando agradar.

A prosperidade está em alta desde o começo do ano, mas se torna ainda mais forte agora, já que o Sol entra na sua Casa do Dinheiro no dia 20, começando um ápice financeiro anual. (A prosperidade será ainda maior nos próximos meses.) Oportunidades de emprego surgem, e não é necessário fazer muita coisa para atraí-las. Elas vêm até você. O período entre 4 e 6 parece especialmente vantajoso.

No dia 20, conforme o Sol entra em Áries, você receberá a maior energia para iniciativas do zodíaco. Porém ela se torna ainda mais poderosa. Os ciclos solares pessoal e cósmico estarão crescentes JUNTOS. E também, mais importante, TODOS os planetas estão se movendo para a frente. Então, se você tem novos projetos ou produtos a serem lançados, este é o momento para fazer isso. (Abril também será interessante.) Tudo que você começar agora receberá muito impulso cósmico.

ABRIL

Melhores dias: 8, 9, 17, 18, 25, 26
Dias mais tensos: 5, 6, 13, 14, 19, 20
Melhores dias para o amor: 1º, 2, 8, 12, 13, 14, 17, 18, 21, 22, 25, 26, 27
Melhores dias para o dinheiro: 1º, 2, 5, 6, 8, 9, 17, 18, 25, 26, 27, 28, 29
Melhores dias para a carreira: 8, 9, 17, 18, 19, 20, 26, 27

A energia impulsionadora para novos projetos ou produtos é ainda mais forte do que no mês passado. Se você puder lançá-los entre os dias 1º e 16 (quando a Lua também está crescente), terá a maior energia impulsionadora que vejo em anos.

Este é um mês muito próspero — talvez ainda mais do que em março. Seu Planeta do Dinheiro, Marte, entra em Peixes no dia 15. Isso traz sorte e oportunidades financeiras. As pessoas com dinheiro na sua vida se dedicam a você. O dinheiro vem. Você se veste e aparenta ser uma pessoa próxima. Gasta dinheiro consigo mesmo. Investe em si mesmo.

Júpiter faz conjunção com Netuno, regente do seu mapa, entre os dias 1º e 17. Não apenas isso aumenta a riqueza, mas traz sucesso, prestígio e oportunidades na carreira. E não podemos esquecer que seu ápice financeiro anual dura até o dia 20.

A saúde continua excelente por todo mês. Marte no seu signo não apenas traz sorte financeira, como mais energia pessoal e uma disposição a "botar a mão na massa". Você vai bem em rotinas de exercícios físicos e atléticos (supera a si mesmo). Evite a pressa, a correria e ânimos exaltados.

Um eclipse solar no dia 30 ocorre na sua Casa Três, sendo relativamente leve para você. (Mas, se ele impactar um ponto sensível no seu mapa pessoal — calculado especialmente para você —, pode ser muito poderoso.) Ele ocorre na Casa da Comunicação e dos Interesses Intelectuais. Estudantes que ainda não chegaram ao nível universitário passam por problemas na escola e mudam de planos de estudo. É bom tomar mais cuidado ao dirigir. Carros e equipamentos de comunicação passam por testes e frequentemente precisam ser consertados ou substituídos. Irmãos e figuras fraternas passam por impactos e precisam reavaliar — redefinir — como pensam sobre si mesmos e como desejam ser vistos pelos outros. Isso leva a mudanças de guarda-roupa e um novo visual e forma de se apresentar nos próximos meses. Como o Sol é o seu Planeta da Saúde e do Trabalho, esse tipo de eclipse pode trazer sustos — um resultado ruim em uma tomografia, exame ou hemograma. Porém, como a saúde está boa, é provável que não passe mesmo de um susto. No entanto, ocorrerão mudanças com a rotina de saúde nos próximos meses. É provável que também ocorram mudanças de emprego — e serão positivas. Elas podem ocorrer dentro da sua empresa atual ou em uma diferente. Filhos e figuras filiais passam por situações financeiras dramáticas.

MAIO

Melhores dias: 5, 6, 14, 15, 23, 24
Dias mais tensos: 2, 3, 4, 10, 11, 16, 17, 30, 31
Melhores dias para o amor: 2, 3, 4, 7, 8, 10, 11, 12, 13, 16, 17, 18, 19, 28
Melhores dias para o dinheiro: 6, 7, 8, 9, 16, 17, 18, 25, 26
Melhores dias para a carreira: 6, 16, 17, 25

Um mês agitado. Júpiter, seu Planeta da Carreira, faz uma entrada importante na Casa do Dinheiro no dia 11. Ele também ficará na posição do solstício por um bom tempo — entre o dia 12 de maio e 11 de junho. Há uma pausa — ficando praticamente imóvel — no mesmo grau de latitude. Então ele muda de direção. É um intervalo rejuvenescedor na carrei-

SEU HORÓSCOPO PESSOAL PARA 2022

ra. Você faz um descanso e então muda de rumo no trabalho. Uma das mudanças importantes é passar a valorizar mais o dinheiro ao prestígio e ao poder. Essas coisas são boas, mas o fato de você ter prestígio não faz com que pague menos para usar o ônibus ou o metrô. Assim, você entra em um período de muita prosperidade — mais do que já teve neste ano.

O poder planetário começa a mudar — um pouco, na verdade — do leste para o oeste, do setor do eu para o setor dos outros. O leste ainda domina, mas não tanto quanto no restante do ano. A independência pessoal diminui de leve.

Um eclipse lunar no dia 16 ocorre na Casa Nove. Esse é um eclipse tranquilo para você, mas é bom ter uma agenda mais calma de toda forma. As outras pessoas podem ter menos sorte. (Também tenha em mente que, se o eclipse afetar uma parte sensível do seu mapa pessoal — calculado especialmente para você —, ele pode ser muito poderoso.) Universitários são afetados. Podem ocorrer problemas na instituição de ensino e no plano de estudo. A hierarquia da faculdade pode ser abalada. É comum que estudantes mudem de especialização e até de instituição. Não é uma boa ideia viajar nesse período — especialmente perto do eclipse. Suas crenças religiosas, filosóficas e teológicas passam por testes. Isso provavelmente é positivo. Elas são defrontadas com a realidade. Algumas das suas crenças serão descartadas; outras, revisadas e atualizadas. É provável que a instituição religiosa que você frequenta passe por problemas, assim como a vida de líderes religiosos.

A Lua, o planeta eclipsado, rege filhos. Então eles são afetados. É melhor não correrem riscos. Se tiverem uma idade apropriada, relacionamentos sérios passam por testes. Porém até filhos mais novos e figuras filiais passam por situações dramáticas com amigos.

O eclipse afeta Saturno, seu Planeta dos Amigos. Então há situações dramáticas — geralmente transformadoras — na vida de amigos. Amizades são testadas e com frequência seguem um novo caminho. Apetrechos tecnológicos e computadores também passam por testes. É provável que consertos e trocas sejam necessários. Tenha um comportamento seguro na Internet e não abra e-mails suspeitos.

JUNHO

Melhores dias: 1º, 2, 3, 11, 12, 19, 20, 28, 29, 30
Dias mais tensos: 6, 7, 13, 14, 26, 27
Melhores dias para o amor: 6, 7, 16, 17, 26, 27
Melhores dias para o dinheiro: 4, 13, 14, 21, 22
Melhores dias para a carreira: 4, 13, 14, 21

A saúde precisa de mais atenção neste mês, porém nada grave acontece — apenas uma tensão breve causada por planetas rápidos. Os níveis de energia não estão tão bons quanto estiveram até agora. Então se certifique de descansar bastante. Melhore a saúde com massagens na região do reflexo do coração e no peito. Após o dia 21, a dieta certa se torna importante. Massagens no abdômen e na região do reflexo do estômago são importantes. A saúde e a energia melhoram após o dia 21.

O poder planetário está majoritariamente na metade inferior — o lado noturno — do seu mapa. Um total de setenta a oitenta por cento dos planetas está ali. A Casa Quatro do Lar e da Família estava poderosa no mês passado e se torna ainda mais forte neste. Então o foco está no lar, na família e no bem-estar emocional. (O bem-estar emocional é um fator para a saúde após o dia 21 também.) Você constrói a base para um futuro sucesso na carreira.

Este é um mês para fazer progresso psicológico. Isso acontecerá mesmo se você não fizer uma terapia formal. O passado lhe acompanha neste período. E é bom encará-lo a partir do seu estado de consciência atual.

As finanças estão ótimas neste mês. Os dois planetas financeiros no seu mapa — Júpiter, o Planeta da Abundância, e Marte, seu Planeta do Dinheiro, permanecem na Casa das Finanças por todo mês. Isso indica um aumento nos rendimentos. Aumentos de salário — oficiais ou não — podem acontecer. Sua boa reputação na carreira traz oportunidades para ganhar dinheiro. Se você tem problemas com o governo, este é um bom mês para solucioná-los.

Seu Planeta do Dinheiro, Marte, ainda passa pelo solstício até o dia 2. (Ele começou em 27 de maio.) Então há uma pausa em questões financeiras e uma mudança de direção. (Júpiter permanece no solstício até o dia 11.) Não entre em pânico com essa pausa prolongada. Vai chover dinheiro depois.

O amor se fortalece. Mercúrio volta ao trânsito direto no dia 3. Isso traz mais clareza no amor. Até o dia 14, solteiros encontram oportunidades para o romance em ambientes educacionais — escolas, palestras, seminários, livrarias e a biblioteca. A compatibilidade intelectual é importante. Essas coisas fazem diferença até depois, mas algo novo é acrescentado após o dia 14. Uma necessidade de intimidade emocional. Valores de família também parecem importantes. Parentes e contatos familiares têm um papel no amor a partir do dia 14.

JULHO

Melhores dias: 8, 9, 16, 17, 26, 27
Dias mais tensos: 4, 5, 10, 11, 23, 24, 31
Melhores dias para o amor: 4, 5, 6, 7, 8, 16, 17, 15, 26, 28, 29, 31
Melhores dias para o dinheiro: 1º, 2, 3, 10, 11, 12, 13, 18, 19, 20, 21, 22, 28, 29
Melhores dias para a carreira: 1º, 2, 10, 11, 18, 19, 28, 29

É um mês feliz e próspero para os piscianos, aproveite!

A saúde está bem melhor do que no mês passado. Junho foi apenas um abalo rápido na energia geral. Além disso, quando o Sol entrou na Casa Cinco no dia 21 de junho, você começou um dos seus ápices de prazer pessoal anuais. Então é um mês cheio de diversão. Simplesmente se divertir — aproveitar a vida — causa benefícios espetaculares para a saúde. (Há muitos relatos disso.) Você gosta do seu trabalho e da sua rotina de saúde. Sabe como torná-los divertidos.

O poder planetário mudou um pouco para o setor oeste — o lado social do mapa. Em agosto, mais um planeta (Marte) passa para o oeste. Mas esse não é o setor predominante. Você continua em um período para o "eu", porém está mais sociável do que o normal. Quando o "eu" estiver satisfeito, você pode aproveitar os relacionamentos.

PEIXES ♓ 373

Seu Planeta do Amor, Mercúrio, se move rápido e ágil neste mês. Isso indica confiança e alguém muito abrangente. Também indica mudanças rápidas nas necessidades do amor. Até o dia 5, a compatibilidade emocional e mental continua sendo importante. Depois, o lado intelectual perde um pouco o peso, e a intimidade emocional ganha espaço. Você também se sente atraído por pessoas divertidas. Entre os dias 5 e 19, o amor não parece ser levado muito a sério, é mais uma forma de entretenimento. Isso indica relacionamentos descompromissados e casuais. A diversão continua sendo importante após o dia 19, mas você se torna mais sério. Há uma preferência de demonstrar o amor através de ajudas práticas à pessoa amada, e é assim que você também se sente valorizado. Há uma atração por pessoas que "fazem" por você — que atendem aos seus interesses. Após o dia 19, há oportunidades românticas no local de trabalho ou enquanto tenta alcançar objetivos de saúde. As pessoas envolvidas com a sua saúde podem ser muito atraentes.

A saúde está excelente neste mês, mas você parece muito focado nela depois do dia 23. O ideal é que esse interesse gire em torno de estilos de vida saudáveis. Você pode estar tão concentrado na saúde que tende, se não tomar cuidado, a transformar coisas pequenas em coisas grandes.

A partir do dia 23, os piscianos em busca de trabalho recebem aspectos ótimos e oportunidades. Até os que estão empregados podem receber ofertas para fazer horas extras e trabalhos paralelos. Há vontade de trabalhar. Você trabalha e se diverte com a mesma intensidade.

AGOSTO

Melhores dias: 4, 5, 13, 14, 22, 23
Dias mais tensos: 1º, 7, 8, 20, 21, 27, 28
Melhores dias para o amor: 1º, 4, 5, 15, 25, 26, 27, 28
Melhores dias para o dinheiro: 1º ,7, 9, 10, 15, 16, 18, 19, 25, 29
Melhores dias para a carreira: 7, 8, 15, 25

Marte passa para o setor oeste, social, do seu mapa no dia 20. O setor oeste chega ao auge de força no ano. Mas nem de perto é o dominante. Você ainda vem em primeiro lugar. Não está cedendo aos outros — menos quando lhe convém. Essa é a sua temporada social mais forte do ano — especialmente a partir do dia 23. O desafio é equilibrar suas necessidades com as dos outros. Em algum momento, há um equilíbrio. Se você estiver comprometido, está se sentindo psicologicamente distante da pessoa amada. Os dois enxergam as coisas sob perspectivas opostas. Se você conseguir superar as diferenças (e o amor consegue fazer isso com facilidade), as coisas podem dar certo.

A saúde precisa de mais atenção após o dia 23. Não é nada importante — apenas uma tensão breve causa por planetas rápidos. Então não entre em pânico se os níveis de energia não ficarem tão altos quanto o normal. Melhore seu bem-estar com massagens na região do reflexo do coração e no peito até o dia 23, e na região do reflexo do intestino delgado e no baixo ventre depois disso. Como sempre, escute às mensagens do seu corpo e descanse quando estiver cansado.

No dia 23, começa um ápice na vida amorosa e social anual. Você se sentirá mais atraído por profissionais da área de saúde e por pessoas que trabalham com saúde. O local de trabalho parece mais social. Parentes e contatos familiares se envolvem na sua vida amorosa entre os dias 4 e 26. Também há mais socialização com a família nesse período.

Seu Planeta do Dinheiro, Marte, faz uma movimentação importante no dia 20, entrando na Casa Quatro do Lar e da Família. Marte ficará lá pelo restante do ano. Então você passa mais tempo em casa e com a família. Há muito apoio dos parentes. Você ganha dinheiro de casa e com contatos familiares. Mas também pode ter uma postura instável sobre as finanças. De bom humor, você se sente o dono do mundo, rico. De mau humor, tudo parece que vai dar errado, e você se sente pobre. É importante desenvolver uma visão imparcial sobre a vida financeira. E muitas experiências financeiras do passado surgirão dentro de você. Erros e desastres anteriores vão surgir para que você possa revê-los e absorver suas lições.

A boa notícia é que há um grande trígono nos signos de Terra neste mês. Isso vai lhe dar uma visão prática sobre a vida e um comportamento financeiro mais sensato.

SETEMBRO

Melhores dias: 1º, 2, 9, 10, 18, 19, 20, 28, 29
Dias mais tensos: 3, 4, 16, 17, 23, 24, 30
Melhores dias para o amor: 4, 5, 7, 8, 13, 14, 15, 16, 24, 28, 29
Melhores dias para o dinheiro: 3, 7, 8, 11, 12, 16, 17, 21, 26, 27, 30
Melhores dias para a carreira: 3, 4, 11, 21, 30

Apesar de a independência pessoal continuar forte, sua intensidade diminuiu desde o começo do ano. Então, se mudanças importantes precisarem ser feitas, talvez seja melhor esperar até dezembro ou o ano que vem.

Você continua em um ápice na vida amorosa e social anual. Anos anteriores tiveram melhores momentos para o amor, e haverá outros no futuro, mas, em 2022, esse é o seu ápice. Assim como no mês passado, o amor requer o equilíbrio entre os seus desejos e vontades com os do cônjuge, parceiro ou interesse amoroso atual. Se você for capaz de passar por cima das diferenças, o amor deve ir bem. A vida amorosa se torna ainda mais complicada pela retrogradação do seu Planeta do Amor, Mercúrio, a partir do dia 10. Com certeza será necessário ter mais paciência. Essa retrogradação específica de Mercúrio é muito mais forte do que as outras que tivemos no ano. Isso acontece porque outros cinco planetas também estão retrógrados — chegamos ao auge do ano. O efeito é cumulativo. Como Netuno também está retrógrado por todo o mês, nem você nem o cônjuge, parceiro ou interesse amoroso atual tem certeza do que quer. Há muita indecisão nos dois (e no mundo em geral).

A saúde ainda precisa de atenção até o dia 23. Melhore seu bem-estar com bastante descanso e massagens na região do reflexo do intestino delgado e no baixo ventre. Após o dia 23, massagens no quadril e na região do reflexo dos rins são benéficas. Dietas de desintoxicação também ajudam após essa data. A saúde apresenta uma grande melhora após o dia 23.

Seu Planeta da Carreira, Júpiter, passa pelo solstício entre os dias 8 e 16 de outubro. (Ele é um planeta muito lento, e suas pausas duram mais.) Então não se assuste com uma pausa na sua carreira e atividades financeiras. Uma grande reinicialização está acontecendo e vai levar a uma nova direção nessas duas áreas da sua vida.

Seu Planeta do Dinheiro, Marte, permanece na Casa Quatro por todo o mês. Então muitas das tendências que discutimos no mês passado continuam válidas. Releia nossa conversa de agosto.

No dia 23, a Casa Oito se torna poderosa. Então o cônjuge, parceiro ou interesse amoroso atual passa por um bom período financeiro. Há muitos atrasos e problemas, mas o dinheiro vem apesar disso. O amor pode ser complicado, mas a vida sexual parece ativa.

Temos dois grandes trígonos neste mês — um acontecimento raro. O grande trígono nos signos de Terra é uma continuação do mês passado. Ele mantém você com os pés no chão. Os piscianos precisam disso. O cônjuge, parceiro ou interesse amoroso atual — e amigos em geral — também parece pragmático e ajuda com esse processo.

O grande trígono nos signos de Ar impulsionam suas capacidades mentais e de comunicação. Ideias e inspirações vêm até você. É um bom mês para professores, escritores e trabalhadores intelectuais.

OUTUBRO

Melhores dias: 7, 16, 17, 25, 26
Dias mais tensos: 1º, 13, 14, 21, 22, 27, 28
Melhores dias para o amor: 2, 3, 4, 5, 13, 14, 21, 22, 23, 24, 25
Melhores dias para o dinheiro: 5, 8, 9, 10, 14, 15, 18, 24, 26, 27
Melhores dias para a carreira: 1º, 8, 9, 18, 26, 27, 28

Um mês feliz e saudável para os piscianos. Aproveite!

Três planetas passam pelo solstício neste mês — Vênus, Mercúrio e Júpiter. Então uma reinicialização acontece com você e com o mundo em geral. Há uma pausa e uma mudança de direção. O solstício de Júpiter continua até o dia 16. Isso indica uma pausa na carreira. Vênus começou o solstício no dia 30 de setembro, continuando até o dia 3. É sinal de uma pausa nas atividades intelectuais e nas finanças do cônjuge, parceiro ou interesse amoroso atual. Mercúrio passa pelo solstício entre os dias 13 e 16. Há uma pausa e um recomeço na vida amorosa. Tudo isso é completamente natural e positivo. É o número de solstícios que é estranho.

Marte, seu Planeta do Dinheiro, fica "fora dos limites" no dia 24, permanecendo assim até o fim do ano. Isso indica que, nas questões financeiras, você está fora da sua órbita normal — explorando um mundo diferente. Você não enxerga soluções na sua vida habitual e sai dela.

Um eclipse solar no dia 25 é relativamente leve para você — mas, como dissemos, esse pode não ser o caso de todo mundo ao seu redor. Então tenha uma agenda mais tranquila mesmo assim. (Também, como mencionamos, se o eclipse afetar uma parte sensível do seu mapa — calculado especialmente para você —, ele pode ser muito forte. Talvez seja melhor consultar seu astrólogo sobre isso.)

O eclipse ocorre na sua Casa Nove — o segundo nessa casa neste ano. Então, mais uma vez, há abalos na instituição religiosa que você frequenta e momentos dramáticos nas vidas de líderes religiosos. Universitários passam por problemas na faculdade e são obrigados a mudar seu plano de estudo. Viagens internacionais não são aconselháveis neste período. Se você precisar viajar, tente fazer isso fora do período do eclipse.

Todo eclipse solar afeta a saúde e o trabalho no seu mapa. Isso acontece porque o planeta eclipsado, o Sol, rege certas áreas do seu horóscopo. Então pode acontecer um susto com a saúde, mas como ela está boa, provavelmente não passará disso. (Caso isso aconteça — se você receber um resultado ruim em um exame ou tomografia —, refaça-os após duas semanas e veja o que acontece. Ou busque uma segunda opinião.) Ocorrerão transformações importantes na sua rotina de saúde nos próximos meses. Mudanças de emprego podem acontecer. As condições no ambiente de trabalho mudam. Empresas passam por demissões em massa nos próximos meses.

NOVEMBRO

Melhores dias: 3, 4, 12, 13, 22, 23, 30
Dias mais tensos: 10, 11, 17, 18, 24, 25
Melhores dias para o amor: 3, 4, 13, 14, 17, 18, 23, 24, 25
Melhores dias para o dinheiro: 1º, 2, 4, 5, 6, 10, 11, 14, 19, 20, 23, 28, 29
Melhores dias para a carreira: 4, 14, 23, 24, 25

A movimentação retrógrada diminui ainda mais neste mês. Os eventos estão começando a andar para a frente (sinto que os eclipses têm um papel nisso).

Temos um eclipse lunar muito forte no dia 8, que afeta muitos planetas. Também é um eclipse total. Muitas áreas da sua vida — e do mundo em geral — são abaladas. Faça as coisas com calma neste período. Pessoas sensíveis como você sentirão o eclipse duas semanas antes de ele acontecer. Porém, em geral, o cosmos envia uma mensagem pessoal — algum evento improvável, estranho —, avisando que a época do eclipse começou e é preciso agir com mais tranquilidade.

Esse eclipse ocorre na sua Casa Três (o segundo eclipse do ano nessa casa). O eclipse do mês passado afetou universitários. Este afeta estudantes que ainda não estão na fase universitária. Há problemas na escola. Planos de estudo mudam. Às vezes, é preciso trocar de instituição de ensino. Também é bom tomar mais cuidado ao dirigir. Carros e equipamentos de comunicação passam por testes. É comum que precisem de consertos. Irmãos e figuras fraternas são muito afetados. Eles precisam se redefinir por conta própria. Precisam atualizar as opiniões que têm de si mesmos. Isso se manifestará em uma mudança de guarda-roupa e na forma como se apresentam nos próximos meses. Eles terão um novo visual mais condizente com a maneira como se enxergam.

O impacto sobre Urano indica mudanças espirituais — mudanças na prática, nos ensinamentos, nos mestres e nos comportamentos. Isso é bom, mas pouco agradável enquanto acontece. É necessária uma reinicialização espiritual. Gurus e organizações espirituais ou de caridade que você frequenta enfrentam situações dramáticas. Amigos fazem mudanças financeiras importantes.

O impacto sobre Mercúrio testa seu relacionamento atual. No caso dos piscianos solteiros, esse tipo de eclipse pode levar ao desejo de mudar sua situação, levando a um casamento no futuro. Há situações dramáticas na vida da pessoa amada. Há situações dramáticas no lar e com a família. Consertos também podem ser necessários pela casa.

Durante esse tipo de eclipse, é bom lembrar que nunca recebemos mais do que conseguimos lidar.

DEZEMBRO

Melhores dias: 1º, 9, 10, 11, 19, 20, 27, 28
Dias mais tensos: 7, 8, 14, 15, 16, 21, 22
Melhores dias para o amor: 2, 3, 14, 15, 16, 23, 24
Melhores dias para o dinheiro: 1º, 2, 3, 7, 8, 11, 17, 18, 20, 21, 25, 26, 29, 30
Melhores dias para a carreira: 1º, 11, 20, 21, 22, 29

No mês passado, no dia 22, o Sol entrou na Casa Dez da Carreira, e você começou um ápice de carreira anual. E o seu Planeta da Carreira, Júpiter, está em Peixes desde 29 de outubro. Então a vida profissional é o principal foco, e oportunidades de trabalho felizes virão até você. Júpiter voltou ao trânsito direto em 24 de novembro, e continua assim por todo o mês. Então há progresso na carreira. Você tem uma boa ética de trabalho, e os empregadores ficam impressionados.

Mercúrio, seu Planeta do Amor, entrou na Casa Dez no dia 17 de novembro, e fica lá até o dia 7. Isso traz muitas mensagens. Seus contatos sociais ajudam você a impulsionar a carreira. A família (e uma figura parental) oferece muito apoio. Os parentes, no geral, aumentam seu prestígio. A melhor maneira de servir sua família e seu interesse amoroso atual é ter sucesso na sua vida fora de casa.

A saúde precisa de atenção até o dia 22. Assim, como sempre, certifique-se de descansar bastante. Melhore a saúde com os métodos mencionados no relatório anual, mas também acrescente massagens nas coxas e na região do reflexo do fígado até o dia 22. Depois, massagens nas costas e nos joelhos serão benéficas. A saúde melhora após o dia 22.

Seu Planeta do Dinheiro, Marte, continua retrógrado por todo mês. Então, apesar de haver prosperidade, ela ocorre em um ritmo mais lento que o normal. Tente ser mais perfeito — lidar com todos os detalhes — nas suas questões financeiras. Isso diminuirá os atrasos.

Enquanto Mercúrio estava na Casa Dez (entre 17 de novembro e o dia 7 deste mês), você se sentia atraído por pessoas prestigiosas e poderosas. Mas isso muda um pouco depois, quando Mercúrio vai para a Casa Onze. Então você passa a desejar um relacionamento entre iguais. Você quer ter uma amizade com a pessoa amada, além da paixão. Enquanto Mercúrio estava em Sagitário (17 de novembro a 7 de dezembro), você era o tipo de pessoa que acreditava em amor à primeira vista, com a tendência a se jogar rápido demais nos relacionamentos. Mas Mercúrio em Capricórnio a partir do dia 7 diminui isso. Você se torna mais cauteloso no amor, gosta de testá-lo e ver se é real. Você se apaixona com calma. A vida social em geral se torna muito ativa a partir do dia 7, especialmente após o dia 22.

Este livro foi composto na tipografia
Minion Pro, em corpo 10/13, e impresso em
papel off-set 56g/m² no Sistema Cameron da
Divisão Gráfica da Distribuidora Record.